韩礼德文集（四）

婴幼儿的语言

The Language of Early Childhood

[英]韩礼德 著
高彦梅 李寒冰 钱 清 孟艳丽
和媛媛 李宇婷 刘 玲 胡逸君 译
卫真道 原编／彭宣维 主编
高彦梅 审订

著作权合同登记号　图字：01-2015-1461

图书在版编目(CIP)数据

婴幼儿的语言/(英)韩礼德(Halliday, M.A.K.)著；高彦梅等译.—北京：北京大学出版社, 2015.4
(韩礼德文集)
ISBN 978-7-301-25449-3

Ⅰ.①婴… Ⅱ.①韩…②高… Ⅲ.①婴幼儿－语言能力－研究 Ⅳ.G613.2

中国版本图书馆CIP数据核字(2015)第035105号

书　　名	婴幼儿的语言
著作责任者	[英]韩礼德 著　高彦梅 等译
责任编辑	刘虹
标准书号	ISBN 978-7-301-25449-3
出版发行	北京大学出版社
地　　址	北京市海淀区成府路205号　100871
网　　址	http://www.pup.cn　新浪微博：@北京大学出版社
电子信箱	zpup@pup.cn
电　　话	邮购部 62752015　发行部 62750672　编辑部 62754382
印刷者	北京大学印刷厂
经销者	新华书店
	650毫米×980毫米　16开本　30印张　500千字
	2015年4月第1版　2015年4月第1次印刷
定　　价	88.00元

未经许可，不得以任何方式复制或抄袭本书之部分或全部内容。
版权所有，侵权必究
举报电话：010-62752024　电子信箱：fd@pup.pku.edu.cn
图书如有印装质量问题，请与出版部联系，电话：010-62756370

国家社会科学基金项目成果
北京师范大学功能语言学研究中心项目成果
北京师范大学和北京市英语语言文学重点学科项目成果

《韩礼德文集》汉译编委会

顾问委员会

  韩礼德（M. A. K. Halliday，悉尼大学）

  胡壮麟（北京大学）

  韩茹凯（R. Hasan，麦考莱大学）

  卫真道（J. Webster，香港城市大学）

  王　宁（北京师范大学）

  任绍曾（浙江大学）

编辑委员会

 主　任　黄国文（中山大学）

    程晓堂（北京师范大学）

 编　委　（按姓氏拼音排列）

    常晨光（中山大学）

    方　琰（清华大学）

    封宗信（清华大学）

    高彦梅（北京大学）

    何　伟（北京科技大学）

    胡壮麟（北京大学）

黄国文（中山大学）
姜望琪（北京大学）
李战子（南京国际关系学院）
林允清（北京航空航天大学）
刘承宇（西南大学）
刘世生（清华大学）
刘世铸（山东大学）
苗兴伟（北京师范大学）
潘章仙（浙江工商大学）
孙迎晖（北京师范大学）
王振华（上海交通大学）
向明友（北京航空航天大学）
严世清（苏州外包学院）
杨炳钧（上海交通大学）
杨国文（中国社会科学院）
杨　敏（中国人民大学）
杨信彰（厦门大学）
杨雪燕（北京外国语大学）
杨　忠（东北师范大学）
于　晖（北京师范大学）
张德禄（同济大学）
张克定（河南大学）
朱永生（复旦大学）

主　编　彭宣维（北京师范大学）
副主编　何中清（北京科技大学）
　　　　于　丽（黑龙江大学）

目　录

鸣　谢 ··· 1
韩礼德教授前言 ·· 1
胡壮麟教授序言 ·· 5
黄国文教授序言 ·· 9
主编导引　韩礼德与中国传统学术 ································ 15
导　读 ·· 49

* * * * * *

前　言 ·· 1

第一部分　婴幼儿与原始母语

编者的介绍 ·· 3
第一章　将儿童描述成意义的存在（1998） ····················· 6
第二章　学习如何表达意义（1975） ······························ 26
第三章　早期语言学习：一种社会语言学方法（1976） ······· 55
第四章　语言发展的社会符号观（1974） ························ 81
第五章　童年早期的意义与现实构建（1978） ·················· 103

第六章　对话的个体发生(1979) ··· 135

第二部分　由婴幼儿话语向母语的过渡

编者的介绍 ··· 147
第七章　进入成人期语言(1975) ··· 149
第八章　发展语言学如何解释作为系统的语言(1980) ············· 194
第九章　从儿童语言向母语的过渡(1983) ································· 206
第十章　对话的本质和对话的个体发生学的
　　　　系统功能语言学解读(1984) ··· 221
第十一章　对话在儿童建构意义中的地位(1991) ····················· 246

第三部分　早期语言与学习

编者的介绍 ··· 263
第十二章　语言的相关模型(1969) ··· 265
第十三章　语言发展的社会语境(1975) ····································· 275
第十四章　儿童语言发展的三个方面：
　　　　　学习语言、通过语言学习其他知识、学习语言本身(1980) ···
　　　　　 ·· 301
第十五章　以语言为基础的学习理论(1993) ····························· 318
第十六章　语法和教育知识的构建(1999) ································· 342

参考文献 ·· 361
附录一　奈杰尔原始母语的发展 ·· 373
附录二 ·· 383
附录三 ·· 395
早期语言发展与语言学习——《婴幼儿的语言》译后记 ············ 398
主要人名、术语中英文对照表 ··· 407

鸣 谢

本卷由英国 Bloomsbury 公司友好授权翻译并在中国出版发行

1. 将儿童描述成意义的存在（Representing the child as a semiotic being (one who means)），1998 年 10 月 2—3 日在 Monash University 召开的"表征儿童"大会上的发言，由作者授权翻译出版。

2. 学习如何表达意义（Learning how to mean），初刊于 Eric Lenneberg 和 Elizabeth Lenneberg 主编的 *Foundations of Language Development：A Multidisciplinary Perspective* 文集第 37—59 页，1975 年 Academic Press 出版，由 Elsevier 友好授权翻译出版。

3. 早期语言学习：一种社会语言学方法（Early Language Learning：A Sociolinguistic Approach），初刊于 William C. Mc Cormack 和 Stephen A. Wurm 主编的 *Language and Man，Anthropological Issues* 文集第 97—124 页，1976 年 Mouton de Gruyter 出版，由该出版社友好授权翻译出版；儿童的原始母语（One child's protolanguage），初刊于 Margaret Bullowa 主编的

Before Speech：The Beginnings of interpersonal Communication 文集第 171—190 页，1979 年 Cambridge University Press 出版，由该出版社友好授权翻译出版。

4. 语言发展的社会符号观（A sociosemiotic perspective on language development），初刊于 Bulletin of the School of Oriental and African Studies（W. H. Whiteley Memorial Volume）第 37 卷第 1 期第 98—118 页，1974 年 the School of Oriental and African Studies 出版，由 Cambridge University Press 友好授权翻译出版。

5. 童年早期的意义与现实构建（Meaning and the construction of reality in early childhood），初刊于 Herbert L. Pick Jr. 和 Elliot Saltzman 主编的 Modes of Perceiving and Processing of Information 文集第 67—96 页，1978 年 Lawrence Erlbaum Associates 出版，作者友好授权翻译出版。

6. 对话的个体发生（The ontogenesis of dialogue），初刊于 Wolfgang U. Dressler 主编的 Proceedings of the Twelfth International Congress of Linguists 文集第 539—544 页，1979 年由 Innsbrucker Beitrage zur Sprachwissenschaft 出版。

7. 进入成人期语言（Into the adult language），初刊于 Learning How to Mean：Explorations in the Development of Language 文集第 82—119 页，1975 年 Edward Arnold 出版；论儿童语言中语篇组织的发展（on the development of texture in child language），初刊于 Terry Myers 主编的 The Development of Conversation and Discourse 文集第 72—87 页，1979 年 Edinburgh University Press 出版，并由该出版社授权翻译出版。

8. 发展语言学如何解释作为系统的语言（The Contribution of Developmental Linguistics to the Interpretation of Language as a System），初刊于 The Nordic Languages and Modern Linguistics：Proceedings of the Fourth International Conference of Nordic and General Linguistics 第 1—18 页，1980 年在 Oslo 召开，Universitetsforlaget 出版，由 Even Hovdhaugen 友好授权翻译出版。

9. 从儿童语言向母语的过渡(On the transition from child tongue to mother tongue),初刊于 *Australian Journal of Linguistics* 第 3 卷第 2 期第 201－216 页,1983 年澳大利亚南语言协会出版。

10. 对话的本质和对话的个体发生学的系统功能语言性解读(Language as code and language as behaviour:a systemic-functional interpretation of the nature and ontogenesis of dialogue),初刊于 R. P. Fawcett、M. A. K. Halliday、S. M. Lamb 和 A. Makkai 主编的 *The Semiotic of Culture and Language* 第一卷 *Language as Social Semiotic* 第 3－35 页,1984 年 Pinter 出版,由 Bloomsbury 友好授权翻译出版。

11. 对话在儿童建构意义中的地位(The place of dialogue in children's construction of meaning),初刊于 Sorin Stati、Edda Weigand 和 Franz Hundsnurscher 主编的《劳动分工的会话分析摘要》(*Dialoganalyse III:Referae der 3,Arbeitstgung*)第 417－430 页,1991 年 Max Niemeyer 出版。

12. 语言的相关模型(Relevant Models of Language),初刊于 *The State of Language*,*Educational Review* 22.1 第 26－37 页,1969 年 Carfax 出版,由 Taylor & Francis 授权翻译出版。

13. 语言发展的社会语境(The social context of language development),初刊于 *Learning How to Mean：Explorations in the Development of Language* 文集第 120－145 页,1975 年 Edward Arnold 出版。

14. 儿童语言发展的三个方面:学习语言、通过语言学习、学习语言本身(Three Aspects of Children's Language Development:Learning Language, Learning through Language, Learning about Language),选自 Yetta M. Goodman、Myna M. Haussler 和 Dorothy Strickland 主编的《Oral and Written Language Development：Impact on Schools 文集(1979 和 1980 年 IMPACT 大会论文)第 7－19 页,1980 年国际阅读协会出版,由作者授权翻译出版。

15. 以语言为基础的学习理论(Towards a Language-based Theory of Learning),初刊于 *Linguistics and Education* 杂志第 5 卷第 2 期第 93

—116 页,1993 年 Elsevier 出版,由出版商友好授权翻译出版。

16. 语法和教育知识的构建(Grammar and the construction of educational knowledge),初刊于 Barry Asker、Ken Hyland 和 Martha Lam 主编的 *Language Analysis Description and Pedagogy* 第 70—87 页,1999 年香港科技大学语言中心出版,由主编 Roger Berry 友好授权翻译出版。

韩礼德教授前言

我的作品被译成汉语，用汉语来出版，这对我来说是一件十分高兴——也是十分荣幸的事。我感谢那些参与这一事业的同道，特别是彭宣维教授，他发起这一项目，并最终完成。

把作品翻译成另一种语言，使读者群大大增加。即便是那些能够流利阅读英语的读者——在中国这样的人很多——用自己的母语来阅读，也会觉得容易得多，也放松得多；我想，能够在放松状态下阅读这些论文很重要。的确，我明白我的一些东西读起来难于消化——至少有人是这样告诉我的；我承认我早期的一些东西浓缩度高，尽管随着年龄的增长，我希望自己写出来的东西在这方面要好一些。我曾经对我说英语的学生讲：如果你发现我的东西难读，那就大声读出来。这个办法很奏效，因为我总是在写作的时候让语篇的声响穿过我的头脑。曾经有人说，由于汉语书写特性的缘故，中文读者读东西的时候是基于语素而不是音素或音节的：他们读东西从来就没有"声音"进入；但奥维德·曾(Oivd Tseng)在几年前对此进行了反驳，他发现，即便面对汉字，读者在处理语音时也会出现短暂的间歇。我觉得，当你阅读一种外语时，不管多么流畅，也很难听到语篇韵律和语调随着阅读而随你移动。韵律和语调同时对书写下来的词义做出贡献——这对译者来说总是一件麻烦事！所以，一旦我的论文译成汉语、摆到那些对语言学感兴趣、而遇到英语又没那么自在的中国读者面前时，我希望译文会让他们觉得更亲近，也更愿意研习。

但还有一个令我如此由衷地接受这些论文译成汉语的原因，这跟我个人的经历有关——我自己走上的语言学学术之路，以及我在研究中确立的方向。当我第一次学习语言学时，那是20世纪中叶，大多数欧洲和北美研究语言学的人，都是经由印欧语言的途径开始语言研究的，而印欧语的语言学学术传统主要是基于带有复杂形态变化的语言——主要是拉丁语、希腊语和梵语；事实上，这也是语言学首先赖以产生的出发点，因为早期的学者在于探究对词形变化的解释。例外的情况却是汉语；汉语语言学家研究音韵学，发展出了一个词汇研究的丰富传统，包括众所周知的最早的词义汇编，但他们没有涉及语法。鉴于汉语在形态方面没有变化，或者至少到周朝和汉代时期不再有词形变化，关于语法的同类问题就完全没有出现。

我在中学时期学习过古希腊语和古拉丁语——有些勉为其难，因为这些语言人们不再说了，所以我们得通过阅读来学习。如今，尽管我总是乐于阅读相关东西，但基本上是一个依靠耳朵的学习者；我只能通过倾听人们说出的话来学习一门外语。所以，当离开中学开始学习汉语时，我有一种如释重负的感觉。那时，当然我没有学习语言学的意识。但当我几年后来到中国学习时，我被引入语言学，有幸先跟随罗常培、然后是王力研究汉语；所以我经由汉语研究进入语言学的学术之路，便成了自然而然的事情。学习历史语言学的原始材料是汉藏语，而非印欧语；作为描写语言学的研究对象不是英语（或拉丁语），而是汉语。

描写汉语语法，你可能一开始就要"从上往下"看——从语义的角度开始，或者说从意义开始。当然，你还得"从下往上"看，考察表达那些意义的类型；不管是哪一种语言，这两个角度最终必须协调，得确立一个出发点。但通过研究汉语来走进语法意味着一开始你就得摆脱结构的束缚（带有"显性"关系）、试着把你的描述植根于系统里（带有"隐性"关系），便于敏锐地从任何形式的差异背后找出相同的类型。当然，这样的隐性特点类型是每一种语言的特点,汉语也不例外;但如果你不为杂乱的形态复杂性分心的话,还是很容易入手思考的。

而在我的学术生涯中期,我放弃了汉语研究(有些遗憾),把注意力转向了英语,但仍然有15年学习和教授汉语的经验伴随着我。当我第一次在英格兰的"语文学会"做讲座时,我的主题是"现代汉语的语法范畴";在几年以后的另一个场合,当我在那儿谈论英语时,尤热妮·亨德森(Eugénie Henderson)教授问我:我研究英语是否曾受我研究汉语的影响。她问这个问题的时候充满了同情;她非常善良,也是东南亚语言研究领域的杰出专家。我承认这种可能性;但我补充道:英语跟汉语在某些有趣的方面很相像。

任何人"做语言学"的经历,总是会被他们的研究领域打上他们如何进入这一领域的烙印;我毫不迟疑地承认这一点。同时,我倾向于认为,这一点具有潜在的力量源泉,而不是羁绊。对于我来说,做一名语言学者意味着,你把语言研究作为一种科学探究来对待;我认为任何一个"做科学"的人,都带有独特的个人背景,会从方式上影响他们所解释和从事的事情。对我来说,这样的事情意味着录制语料,进行描述、概括、理论化;总是要让你的眼睛(和耳朵)保持警觉,不要把事实理想化,去适应你自己特定的模型。这还意味着,如果你是一位语言学者,无论在哪里,你都得有足够的心理准备,把所有的功能作为首要的人类符号(意义)看待——包括非正式语域、非标准方言、混合语、聋哑人用的身势语、极端语言,以及任何通常意义上语言这个术语所指的某种语言。我们需要朝着关于意义的普通理论方向努力,它会涉及其他相关的符号(意义)系统,诸如儿童原始语言、非人类语言、所有那些表征意义的"多模态"途径。

但无论选择什么作为研究对象,我们总是要用某种语言来描述它、对它进行理论化。这就是我们的"描写语言"(language of description)。在多年前写的一篇论文中,我使用了"l. o. d."(描写语言)和"l. u. d."(受描写语言)来指别这两个方面,并讨论了它们之间的关系。我后来建议,描写任何一种语言的"规程",描写语言应该与受描写语言相同:英语语法用英语描写,汉语语法用汉语描写,等等。(当然,世界上只有一小部分语言演化出了一套语言学语域——尽管每一种语言都有这样做的潜能。)这样做可以为语言研究提供"知情人"视角的优势;不过,或许,与其倾向于选择一种描述,或者一种单一的方法,我们宁可接受那些内在于语言系统的互补性,对我们的描写语言进行提炼,让它作为一种元语言变得更为抽象和更为强大。

  同时,描写语言通常需要翻译。呈现在这里的论文,其原初语言都是英语;它们现在被重新组织成了汉语。这在多大程度上会变动或修改相关描写?你可能会说:一点也不会。英语和汉语,作为描写语言,已经在所有的科学分支领域被广泛使用;而科学意义,不管采用什么语言来进行编码,都是一样的。可我们真能如此确定吗?假如我们注意考察每一个元功能就会发现,概念意义会在很大程度上保持不变,因为其所指有合理的界定——尽管即便是专业术语在不同的语言中也会有不同的语义关联体系。但人际和语篇意义在翻译成另一种语言的过程中变化会很大。即使译者完全能够意识到这些其他元功能维度上的意义,也常常对同时保证三者都对应而爱莫能助,他通常首先要考虑的是概念成分,这一点在科技翻译中尤为突出。语篇意义在从一种语言转换到另一种语言的过程中特别难于处理,因为主位和信息类型很难精确对应。

  如今,已经有不少语言被运用到系统功能语言学的出版物中,其中一些至今还只是译本,但不少已经同时进入了原创阶段。我明白,人们在所有这些方面付出了艰辛努力,以便维系术语选择和核心表述的一致性。麦迪逊、照屋和林的《系统功能语言学核心术语》是一个很有价值的资源,尤其是在理论性术语和描写性术语之间做出了明确区分。汉语译者在对等选择方面为了保持一致而特别谨慎。我当然是特别高兴看到如此之多的原初材料用汉语创作出来;但我同时十分看重翻译本身,从英语到汉语——我也希望将来是从汉语到英语。在我看来,理论可以从译者奉献的作品中获得巨大的收益。翻译不仅昭示了原始语篇的意义,也输入了其他意义,这可能是作者未曾意识到的,却可以开启其他没有预料到的思想通途。

韩礼德

2014 年 8 月 31 日

悉尼

胡壮麟教授序言

由香港城市大学汉语、翻译和语言学系系主任 Jonathan J. Webster 教授主编的,并由英国 Continuum 公司自 2002 年陆续出版的 *Collected Works of M. A. K. Halliday*,共 10 卷,2007 年已全部出齐。北京大学出版社获得 Continuum 公司的授权后,该文集在中国境内的出版,无疑是我国出版界和语言学界的一件大事。

就当代语言学研究来说,世纪下半叶一直表现为生成语言学和功能语言学的对峙,说得具体些,乔姆斯基在 50 年代末一度以他的转换生成语法掀起一场革命、成为国际上特别是美国的语言学研究的主流时,能揭竿而起并与之抗衡的便是韩礼德的系统功能语法学派。[1] 如果说乔姆斯基的理论得益于后来成为他"革命"对象的美国结构主义,韩礼德则公开宣称他继承和发展了欧洲的弗斯学派、布拉格学派和哥本哈根学派。正是这两种力量的冲突、挑战和互补推动了 20 世纪下半叶精彩纷呈的语言学研究。

---

[1] 胡壮麟、朱永生、张德禄、李战子:《系统功能语言学概论》,北京大学出版社,2005 年。

Collected Works of M. A. K. Halliday 在中国的出版还具有重要的意义,那就是韩礼德的成就除了受到欧洲语言学传统的影响外,也从中国语言学传统获得滋养。韩礼德在新中国成立前后来华求学,师从罗常培先生和王力先生,在韩礼德的论著中不时绽放出这些大师的思想火花。①在这个意义上 *Collected Works of M. A. K. Halliday* 的出版是一次学术上的回归,为我国语言学研究如何实现全球化和本土化结合提供了宝贵的经验。

　　Collected Works of M. A. K. Halliday 充分反映了韩礼德所走过的治学道路,其轨迹分见于各卷的主要内容。韩礼德早年研究现代汉语。第8卷《汉语语言研究》的第一篇论文是最好的历史见证。这段经历也为韩礼德打好了音系学和方言调查的扎实基础。回英国后,韩礼德进入对普通语言学的研究,从而为继承、发展和建立科学的语言学理论奠定基础,把握前进的方向。这见之于第1卷讨论语法的16篇论文,内容涉及语言系统、结构、类和级阶,范围包括从词到篇各种语法现象。第3卷《论语言和语言学》的18篇论文,进一步从系统功能理论角度探讨语言的各个方面。为了在欧美学术界获得一席之地,韩礼德在第7卷中的10篇论文把英语作为研究分析对象,也是从社会符号的角度研究语言,收录了许多已经绝版的重要文献。在研究方法上,韩礼德注意第一手材料的收集,如第4卷有关"婴幼儿的语言"的16篇论文,涉及婴幼儿和原始母语,从儿童语向成人语言的过渡,以及早期语言和学习三个部分。在这方面,韩礼德的另一贡献是将语言学研究从句子层面提高到在具体语境中出现的语篇和话语,如第2卷中的8篇论文;韩礼德还在这里探讨了语法是如何创造意义并改变我们的生活的。韩礼德特别注意语言学理论的价值在于它的应用、能否说明和解决社会生活中的问题,并为社会服务。前者见之于第10卷的10篇有关从社会角度探讨语言的论文,后者反映于第9卷有关语言与教育以及文化关系的19篇论文。我国曾经有位学

---

① 胡壮麟:《王力与韩礼德》,《北京大学学报·英语语言文学专刊》1991年第1期,第9—57页。收入张谷、王辑国编:《龙虫并雕,一代宗师——中外学者论王力》,广西教育出版社,第200—216页。

者向韩礼德提问:为什么转换生成语法在中国国内打不开局面,而系统功能语法却响应者如此众多?这两卷的内容有助于人们找到正确答案。第5卷的主题为"科学语言",共8篇论文。在本卷中,韩礼德系统探讨了著名的语法隐喻现象,说明语法以至语言的变化和发展,来自于人们对主客观世界的观察、认识和表达。20世纪下半叶是现代科学技术,特别是电子技术,获得飞速发展的时代。韩礼德时已进入耄耋之年,仍能关注语言与科学技术的关系。第6卷《语言的可计算性与可量化研究》的11篇论文,包括范畴的概率问题,探讨区别于他前期经典语言模式的扩展模式。这种活到老、学到老的治学精神令人钦佩不已。

有必要指出,Collected Works of M. A. K. Halliday 只概括了韩礼德2007年以前的主要论著和节选,因此有关韩礼德的学术思想和成就有待我们进一步挖掘和学习。其次,这几年韩礼德本人一直是老骥伏枥,笔耕不辍,勤于思索。2006年3月26日韩礼德教授在香港城市大学的"韩礼德语言研究智能应用中心"成立大会上,做了题目为"研究意义:建立一个适用语言学"的主旨报告。韩礼德提出适用语言学(applicable linguistics)的长期目标是为了建立语言的意义发生系统,其工作机制是以社会理据来解释和描写语义发生,可见韩礼德已经认识到语言学研究最终要解决对"意义"的描写问题。对此,结构主义和生成主义学派不很重视,系统功能语言学在功能语义学方面也只是刚刚起步,因此,这将是语言学界在新世纪为之共同奋斗的目标。

最后,谈谈本次出版的《韩礼德文集》中译本。当北京大学出版社本世纪初将 Collected Works of M. A. K. Halliday 纳入出版计划时,由于时间和力量所限,匆忙中我们只完成了对第8卷的翻译。令人高兴的是,在北京师范大学彭宣维教授的倡议和组织下,将《文集》的翻译工作纳入北京师范大学功能语言学研究中心的五年规划之一,并作为2007年度国家哲学社会科学基金规划项目(项目编号:07BYY063)之下的一个子课题申报成功。因此,这次推出的《韩礼德文集》中译本既是全面向国内汉语界介绍韩礼德博士的研究成果,也向国内其他学习和研究语言学、哲学、教育学、符号学和所有涉及语言应用学科的师生和研究者提供了国际前沿成果的研究资料和学习资料。可以肯定,中译本的出版对港澳台地区和国外华人学术界也将产生巨大影响。

根据项目总负责人彭宣维教授的介绍，《韩礼德文集》中译本的胜利完成有赖于国内多所高校的教授和学者的参与和负责译校工作。这里，只能列举各卷的主要负责人。

第一卷：杨炳均，博士，上海交通大学外语学院教授（原西南大学教授），博士生导师。

第二卷：潘章仙，博士，浙江工商大学外语学院教授。

第三卷：向明友，博士，北京航空航天大学外语学院教授（原上海外国语大学教授），博士生导师。

第四卷：高彦梅，博士，北京大学语言学与应用语言学研究所副主任。

第五卷：张克定，博士，河南大学外语学院教授，博士生导师。

第六卷：刘世铸，博士，山东大学外语学院教授，博士生导师。

第七卷：何　伟，博士，北京科技大学外语学院教授，博士生导师。

第八卷：胡壮麟，北京大学资深教授，博士生导师。

第九卷：刘承宇，博士，西南大学外语学院教授（原西南师范大学教授）博士生导师。

第十卷：苗兴伟，博士，北京师范大学外语学院教授（原山东大学教授），博士生导师。

可见，《韩礼德文集》中译本的出版翻译工作有赖于我国高校众多老师和研究生的积极参与。谨在此向各位译者多年来的辛勤劳动致以衷心的感谢和祝贺。

胡壮麟
北京大学资深教授
2014 年 7 月末

黄国文教授序言

《韩礼德文集》(10卷本)(*Collected Works of M. A. K. Halliday*, edited by Jonathan J. Webster)2002—2007年由英国的Continuum出版公司陆续出版,2007年北京大学出版社在中国重印了这10卷文集,每卷都有总序和一个中文导读。从2006年起,我国系统功能语言学研究者就开始考虑翻译这个文集,其中的第8卷《汉语语言研究》(*Studies in Chinese Language*;胡壮麟等译2007)中译本已经出版了。从2008年起,北京师范大学的彭宣维教授就组织了一队系统功能语言学的有志之士着手翻译《韩礼德文集》的其他9卷。经过6年的不懈努力,这个浩大工程终于竣工,可喜可贺。

《韩礼德文集》收集了韩礼德上世纪50年代以来发表的重要论文,连同他的其他论文和著作一并构成了韩礼德的系统功能语言学理论体系。众所周知,系统功能语言学的发展经过了一个不断修正、不断发展、不断完善的过程。它是在伦敦学派奠基人弗斯(J. R. Firth)的语言学思想基础上发展起来的。虽然说韩礼德是新弗斯理论(neo-Firthian theory)的重要继承者和发展者,但严格地说系统功能语言学不是新弗斯理论。韩礼德早期的理论模式（如 Halliday 1961），即阶与范畴语法（Scale and Category Grammar），实质上是个"句法理论"（a theory of syntax，见 Fawcett 2000：xix），后来经过多维扩展，发展成了比较完整、多维的语言学理论。该语言学理论经历了多个发展阶段，如系统语法（Systemic Grammar）（如 Halliday 1966）、功能语法（Functional Grammar）（如 Halliday 1967a，1967b，1968，1985）、系统功能语法（Systemic Functional Grammar）和系统功能语言学（Systemic Functional Linguistics）（如 Halliday 1978，1985，1994；Halliday & Matthiessen 2004，2014）、社会意义学（Social Semiotics，也译"社会符号学"）（如 Halliday 1978，2002—2007，2013；Halliday & Matthiessen 1999；Matthiessen 2007）等阶段。对于目前的系统功能语言学或社会意义学，韩礼德称它既是普通语言学（General Linguistics），又是适用语言学（Appliable Linguistics）：说它是普通语言学，是指这个理论模式的设计是为了描述、分析和解释人类的语言；说它是适用语言学，是指它是一个以解决问题为导向的理论（a problem-oriented theory），是为了解决与语言有关的一切问题来设计的。在过去的几十年里，除了韩礼德以外，还有很多学者与韩礼德一起，在努力检验、修正、发展、拓展、完善系统功能语言学思想体系。这个过程是"进化性的"（evolutionary），而不是"革命性的"（revolutionary），因为大家的研究和讨论都是在系统功能语言学框架中进行的；无论是韩茹凯（Ruqaiya Hasan）、福塞特（Robin P. Fawcett）还是马丁（James R. Martin）、麦蒂森（Christian M. I. M. Matthiessen），他们都是系统功能语言学学者（Systemicists），他们的研究都是在系统功能语言学的大框架中进行的，这一点是没有任何争议的。他们的一切学术分歧，都是"内部的分歧"（见胡壮麟等 2005：398）和内部的争论。韩礼德的系统功能语言学理论的发展和壮大，是它的学术生命力所带来的，是理论优势的表现，是理论与实践相结合的发展趋势；因此，它完全可以与结构语言学和形式语言学相媲美，为语言研究提供另一个理论指导，另一个研究方法和研究视角，另一种思路和路径。

作为既是普通语言学又是适用语言学的系统功能语言学，它提供了一个不同于结构语言学、形式语言学或其他语言学流派的理论指导和研究方法。对中国的语言研究者来说,这是非常重要的,很有引进的必要。由于历史、社会和经济等多种原因,我国的一些语言研究者(尤其是非英语专业出身的学者和学习者)直接阅读这些英语文献的条件颇受限制。在过去的30年里,中国的系统功能语言学研究者和应用者主要是从事英语教学与研究的人员,主要原因是他们具有相应的外语背景和直接阅读英文文献的能力。而对于从事非英语专业的中国语言研究者来说,阅读这些文献就有诸多不便了。在这种背景下,彭宣维教授及其团队翻译的《韩礼德文集》势必能给我国的语言研究者提供不可多得的帮助,意义深远。

就语言学的学科属性而言,语言学没有国界,因此,严格地说,不存在"英语语言学""汉语语言学"等这些学科,就像不存在"英国(英语)物理学"和"中国(汉语)物理学"一样。当然,把"英语语言学"这些"个别语言学"当作语言学这个学科的分支是可以的,因为个别语言学是在(普通)语言学的理论框架中研究某一语言事实。这样,一方面可以把普通语言学理论和方法运用于具体的语言研究;另一方面,也可以为普通语言学提供具体某一语言的语料和语言事实,有利于验证、修正或否定某一普通语言学的假设、原则等,这对完善普通语言学的概括性和普遍性很有裨益。作为普通语言学和适用语言学的系统功能语言学,它的研究目标和范围就包括了汉语、英语、西班牙语等人类的语言。因此,我们相信,《韩礼德文集》中译本的出版,将推动中国的语言学教学与研究的进展,具有不可估量的作用。

我们期待更多的中国学者运用系统功能语言学的理论来研究语言,尤其是汉语,这将是我们的研究朝着本土化迈进的一个重要历程。在这个历程中,毫无疑问,《韩礼德文集》中译本的出版将是一个重要的标志。因此,我们应该感谢彭宣维教授和他的团队成员们辛勤细致的翻译工作、严谨的治学态度和对推动推广系统功能语言学研究以及本土化研究做出的贡献!

黄国文

中山大学 教授、博士生导师

教育部"长江学者"特聘教授

国际系统功能语言学学会(ISFLA)执行委员会主席

2014年4月5日

参考文献

Fawcett, R. P. *A Theory of Syntax for Systemic Functional Linguistics*. Amsterdam: Benjamins, 2000.

Halliday, M. A. K. Categories of the theory of grammar [J]. *Word* 17, 1961.

Halliday, M. A. K. Some notes on "deep" grammar [J]. *Journal of Linguistics* 2, 1966.

Halliday, M. A. K. Notes on transitivity and theme in English 1 [J]. *Journal of Linguistics* 3.1, 1967a.

Halliday, M. A. K. Notes on transitivity and theme in English 2 [J]. *Journal of Linguistics* 3.2, 1967b.

Halliday, M. A. K. Notes on transitivity and theme in English 3 [J]. *Journal of Linguistics* 4.2, 1968.

Halliday, M. A. K. *Language as Social Semiotic: The Social Interpretation of Language and Meaning* [M]. London: Arnold, 1978.

Halliday, M. A. K. *An Introduction to Functional Grammar* [M]. London: Arnold, 1985.

Halliday, M. A. K. *An Introduction to Functional Grammar* (2nd edition) [M]. London: Arnold, 1994.

Halliday, M. A. K. *Collected Works of M. A. K. Halliday*, Vols. 1~10. (edited by J. J. Webster) [C]. London: Continuum, 2002~2007.

Halliday, M. A. K. *Halliday in the 21st Century* (edited by J. J. Webster) [C]. London: Bloomsbury, 2013.

Halliday, M. A. K. & Matthiessen, C. M. I. M. *An Introduction to Functional Grammar* (3rd edition) [M]. London: Arnold, 2004.

Halliday, M. A. K. & Matthiessen, C. M. I. M. *Construing Experience Through Meaning: A Language-based Approach to Cognition* [M]. London: Cassell, 1999.

Halliday, M. A. K. & Matthiessen, C. M. I. M. *Halliday's Introduction to Functional Grammar* (4th edition) [M]. London: Routledge, 2014.

Matthiessen, C. M. I. M. The "architecture" of language according to systemic functional theory: developments since the 1970s [A]. In Hasan, R., Matthiessen,

C. M. I. M. & Webster, J. J. (eds.). *Continuing Discourse on Language: A Functional Perspective* [C] (Vol. 2). London: Equinox, 2007.

韩礼德,《汉语语言研究》(原著 M. A. K. Halliday,胡壮麟等译)[T]。北京:北京大学出版社,2007。

胡壮麟、朱永生、张德禄、李战子,《系统功能语言学概论》[M]。北京:北京大学出版社,2005。

主编导引

韩礼德与中国传统学术[①]
——系统功能语言学范式设计之我见

彭宣维

此前,人们对系统功能语言学的思想来源,包括韩礼德本人,已有相关介绍和研究(如 Halliday 1969/2003,1977/2003,1985/2003;胡壮麟 1991;彭宣维 2009,Peng *forthcoming*;张俊、彭宣维 2012)。在对《韩礼德文集》汉译文本的审校与编辑工作即将完成而付梓之际,我想就系统功能语言学赖以成形的一些关键问题,从中国传统学术的角度,提供一些个人理解,既是对整个学科范式的定位,也是给我们编辑工作的一个总结,便于今后的研究继续走向深入。

从功能(functional)角度看,韩礼德之前曾有多位学者探讨

[①] 这里的学术讨论部分原用英文写成,蒙韩礼德教授(Prof. M. A. K. Halliday)和韩茹凯教授(Prof. R. Hasan)审阅,他们提出了中肯的相关意见和建议,并给予了肯定;而有关思想是在卫真道教授的促动下成形的。作者谨此由衷致谢。

过语言的多功能现象,如布勒的多重语义观(Bühler 1934/1990:35)①、马泰修斯的形式—实际切分分野说(Mathesius 1929/1983,1941/1989;另见戚雨村 1993)②、雅可布逊确立的六种语言功能(Jakobson 1956/1990:69-79)③、奥斯汀的多层次行为意义模式(Austin 1962/2013)④。在此基础上,韩礼德根据成人和儿童使用语言的不同特点,分别提出了三种元功能(概念、人际、语篇;Halliday 1970/2002a)和七种基本功能(工具、调节、互动、自称、启发、想象、信息;Halliday 1975a:8-36)。不过,在这一方面中国传统学术对系统功能语言学建构的贡献不大,顶多只有来自传统小学的兼容性佐证,如《说文解字》的基本功能原则;当然,在不少具体处理方案上,罗常培和王力对韩礼德思想体系的形成是有较多影响的(见胡壮麟 1993;Peng *Forthcoming*)。总起来看,多元性、多功能性是自尼采(1844—1900;尼采 1995;另见陈奇佳 2005)以来西方思想界对世界的主流认识,如詹姆士(1909/2002)、怀特海(1929/2011)、波普尔(1959/2012)、阿尔多诺(1973/1993)、法伊尔阿本德(1978/2007)、古德曼(1978/2008)等;显然,韩礼德在'功能'的多元并行认识上是与时代同步的。

从系统(systemic)角度看,韩礼德有一个核心思想:系统对于组合而

---

① 这里的学术讨论部分原用英文写成,蒙韩礼德教授(Prof. M. A. K. Halliday)和韩茹凯教授(Prof. R. Hasan)审阅,他们提出了中肯的相关意见和建议,并给予了肯定;而有关思想是在卫真道教授的促动下成形的。作者谨此由衷致谢。布勒确立了一个语言模型,区分了语言符号(即处于前景化状态下的听觉现象)的三种语义功能:(一)符号功能(symbol)——将物体和事态协作一处;(二)征兆功能(symptom)——有赖于信息传递者,由此揭示表情传递者的内部状态;(三)信号功能(signal)——诉诸于听话人,引导他的内部和外语行为;由此体现三个方面的语义功能:表情功能(情感表达,Ausdruck,expression)、意欲功能(诉求引发,Appell,appeal)、表征与所指功能(物体与事态表征,representation)。

② 传统语法关于句子的主语和谓语划分被称为形式切分,表达出发点(主位)和表述核心(述位)的划分为实际切分(见戚雨村 1993;另见 Mathesius 1929/1983,1941/1989)。句子的实际切分是韩礼德确立语篇语法(尤其是主位结构和信息结构)的出发点(Halliday 1967—1968)。

③ 雅可布逊以整个交际过程为着眼点提出了语言的六种功能:跟语境有关的所指功能(referential)、基于表情传递者的情感功能(emotive)、信息具有的诗学功能(poetic)、源自交际接触的寒暄功能(phatic)、语码的元语言功能(metalngual)、针对受话人的意动功能(conative)。

④ 即"断言说些什么"涉及的话语(locutionary)、话语施事(illoucutionary)和话语施效(perlocutionary)三种行为意义。对比布勒的意欲功能、雅可布逊的意动功能、奥斯汀的话语施效行为和弗斯关于情景语境的第三个范畴"言语行为的效果"(见后文相关引述),其间的传承关系便会一目了然。

言具有'先导性地位'(priority status):"系统是带有入列条件的一组成分:即是说,是一组必须选择的东西,伴随着对相关条件的陈述,选择便依此而行"(Halliday 1969/2003:180)。韩礼德将这一思想的来源归功于他的博士导师弗斯(Halliday 1985/2003:186);而弗斯又谦让于叶尔姆斯列夫和琼斯(Hjelmslev 1948;Joos 1950;见 Firth 1957a:219-220)。但韩礼德的系统概念终究不同于弗斯、叶氏(聚合性:paradigmatic)甚至索绪尔(联想性:associative;Saussure 1916/1983;1999),他们的系统概念"均无先导之意"(Halliday 1994a/2003:433)。

所以,一个疑团始终叫人挥之不去:系统的这一先导性思想究竟何来? 按照韩礼德的一贯原则(彭宣维 2009),它必不是突发奇想的天降之物! 为此,笔者将从中国传统学术的角度提供新材料,进而做出新解释:韩礼德的系统概念,可能在很大程度上来源于汉语音韵学;而汉语传统小学的泛时研究特点,又通过先导性系统概念的形成,使系统功能语言学的理论范式获得了统揽历时与共时的泛时机制,一个在索绪尔看来绝不可能的方法论原则,从而有效消解彼此泾渭分明的分离性思维方式(对比 de Saussure 1916/1983)。

此外,这一先导性系统概念背后有一整套认识论思想,包括阴阳一体性和互动辩证的中庸原则,这些正是中国传统学术的精髓,与西方主流学术传统的分析性思维模式以及刚性对立观互补;而系统功能语言学的整体模型设计、一些原则性认识以及大量范畴对立却又互动和互补的构拟方案,其根源也应该是中国传统学术。

不过,韩礼德的思想体系产生于现当代学术背景,已经从传统学术内在的形而上学桎梏中蜕变成功,走向实例化哲学(如维特根斯坦 1953/2008);或者由于自身的实例化认识论成长背景,他从未受过形而上学浸染,其理论范式本源上就是形而下性质的。所以,韩礼德从中国传统学术中继承的是符合当代学术理念的合理要素。

顺便说一句,与辩证法相关的互动思想在当代西方学界也成为认识论的一个重要视角(如米德 1999),但不能排除后者的中国根源,恰如T. S.艾略特在诗歌创作方面的意象性原则以及现代理论物理学的一些终极认识。

进入正题前,我们需要明确韩礼德关于系统思想的背景以及他本人的基本观点。

1. 背景:'系统'思想的缘起与发展

这里涉及跟韩礼德发展其系统思想直接相关的三个代表性人物:索绪尔、叶尔姆斯列夫和弗斯,最后形成韩礼德自己的语言学范式。但这方面的系统梳理学界尚未见报道。

现代普通语言学之父索绪尔(F. de Saussure,1857—1913)最先对语言的系统概念做了全面阐述。其核心思想可以归纳为三点:一是语言系统的社会历史性:"语言是一种社会制度"(1999:37),"以许多储存于每个人脑子里的印迹的形式存在于集体中,有点像把同样的词典分发给每个人使用……所以,语言是每个人都具有的东西,同时对任何人又都是共同的,而且是在储存人的意志之外的"(p.41);"一定的语言状态始终是历史因素的产物"(p.108),而"累代相传的历史因素完全支配着语言,排除任何一般的和突如其来的变化"(p.109)。二是语言系统的符号性及其心理加工特点:"语言是一种表达观念的符号系统",由音响形象(能指)与意义(所指)结合而成,但"两个部分都是心理的"(pp.36-37)。三是语言系统的共时性价值关系:"语言是一个系统,它的任何部分都可以而且应该从它们共时的连带关系方面去加以考虑"(p.127),"其中每项要素的价值都只是因为有其他各项要素同时存在的结果"(p.160)。三者涉及语言系统的来源、构成与特点。

随后,哥本哈根学派的代表叶尔姆斯列夫(L. Hjelemslev,1899—1965)对系统概念做了进一步阐述。首先,他基于索绪尔的相关认识值得高度重视:"语言是人形成思想和情感、心绪、愿望、意志和行动的工具,以此影响他人并受他人影响,是人类社会终极而最底层的基础;但当心灵与生存抵牾、冲突在诗人和思想家的独白中消解时,它也是人类个体的终极而必不可少的支撑,是孤独时刻的避难所。……它深藏于人的心灵,是一种记忆财富,由个体和宗族承传,一种处于警觉状态的良知,提醒并告诫着世人。"(1943/1961:3)这里的描述让我们领略到了语言的人文价值。其次,他在索绪尔关于"语言"和"言语"以及"联想关系"与"组合关系"的基础上,取而代之提出了'作为系统的语言'与'作为过程的语篇',后者最终表现为'作为成品的语篇',对语篇过程起支配作用的是语音、语义和语法系统(p.10);"每一过程都有一个对应的系统,据此我们可以通过一组有限的假设性前提对过程进行分析与描述"(p.9);"一种语言可以被定义为一种聚合关系,其具体成分由所有相关变元体现;一个对应的语篇则是一个组合体;其链式关系,如果加以无限扩展,也由所有相关变元体现"(p.109)。第三,对于索绪尔关于能指和所指的符号关系,他代之以内容与表达称谓。他还认为,语言学理论的任务是要通过描写来寻找使一种语言成为一种语言的常量,一个聚合与整合性的常量,从而把它投射到物理、生理、心理、逻辑、目的等现实上,使它成为参照主体(p.9)。他还更具体地论述道:"真正的语言单位主要的不是声音、书写文字或意义一类的东西,而是它们在言语链和语法聚合中的相互关系。这些关系构成某一语言的系统"(Hjelmslev 1948;转引自 Firth 1957a:219—220)。

在上述研究取向上,伦敦学派的创始人弗斯(J. R. Firth, 1890—1960)跟前二人一样,对语言性质的立场也符合当代西方学术主流:"鉴于我们对心灵知之甚少,而我们的研究本质上又是社会取向的,所以我将不再坚持心灵与身体、思想与言词的二元性,而是满足于整个的人,思想与行动一体的人,与他的同类共处的人。"(Firth 1957b:19)以此为出发点,他对系统与结构进行了界定:"结构包含具有内在组合关系的成分,这些成分以相互期待的语序得到自身的位置,由位置和语序确立的范畴在结构中得到识别,在与抽象资源获得关联的更新中得到应用";"系统指可替换的项目或单位,以此描述相关成分之间的聚合价值"(Firth 1957c/1988:114)。"可以说,尽管结构为'横向关系'而系统为'纵向关系',但**两者无论如何都不能作为切分段看待**"(p.102)。他还认为,一种特定语言是多结构和多系统的。不过,两者关系究竟如何,还是不明确。但他在另一处阐述道:"音系和语法分析的首要原则是在结构和系统之间做出区分。我们已经指出了跟语篇本身相关的内部音系关系:一是韵律和音位结构的成分之间具有组合关系,二是在系统中进行替换的项目或单位之间的聚合关系,系统的确立是为结构成分提供价值的。"(p.102)可见,系统对结构具有支配性;但他的结构概念与叶氏的过程概念是否同质,我们不得而知,至少是有差别的(见上面的粗体引文)因为他放弃索绪尔区分语言和言语、认可聚合(联想)与组合(句段关系)的做法,跟他对组合结构的定义,让人莫衷一是,尽管有人认为其系统与结构无先后之分(Martin 1992:4)。看来这个问题需要另做专题探讨。

经过索绪尔到叶尔姆斯列夫再到弗斯的多方位阐述,语言的系统认识得到逐步深入;但直接影响韩礼德的,当然是他的博士导师弗斯。弗斯对普通语言学的集中论述不多,只有几篇专题论文(如 Firth 1957c & d),而其他相关论述大都散见于他对语言分层以及语音和音系概念的讨论中,毕竟在他之前的英国学术主要是在语音学方面(如亨利·斯威特和丹尼尔·琼斯)。不过,这种现状对韩礼德反复琢磨弗斯学说中的潜在思想倒是大有裨益的。具体而言,韩礼德明确了叶氏关于系统和聚合的关系:"一个系统是对聚合轴上相关关系的表征,聚合轴是特定环境中的一组对立特征",从而形成系统网络(Halliday 1966/ 2002a:110);于是,系统网络可以为其中的每一个成分项提供一个聚合环境,确定相应的对比地位与各种可能的组合关系(p.111)。他还指出,"从系统描述的角度、把一个语言项目呈现为该项目在底层的语法表征,似乎表明它跟同一语言中其他项目的聚合关系,在某种意义上更有基础性,我们可以据此认为其内部(组合)关系由此派生"。韩礼德认为,从乔姆斯基"表层"和"深层"的角度看,语法中的系统描述部分更接近于兰姆的语义层,它由系统特征表征;而通过选择,结构以体现系统特征的复杂关系为己任;"如果采用层次术语,级阶便是在外围语法层次上确定层次或次一级层次的内部系列的,每一级阶具有不同的系统网络"(pp.115—116)。

可见,从三位先贤到韩礼德,系统概念的形成有一条脉络清晰的发展路径。

2. 韩礼德关于'系统'概念的形成过程

现在,我们来梳理韩礼德形成系统概念的启发因素。我们认为,这个启发因素就是罗常培和王力传授给他的汉语音韵学。为此,让我们先对这一学科有一个总体认识。

汉字的发音由两部分构成:声母和韵母,这种分析法东汉时随佛教自印度传入中国。韵母最多可包含四个要素:韵头(声母之后可能出现的介音)、韵腹(必须出现的主要元音)、韵尾(主要元音之后可能出现的辅音)

和声调。以"娟"的读音[t\yān]为例:[t\]为声母;[y]为韵头,[a]为韵腹,[n]韵尾;[¯]或[˥]为声调(阴平)。

从声母看,人们根据不同标准先后拟定出多套系统;人们用得最多的是由51个声母(以字来代表)组成的"声类"系统,旨在含盖470个具体声母。该系统有35个元声母字:帮、滂、并、明、端、透、定、泥、知、彻、澄、精、清、从、心、邪、庄、初、崇、生、章、昌、船、书、禅、见、溪、群、疑、影、晓、匣、喻、来、日;在此基础上人们又做细分,例如:帮(博类、一、二、四等;方类,三等),端(都类、一、四等),精(作类、一、四等;子类,三等),崇(土类,二、三等),如此等等,从而形成51个类(这里附上了发声等级,见下文;对比在早的《切韵》系统,见 Halliday 1981/2003:287-288)。

同时,人们在平上去入四个声调的前提下(可以看作矩阵的一个维度),构拟出了代表性的韵母;它们也以具有典型发音的字为代表,称为"韵目",可看作韵母丛(它们构成矩阵的另一维度)。这些具有元语言性质的代表字,可以含盖3830多个具体韵母。且以《广韵》206韵目中的第5、6、7组为例:它们均以元音结尾(e,i,K),所以属于阴声韵。

	平	上	去
5. [ǐe/ǐwe]:	支(zhī)	纸(zhǐ)	寘(zhì);
6. [iwi]:	脂(zhī)	旨(zhǐ)	至(zhì);
7. [ǏK]:	之(zhī)	止(zhǐ)	志(zhì).

左边5、6、7是相应韵目组的序码,随后方括号内是各自的近代发音,后面平上去之下是相应各声调的代表性韵字。注意,平上去之下的各个字,现在都读zhi;但纵向各组的韵母在唐宋时期互不相同:[ǐe/ǐwe]、[iwi]、[ǏK]。再看另外三组:

	平	上	去	去
1. [uN/iuN]:	東(dōng)	董(dǒng)	送(sòng)	屋(wū);
2. [uoN]:	冬(dōng)	Ø	宋(sòng)	沃(wò);
3. [ǐwoN]:	鍾(zhōng)	腫(zhǒng)	用(yòng)	烛(zhú).

它们的代表性韵字都有辅音韵尾(-N),所以属于阳声韵;Ø 指相应的语音组不存在。三组韵腹不同;最后一个竖向组的声调在现代的读音有差

别,但近代均为入声。

由此构拟的声母系统与韵目系统,彼此匹配,可以描写当时所有汉字(约 26,000 个)的发声音质。

此外,每一个声母和韵母根据张口度的大小而分为不同等级(见前文)。从现代语音学区分的前、中、后与高、中、低不同舌位看,'前—最高部位'属于四等;'后—最低部位'为一等。例如,豪(háo)、肴(xiáo)、宵(xiāo)、萧(xiāo),由于韵腹[A]和[a]以及介音[i]和[i]各自的调节作用,其韵母在近代被分别构拟为[Ao](一等)、[ao](二等)、[iEu](三等)、[ieu](四等),由此确定所有可能与之匹配的声母的等级。

这个等级系统是构拟唐宋之前和之后语音系统的出发点。一方面,从唐宋到当代的演化过程见证了大量的音丛变化,一些音丛融为一体,还有一些音则分离了(如上引诸例),但都遵循一定的音转法则。另一方面,唐宋语音系统也是构拟秦汉甚至更早汉语语音系统的基础,构拟过程有两个主要依据:一是《诗经》,其中不少诗句现在读来并不押韵,但先秦时代是押韵的,我们通过比较可以在相当程度上确定相关字的基本音质;二是清代以来人们以《广韵》为据而重构的语音系统。

今人学习古汉语和近代汉语语音的困难在于,先前的汉字发音,许多与今天已经大不相同,如"家"在现代方言中有读"各"音的情况,如杨各庄,即杨家庄。要记住这些具有元语音性质的声韵,对任何一个现代人来说都是极大的挑战:除了它们声调不同之外,读音差异也叫初学者一筹莫展。而记住上述以及其他元语音字符,熟练掌握一系列相关方法,才是了解近代汉语、以及之前和之后不同时期语音系统及其发展变化的第一步:只有十分熟悉才可能在面对大量相关信息的同时配置出一个字可能的音值。

现在来看韩礼德关于系统思想的成形。对于类似以上信息长期而反复的背诵,不仅会使学习者形成一种看待近代汉语具体汉字可能读音的出发点,还能帮助他在大量汉字的语音基础上、形成不同的元语音系统范式。在今天看来,这种超乎寻常的学习方式,如果采用系统功能语言学的术语,则是始于(语音)系统,终于具体实例的,由此形成一种习惯;从系统成分的角度,看待语言的不同层次,包括语音、语法和语义。这个传统显然与印欧语基础上发展起来的语言系统的学习方式——通过具体语言实例、以抽象概括的方式加以归纳大不相同(如 Firth,1957c)。所以,当面对(一)叶氏关于系统与过程的关系、(三)弗斯关于系统和结构的关系、(三)离散的系统成分或单位以特定秩序组织起来但还"缺乏相应的运作语境"的时候(Hockett 1954;见 Halliday 1985/2003:187,2005b:xxvi;也见 Robins 1997:31),像韩礼德这样既有超常语言天赋又有理论敏感性的学习者,从操作上产生将系统置于实例之前的想法,是再自然不过的事情。即是说,此时韩礼德要面对的,是要将系统成分"梳理成为不同的组:确立系统及其成分,把它们定位在明确的原初点上——选择发生的环境,不管它们在何处、以什么方式得到表达"(Halliday 2005b:xxvi—xxvii)。

1950年离开中国回到英国后,韩礼德首先将弗斯关于系统的思想应用于现代汉语的时态和动词分析(Halliday & Ellis 1951/2006),并确立带有明确概率特点的现代汉语语法范畴系统(Halliday 1956/2006)。这是系统构拟的第一步。60年代,由于职业缘故,他转向了英语,逐步梳理出一系列的系统网络(见 Halliday 1964/2002a:127—151);正如他本人所说:"此时,在系统和实例之间,明确的区别正在语言学中形成"(Halliday 1993a/2005a:135)。1980年,针对威廉·曼的语篇生成项目,他成功地研制出80个英语语法系统(Halliday 1980/2005a:268—284)。

此外,布龙菲尔德(Bloomfield 1933/2002:173—175)关于'选择'的思想——如 duke 与—ess 形成"一个单一的形位选择关系"(形位 taxeme 指"最小的形式单位")——获得认可,并得到范畴化:作为系统的一条操作原则被纳入,从而完成了系统语法创立的又一重要一步。当然,机器翻译和计算机程序设计原理也可能是一个不可忽视的推动契机。

需要补充的是,面对欧洲语言、尤其是像古希腊和古拉丁语这样形态复杂的语言,学习者同样需要记忆相关语素,这就是传统语法的词形变化表。但这是从具体语言现象中归纳而来的(见胡壮麟等 2005:49—53),并且形态学的复杂程度远远低于汉语音韵学,与后者首先从具有系统特点的声类和韵目入手的方法,是有本质差别的。所以,汉语音韵学的学习,对系统功能语言学'系统'概念的形成,启示作用是必然的。

3. 系统功能语言学的整体观与泛时视野

大半个世纪以来，人们一直在追求历时与共时的贯通，以解决语言研究中的一些观念甚至方法问题；然而，我们始终没能从模型建构、或者某一核心概念的角度，找到一块合理的理论基石来做支撑；所以，相关诉求还只是一种主张（高名凯 1960:29-34；Ullmann 1957:261），无法从操作上成为一种可以依凭的机制（如 Birch 1988；Štekauer et al. 2001；Kiełtyka 2010 等）。所幸，系统功能语言学的系统范畴填充了这个悬置了大半个世纪的理论空位。

具体而言，由上述特定系统概念引发了一个重要学术范式问题：语言研究的整体性与泛时视野。范式在这里指库恩（Kuhn 1962/1996）使用过的概念，即关注实例化、类比性与反先验意义上的学科矩阵。这是一个以解决问题为主旨的实践性和交感性方案，不是一组彼此互斥的结构性选项。以系统为先导的研究途径似乎给人以历时语言学原则的印象，因为它关注语言的种系发生和个体发生过程（phylogenetic；ontogenetic），只有这样，共时层面的语言成分才能获得进一步使用的备选性；但它又具有典型的共时情怀：站在使用现成语言成分的时空点上应对意义交流。然而，跟索绪尔的历时—共时二分观相比较（见 de Sausaure 1916/1983：79-98），系统先导性在学理上就不再支持单纯的历时观或共时观，更确切地说它应该是泛时性的：从历时演进及其经验积累而走向现时选择。直言之，基于种系和个体发生的演化与累积过程（历时）形成了惯例化的语言系统成分，使用时总是预制性的，包括今天人们常说的语言模块，可以按照在线与现成方式供使用者调用（共时）；人们可能同时关注相关成分之间的历时演进与共时选择。

例如，在相应语言史上出现过的任何一个词及其任何一个义项，均可能进入当下视域。不过，"进入当下视域"只是一个概率事件，不是人们常说的生死问题。且以"师"字为例。许慎《说文》解为"二千五百人为师"，如《诗经·秦风·无衣》"王于兴师，修我戈矛，与子同仇"；又根据段玉裁的相关解释："师"表示众多，而"众则必有主之者"，所以《周礼》有"师，教人以道者之称也"以及《论语·为政》"温故而知新，可以为师矣"一类的用法。两个义项之间的历时关系由此显明，虽然前一义项现在只以语素形式存在于一些古体表达或复合词中,如"正义之师""军师",且在常人眼里两者并无直接关系,但在古汉语学者眼里,"师"的两个义项不仅历时演化关系明确,而且可以构成一个二项共时系统:以这种方式向学生做出类似解释时就用到了泛时方法。同理,一个常人所谓已经"死亡"的字,对于专家来说,在相关语境中使用时同样可以选择使用,情形同上。事实上,历史上出现的任何一个语言特征成分,均可能以某种方式,进入当下视域,只是存在一个使用频率问题:从高到低,形成一个概率连续体。所以从结果看,"我们认为的'现代英语',其实是很多不同来源成分的汇总——是一个语义克里奥尔化的复杂品,是我们历史上(史前、农牧、铁器、科技时代)不同阶段冲突性模型的彼此竞争与互补结果"(Halliday 1993b/2003:217)。在此,历时与共时的对立在系统先导的前提下获得一体化。其实,中国传统小学的基本研究原则就是超越历时与共时的泛时立场。这一点在前文对音韵学基本原理的介绍时已经有所体现。

基于系统先导性的泛时语言观,虽然需要一篇专题论文来做系统阐述,但相关思想在系统功能语言学的经典文献中俯拾即是。韩礼德曾经明确指出:"对于一个书面语篇,人们可以在任何时候对其成文过程进行语境化,其语境可以在一系列'共时'陈述中得到'历时'表征"(Halliday 1959/2006:12)。例如,从一个特定的时空点上往前看,一个句子都有"四个历史侧面或维度":互文性、**发展性**、**系统性**和**语篇内部关系**,从而"成为一个意义行为"(Halliday 1992/2003:360—361;粗体为笔者所加,下同)。其中,"互文性"关乎语言进化的种系发生时间,后者通过发展制约进入社会个体,这就是社会个体在语言发展与成熟方面的个体发生时间("发展性")。两个维度通过个体学习进入语言系统网络("系统性"),在从属于话语发生时间的过程中十分方便地具体化为语篇内部过程("语篇内部关系")(Halliday 1998/2004b:88—89)。一个句子的意义由此获得所有四个维度的历时支持,而所有这些待选项,均可按在线方式进入说话人的当前视域,从而出现伽德默尔(1960/2010)所说的视域融合现象。

我们还可以通过一些核心范畴的作用来做进一步说明。首先,共时视野里的方言和语域,作为语言实例的一部分,可以代表所有可能的潜在使用要素:语域在这里是"互文性的具体显现,从而显现出历史的这一面";Halliday 1992/2003:362)。其次,大量语言系统已经梳理成功(见 Halliday 2002a,2002b,2003,2004a,2004b,2005a,2005b,2006,2007a,2007b;Matthiessen 1995;另有曼恩和麦迪逊的 Penman 人工智能项目(语篇生成)以及福赛特的 GENESYS 语法;Halliday 1995a/2003:409—410)。第三,对种系发生、个体发生和话语发生角度的综合研究,也已在语法隐喻这一标题之下得到应用,如科学语篇、儿童语言到成人话语的发展以及具体语篇的展开过程(Halliday 1975a,2004b,2008;Martin 1992)。"意义是人产出的,他们之前已经有过意指经历;他们将它同先前的意义行为相关联;这些行为的资源是一种意义潜势,已经作为一种元稳定系统在很长一段时间里进行传递。某个语篇的影响有赖于它所生成的、这个复杂意义历程的位置,在任何维度的历史交汇点上,**当我们确立那个历史或把它铺展开来供考察之用时,我们自身也被放置其中。**"(Halliday 1992/2003:373)换言之,所有关乎历史演进的思考均具有泛时特点:历史只有在介入当前调用时刻才会获得意义。更为概括地讲,所有研究都是关于过去的研究;相关过去均须现身于当前,这一过程必然受当前视域的格式化,从而进入待选状态。

故此,整体和泛时意义上的系统范式,具有一种认识论地位。这是一种特色突出的理论意识形态,从功能视角研究语言使用,更多地遵循着'描写—人种学'的语言观(人类学、文化、交际、行为特点、语义导向、变体性、资源性、修辞性、选择性),秉承普罗泰戈拉—柏拉图惯例,而非始于亚里士多德的'哲学—逻辑学'传统(但不尽然,见 Halliday 1977)。系统功能语言学涉及的是一种同时关注先导性与实例化的张力性辩证哲学:一方面是先导性的系统,一种源自实例、经过逐步累积而存在于长时记忆中的主体(见后文韩礼德有关阐述);另一方面是实例性、类比性、归纳性、自下而上的反先验立场(见 Kuhn 1962/1996)。这是一种"论辩形式"(form of argumentation),甚至可以说是一种思想和行动方式。因而,它让人总是清醒于一个语言学工作者的职责:站在系统的当口,从种系发生和个体发生的角度回顾语言的文化历史背景,但着眼于语篇话语发生的实例性过程。笔者认为这正是系统功能语言学又称适用语言学的一个认识论前提。此外,从弗斯关于身体的作用看,系统功能语言学在这一点上跟体验主义的身体观具有相同的意识形态出发点,或者说拥有相同的学术理念(对比 Firth 1957a 和 Lakoff & Johnson 1999),我甚至认为后者需要韩礼德的种系发生思想来做进一步支持,因为体验哲学发端于人际性的互动经验,仅与系统功能语言学的个体发生视角相当,缺乏更为开阔的种系发生视野(另见 Firth 1957d)。

由于缺乏深层次的阐述和交流,更因为各自的立足点,学界对系统功能语言学中已经成形的、具有相应优势的相关方法论立场,并没有给予应有重视。这是理论研究为了自身特色进行疆域划界、导致整体思考缺失而出现的条块分割弊端。

4. 系统功能语言学研究中的辩证思想与互动性原则

其实,辩证法是一体化(整体)思想应用于语言研究的又一视角。这一原则不仅关注对立因素,更多的是中间状态,尤其是基于各项之间的互动性与动态性。这一点体现在系统功能语言学的整体模型设计与元话语范畴拟构上。

当然,辩证法对西方学者来说并不陌生,相关认识从古希腊就开始了,如亚氏著作中明确提到的"多寓于一"与"一包含多"的思想;这在黑格尔那里达到了顶峰。当代西方学术流派进行的诸多尝试,结果只能是从不同角度进一步演示了辩证法的强大解释力。而中国的辩证法思想可以追溯到公元前 6 世纪;尤为重要的是,它已经变成了普通中国人的日常思维方式(Fung 1948:1-6)。换言之,辩证法思想贯穿于整个中国思想史;对于学者而言,它是接受学术训练的启蒙途径;韩礼德青年时期在中国待过三年,既有在北京这样的传统文化大都市的生活经验,也有对胡同方言、对兰州和广州乡间方言的调查阅历,两位中国导师又都是中国传统语言学和传统中国文化大师(可见罗常培 2008;王力 1984),韩礼德在这样的环境下学习而不受影响是难以想象的。

在此,我们先回顾一下中国传统道学的有关思想。老子在《道德经》第 42 章指出:"道生一,一生二,二生三,三生万物。万物负阴而抱阳,冲气以为和。"这个被广泛引用的话段,包含着一个有关'道'的和合多元观与一体性假说。

这一思想贯穿于韩礼德著作始终,这就是他调侃过的"魔法数字 3"。

其典型个案是系统功能语言学的扩展模式(Halliday 1995b/2005a；对比 Halliday 1975b/2003：77，1978)。语言使用的实例化过程包括三个阶段：(一)经由互文性和发展累积而成的系统，具有离线特点；(二)激活相关次系统，即语域性的语篇类别，使相关离线成分进入在线状态；(三)语篇生成过程。

这种三阶段方案让人想到的是传统中国哲学中的相关意识形态思想。在中国文化中有一对跟'阴'和'阳'相关的对立范畴，即'体'和'用'。'体'即本体、本质，某种基础、基本、内在和首要的东西；'阳'指行动、实践、运用，是某种外在、次要的东西。没有体就不可能有用；而缺乏用，体便没有意义。这一点与系统—实例二分原则基本对应。

不过，这样的两个对立项易于僵持抵触；而中国佛学的世界观可以解决这个问题。后者持三分立场：体、相、用，即在体和用之间补入一个过渡性范畴。这里，体指具有稳定特点的最高真理，或称本体；相即感官可以感知的现象。因为有相，所以有用。例如，镊子通常是专业人员用来夹东西的，它从本源上讲就是为此而设计制造的，这就是镊子的相。但你也可用镊子开启上了锁的门窗，或者暂时用来垫东西，甚至刺杀，这就是镊子之用。

对比这种三阶段思想和系统功能语言学的实例化模型，两者无论是出发点还是操作路径，都基本一致。一方面，语言系统具有"元稳定性"(metastable)：通过使用累积的语言成分进入系统，成为一种基于"常变"(constant change)与"常变成"(constant becoming)的体：它"通过演进方式维系自身，途径是常变的过程性"；另一方面，正是在这里，语言作为一个"开放系统"，以动态性进入具体的操作位(Halliday 1987/2003：119—122)。因此，当一个语篇类别进入使用状态时，其功能便随即确定。如果是叙事语篇类型进入待选状态，故事文本便据此生成；与此相反，一个语篇也可以揭示它沿用的语篇类别(Halliday 2002a：10)。

总之，语言系统成分源自于语言使用的累积过程，而一旦累积成功便会形成长时记忆，成为再次使用的资源。由此可见系统概念的非先验性。此外，它们不但不会因为使用而耗尽，而是越用越丰富，从而彰显语言意义再生的人类学价值。

这个前提下的实例化正是人们运用语言生成意义来构建现实、而非反映现实的过程,因为它可以用来识解经验、确立人际关系、创制现实的符号水平(Halliday 1992/2003)。语篇类别介于系统和实例之间,具有次系统和概率特点,因此,上述方法可以避免以下问题带来的不足:(一)机械观、还原论甚至原子论,从而将高层次的研究目标下调到低层次目标、把整体缩减为部分、把复杂系统处理为简单关系(可见 Matital 2001;对比 Halliday 1961/2002a:65);(二)意义构成的拼合观(compositionality):一个语言单位的意义是各组成部分意义之和。后一观点一般认为源自现代逻辑学创始人弗雷格(Gottlob Frege);但它早在公元前 7 到 6 世纪印度的《词诠》(*Nirukta*;Matital 2001)以及后来古希腊的《泰阿泰德篇》(*Theaetetus*;Plato 1999)中就出现了。

另一个应用事例则是元功能思想:"实质性地介入语言使用所有方面的意义潜势领域"(Halliday 1978:47)。如果我们把语言看作'道',那么概念和人际就是并行的一与二,语篇则是三。它们可以含盖语言使用的所有方面。《道德经》同时指出:二是平常之数,只有三才是集大成者,这一点形象地体现了三个元功能的内在关系。概念功能指语言功能的一个核心维度,"关注'内容'表达";人际功能"使用语言来建立、维系社会关系";语篇功能则将"自身与所处情景特征相关联"(Halliday 1970/2002a:174-175)。第三个元功能不仅可以将前二者联系起来,还能在话语过程中将它们带入现实,所以又称"能使功能"(enabling function;Halliday 1978:50):"使概念与人际意义的流动共同推进——并以同一原理制约它们免于分离"(Halliday 2001/2003:277)。没有第三个元功能,前两者仅仅是一种理想化的抽象概念;只有当三者协同工作,语言才能发挥应有的社交作用。

当韩礼德将我们带到"只把语言看作一种系统思考"的范围之外时,他总结了三个"主要视角":"作为知识的语言""作为行为的语言"与"作为艺术的语言";三者的出发点是"作为系统的语言";各种跟语言相关的学科才能依此而自行其道(Halliday 1978:10-11)。从'道'的动态思想推衍而来的原则,再一次呈现到我们面前:"作为系统的语言"位居中心,其他三者在外围。但需留意,语言系统存在于后三者之中,语言与三元功能之间也是同一关系,这就是语义层的意义'主旨'与词汇语法层关于意识的'语词'(word)、'共现'(phenotypes)与'隐生'(cryptotypes)三个层次的关系。这种抽象寓于实例的基本思想遍布于弗斯的论述,跟父子分离情形大异其趣(Halliday 1987/2003:126-127;对比 Barthes 1967)。

其他事例包括及物性的三个主要成分(过程、环境、参与者),以及其中的三个主要和次要过程类别(物质、心理、关系;言语、行为、存在),关系过程的三个次类(包孕、环境与属有),语态三相(中动、主动、被动),词类三分(名词性、动词性与副词性)、小句三类(动词/名词、作格/被动/主动、完成/非完成/未完成)(Halliday 1957/2002a:28);情态连续体的三个代表性价值阶(高中低),复句扩展三类(详述、延伸、增强),投射三类(汇报、思想、事实),基本声调三种(调1,2,3),语言三层次(语义、词汇语法和音系),语法范畴三阶(级阶、说明阶、精密度阶;Halliday 1961/2002a)等等。这一点似乎变成了系统功能语言学模型建构的潜在准则。

不过,韩礼德并不受此所限。系统功能语言学中的二元对立项也常见,如成分与选择,可意指(can mean)与可做(can do),潜在与实在,体现与实例化,语法与词汇,有机体内部与有机体之间,实用与理性功能(pragmatic and mathetic functions)。然而,这些成对范畴跟索绪尔僵硬的二分法则并不同质,诸如联想与组合、共时与历时、语言与言语、能指与所指。在系统功能语言学中,相关成对范畴大都具有互动性,彼此之间无明确分界(见 Halliday 2008)。再者,系统功能语言学中还存在其他数字,如意义系统涉及的四个等级性与套叠式复杂范畴:物理、生物、社会、符号(Halliday 2003:2-4;对比 Popper 1972:106;Leech 1983:51)。但这些都源自整体观,而互动特点使构成要素获得了动态价值。

在上述情形中,辩证思想俯拾即是。例如,在成人世界里有语言与反语言,后者被描述为:"一种反语言跟一种反社会,在很大程度上和一种语言跟一个社会一样,均具有相同关系"(Halliday 1978:164)。对于社会人来说,语言以功能变体(diatypic;使用)和方言变体(dialectal;使用者)的面目出现(Halliday 1978:35,225)。从方法论看,存在析取与合取的对立互补,甚至有连续体;还有语域性的语场、语旨和语式以及语义性的概念、人际和语篇特征互补对立(Halliday 1978:114-117)。在有语言介入的社会化过程中,有个体与群体的互动(Halliday 1978:14-15)。从使用语境看,"社会、语言和心灵密不可分:社会创造了心灵,心灵创造了社会,而语言作为调停者和隐喻手段,则为两种过程服务"(Halliday 1975b/2003:90)。

上面提到了"语言行为"问题,这很容易让人联想到美国的机械结构主义路线;但韩礼德明确指出:"行为主义模型无法解释语言互动甚至语言发展。"(Halliday 1978:54)作为行为的语言与作为知识的语言看似对立,其实兼容,本质上彼此并生互补:"把语言行为看作一种知识,不仅可能,在当今人们称为'社会语言学'的学科中也十分常见;所以,尽管一个人的注意力集中在语言的社会侧面、在生物体之间作为交际的语言上,但他仍然会问及一个有关生物体内部的问题:个体如何知晓以这种方式行事?我们可以称之为心理社会语言学(psychosociolinguistics):这是从内部机制的角度看待有机体的外部行为的,前者制约后者。"(Halliday 1978:13)这一点体现了韩礼德的中庸观,与弗斯相似,在操作上也都选择了社会学的路径。此外,他关于"儿童语言发展"的"互动视角"也与这里的认识一致。从社会符号行为看,它们之间的对话性建设"从定义上"就是互动性质的:"我们通过跟同类交谈与倾听而了解他们;他们使用同样的自然语言为我们提供反馈信息。"(Halliday 1987/2003:116)

5. 系统功能语言学研究的一些重大选题

前面提到,我们需要一篇专题论文从理论上来阐述泛时语言观,基础是系统功能语言学的系统概念;其实,基于上面讨论的议题,我们还有一些重要课题需要大家共同思考。

早在上个世纪70年代,韩礼德根据叶尔姆斯列夫和弗斯的认识,阐述了作为实例单位的语篇思想(Halliday 1978)。在此基础上,马丁(Marin 1992)将"语篇是一个社交语义单位"的认识,解释为一个具有时空格局的结构单位和组织体(texture),故称语篇结构,并从多元功能的角度给予了演示。此后不久,韩礼德便提出了系统功能语言学的扩展模式,涉及"作为意义的语篇"(text as meaning)与"作为措辞的语篇"(text as wording)两个重要概念,后者尤其受人瞩目;他进而通过范畴化的方式明确区分了语言系统和语言实例,中间是语域统领的语言次系统,即语篇类别(见前文;Halliday 1995b/2005a)。对比韩礼德先前的一系列论述,词汇语法层的上限是句(小句和复句;如 Halliday 1961/2002a;Halliday & Hasan 1976),而现在出现了一个复合性的语篇概念:同时为意义与措辞。

早先,弗斯根据叶尔姆斯列夫的有关论述毫不含糊地说:意义是形式的意义,形式是意义的形式:"形式—语词绝不是空壳"(Firth 1957c:103);"'语言形式'在语法和词汇层面具有意义,这样的'意义'是由语法系统中的形式关系决定的"(Firth 1957a:227);他甚至认为:"没有形态就没有语义","语义学就是语法和词法,或者语法和词法就是语义学"(Firth 1957b:15)。

这一点为韩礼德继承;但以此反观马丁的处理方案人们会发现,他所分析和阐述的语篇对象,实则是韩礼德意义上的词汇语法的组织过程,正是韩礼德说的"作为措辞的语篇",因为"作为意义的语篇"关注的是一个整合性的社交语义单位,是话语过程潜在的交际主旨,是可以从语义系统选择中归纳出来的、在时空维度上不断延伸的措辞背后的支配性因素。所以,如果坚持韩礼德的语义概念,那么马丁所演示的实际上是词汇语法的上限级阶,而非整合性的社交语义单位。我们可以把两种模式通过示意图的方式来加以比较。两种模型涉及同样的思想,但内涵有别:小句及以下级阶是结构性的;句以上的语篇是组织性的;复句两者兼具。三者分别用实线、虚线和半实半虚线条表示。

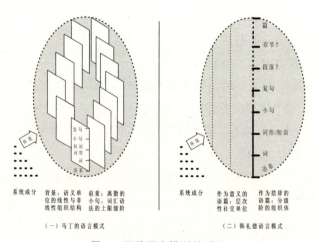

图 1　两种语言模型的对比

据此,我们就有一系列理论选题需要认真对待。

首先,'语篇'的外延究竟是什么?针对"作为意义的语篇",我们该如何识别?这是一个需要论证的课题。且看一个初步尝试。笔者在分析碧野《天山景物记》后确立了三个层次的社交语义主旨:前景化的表层"鉴赏:赞美天山",由此引发的是"情感:愉悦",而最底层的是"判断:对时代的歌颂";因此,该语篇至少涉及两个背景化的社交语义单位,而前景化的组织体则应该是'作为措辞的语篇',因为它们是词汇语法的实例性组织。我们对《廊桥遗梦》的分析结果是:(判断+鉴赏:对男女主人公彼此吸引的外貌与行为的评价)→情感(意愿+愉悦:需要对方的意愿以及相处的愉悦心理)→(意愿性+恰当性判断:分离后的痛苦带来的彼此渴望+作者对他们遵守传统伦理这一恰当性的褒扬)。这里的后两个层次也是背景化的社交语义单位(彭宣维 2014)。这个议题需要专题性的深入讨论。

再者,如果有'作为意义的语篇'与'作为措辞的语篇',是否还有"作为语音的语篇"与"作为书写的语篇"?学界已有语篇音系学(如 Gibbon 1984;Wichmann 2001),是否也应该有书写组织而成的语篇特征或语篇书写学?

其次,人们迄今已经指出了语法隐喻(Grammatical Metaphor)的纵向研究范围,包括概念、人际和语篇(如 Halliday 1984,1994b;Thompson,2000/2004;Simon-Vandenbergen et al 2003);但相关现象还停留在句级阶(小句和复句)。鉴于语法隐喻是从语义性的成分选择到词汇语法性的语篇措辞,所以从逻辑上讲语法隐喻不仅包括人们已经讨论过的句子现象,还应该涉及词和篇,即选择的结构化和组织化应当关注任何隐喻现象,包括从词到篇的整个连续体。认知语义学的议题主要是词汇隐喻:虽然莱可夫和约翰逊认为隐喻主要是认知思维的,但他们同时认为思维和语言一体,语言结构就是认知结构(见 Lakoff & Johnson 1980)。这一点符合萨丕尔-沃夫假说,后者正是韩礼德的语言—思维观的直接来源,所以这里没有任何冲突。此外,有人对语篇隐喻进行了探讨,这也应该成为语法隐喻的关注范围。总之,条件已经成熟,我们希望看到相关专题讨论。

第三,就情景语境而言,马林诺夫斯基把它看作一个"社交过程",是事件序列,言语在其中占据核心地位(Malinowski 1923);弗斯所有不同,认为它是一个相对稳定的图式结构,支配语言事件,"它是不同于语法范畴的、另一个层次上的一组相关范畴,具有相同的抽象度",从而关注"A. 相关参与者特征:人、个性,又涉及参与者的言语行为和非言语行为;B. 相关对象;C. 言语行为的效果"(Firth 1957d:182)。这更接近马林诺夫斯基对文化语境(context of culture)的认识(Malinowski 1935),后者与萨丕尔和沃尔夫的系统观基本一致(且见 Halliday 1991/2007a)。对比分析表明,韩礼德基本上采用了马氏的动态、实例化情景语境观,但做了进一步阐述,尤其是在系统功能语言学框架内的范畴化工作,包括语域和方言两个实例性范畴(见 Halliday 1978),只是方言如何影响多元语义功能的词汇语法关系,还未见报道。马丁则继承了弗斯关于静态的、体制化的情景语境观,并将巴赫金的语类概念作为文化的语言体制部分放到系统性的情景语境之上、意识形态之下(Martin 1999)。可见,他同时以分层的方式把马氏的文化语境、弗斯的情景语境以及萨丕尔和沃夫的文化语境观作为系统概念处理。如果坚持系统与实例分列,也认可巴赫金意义上的语类概念,那么作为实例的情景语境可与作为系统(制度)的语类对应;人类的言语和非言语行为则可看作意识形态(韩礼德说的'行为潜势';Halliday 1978:13)的实例化符号表征。我们可以换一种方式来表述韩礼德的语境和语言层次模型。

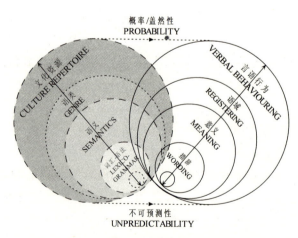

图 2　语言层次及其系统与实例

依据同一标准,评价人际意义涉及的语言现象其实也是词汇语法性质的,只是马丁等人的工作主要集中在词汇上(但介入涉及句子现象)。事实上,从某些特定的句子结构类型具有评价功能的事实(如 Hunston & Francis 2000; Hunston & Thompson 2000; Hunston 2013)可以推知,评价意义也可以通过从语素到语篇的整个连续体来体现,从而生成有关评价意义的一致式(铭刻)和隐喻式(引发)。笔者意识到,评价语义的词汇语法现象可以纳入韩礼德关于情态范畴,即在情态化和意态化之外确立相关词汇语法次范畴,这也符合情态的基本定义:肯定与否定、积极与消极之间过渡现象。从语境看,评价元功能的文化语境范畴可以确定为价值观念,这一点胡文辉(2010)已经给予了阐述,至少从评价范畴的来源看可以做出这样的思考。此外,系统功能语言学之外的学者,尤其是霍恩(如 Horn 1989)在语用学框架内进行的意义等级探讨,揭示了相应的经验特征阶(级差关系),即情态和归一度针对的有关语言现象同时具有经验和人际意义。图3是相关示意图。

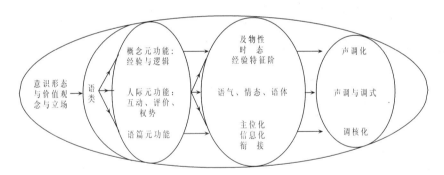

图3 文化语境、情景语境及语言的层次体现模型

除了互动/言语功能(→语气)和评价(→情态)之外,语言还有第三个人际功能次范畴:权势(→语体)。韩礼德在《作为社会符号的语言》第8章对此有初步论述,并在随后第9—13章多次提及。其实,在该书中韩礼德区分了两种语言变体。一种是与语篇意义联系在一起的语域概念,即由使用场合决定的语言变体(语义);另一个是社会变体:由城市言语社团决定的语言异质性和多样性。"在等级社会结构中,这(异质性)是我们文化的特点,我们赋予语言变体的价值,是社会价值,变体是社会结构的符号表达",是"社会的索引"。他举的例子是 I saw the man who did it, but I never told anybody(我看见那人做了这件事,但我从未告诉过任何人)与 I seen the bloke what done it, but I never told nobody(我瞅见那家伙干这事儿来着,可我从没跟人提起过)。据韩礼德,这种'高值'与'低值'变体就是语体①:"说话人可以在正式语境中使用高值变体、在非正式语境中使用低值变体;让我们把这种匹配叫做一致型。但它也可使用非一致型,即在语境确立的标准之外使用。这样做能获得一种前景化效果,根据不同环境可以是幽默的、令人吃惊的、嘲弄性的,或许多其他情形。这一实施方式的重要性在于:这样的变体是有意义的。一个特定实例中的一个特定选项的意义,是整个复杂环境因素的一个函数,这些环境因素一起在某种层面上决定体现相关社会体制的意义交换。"(Halliday 1978:156)我们发现,语体背后正是权势语义系统,其间是体现与被体现的关系:权势→语体。

这里同样涉及一大类语言和非语言现象需要深入探讨。例如,上面引述的例子是小句级阶的;下面这个连续体是词汇级阶的:Intelligent vs. brilliant vs. talented vs. wise vs. apt vs. bright vs. shrewd vs. clever vs. smart vs. witty vs. quick vs. sharp vs. brainy(均为体现高智商的成分,表达的是连续的,甚至相互覆盖);马丁已经以"权势语法"(Power Grammar)为题从语法隐喻的角度说明其权势性(Martin 2012);我们可以据此探讨语篇级阶和语篇类别的权势体现方式,由此观察语体变异幅度。这是又一个重大选题(彭宣维 2006/2010)。

最后,从索绪尔到叶尔姆斯列夫、到弗斯、最后到韩礼德,都没有否认语言的心理维度。韩礼德指出:"系统有赖于记忆:有赖于每一个说话人铭刻在大脑中的内容,尤其是共享记忆,从而确保一定数量的、切实可行的不同说话人——大脑具有足够的共享基础,连续而无断裂。共享的不仅包括语法和语音系统网络,还有量化类型——我一向主张的盖然性模式,

---

① 这个术语和文体学使用的 style 系不同概念;汉语拟分别使用"语体"与"文体/风格"相区别。韩礼德意义上的语体实例也见 J. F, Firth (1957d:182)关于伦敦东区土话与正式英语的对比句:Ahng gunna gi' wun fer Ber'. / I'm going to get one for Bert.

即上述系统自身的内在特征。"(Halliday 2008:15;对比上文所引叶氏的相关论述)我们认为,语言研究发展到今天,也正是时候将语言的社会性及其认知加工过程同时纳入系统功能语言学的研究范围,两者是同一现象的不同侧面:认知是社会的认知,而社会是认知的社会(Zerubavel 2004)。正如韩礼德所说,生物体之间与生物体内部两个视角是互补的(Halliday 1978:12—16)。接下去就只是操作方式问题了。但我们可以只在理论层面、从模式建构的适用性角度给予阐述即可,做具体语篇分析时可以采用既有方法;这一点在有关新型教材建设时可以充分考虑。

纵观《韩礼德文集》我们可以看到,在系统功能语言学的整体模型建构完成之后,韩礼德的主要工作是局部精加工;一个人的精力有限,我们不可能指望他在各方面都十全十美,但他确立的基本范式思想为我们提供了足够的原动力,从而让我们沿着他已经开拓的事业方向"拾级而上"。

参考文献

Austin, J. 1962. *How to Do Things with Words*. Cambridge, Mass.: Harvard University Press.《如何以言行事》,杨玉成、赵京超译。北京:商务印书馆,2013年。

Barthes, R. 1968. The death of the author. In H. Adams & L. Searle (eds.) *Critical Theory Since Plato* (3rd edn). Singapore: Thomson Wadsworth; Beijing: Peking University Press, 2006: 1256—1258.

Birch, D. 1988. Expanding semantic options for reading early modern English. In D. Birch & M. O'Toole (eds.) *Functions of Style*. London & NY: Pinter, 157—168.

Bloomfield, L. 1933. *Language*. New York: Holt. Reprinted by Foreign Language Teaching and Research Press, Beijing, 2002.

Bühler, K. 1934/1990. *Theory of Language*. D. F. Goodwin (trans.). Amsterdam: Benjamins.

De Saussure, F. 1916. *Course in General Linguistics*. R. Harris (trans.). London: Gerald Duckworth & Co., 1983.《普通语言学教程》,高名凯译。北京:商务印书馆,1999年。

Firth, J. R. 1957a. General Linguistics and descriptive grammar. In *Papers in Linguistics 1934—1951 by J. R. Firth*. Oxford: Oxford University Press,

216—228.

Firth, J. R. 1957b. The technique of semantics. In *Papers in Linguistics 1934—1951 by J. R. Firth*. Oxford: Oxford University Press, 7—33.

Firth, J. R. 1957c. A synopsis of linguistic theory, 1930—55. *Studies in Linguistic Analysis (Special Volume of the Philological Society)*. London: Blackwell, 1—32. 选入刘润清等编《现代语言学名著选读》(下)。北京：中国科学出版社，1988年第86—120页。

Firth, J. R. 1957d. Personality and Language in society. In *Papers in Linguistics 1934—1951 by J. R. Firth*. London: Oxford University Press, 177—189.

Fung, Y. （冯友兰）1948. *A Short History of Chinese Philosophy*（《中国哲学简史》）. D. Bodde (ed.). New York: The Free Press.

Gibbon, D. & H. Richter (eds.). 1984. *Intonation, Accent and Rhythm: Studies in Discourse Phonology*. Berlin & NY: De Gruyter.

Halliday, M. A. K. 1956. Grammatical categories in modern Chinese. *Transactions of the Philological Society*, 177—224. Reprinted in M. A. K. Halliday, 2006: 209—248.

Halliday, M. A. K. 1957. Some aspects of systematic description and comparison in grammatical analysis. *Studies in Linguistics Analysis, Special Volume of the Philological Society*. Oxford: Blackwell, 54—67. Reprinted in M. A. K. Halliday, 2002a: 21—36.

Halliday, M. A. K. 1959. *The Language of the Chinese "Secret History of the Mongols 元朝秘史"*. Oxford: Blackwell. Reprinted in M. A. K. Halliday, 2006: 5—171.

Halliday, M. A. K. 1961. Categories of the theory of grammar. *Word* 17(3): 242—292. Reprinted in M. A. K. Halliday, 2002a: 37—94.

Halliday, M. A. K. 1964. Systemic networks, manuscript for a course on the description of English at the University of Indiana. First published in G. R. Kress (ed.) *System and Function in Language*. Oxford: Oxford University Press, 1976: 101—135. Reprinted as "Appendix to section one" in M. A. K. Halliday, 2002a: 127—151.

Halliday, M. A. K. 1966. Some notes on 'deep' grammar. *Journal of*

Linguistics 2(1): 57—67. Reprinted in M. A. K. Halliday, 2002a: 106—117.

Halliday, M. A. K. 1967—1968. Notes on transitivity and theme in English (parts 1—3). *Journal of Linguistics* 1967 (3): 37—81; (4): 199—244; 1968 (4): 179—215. Reprinted in M. A. K. Halliday, 2005a: 5—163.

Halliday, M. A. K. 1969. A brief sketch of systemic grammar. *La Grammatica*; *La Lessicologia*. Roma: Bulzoni Editore. Reprinted in M. A. K. Halliday, 2003: 180—184.

Halliday, M. A. K. 1970. Language structure and language function. In J. Lyons (ed.) *New Horizons in Linguistics*. Harmondsworth: Penguin, 140—165. Reprinted in M. A. K. Halliday, 2002a: 173—195.

Halliday, M. A. K. 1975a. *Learning How to Mean: Explorations in the Development of Language*. London: Elsevier.

Halliday, M. A. K. 1975b. The context of linguistics. In F. P. Dinneen (ed.) *Report of the Twenty-fifth Annual Round Table Meeting on Linguistics and Language Studies*. Washington D. C.: Georgetown University Press, 179—197. Reprinted in M. A. K. Halliday, 2003: 74—91.

Halliday, M. A. K. 1977. Ideas about language. *Occasional Papers I (Applied Linguistics Association of Australia)*, 32—55. Reprinted in M. A. K. Halliday, 2003: 92—115.

Halliday, M. A. K. 1978. *Language as Social Semiotic: the Social Interpretation of Language and Meaning*. London: Edward Arnold.

Halliday, M. A. K. 1980. Systems of the English clause: a trial grammar for the Penman text generation project. Information Sciences Institute, University of Southern California. Reprinted in M. A. K. Halliday, 2005a: Appendix 268—284.

Halliday, M. A. K. 1981. The origin and early development of Chinese phonological theory. In R. E. Asher & E. J. A. Henderson (eds.) *Toward a History of Phonetics*. Edinburgh: Edinburgh University Press, 123—140. Reprinted in M. A. K. Halliday, 2006: 275—293.

Halliday, M. A. K. 1984. Grammatical metaphor in English and Chinese. In B. Hong (ed.) *New Papers on Chinese Language Use*. Canberra: Australian National University, 9—18. Reprinted in M. A. K. Halliday, 2006: 325—333.

Halliday, M. A. K. 1985. Systemic background. In J. D. Benson & W. S.

Greeves (eds.) *Systemic Perspectives on Discourse* (*vol.* 1): *Selected Theoretical Papers from the Ninth International Systemic Workshop*. NJ: Ablex, 1－15. Reprinted in M. A. K. Halliday, 2003: 185－198.

Halliday, M. A. K. 1987. Language and the order of nature. In N. Fabb, D. Attridge, A. Durant & C. MacCabe (eds.) *The Linguistics of Writing: Arguments between Language and Literature*. Manchester: Manchester University Press, 135－154. Reprinted in M. A. K. Halliday, 2003: 116－138.

Halliday, M. A. K. 1991. The notion of 'context' in language education. In T. Lê & M. McCauslad (eds.) *Language Education: Interaction and Development*. Launceston: University of Tasmann Press. Reprinted in M. A. K. Halliday, 2007a: 269－290.

Halliday, M. A. K. 1992. The history of a sentence. In V. Fortunati (ed.) *Bologna: La Cultura Italiana e le Letterature Stterature Straniere Moderne*, *Vol.* 3. Angelo Longo Editore: Ravenna, 29－45. Reprinted in M. A. K. Halliday, 2003: 355－374.

Halliday, M. A. K. 1993a. Quantitative studies and probabilities in grammar. In M. Hoey (ed.) *Data, Description and Discourse: Papers on the English Language in Honour of John M. Sinclair on His Sixtieth Birthday*. London: HarperCollins, 1－25. Reprinted in M. A. K. Halliday, 2005a: 130－156.

Halliday, M. A. K. 1993b. Language in a changing world. *Occasional Papers* 13: 62－81. Reprinted in M. A. K. Halliday, 2003: 213－231.

Halliday, M. A. K. 1994a. Appendix: systemic theory. In R. E. Asher (ed.) *Encyclopedia of Language and Linguistics*, *Vol.* 8. Oxford: Pergamon Press, 4505—4508. Reprinted in M. A. K. Halliday, 2003: 433－441.

Halliday, M. A. K. 1994b. *An Introduction to Functional Grammar* (2nd edn.). London: Edward Arnold.

Halliday, M. A. K. 1995a. On language in relation to the evolution of human consciousness. In S. Allén (ed.) *Of Thought and Words*. London: Imperial College Press and the Nobel Foundation, 45－84. Reprinted in M. A. K. Halliday, 2003: 390－432.

Halliday, M. A. K. 1995b. Computing meaning: some reflections on past experience and present prospects. Paper presented at the 2nd Conference of the Pacific

Association for Computational Linguistics, Brisbane, 19—22 April, 1995. Reprinted in M. A. K. Halliday, 2005a: 239—267.

Halliday, M. A. K. 1998. Things and relations: regrammaticizing experience as technical knowledge. In J. R. Martin & R. Veel (eds.) *Reading Science: Critical and Functional Perspectives on Discourses of Science*. London & NY: Routledge, 185—237. Reprinted in M. A. K. Halliday, 2004b: 49—101.

Halliday, M. A. K. 2001. Is the grammar neutral? Is the grammarian neutral? In J. de Villiers & R. J. Stainton (eds.) *Communication in Linguistics, Vol. 1: Papers in Honor of Michael Gregory*. Toronto: Editions du Gref, 1—23. Reprinted in M. A. K. Halliday, 2003: 271—292.

Halliday, M. A. K. 2002a. *On Grammar, Volume 1 in the Collected Works of M. A. K. Halliday*. J. Webster (ed.). London: Continuum.

Halliday, M. A. K. 2002b. *Linguistic Studies of Text and Discourse, Volume 2 in the Collected Works of M. A. K. Halliday*. J. Webster (ed.). London: Continuum.

Halliday, M. A. K. 2003. *On Language and Linguistics, Volume 3 in the Collected Works of M. A. K. Halliday*. J. Webster (ed.). London: Continuum.

Halliday, M. A. K. 2004a. *The Language of Early Childhood, Volume 4 in the Collected Works of M. A. K. Halliday*. J. Webster (ed.). London: Continuum.

Halliday, M. A. K. 2004b. *The Language of Science, Volume 5 in the Collected Works of M. A. K. Halliday*. J. Webster (ed.). London: Continuum.

Halliday, M. A. K. 2005a. *Computational and Quantitative Studies, Volume 6 in the Collected Works of M. A. K. Halliday*. J. Webster (ed.). London: Continuum.

Halliday, M. A. K. 2005b. *Studies in English Language, Volume 7 in the Collected Works of M. A. K. Halliday*. J. Webster (ed.). London: Continuum.

Halliday, M. A. K. 2006. *Studies in Chinese Language, Volume 8 in the Collected Works of M. A. K. Halliday*. J. Webster (ed.). London: Continuum.

Halliday, M. A. K. 2007a. *Language and Education, Volume 9 in the Collected Works of M. A. K. Halliday*. J. Webster (ed.). London: Continuum.

Halliday, M. A. K. 2007b. *Language and Society, Volume 10 in the Collected*

Works of M. A. K. Halliday. J. Webster (ed.). London: Continuum.

Halliday, M. A. K. 2008. *Complementarities in Language*(《语言的并协与互补》)。北京:商务印书馆。

Halliday, M. A. K. & J. O. Ellis. 1951. Temporal categories in the modern Chinese verb. Unpublished paper. Printed in M. A. K. Halliday, 2006: 177—208.

Halliday, M. A. K. & R. Hasan. 1076. *Cohesion in English*. London: Longman.

Hjelmslev, L. 1943. *Prolegomena to a Theory of Language*. F. J. Whitfield (trans.). Madison: University of Wisconsin Press, 1961.

Hjelmslev, L. 1948. Structural analysis of language. *Studia Linguistica* 1: 69—78.

Hockett, C. C. F. 1954. Two models of grammatical descriptions. *Word* 10: 210—234.

Horn, L. 1989/2001. *A Natural History of Negation* (2nd edn.). Chicago: University of Chicago Press.

Hunston, S. 2013. Corpus Approaches to Evaluation: Phraseology and Evaluative Language (Routledge Advances in Corpus Linguistics). London: Routledge.

Hunston, S. and G. Francis. 2000. *Pattern Grammar: A Corpus-Driven Approach to the Lexical Grammar of English*. Amsterdam: Benjamins.

Hunston, S. & G. Thompson. 2000. *Evaluation in Text: Authorial Stance and the Construction of Discourse*. Oxford: Oxford University Press.

Jakobson, R. 1956/1990. The speech event and the functions of language. In L. R. Waugh & M. Monville-Burston (eds.) *On Language by Roman Jakobson*. Cambridge, Mass.: Harvard University Press, 69—79.

Joos, M. 1950. Description of language design. *Journal of American Acoustical Society* 22: 701—708.

Kiełtyka, R. 2010. A panchronic account of equine verbal zoosemy. *SKASE Journal of Theoretical Linguistics.* (online) 7(3). Http://www.skase.sk/Volumes/JTL17/pdf_doc/03.pdf. ISSN 1339—782X.

Kuhn, T. 1962/1996. *The Structure of Scientific Revolutions* (3rd edn.). Chicago: University of Chicago Press.

Lakoff, G. & M. Johnson. 1980. *Metaphors We Live By*. Chicago: University of Chicago Press.

Lakoff, G. & M. Johnson. 1999. *Philosophy in the Flesh: the Embodied Mind and its Challenge to Western Thought*. NY: Basic Books.

Leech, G. 1983. *Principles of Pragmatics*. London: Longmans.

Malinowski, B. K. 1935. *Coral gardens and their magic* (Vol II). NY: American Book.

Martin, J. R. 1992. *English Text: System and Structure*. Amsterdam: Benjamins.

Martin, J. R. 1999. Modelling context: a crooked path of progress in contextual linguistics. In M. Ghadessy (ed.) *Text and Context in Functional Linguistics*. Amsterdam: Benjamins, 25−61.

Martin, J. R. 2012. Power grammar. Speech delivered at the 39th International Systemic Functional Congress, University of Technology Sydney, Australia, 16th−20th July, 2012.

Matilal, B. K. 2001. *The Word and the World: India's Contribution to the Study of Language*. Oxford: Oxford University Press.

Matthiessen, C. M. I. M. 1995. *Lexicogrammatical Cartography: English Systems*. Tokyo: International Language Sciences Publishers.

Mathesius, V. 1929/1983. Functional linguistics. In L. Duskova, J. Vachek & L. Duskova (selected, translated & eds.) *Praguiana: Some Basic and Less Known Aspects of the Prague Linguistic School*. Amsterdam: Benjamins, 121−142.

Peng, X. *Forthcoming*. Halliday in China: Legacies and advances from LUO, WANG and beyond. In J. Webster (ed.) *Bloomsbury Companion to M. A. K. Halliday*. London: Bloomsbury.

Plato. 1999. Theaetetus. *The Essential Plato*. B. Jowett with M. J. Knight (trans.), with an introduction by A. de Botton. NY: Quality Paperback Book Club, 1168−1178.

Popper, K. 1972. *Objective Knowledge: An Evolutionary Approach*. Oxford: Oxford University Press.

Robins, R. H. 1997. *A Short History of Linguistics*. London: Addison Wesley Longman Limited.

Simon-Vandenbergen, A., M. Taverniers & L. J. Ravelli (eds.). 2003. *Grammatical Metaphor: Views from Systemic Functional Linguistics*. Amsterdam: Benjamins.

Štekauer, P., Š. Franko, D. Slančová, L. Liptáková & J. Sutherland-Smith. 2001. A comparative research into the transfer of animal names to human beings. *View[z]: Vienna English Working Papers* 10(2): 69—75.

Thompson, G. 2000/2004. *Introducing Functional Grammar* (2nd edn.). London: Hodder Education.

Ullmann, S. 1957. *The Principles of Semantics*. Glasgow & Oxford: Blackwell.

Wichmann, A. 2001. *Intonation in Text and Discourse: Beginnings, Middles and Ends*. London: Routledge.

Zerubavel, E. 2004. *Time Maps: Collective Memory and the Social Shape of the Past*. Chicago: University of Chicago Press.

阿尔多诺著,张峰译,1973/1993,《否定的辩证法》。重庆:重庆出版社。

陈奇佳,2005,多元主义立场旨趣辨微。《江苏行政学院学报》第1期,第27—32页。

波普尔著,查如强等译,1959/2012,《科学发现的逻辑》。杭州:中国美术学院出版社。

法伊尔阿本德著,周昌忠译,1978/2007,《反对方法:无政府主义知识论纲要》。上海:上海译文出版社。

伽德默尔著,洪汉鼎译,1960/2010,《诠释学:真理与方法》。北京:商务印书馆。

高名凯,1960,《语法理论》。北京:商务印书馆。

古德曼著,姬志闯译,1978/2008,《构造世界的多种方式》。上海:上海译文出版社。

胡文辉,2010,《语言评价理论的价值哲学研究》。上海:上海外国语大学博士论文,2010年。

胡壮麟,1991,王力与韩礼德,《北京大学学报》第1期,第49—57页。

胡壮麟、朱永生、张德禄、李战子,2005,《系统功能语言学概论》。北京:北京大学出版社。

怀特海著,李步楼译,1929/2011,《过程与实在》。北京:商务印书馆。

罗常培,2008,《罗常培文集》(1—10卷)。济南:山东教育出版社。

马泰修斯(Mathesius, V.),1941,捷克语词序的基本功能,丛林译,载王福祥等编《话语语言学论文集》。北京:外语教学与研究出版社,1989年,第1—7页。

米德著,霍桂桓译,1999,《心灵、自我与社会》。北京:华夏出版社。

尼采著,周国平等译,1995,《尼采文集》。青海人民出版社。

彭宣维,2006/2010,The meaning of power: A third interpersonal sub-function of language. 第34届国际系统功能语言学大会宣读论文,2008年7月14—19日,巴西圣保罗大学。国际语篇分析研讨会暨第12届全国语篇分析研讨会大会主题发言,2011年11月12—14日,上海:同济大学。

彭宣维,2009,*An Introduction to Functional Grammar* 的"集大成"地位。《中国外语》第1期,第105—110页。

彭宣维,2014,《评价文体学》。北京:北京大学出版社。

戚雨村,1993,布拉格学派和马泰休斯的语言理论。《外国语》第5期,第49—54页。

王 力,1994,《王力文集》(1—20卷)。济南:山东教育出版社。

维特根斯坦著,李步楼译,1953/2008,《哲学研究》。北京:商务印书馆。

詹姆士著,吴棠译,1909/2002,《多元的宇宙》。北京:商务印书馆。

张 俊、彭宣维,2102,从级阶成分分析法看韩礼德对直接成分分析法的革新。《外国语文》第1期,第74—78页。

附 记

《韩礼德文集》汉译工作的启动与顺利出版,得到了有关组织和众多师友的鼎力支持。

首先我要感谢的是各位译者朋友,是他们的倾力付出成就了这一整套具有历史意义的符号体系。在这里,我要特别提到两位好友。一位是张克定教授,是他首先支持本项目的实施并第一个接手了翻译任务;看到他的决心,我才开始系统考虑具体的实施方案,他还谈到,翻译过程中遇到有些特别的措辞,思索多日未果,竟然在睡梦中获得了满意的解决方案。另一位是高彦梅教授,在先前有关卷次翻译负责人没能按时开展工作而又拖了大部分时间的紧急情况下,她慨然接手相关任务。而在审校与编辑的关键阶段,我已经疲惫不已,何中清博士和于丽博士"临危受命",全力以赴。我要借此机会向各位深深致意!

参与这项浩繁的工程,对于每一位负责人和译者来说,都是一段特殊的学术历程。起初阶段,各位负责人首先试译了有关章节。对此,本人给出了近乎苛刻的校订要求,目的是能够从译文的具体处理和术语翻译等方面获得统一标准。我想,这样做至少可以达到"取法乎上、得乎其中"的目的。在项目的实施阶段,我们还就翻译中遇到的具体问题不时讨论交流。例如,杨炳钧教授将 semiotics 处理成"意义学",因为韩礼德本人就是这样翻译的。此前本人沿用的是国内学界的通译"符号学"。但后来我意识到,"意义"可以是语言意义,也可能是非语言意义,人类视野里的任何东西均可进入符号化操作,从而进入符号系统领域；而根据韩礼德'语义—语法'一体化的基本思想，这个外延正好契合符号学的主旨，这说明炳钧对这个问题是有深入思考的。

翻译是一件十分辛苦的事，先是理解，然后需要从原文中走出来、采用汉语习惯合理表达，但汉语跟英语在词汇语法方面的思维方式差异太大，不像英语跟其他欧洲语言的距离那么接近，所以印欧语的汉译总是让人纠结。这一点各位当事人最有发言权。对于我们的译者来说，前者问题不大，毕竟各位负责人都是国内系统功能语言学研究与教学方面的领头人；对于后者，大家在翻译和校订过程中付出的艰辛劳动可想而知。

完成各卷翻译工作的时间先后不等，抽样校订虽然可以省力不少，但毕竟量大，过程缓慢而繁琐，我这里要特别请求那些早已完成任务的朋友谅解；张克定、杨炳钧、高彦梅和潘章仙诸位教授还特地写了令人感动的译后记；鉴于体例问题未能载入，特此致歉；对于译文中可能存在的疏漏，如个别术语的一致性可能终因卷次浩繁而未能彻底，恳请读者不吝批评指正。

这里有一点格式上的特别说明：单双引号在系统功能语言学中有特殊含义：通常，单引号表思想，但也用来表示概念等；双引号表言辞内容，不过有时也意味着作者对有关思想或称谓的中立甚至不赞同的立场。

本项目能够启动，得到了北京师范大学和北京市英语语言文学重点学科的经费资助——尽管选题是作为国家社科基金项目子课题纳入规划的，但作为一般项目，当时的支持力度毕竟有限；胡壮麟数年前组织翻译了第八卷，对我们来说具有示范作用；韩礼德教授、胡壮麟教授和黄国文教授最后为译文集欣然作序；北京大学出版社外语编辑室张冰主任、黄瑞明编辑以及其他各位责编在刊行面世的过程中给予了鼎力支持。在此，本人一并由衷致谢！

据悉，《韩礼德文集》第十一卷已经面世；因此还有收尾工作等着我们去做呢！

彭宣维
北京师范大学功能语言学研究中心
2014年7月24日

导　读

李战子

对婴幼儿语言的研究能帮助人们认识语言的本质,以及语言在人的发育过程中的作用。在本书中,韩礼德详尽研究了自己的儿子在九个月到两岁半之间语言能力发展的情况。他使用的方法就是用纸和笔记下他儿子奈吉尔的话语,积累成丰富的语料,从功能和语义的角度对语料进行分析。他将儿童学习母语过程分为三个阶段:第一阶段是原始母语阶段;第二阶段是原始母语到成人语言的过渡阶段;第三阶段是学习成人语言阶段。通过分析他试图验证这样一个假设:儿童是逐渐地拓展他的语言功能的。

该书的第一部分讨论婴儿和原始母语的发展。在这个阶段,奈吉尔的语言由语用性功能发展到交际和反思的功能。第二部分考察儿童语言到母语的过渡阶段。在该阶段,原始母语末期出现的实用功能与理性功能的对比被重新解读为成人语言的人际和概念元功能。在原始母语的语义和语音层面之间又增加了词汇语法层,而且随着奈吉尔语篇的语言资源开始成熟和发展,他的话语显示了更强的组篇结构。第三部分探讨了语言发展和学习中的持续过程,及其对老师和学生的意义。儿童与身边其他人(父母、老师、同龄人)的交流互动在帮助儿童构建社会现实的过程中发挥着重要作用,并且为儿童达到社会所要求的语言能力作准备。韩礼德将语言与学习的关系总结为三个层面:即学习语言,通过语言学习其他知识,学习语言本身。

第一部分包括六篇论文。在第一篇"将儿童描述成意义的存在"(1998)中,针对传统观点,即认为儿童语言发育是逐步达到一个外在的、固定的目标,韩礼德根据20年来对儿童语言发展的研究提出了创新的观点:婴幼儿是在学习如何表达意义,是在建立一种潜势,并且从本质上看,这正好和人类语言最初发展的过程相吻合。

该部分随后的五篇是韩礼德20世纪70年代中后期的论文。在第二篇"学习如何表达意义"(1975)中,韩礼德基于伯恩斯坦的研究提出了七个语言功能:工具功能、规约功能、互动功能、个人功能、启发功能、想象功能和信息功能。韩礼德通过研究奈吉尔的语言发展试图证明他的假设:即儿童的语言功能差不多以上述的顺序出现,而且信息功能肯定最后出现;在原始母语阶段这些功能是独立的,每句话只有一个功能,而掌握全部功能(可能最后一个功能除外)是向成人语言系统转变的充要条件。到第二阶段的末期,儿童语言已经进入了成人期语言,已经建立了多层多功能的系统。他已经学会了如何表达意义,接下来的语言发展在于将其意义潜势拓展到更广阔的文化中。基于伯恩斯坦的研究,韩礼德认为由于语言的功能性基础,在典型的日常情景中表达的具体意义成为儿童构建文化语境的主要来源。儿童早期对语言的使用对语言系统的本质提出了某些要求,决定了语言系统赖以组织的功能性基础,其结果是当这些早期的使用习惯变为普遍的社会语境时,语言系统能够通过它们作为文化传播的主要手段。这样,语言在社会学习的过程中开始发挥中心作用。

在第三篇"早期语言学习:一种社会语言学方法"(1976)中,韩礼德描述了奈吉尔的语言由原始母语发展到成人语言的过程。作为系统的原始母语和成人语言的区别是原始母语包含语义和语音层但不包括词汇语法层。该篇还着重论述了奈吉尔在九到十二个月之间原始母语的发展过程,他的语言功能由实用功能(得到想要的东西,提出要求)发展到使用语言互动,表达自己的思想感情。

　　将奈吉尔的语言发育解读为一个社会符号过程是第四篇"语言发育的社会符号观"(1974)的主题。奈吉尔在第一阶段习得的意义潜势使其完成独立于语言的功能,但同时在同样的过程中,他也是在为自己构建社会符号——一个文化模型,而自己是其中的一员。这样,他在学习语言的同时也是在通过语言学习文化,他所构建的语义系统成为文化传播的主要形式。

　　第五篇"童年早期的意义和现实构建"(1978)从主体间创造性来讨论语言发育。学习表达意义是一个创造的过程,由此儿童通过与周围人的互动构建一种符号潜势,该潜势使儿童接触到构成社会现实的意义。这一观点在第六篇"对话的个体发生"(1979)中得到了进一步的阐释。该篇主要讨论奈吉尔的语言发展到交换意义行为,即对话。奈吉尔使用原始母语表达非语言的行为或状态,例如"我想要那个""我们一起吧"等。而信息交换直到两岁前的一两个月才发生。

　　第二部分包括第七至十一篇论文,主要关注儿童语言发育的第二阶段和第三阶段。进入第二阶段后,实用功能与理性功能的区别渐渐消失,因为话语已经既是概念性又是人际性的了。此外,语言系统中加进了词汇语法层和语篇性。在第七篇"进入成人期语言"(1975)中,韩礼德指出:儿童在两岁末掌握成人语言系统意味着儿童已经成功地为自己构建了一个三层的符号系统,该系统的组织方式与成人语言一样。当然,这并不是说儿童已经掌握了成人语言,但是基础已经有了。第七篇还考察了奈吉尔的语言中形成语篇的资源的发展情况。他已经能通过重音表达信息焦点,这反映了他控制信息结构的能力。他大概在一岁半到两岁时发展了一些语义模式,使得语篇具有连贯性。他的语言也显示了他对于与叙述和对话相关的特定体裁结构比较敏感。

　　第八篇"发育语言学对将语言看做系统的贡献"(1980)中,韩礼德指出,儿童语言研究强烈显示了语言系统的功能性解读,这些研究可以为语言理论提供更广的背景。如果我们沿着实用功能/理性功能对比发展成成人语义结构的元功能框架这个思路,我们就能准确理解对语言的功能性要求是如何形成语言系统的。

第九篇"从儿童语言到母语的过渡"(1983)中,韩礼德认为如果从互动、功能和朝向意义或符号的观点来研究的话,从语言学观点和发育观点进行的研究会互相补充。

第十篇是"对话的本质和对话的个体发生学的系统功能性解读"(1984),韩礼德将对话看做一种社会意义的交换,看做一个符号过程,因此认为对话原则上可以由语言以外的系统实现,并举了一些奈吉尔和父母交谈的例子,还讨论了奈吉尔如何发展他的对话系统。

第十一篇"对话在儿童构建意义中的地位"(1991)进一步探讨了对话的个体发生学,阐明了语篇是如何与环境互动,以致意义在两种冲突的交叉点被创造出来;一种是概念冲突,即经验的物质模式和意识模式之间的冲突,另一种是人际冲突,即参与者不同的个人历史之间的冲突。

第三部分由五篇论文组成。第十二篇"语言的相关模型"(1969)主要提供了一种与教育相关的语言观。韩礼德描述了与教育相关的研究语言的方法,可分为两部分:一部分描述儿童自己的语言经验,从其最丰富的潜势角度定义这种经验,并注意在哪里会有差距,可能对教育和发育有害;另一部分与儿童后来的经历相关——社会对他最终的语言要求,和中间阶段学校将对语言做出的要求以及他要在班级里取得好成绩所必须达到的要求。这里所说的与教育相关的模型不是语言习得模型,而是使用者实现意图所用的语言的"形象",如前文提到的工具性、规约性等。随着儿童发展起使用语言的意识,他便逐渐成为社会人或社会符号人,周围的人则是儿童构建语言与社会符号过程中的积极参与者。

第十三篇"语言发育的社会语境"(1975)中,韩礼德描述了儿童在学习社会符号即文化的同时如何学习作为学习文化的手段——语言。学习的一个基本条件是意义的组成部分(即表达者表达意义能力的不同方面)与情景的社会符号性质之间的系统联系。奈吉尔与母亲的互动被用来展示语篇的语言特点是如何由语境特点决定的。语言的发展是一个持续学习表达意义的过程,包括两个方面的持续性:不仅是从出生到成人的发展持续,还是一种贯穿学习所有部分和过程的结构性持续。儿童出生后就开始不断无意识地认识到可以用语言做事。教育如果要强化扩展儿童的语言发展,就需要建立在这种认识上。

第十四篇"儿童语言发展的三个层面:学习语言,通过语言学习其他知识,学习语言本身"(1980)建议将课堂上的语言学习与儿童从自己经验中已经了解的语言知识相联系。

第十五篇"以语言为基础的学习理论"(1993)建议将学习理论建立在对学习时使用的语言所了解的基础上。韩礼德在直接观察儿童在家和在校使用语言的情况的基础上,确认了21个儿童语言发育的特点,这些特点对于以语言为基础的学习理论是非常重要的,例如,其中包括构建信息、表达或然性、理解抽象意义、使用语法隐喻等等。

最后一篇"语法和教育知识的构建"(1999)论述了某些儿童是如何学习语言的,或者更确切地说,是如何通过语言学习其他知识的;也就是他们如何在学习语言的同时使用语言学习其它与他们世界相关的知识。

从全书看,韩礼德对婴幼儿期的语言的研究并不是他的业余兴趣,而是他构建的系统功能语法理论的有机组成部分。他曾与英语是母语的教师一起工作,他们常常问他儿童是如何发展自己的语言能力的,韩礼德就此展开了一段深入研究,即作为参与者和观察者,用纸和笔记录了他儿子奈吉尔从九个月到两岁半的语言能力发育情况。全书各篇紧紧围绕两个目的,一是开创性地、极为细致地研究了儿童是如何逐渐通过表达意义掌握语言,一是同时试图阐释人类语言逐渐发展的过程,——既作为建构经验意义的资源,也作为激活人际意义的资源。韩礼德对奈吉尔的早期语言发展做了详尽的记录,收录在该书所附的光盘中。韩礼德关于语言发展的研究还具有教育学上的重要意义,有助于我们理解语言意义创造在教育的各个阶段中——从学龄前的聊天到学术写作——所具有的中心地位。对于社会学家、教育学家、系统功能语言学研究者以及研究语言发展的学者,这本书都具有非常重要的理论价值。

前　言

奈杰尔出生——一岁

这是伦敦11月份的一个早晨,奈杰尔出生第12天。

四天前他从医院来到家中,对这次搬家似乎感到喜悦。不过今天他一直在可怜地哭着,他的妈妈因为担心自己要为这个小生命负起责任而突然开始担心焦虑。

该给他洗澡了。她给他脱衣服,注意到他的肘弯处有一个令人担忧的肿块。

过来一下,她对我说,看看这里。就在这个时候,奈杰尔不哭了。

这是他有生以来第一个交流行为。他知道他的妈妈找出了问题所在,而这才是最重要的。

这个肿块肯定一直令他难受,至少在医生来处理之前一直如此。

不过奈杰尔没有再哭。

(个人记录)

儿童的语言可以向我们揭示许多东西:语言是什么、语言在我们人类发展过程中起着怎样的作用。韩礼德曾经和以英语为母语的英语教师一起工作,他们经常问及有关儿童如何发展运用语言的能力的问题。在这些问题的启发之下,韩礼德教授做了一个细致的调研。在调研中,他自己既是参与者也是观察者。他观察了自己儿子从九个月到两周半的语言能力发展。方法很简单——用笔记本和铅笔记录奈杰尔的话语。收集的材料十分丰富,为研究婴幼儿如何学习表意提供了多方面的启发。

语言就是运用。韩礼德教授从功能和意义为导向的视角出发收集证据,验证了这样一个假设:儿童使用语言逐渐扩展话语的功能负荷,最初只是为了得到自己想要的东西;然后是为了其他目的:规约的、互动的、个人的、想象的目的;最后是信息目的。第一部分关注婴儿和原始母语的发展。我们注意到奈杰尔的语言发展:从最初的实用的活跃的语言发展为也可以交际的和反思的语言。第二部分观察儿童语言向母语的过渡阶段。在这一阶段,出现在原始母语末期的实用功能与理性功能之间的对立被重新解释为成人语言的人际和概念元功能。在原始母语的语义和语音之间加进了词汇语法。并且,随着儿童语篇构建资源的日趋成熟和发展,儿童话语中呈现出较大的语篇组织。

语言发展是一个延续不断地通过语言学习如何表达意义的过程。第三部分探索语言发展和学习中的这种延续性及其对教师和学生的启发。儿童与他所在的世界中的其他人(父母、老师和同伴)之间的互动可以帮助他构建社会现实意识,帮助他做好准备去面对社会的语言需求。韩礼德教授自己对奈杰尔的语言发展的研究成果,揭示了语言与学习之间的紧密关联。这一点后来也从其他学者对儿童语言发展研究中不断得到印证。韩礼德教授将语言与学习之间这种关系总结为三个层面:学习语言、通过语言学习、学习语言本身。儿童在已有的语言知识(这些知识也是通过语言学到的)基础上不断构建,这一点对于改进儿童的教育成就至关重要。事实上,学习理论本身可以从儿童学习语言的过程中学到很多东西。

通过倾听奈杰尔学习如何表意,韩礼德教授向我们揭示了语言如何通过互动和自我表达动态地发展。一个幼小孩子的会话回答了教育家和语言学家有关学习和语言本质的诸多问题。数据证实了一个理论观点:功能比形式更为重要。理论的证据就在学习之中。

奈杰尔两岁—两岁半

奈杰尔两岁生日之后的第一周我们离开家,去看望住在南加州的朋友。

记录他的语言的任务已经完成。我跟踪他的意义潜势发展一直到两岁整,而这些就足够了;现在我要处理一下我所记录下的内容。

两年来一直跟着他,现在终于停下来感觉很悠闲,因此我让自己悠闲了整整一个星期——只偶尔纯粹出于习惯记录一些零散的观察。

回到普罗维登斯家中,我动摇了。每时每刻都有新意扑面而来,为什么要定一个日期停下来?或许我该继续记录一段时间,比如到年底?我发现自己又在找纸和笔了。

(个人记录)

第一部分
婴幼儿与原始母语

编者的介绍

儿童是"充满了意义的人类"。本书第一部分的第一章"将儿童描述成意义的存在"就是从这一论断开始的。这篇论文是作者过去20年潜心研究儿童语言发展的结晶,于1998年10月在莫纳什大学(Monash University)举办的"表征儿童"研讨会上宣读。韩礼德教授不同意将儿童语言发展看做"一种逐渐接近某个由外在因素设定和界定的目标的渐进过程。儿童的每一个进步都被看做实现该目标的不完美的尝试"。他认为"婴幼儿所做的是学习如何表达意义;……儿童是在建构一种潜势;而这样做的实质就是追溯语言最初的演化过程"。

这一部分后面的五章回溯到20世纪70年代中后期。当时韩礼德教授开始研究儿童语言发展。这些论文包括"学习如何表达意义"(1975)、"早期语言学习:一种社会语言学方法"(1976)、"语言发展的社会符号观"(1974)、"童年早期的意义与现实构建"(1978)以及"对话的个体发生"(1979)。这些论文详细记录了他观察一个叫奈杰尔的孩子从九个月到两岁半期间语言发展过程中的发现。在第二章"学习如何表达意义"中,韩礼德教授记录了这项有关奈杰尔语言体系发展的细致研究背后的动力——"来自于与许多英语作为母语的教师一起工作,他们总是尝试抓住教育中最根本的语言问题……他们的经验表明我们远没有理解学龄前儿童语言发展的基本模式。从较为深层的意义上讲,我们还远远不能回答'儿童是怎样学会表达意义的?'这个问题。"

基于巴兹尔·伯恩斯坦(Basil Bernstein)的研究,韩礼德教授提出了七种功能,前六种功能作为解释婴幼儿语言的基础:(1)工具功能;(2)规约功能;(3)互动功能;(4)个人功能;(5)启发功能;(6)想象功能;(7)信息功能。通过观察奈杰尔的语言发展,韩礼德教授意图检验他的假设:"这些功能会大约按照所列出的顺序出现,在任何情况下"信息功能"(最初称作"表征功能")都明显是最后出现的;在第一个阶段,这些功能的出现是分离的,每一个表达(也就是每一句话)只有一个功能;掌握所有这些功能(最后一个功能或许是例外)是向成人语言体系过渡的充分必要条件。"

他将母语学习描述为三个阶段:"第一个阶段,儿童最初的功能语言体系;第二个阶段,从该体系向成人语言过渡;第三个阶段,学习成人语言。"前两个阶段是第三章"早期语言学习:一种社会语言学方法"的主题。在这篇文章中,韩礼德教授勾画了奈杰尔的语言从原始母语向成人语言发展的步骤。作为一个系统的原始母语与成人语言的差别在于"(原始母语)包含语义和语音(或其他表达手段),中间没有词汇语法层面"。这一章还重点谈到从九个月到一周岁期间奈杰尔原始母语的发展。我们看到奈杰尔的语言使用如何从实用的积极的一端——使用语言拿到自己想要的东西(工具功能)、提出请求(规约功能)——到达交际和反思的一端——运用语言表达要待在一起的意愿(互动功能)以及表达自己的思想和感觉(个人功能)。将奈杰尔的语言发展解释为社会符号过程是第四章"语言发展的社会符号观"的主题。这两章还包括另一篇文章"一个儿童的原始母语"(1979)的部分内容。

第五章"童年早期的意义与现实构建"从主体间创造性角度探讨语言的发展。这其中,"学习如何表意是一个创造性过程,儿童在与周边人们的交流过程中构建一个意义潜势使自己能够接触构成社会现实的意义体系。"在这里作者将语言发展看作"主体间创造过程,在这一过程中儿童通过与其他具有重要意义的人们的交流——母亲、家庭、同伴、教师——来构建自己的意义系统,即我们称之为语言的措辞和表达"。这一观点在这一部分的最后一章"对话的个体发生"有更为详尽的阐述。这一章重点讨论奈杰尔的语言体系如何朝着意义交流行为或对话的方向发展。奈杰尔利用原始母语来编码非语言行为或状态,如"我想要那个""做那个""让我们在一起""我喜欢那个"或"我对那个东西好奇"。作为物品来交换的信息交流,无论是给出还是要求,直到两岁前的一两个月才开始出现。"在这一过程中符号的交换不是为了交换其他东西(物品和服务)而是真实代表交流本身"。

第一章

将儿童描述成意义的存在(1998)①

　　我使用"描述儿童"一词有两重含义,这两重含义既相互区别又相互关联。这或许也是本次大会组织者的意图。这两重含义一个是符号性和解释性:我们如何能够记录儿童行为并将其理论化。这里指的是儿童的意义行为——他们如何表意。另一个是义务性:我们如何能够代表和关照儿童的利益。70年代初我开始研究儿童语言发展的时候曾经强调过后者:我们应该感激儿童使我们有可能将他们看做充满意义的人类。当时说这样的话是很必要的。现在,我希望大家对此已经习以为常了。

　　将这两个动机放在一起意味着首先我们要认真对待儿

---

① 本章内容是1998年10月2—3日在莫纳什大学举办的"表征儿童"研讨会上的发言。

童的意义行为,它们有自己的价值;其次,在适当的时候,将它们作为深层体系——意义潜势系统的实例加以解释。(过一会儿我会解释什么叫适当的时候。)我将采用双重焦点:一个焦点在实例,另一个焦点在系统。换言之,一个焦点按照儿童发展的规律描述儿童发展的每一个阶段;与此同时,将其看作随时间延续而不断发展的过程的一部分:关注时刻,同时关注我们所说的势头。在这里我还要加上第三点,从某种意义上讲也是一种双重焦点:即在"描述"过程中,我们总是既记录又解释。从本质上讲,描述是一种理论化的活动。

只有当我们观察一个刚出生半个小时的新生儿的时候我们才会意识到这是一个社会生物,他的个性将通过与生命世界的物质和意义模式的连接而形成。当然,和其他哺乳动物一样,婴儿在物质上是与母亲连接在一起的,母亲为他提供食物、温暖和关爱;但除此之外,婴幼儿自出生之日起还在意义上通过交换注意力与母亲连接在一起。早在 70 年代,考文·特莱沃森(Calwyn Trevarthen)就曾用胶片记录过出生几个星期的婴儿如何向母亲示意,如何回应母亲的呼唤:当母亲的面容出现在视野中,婴儿的整个身体就开始激动起来,开始手舞足蹈,做出各种表情,对此母亲往往也会有相应的反应。当母亲的关注点移开时,婴儿的动作开始平息,身体也变得无精打采。虽然在婴儿的物质行为和意义行为之间没有清晰的区别,但所有的这类身体活动,(当然会随物质的转移而变化,)会受物理定律的制约;不过也确实如凯瑟琳·贝特森(Catherine Bateson)所观察到的,这类行为是一种"原始会话"——婴儿与母亲之间注意力的分享实际上就是意义的交换。如果我们改用自然科学家喜欢的术语,我们可以用"物质"和"信息"作为我们生存的两个现象域(参考威廉姆斯 Williams 1992);这是两个不能以统一标准衡量的事物:物质用质量、长度等衡量,而信息则用比特来测定。但"信息"是一个具有误导性内涵的术语,即使假定它可以像物质那样去衡量,也是需要质疑的。我更喜欢谈论"物质"和"意义"——即物品和意义。物品可以搬动,意义可以交流;两个动词都可以用更概括的词"移动"来代替。我的重点是:尝试理解婴幼儿,我们将面对物质和意义的集合体。婴幼儿还不能说话,正如它不能走路一样,它的身体和大脑还没有发展到这一步。但身体和大脑都为了实现这两项目标而伸展。

表征新生儿的原始会话(或称"原始意义")很容易:只需要一台录像机,即一个视频音频记录就可以了。因为婴儿的行为尚未系统化:除了"招呼"行为本身范围内的招呼和不招呼,既开启和关闭两种状态之间的清晰区别之外,没有任何系统性的意义表达。要说明这一点,我们假定向前跳跃,比如说,三年时间。三岁大的孩子至少会流畅地使用一种语言,或许两三种;除了做出和识别面部表情和其他非言语身体行为模式、识别两三个维度的表征(图和模型)以及操作一系列的符号价值系统(有些通过语言实现有些则不通过语言)之外,他还控制各种各样的其他意义模态。描述一个三岁孩子的意义潜势是一件非常困难的事情。

我们再关注一会儿这个三岁的孩子,来勾画一下这类描述所要包含的内容。首先最重要的当然是描述这个孩子的语言。到三岁,孩子的语言已经完全系统化了;也就是说,每一个实例都有其选择的意义——一个从广大的可能性网络中挑选出来的意义。构成这一可能性网络的是所有可能表达但并未表达的意义。我们需要描述这个由选择构成的网络。但这不是一个单一的网络,因为儿童的语言这时还没有被层次化:语法和语义是儿童语言的核心,每一个层面有各自的系统潜势,每一个潜势反过来又与物质世界对接—语法借助语义层面与孩子的经验世界和人际关系对接;语义借助语音和动力与孩子自己的身体世界("表达意义的身体",见蒂博 Thibault,即将出版)对接;而每一个对接又有其各自的系统潜势。换言之,识别三岁儿童通过语言可以做什么——他们的意思是什么——意味着使用某种形式的表征,如系统网络,来展示他们在语义、词汇语法、在音位和语音,以及这三个语言层面之间已经建立的联系等方面的能力。没有这类理论解释,仅仅简单记录他们的话语只能虚弱地说明他们表意的能力有多么惊人。

现在我们有了描述这一表意能力的理论资源,因为三岁孩子的语言,虽然与成人语言相比显得支离破碎,但已经具备了成人语言体系的形式组织。因此,我们可以用描述成人话语的方式来描述它:用语音和音位概念来表征表达层面、用结构和/或特征符号来表达"内容"层面。但对于那些早期阶段,即从出生到较高级的三岁之间的中间阶段该如何处理呢?我们该怎样追踪婴儿出生最初几天的符号交流以后的进展呢?

我们来给这前一半的时间即从出生到 18 个月画一个图,展示儿童在物质和意义两个方面的发展。当我们把这两方面放在一起的时候,我们发现移动阶段和意义阶段之间有显著的平行发展趋势。

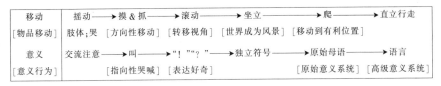

图 1—1 移动与意义

这里我们会注意到一个有趣的现象:在意义发展的每一个阶段,儿童都会创造出表达形式——"所指"。不过从严格意义上讲,这一"符号"只是某一特定阶段的特征。这些意义表达是从哪里来的?它们不是对符号形式的模拟,因为婴儿的大脑还不能解释成人符号——而婴儿的身体也还不能产生这类符号。实际发生的是,身体行动(包括四肢的行动和发出声音时发音器官的动作)被借用了,被用作符号表达。从物质到意义之间有一个规则的不间断的信息,意义力量介入物质域寻找意义表达资源(就像在人类社会一样,最初用作社交功能的文化活动被强制借用到仪式性、象征性语境中)。

第一例这样的转换出现在婴幼儿早期,即哭转换成喊叫。喊叫是带有指向性的哭,一种已经转换为信息的哭。这一意义发展与物质发展很类似,这时的物质发展体现为从手臂的伸展和拳头的抓握逐渐转换成伸手够东西和抓东西——换言之,转换成了指向视野中某件物体的行动。(当然,在意义领域,"指向"意味着指向某人或成为某人说话的对象。)但是同一个物质到意义的转换一直贯穿原始母语,尽管随儿童个体不同会有各类不同的差异。下面是我们数据库中的几个例子:

婴儿和原始母语

表达形式	物质语境 [原始来源]	转型的符号意义 [作为信息的意义]
哭	痛苦	"做点什么!"
高声的尖叫	警报	"在做什么?"
握紧拳头	抓东西	"我要(抓/给我)那个"
叹气	紧张解除	"现在我们在一起了"
抬起然后放下手臂("打发时间")	有节奏的活动	"把音乐打开,给我唱支歌"
反复摆 w/y 姿势	吮吸+出声	"我想要抱一抱"

尽管物质本源尚不清楚,但作为原始意义资源的语调的使用(升降音调)或许可以归入同一类。这一过程的迹象一直保留到"成人"语言,例如 *yuk*!就来自于呕吐的声音,*yum*!来自于人们咂嘴品味最后一点美味的习惯。

在婴儿发育的最初阶段,其大脑一边指挥身体移动——控制自己及周边环境——同时指挥身体表意——识解自己及周边环境。当然,这一识解过程发生在大脑内部,随婴儿原始意识的后天发展而逐渐进入较高阶段意识,即明显只属于人类所特有的意识。但所有这些识解都是一个社会过程,依赖社会符号——而这又会把我们带回到身体本身,因为这类符号需要有物质的(可感知的)形式。

当婴儿学会滚动身体:从俯卧变为仰卧,再从仰卧变为俯卧的时候,他们便平生第一次开始控制自己的视角,可以从两个互补的角度系统地观察世界。到这个时候,他们变得非常好奇,想要观察任何出现在周边的事物;而这一好奇还会转化为意义,通过某些声音符号如短促的叫声来询问"发生什么事啦?"就像喊叫一样,这类声音也来源于自我监控的物质事件,一种类似警告的噪音。与对待叫声的反应相同,看护人通常会将这些短促的叫声解读为有意义的,会做出相应解释。但是只有在下面的阶段,当婴儿学习坐立的时候,他们对世界的观察才形成整体连贯的风景;也就是在这个阶段,他们决定(可以说)认真地表达意思——给一个意义行为以全部的价值,作为一个独立的自给自足的活动形式。最初,这种表意的形式可能是几个孤立的简单符号,意思如"我好奇;发生什么事啦?""我想要那个?""我不想要那个"'跟我玩'等等——不过,即使是在这里我们也开始注意到了不同的功能倾向,这些孤立的形式现在以符号形式清楚地显现出来:也就是说,作为内容/表达对,使内容(所指)和表达(能指)在一段时间内保持稳定(即使在成人看来是非常短的一段时间,有时短到三至五天)。

符号的这种相对稳定性是使这些孤立形式发展为符号系统的必要条件;而这就是下一个阶段——原始母语阶段。原始母语是儿童第一个符号系统。从"意义和移动"角度,即物质资源和意义资源连锁发展的角度观察,原始母语与爬行关系紧密。婴儿学习爬行(即不用别人帮助自己从一地到另一地)的时候,他们可以从三维视角看到世界,随意转换自己的观察角度;这给他们的感知增加了维度。也就是在这个阶段,他们开始能够将他们的意义潜势识解为系统,以这种方式发展他们最初的真正的语言。在这一语言中意义是从聚合角度被创建的:每一个话语都有意义,因为这是一个系统选择的实例。也就是在这里,我们需要停下来仔细鉴定。

原始母语是儿童语言,不是母语。它由儿童创造,在儿童与看护人和周围较小的意义群体中任何其他成员(一般会用成人话语回应)的交流过程中产生,作为一种原始意义,最终通过过渡阶段,会转换为儿童、青少年及长大以后的"母语"。但它本身仍然是原始符号(即原始意识的符号),不是如成人语言那样的高级符号。也就是说,它本身不包含词汇语法(没有结构和词汇)。它的构成成分依然是简单符号——内容/表达对。这时所出现的新现象就是这些已经不再是孤立的成分;它们进入了系统对立,在数量很小的可确定的功能域范围内。我可以确认四个这样的功能域:工具功能、规约功能、互动功能和个人功能。我把这些功能称为微观功能,以便与后来儿童语言发展的过渡阶段和母语阶段更抽象的功能成分区分开来。

就表达式而言,婴幼儿会利用手、嘴巴等任何可以利用的东西来创建自己的原始语言符号,只要能够表达意义而那些与他们交流意义的人能够做出回应。一种来源是我已经提到的,既从物质域中借用。另一种来源是模仿——也是经常令周围人困惑的一个来源:如果模仿的是大人说话的声音,就会令人困惑,因为这一声音的意义并不是,也不可能是其他人准备赋予它的意义,因为原始母语尚不具备指称功能。其他表达式看起来可谓是空穴来风——出自婴幼儿的任何表达器官(声音或姿势)只要是当时正巧出现的就可能被用来表达。

只有当我们考虑如何"描述儿童"这项任务的时候,原始母语这一全新问题才出现。到目前为止,孩子的行为一直是前系统性的:符号是作为实例创建出来的,且只在表达层面存在——可以作为声音和姿势被记录下来,但不能通过一般术语表达成理论。在这些符号背后没有任何一般性规律,没有系统潜势,因此也不存在可预见性。这种一两个符号的阶段是过渡性的;到原始母语阶段,意义才开始系统化。正是由于这一点,我们可以称原始母语为一种形式的"语言"。也就是说,每一个独立的意义行为都是某种意义潜势的具体实例;这时的挑战就是如何参照每一个实例的意义本身来描述这一意义潜势。实例,即意义的个体行为,需要在情景语境中观察;观察者的立场也需要调整,要能够从一定距离观察,这样才能够将婴幼儿的意义活动看作一个整体,也才能够建立一个全面的具有解释力的图景。

原始母语表达中至少有一些,一般情况下也许是绝大部分的表达式是像成人语言那样通过声音实现的。应该如何描述这些声音表达式呢?大部分语言学家使用标准语音表征(如附录 2 中表 1—6)来表征婴幼儿语言,依据是:婴幼儿实际上使用了与成人相同的身体资源在创造发音和韵律(声调)模式。但这些标记法并不合适。在这一阶段婴幼儿的发音有其位但未有其音:它们以运动模式开始,属于人体发音器官的三个基本姿势,在韵律理论中分别称为"y-韵律"(嘴角向两边张开+舌前部抬高)、"w-韵律"(圆唇+舌后部抬高)和"a-韵律"(嘴张开+舌身放平),而且音高在较高和较低之间。这就意味着发音一开始是以一种韵律的形式出现,而不是以语音形式出现的。韵律在成人语言中一般似乎是被当做滑稽发音来表征的(如果有的话),用"超音段音位"标记,音高以点而非升降曲线的形式来表示。这一做法即使是表征成人话语也是有问题的。很显然,婴幼儿语言的原型是有韵律的,因此发音音段不适宜。到原始母语时期,儿童的语音资源一般都已经扩展到包括中间元音音位和一些辅音发音(尤其是爆破音和鼻音);但是这些还不是音段序列,不能像成人语言的音位那样进入各自的对立。就我所知,我们还没有表征这一阶段的语音表征形式。

原始母语会延续多久?一般情况下,我认为,大概会延续六至九个月。不过这个时间不应该被看做确切时间,因为在时间上根本没有清晰的界限:它从简单符号开始逐步向母语过渡,在过渡过程中被逐渐遗弃。当其处于优势地位(典型的月龄范围可能是 10 至 18 个月)的时候,它不断变化,因为新的意义不断添加到系统中,而旧的意义被不断修改或删除。这就为描述原始母语带来了另一个问题:该选取哪个时间截面?我自己在做第一轮原始母语研究的时候,尝试了各种不同的时间间隔以便重新调整系统网络,最终确定了一个最优间隔,即每六周一次:比这个时间短的话,就可能提取过多独立实例(也就是说,它们实际上还没有形成系统);如果比这个时间长,我们就可能错过系统发展的痕迹。我用了六个为期六周的阶段观察追踪了一个孩子的原始母语的发展(大约八个月的时间,从 10 个月到 1 岁 6 个月;到下一轮的时候,即 1 岁 7 个半月,孩子已经清楚地开始向母语过渡了)(韩礼德 1975;参见佩因特 Painter 1984 年,奥登堡－特尔 Oldenburg-Torr 1997)。

  从儿童个体原始母语的这种一步一步的描述当中我们学到了什么呢?我想我们主要可以得到两种认识。一方面,我们对原始母语的功能性有了一个清晰的了解,知道了婴儿如何使用语言来生存,他们对生活领域有相当清晰的意识,知道生活中语言起着突出作用、有效果——这就是我在自己第一篇关于儿童语言的文章中提到的儿童的"语言的相关模式"。这些就是作为符号活动域的语境,它们对幼小儿童具有价值。另一方面,我们逐渐认识到儿童如何扩展他们的意义潜势——以及原始母语本身的性质如何限制这一扩展:原始母语没有词汇语法系统,因此不能构建经验模型或发展动态对话。这类可能性是由一个较高级的有语法的符号系统提供的;于是一种很强的压力迫使儿童向母语转型!将这两种视角放在一起,我们就可以得出有关儿童早期符号体系发展的一个连贯图景:儿童如何平稳地增加"语义发生矢量"的数量,即增加各类开发全部意义潜势的参数。首先,他们将意义与表达区分开来;然后他们又将系统与实例分开;接着,他们在内容和表达内部又进一步打开更多组织层面;最后,他们区分每一个层面内部的各个不同功能成分。每发展一步,他们都在打开一个新的领域。他们在这个新领域中移动,以识解多维度的符号空间。这个空间很像他们身体周边的空间——随身体姿势的变化他们所在的物质存在的空间维度也在不断扩展。

这一发展历程中,有两次会涉及到身体。第一次,身体作为行动主体本身,在儿童的物质存在中,身体是"行动者"或"移动者"。其次,身体作为"表意者"而存在,在儿童的符号意义存在中,身体是意义主体。在原始母语时期,这两种功能开始分离:观察任意一位父母你就会发现,他们很少质疑儿童身体活动属于哪一个领域,属于物质还是符号意义(他们凭直觉知道这一点,并且直接问他们也不会有什么用!)两种活动当然都由婴幼儿的大脑控制;不过我们不能错误地认为这个大脑是现成的功能齐全的大脑,可以引导身体的各个阶段发展。相反,大脑自身也在发展,随物质和意义行为实例的进行和累计,大脑外形、内部结构、功能都会不断发展。

我们正在做的,对我而言,是表征作为意义潜势的儿童符号行为,这一行为有其自身的功能,因为随儿童与环境之间相互作用的扩展和发展,这些行为也会不断变化。这种意义行为一旦发展为系统性符号意义,即每一个意义行为的出现都是安置在婴幼儿大脑中潜在系统的一个实例——换言之,一旦这些符号变为语言,即使依然是"原始"语言(婴幼儿话语还不是母语)——我们就可以将其表征为一个网络形式。尽管每一个网络本身只是发展进程中一个"时刻"的表征,但多个这样的网络构成的序列就可以呈现儿童意识扩展的动态图景。乔伊·菲利普斯(Joy Philips 1985)发明一项追溯技术可以用来呈现这类发展:她为每一特定阶段的发展绘制网络,然后用这一网络逆向推断之前的发展,把儿童的进步一步一步填充进去。这一方法也揭示了在哪些地方特征被带入系统然后退出。这也是学习母语较早阶段的一个有趣的方面。图 1-2 和 1-3 展示了菲利普斯的方法。

现在我们来看从原始母语向母语的过渡——向婴儿期之后典型人类话语意义上的"语言"的过渡。事实上,按照爱德曼(Edelman 1992)有关大脑进化的模式,这是从原始意识向高级意识的过渡。用进化术语来讲,这包含一个非常大的飞跃,因此在一般人看来出现了一个巨大的突变,儿童开始说话。(尽管父母亲与处于原始母语阶段的婴幼儿可以进行较长的谈话,但原始母语在文化当中并不被看做一种话语。)这一突变非常真实;不过,它也可以掩盖同样真实的儿童意义发展的连贯性,包括日常生活中意义所承担的各种功能。再回到我在意义潜势和行动潜势之间所作的类比,原始母语与爬行相关,语言与走路相关;人类从爬行向直立行走的过渡是如此突然、如此惊人,以致于它常常模糊了人类身体构架的内在连贯性以及自由行动在人类存在中的重要意义。

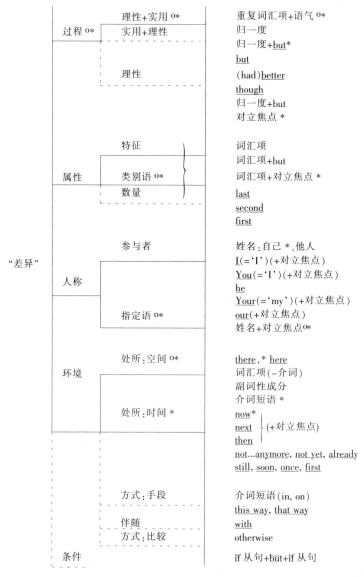

图1—2　奈杰尔1岁7个半月至1岁9个月对"差异"的识解(参考菲利普斯,1985)
　　* 代表首次出现,代表至这一点为止只出现了一次。

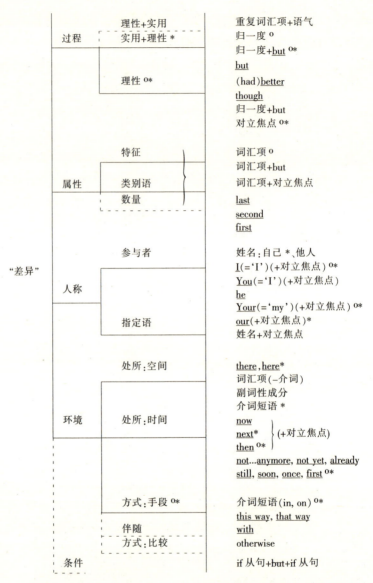

图1-3 奈杰尔一岁九个月至一岁十个半月对"差异"的识解(参考菲利普斯,1985)
* 代表首次出现,代表至这一点为止只出现了一次。

要想表征从儿童话语向母语的过渡,我们需要考虑两个相互依赖的因素:层次和功能。在层次方面,实际发生的情况是,儿童解构或反向识解(我们一直用"识解"来表示意义模式中的建构)原始母语符号,缓慢地在意义和表达"之间"嵌入语法。通过这一活动，原始符号系统（即由婴儿原始意识所识解的符号系统。这种原始意识是一种与其他动物共有的意识水平）转型为一种高级符号系统，一种由进化为人种中的"智人"的高级意识所识解的符号系统。请注意，在此刻之前，婴儿的生活中还没有语法的痕迹。出生时，与身体不会行走一样，大脑也不会识解语法，而行走是由大脑支配的。但是，到第二年的某个时候，早期原始符号经验的结果出现了，大脑已经发展到了一个新的点，它可以将纯形式、抽象的系统识解为可以描绘内容系统和表达系统的东西，并在内容和表达之间创造一个自由活动的维度。（这种自由活动在语言学中称为语言符号的任意性，或规约性。从物质世界寻找类比的话，相当于引入了传动机制，通过这一机制，一种类型的输入能量可以被转化为另一种类型的输出能量。）

现在我们来看一看我们到达了哪一个点，或者说，我们的高级意识到达了哪一个点，致使我们可以开始说母语。这时，在内容一侧，我们有一个内容的形式层（词汇语法），区别于意义层，两者之间相互区别又相互关联。在表达一侧，我们有一个表达的形式层面（音系层），区别于语音——后者是身体的表意层面，两者相互区别又相互关联。这时两个表意层面，语义和语音，可以被看做形式系统与物质世界之间的界面。物质世界在以下两个方面为意义系统与事件提供环境；一方面，物质世界作为内容（语法识解客体和人物，包括儿童自己，并对其施加影响）；另一方面，物质世界作为表达（表意的身体由音系来识解）。

这一点已经被深奥的理论术语表述过了，不过在阐述之前，请允许我先谈一谈另一个与向母语过渡有关的因素，即功能因素。我们已经看到，在原始母语中，儿童首先参照数量有限的语境将他们的意义行为系统化：获取物品和服务（"工具功能"）、操纵他人（"规约功能"）、交换注意（"互动功能"）、表达自己的情感状态（"个人功能"）、玩耍和想象（"想象功能"）。这些语境在日常生活过程中浮现出来，儿童所创造的意义也由此产生；这就是为什么照顾儿童的人能够理解这些意义，就像宠物主人能够确认家里的宠物所创造的意义一样。这些意义与人类的原始母语具有相同的进化特点——都是原始意识形式的表达。母语的功能倾向与原始母语的功能倾向相去甚远；事实上，整个的语言"功能"概念都需要重新建构。在语言中(这里与原始母语对立),尽管依然可能非正式地谈论单个话语在其语境中的"功能",但功能性已经成为系统的内在本质:每一个实例实际上都是多功能性的,因为这一特征为语法的内在特征,你不可能随意取消它。所以在任何时候都不可能只激活一个"功能"。在我们的高级符号体系中每一个意义行为都同时既识解经验也体现人际关系(从语法角度讲,每一个小句都同时选择及物体系和语气)。儿童在两岁的时候会经历这种非凡的符号意义跨越,从有限的简单符号意义总和向自己已经建立起来的理解世界和与人交往的有效的无限资源的过渡。我们表征儿童的下一个步骤应该是表征儿童如何完成这一突变性过渡。

在开头的时候我讲到婴儿大脑同时指挥身体的移动和意义的表达——物质行动与表意行为同时进行。表意行为,或称"意义行为",包含内容和表达两个层面,两个层面都与物质世界相关联。表达层面,按照蒂博(Thibault)的说法我称其为表意身体——开始是整个身体,后来逐渐具体到身体的不同部位(脸、手、发音器官),再后来,当儿童获得更高级别符号,即语言时,发音器官接管表意任务,成为主要的表达工具(这一界面就是我所说的"语音")。有一个例外,就是"手语",主要用手、手臂和脸。在内容层面,内容与物质世界的界面我称其为"语义"。在这里,儿童开始理解他们周围的世界(他们也发现了自己的内在世界,即他们的个人意识);同时,可以说,他们也开始与周围的人交流,实现他们自己的社会存在。当他们发展到符号意义的这一过渡阶段后,即从原始母语的表意体系过渡到较高的母语表意体系后,他们的大脑就在两个界面之间建立非凡的合作,这时大脑已经发育到了高级意识水平,可以完成这样的任务。这一发展过程中,就语义界面而言,有两个关键因素:记忆和自我意识。

有了记忆,通过使用可重入映射将范畴强加于世界经验,儿童能够从重复出现的实例中识解现象的类别。从语言学意义上讲,这意味着这时儿童能够识解"一般"概念,即与个体化的专有名词相对应的概括化的一般名词;这正是指称——即指称意义的开始。(早期原始母语中的符号尚不具备指称性;原始母语中的 mama 意思差不多类似于"我想要(你)妈妈"。)有了自我意识,儿童可以在意义模式,即陈述("事情是这样的")和祈使("我想让事情成这个样子")之间做系统性区分。观察儿童最早介入语言的学者很久以前就注意到了这种区分(如刘易斯 Lewis, 1936),最近的证据证实这一点是儿童向母语过渡的典型策略(韩礼德 1975,参见第 9 章;佩因特 1984,1989;奥登堡-特尔 1997)。用语法术语表述,这两个步骤分别构成了原始及物系统和原始语气系统;将两者放在一起,儿童就可能将经验转化为意义——用同一个符号表达形式来反映世界和世界上的人们并对他们施加影响。

不过,要想这样做,还必须启动另一个界面——作为表达域的身体:到这时身体已经变得很专门化了,集中在发音。我们注意到,在内容层面有两个特征序列:识解经验和参与社会过程。一方面儿童通过建立范畴及其相互关系来塑造自己对世界的经验;另一方面,通过与他人交往,儿童开始塑造自己的自我。用系统功能语法的术语,我们可以将这两个序列称为"概念的"和"人际的"。不过,不管怎样,这两个序列必须同时但又各自独立地展开了,只有这样,一个序列中所有可能的意义才可以与另一个序列中的所有可能意义结合起来。这种移动的自由度,或说意义的自由度,是如何实现的呢?

成人语言以一种高度精确的方式做到这一点。他们的语法中有一系列的资源:词汇选择、词语的语音形状、成分的顺序、重复、形态变体、小品词、语调模式等等;所有这些使成人有大量选择——每一种语言都有各自的特殊方式来使用这类不同资源。但是,在这些变化的背后是体现下列规则的基本原则:即人际意义比概念意义有稍长,或者说是明显较长的时间框架。因此,如果一个人想到一个小句实例:概念上讲,它可以包括各种成分(一个事件、事件参与者、各类环境因素,如 *I saw the great man on television the other night* 一句由五个直接成分构成);但是从人际上讲,作为一个整体它可能只是在表达一种情绪。如果是一个陈述,或者是一个疑问,那么整个句子就是一个陈述或一个疑问;如果说的时候带有不满或讥讽,那么整个句子就在表达不赞同或讽刺,以此类推。因此,从某种意义上讲,人际意义主要是通过韵律实施的,通过重复、选择特殊音质或音高、开头或结尾使用特殊类型的小品词等等:有些表达形式的范围会远远超越指称意义成分。

儿童是如何应对意义互动所涉及的极端复杂过程的?在这里,身体又一次起到了关键作用——身体有了一个专门用来表达语言的部分，即声音。发音器官，主要是舌和唇，还有软腭、喉，它们活动很快；它们的姿势一秒钟可以变化很多次，很快制造出各种不同的听觉效果。相比之下，音色和音质特征、旋律和节奏模式需要更长的时间来展开并创造出对立的声音效果。后面的这些特征我们统称为韵律特征（这里的用法比我之前的用法更具体、更严格限定在语音意义上）。一岁的婴儿已经掌握了原始母语中一些韵律和发音特征，但还没有学会将它们区分开来：原始语言符号是两者的固定结合体，如 dà 发音的时候声门闭塞并使用降调。就表达层面而言，作为关键的一步，儿童这时开始将两类发声区分开来并学会如何在同一个发音模式中结合两个不同的韵律，如不同的语调或不同的音质。此前这一过程或许是随机发生的，但这时候，这一过程已经系统化了：发音模式表达一个连贯的意义，而韵律表达另一个意思。可以从我自己的数据中找一个具体的例子：在 13 个月大的时候奈杰尔创造了这样一个发音和韵律系统：三个发音模式 ama/dada/anna 意思分别是"妈妈""爸爸""安娜"，结合两个韵律模式，升调/降调，意思分别是"你在哪儿?"和"你在那儿!"（图1—4）。

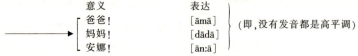

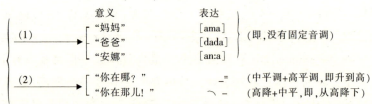

图1—4 奈杰尔内容层面的第一个分层。这里第一次出现了经验意义系统（三个人称）与人际意义系统（两个语气）分开并自由组合。这是儿童向词汇语法层迈进的第一步。

这一系统衍生出六个词语，每一个都结合了原始指称和原始话语功能：发音已经迈出第一步开始变成名称，韵律迈出第一步开始变成语气。

儿童喜欢的一个过渡策略，即他们进入成人语法的及物和语气系统的策略是将这一模式发展为一个概括性原则。图 1-5 提供了奈杰尔这样做的例子。两个语调——升和降在功能上严格区分。用升调时，意思是"谁做点事情！""我要（某个特定的物品或服务）"；用动作或（随时间推移）用词语表达需要某种回答并且要做到，因为在奈杰尔看来，自己的言语行为是成功的（即他会一直说下去直到人们做出回应）。我将这种功能称为实用功能。用降调的时候，意思是"就该这样"；不需要回应，尽管听者常常会回应一句"是的，那是绿汽车""不，那是蓝色/那是货车"等等。我把这种功能称为"理性功能"因为它们具有学习功能。实用功能会突出实例（"现在做那个！"），而理性概念将实例指派给系统（"就是那样……"），将其置于由范畴和关系构成的语义空间之中。在大约六个月的时间里（从一岁半到两岁），理性功能发展为成人陈述语气；而实用功能发展成疑问和祈使语气，在一段时间内两者都使用升调。到最后奈杰尔终于将祈使和特殊疑问转成降调来顺从成人英语。

因此，韵律对立转变成为语气系统。它们构成了语法中的人际成分的基础，包括言语功能、语态、评价系统等等。发音对立成为概念成分的基础；它们发展成为过程、参与者和环境因素，这些构成了及物系统，识解构成我们世界经验的范畴和关系。开始时，经验域中的实用（"我要"）和理性（"发生什么事了"）是截然分开的；但不久之后，它们开始交叉，就会出现成对的表达如 mummy bòok（降调）（"那是妈妈的书"）和 mummy bóok（升调）（"我要妈妈的书"）。到幼儿准备好问问题的时候（即'我要'的意思延伸到信息和物品与服务），两项功能的经验域原则上变为一致：这时无论你会说什么，你都能问出来；而不论你会问什么，你也能说出来。而能做到这一点也要归功于我们能够表意的身体：我们的发音资源进化到任何发音都可以与韵律相结合的程度。也正是这一点才使人类语言进化成今天的样子：在我们的高级意识中，每一个意义行为都是一个包含识解（指称经验中的某些特征）和行动（建立某种人际关系）的复杂行为。前者的资源从元音和辅音发音如 wiyuwiyu, nananana, abu 等等进化而来；后者的资源则起源于升降音高、呼吸、嘶哑的音质等等。因此身体与内容界面的双重本质——即作为经验储藏和作为社会过程参与者,便与身体与表达界面的双重本质相配合,创造出(或回应出)发音和韵律模式。所有这些活动都由儿童迅速发育的大脑有步骤地管理着。

chuffa stúck	奈杰尔招呼人帮助放开玩具火车
find fóryou	"我丢东西了,帮我找到它!"
throw úp	"再把兔子扔到空中去"
low wáll high wáll	奈杰尔想从箱子上跳下来,要人接着他; 第一次是在公园从或高或矮的墙上往下跳时使用
Squéeze	"帮我挤桔子"
gláss	"我想喝杯子里的牛奶"
orange lèmon	"唱《桔子和柠檬》",伴随音乐手势 作为实用功能的实现方式之一;因此用降调
turn róund	奈杰尔重复所给的指点　填充拼图: "是要我这样做吗?"
play chúffa	"我们来玩火车"
open fóryou	(常用来请求把盒子之类东西打开)
back tóothpaste	"把牙膏放回到橱柜里"
more grávy	还要:还要ómelette 煎蛋、Léttuce 生菜、tomáto 西红柿、 bréad 面包、bún 小圆面包等等
bounce t'able	"我想在桌子上拍我的桔子"
c'arry	"抱我"
h'ave it	(常用来表达"我想要那个")
tóast	"我想要烤面包片";还有早餐、西红柿等等
hit flóor	"我要用锤子敲打地板"
that sóng	"再唱一遍刚才唱过的歌"
háve that	(同上面的 have it)
hedgehog bóok	"我想要那本有刺猬图片的书"
play ráo	"我想玩狮子"

图1-5　实用和理性功能举例:奈杰尔一岁六个月至一岁九个月

续表

train under túnnel... getit foóryou	两部分都用升调
dówn... table... sugar... spóon	"把糖放下,放到桌子上,我好把勺子放进去" 在 down 和 spoon 上用升调
molasses nòse	"我鼻子上有糖浆"(伴随喜悦表达)
big bàll	玩球的时候常用;还有:little báll
mummy bòok	经常用在拿起一本书发现里面没有图("这是妈妈的书")
red swèater	看到红毛衣;还有:red jùmper(同一件物品)
black brùsh	还有 green, red, blue, yellow 与 stick, light, peg, car, train 等一起使用
bìg one	指货运火车、气泡;主重音在 big 上,类似成人发音
baby dùck	图片上;还有 mummy dùck
too bìg	很常用;有时合适,如试着往网里塞东西;有时不合适,如试着用棍子去抓球(='too far)
that bròke	"断了"
loud mùsic	喧闹的乐段开始时常有的评论
chuffa stòp	游戏中使用(爸爸让奈杰尔跳动,奈杰尔变成"火车快车";爸爸停下来)
two green pèg green stick fìnd	"绿色的棒棒找到了"
old green tràin... green old tráin	两部分都用降调;虽然第二部分可能性很小,但在语境中是合适的
dada black brùsh	"爸爸的黑色牙刷"

续表

no more wàter toothpaste... òn... toóthbrush	降调出现在 on 然后又落到 toothbrush；没有形成完整的简单结构
tree fall dòwn dada got bàll... nila got bàll ball go under càr	后来：big tree fall dòwn 比较：water gone plùghole

很长时间以来，儿童语言发展或"语言习得"（这一说法很有误导性）一直被认为是朝向一个目标的渐进过程。这个目标由外在因素设定和界定。儿童的每一个进步都被看做是实现该目标的不完美的尝试。尽管人们不再将儿童的努力看做是不相关的"错误"，而是看作学习策略和技巧，但依然有观点认为母语是儿童从一开始就努力"获得"的。依我之见，这种观念太偏离目标了。儿童所做的是学习如何表达意义；其指导原则既不是逐渐接近（模仿周边发生的一切）也不是以行动来表达（受内在语法驱使），而是表观遗传性的。儿童是在建构一种潜势；这样做本质上就是追踪语言最初的演进过程。在向母语转变（通常是在两岁左右）之前，儿童语言的发展都与周围人所说的语言毫不相关。不过从间接意义上讲也会有联系：即儿童原始母语的意义是在与周边说母语的人们之间的相互协调中发展的。不管怎么说，通过观察儿童的原始母语，你无法判定他的母语会是什么。只有当转变开始以后，儿童开始跨越千百代的人类进化，我们才开始看到母语的影响。即使在这个时候，儿童依然延续着自己的发展轨迹——甚至可以到这样的程度，即所产生的模式与母语所展示的模式之间发生冲突（比较奈杰尔使用祈使句和特殊疑问句时的升调，还有许多类似的例子）。

那么，描述学习如何表意的儿童过程中的突出问题是什么？我认为，最关键的是我们需要找到表征构建符号潜势过程的途径，就像儿童身体内部发生的物理潜势的构建。总而言之，两者都是大脑智力发展的不同侧面。

毫无疑问,在这些无尽的资源构建的过程中大脑的每一部分都在与其他部分对话。近几年,有些学者对少数儿童个人语言发展做了详尽研究;不过下一个世纪的任务就是将这些研究扩展开来并与两方面研究进行整合:一方面与个体大脑发育研究整合;另一方面与大规模幼小儿童自然数据语料库研究整合。我们希望语言学理论可以成熟到这样的程度:即可以参与威尔逊所说的"协调"——不仅仅是物理和生物,而且还包括人文学科(我自己希望加上符号学)的科学理解的协调一致。我希望语言学理论不仅能够参与,甚至可以对这一协调做出贡献。从这一努力中我们可以预见的收获就是:我们可以对人类婴幼儿时期和儿童时代有更深刻的理解。

(高彦梅 译)

第二章

学习如何表达意义(1975)[①]

成人语言包括三个相互关联的系统:语音、词汇语法(词汇、形态、句法)和语义。20世纪60年代的语言发展研究主要集中在词汇语法层面;在研究倾向上主要是心理语言学研究。最近,学者们的研究兴趣延伸到了语义层。本章关注意义的学习,从社会语言学角度提出一个补充性方法。

基于对一个叫奈杰尔的儿童从九个月到两岁半的密切观察,本章提出一个语言发展的社会语义解释。奈杰尔首先(第一阶段)发展了一个两层系统,有声音和意义,但没有词或结构。在这个系统中意义直接来源于与其他人的互动、需求得到满足等初级社会功能。这种状况会持续六到九个月,这期间儿童进入向成人语言过渡的阶段(第二阶段,对应通常所说的起点)。其特点体现为:在意义与声音之间嵌入了词汇语法,并且掌握对

[①] 本章内容最初发表在雷纳伯格和雷纳伯格(Eric Lenneberg & Elizabeth Lenneberg)主编的《语言发育基础——一种多学科视角》。伦敦:学术出版社,1975,第239—65页。

话原则、言语角色的选取和分配。另一个标记就是概括最初的社会功能集合以形成"用语言学习"和"用语言做事"之间的基本对立。

当儿童用三层面系统有效地取代原始的两层次系统并从自言自语转为对话时,这一过渡过程就完成了。于是儿童进入成人语言体系(第三阶段)。这时,他已经能够建构成人语言的意义潜势并且这种能力会持续一生。从社会语言学角度观察,其主要步骤就是对"功能"概念的再一次重新解释,使其成为成人语义系统的组织原则,以概念(表征、指称、认知)意义成分和人际(表达——意动、风格、社会性)意义成分的形式内嵌于语言的核心。所有成人语言都包含这两个成分,它们通过语法这一结构形式载体相互映射。原始的社会功能,作为情境和场景等社会语境,继续留存在它们的具体意义中。在社会语境中语言承担了将文化传输给儿童的任务。

1. 引言

如果我们将语言发展看做一个整体,那么过去一段时间——即过去十年左右这一领域的一些比较深入的研究则显得有些片面,它们主要集中在语法结构的研究。最常见的一个问题就是:"儿童如何获得语言结构的?"①其中的隐含意思是:这才是语言学习过程的核心;而且或许通过使用"习得"这一术语暗示结构,也即语言本身,是儿童成长过程中必须要获取的一类物品。

占据主导地位的观点是心理语言学观点,占据主导地位的问题,至少在美国(大部分最重要的研究都是在那里开展的),一直是"先天论"和"环境论"之间的争论(奥瑟 Osser 1970)。不过,看上去在一般哲学立场和与之相关联的语言结构学习过程研究的具体模型之间似乎没有必然联系(布雷恩 Braine 1971)。先天论者强调具体的内在语言学习能力;但没有

---

① 例如,布雷恩(1971)全面介绍了自己在"语言习得"方面的工作,其中有这样的说法:"这一综述只关注语言结构的习得。因此,那些主要关注儿童语言中的社会和智力因素的研究将不在此列。即使在这一限定范围,词汇发展话题也只做非常简略的介绍[第3页]。"只字未提语义系统的发展。

藉此认为儿童必须通过建立假设语法规则并将其与他们听到的结构比对来学习;不过有一些影响广泛的解释是按照这个思路展开的。环境论者与此相反,他们强调语言学习与其他学习任务相关联这一侧面,强调语言学习对环境条件的依赖;这一点常被认为隐含了学习过程研究中的联想主义的、刺激—反应模式,尽管两者之间没有本质联系。

在调查儿童如何学习语法结构过程中,人们自然会将注意力集中在儿童自己所创造的早期结构的本质上;他们如何将某些成分如词结合起来,有时他们也会使用单独的词或组合。原则上有两种看待这些现象的方法:一种是倾向于成人的,另一种是倾向于儿童的。儿童的结构可以被表征为接近成人语言形式,也可以作为独立形式自成一类。第一种方法,在某种意义上讲属于先天论,是将儿童的话语——某一个阶段的所有话语,看做变形的语言;在分析时这些话语被看做不同类型的篡改,尤其是对成分的删除。这种分析反映出儿童语言与成人形式的关系,但也阻碍了认识和解读儿童自己的语言系统。第二种方法,儿童的早期结构被分析为可以形成自己系统的成分组合,通常基于开放和封闭类之间的对立;最著名的例子就是布雷恩(1963)的"关键"模型,分为"关键"类和"开放"类。这类分析一直受到批评,指责的主要依据是它不能够解释歧义形式(如布鲁姆 Bloom 1970: *mommy sock* = (1)"妈妈的袜子",(2)"妈妈正在给我袜子");但这只反映了这一方法的局限性之一。这一方法更大的局限性是它不解释儿童所说话语的意义。该方法也没有解释儿童如何或为什么从自己的系统转向成人系统。如果语言发育主要是习得结构,为什么儿童学习一套结构是为了放弃它们而代之以另一套结构?要了解这些问题以及相关问题,可以阅读布朗(Brown 1973)。

如果我们认识到以下两点,上述的反对意见就不算过分:第一,结构分析是高度抽象的活动,在这一点上,两种表征方法都有充分依据,且都有自己的深刻见解;第二,与第一点相关,语言发展远不仅仅是习得结构。同样道理,表征儿童的语法结构形式并不是最关键的问题。最基本的问题是:"儿童是如何学会语言的?"换言之,儿童是如何掌握成人语言系统的?在成人语言系统中,语法只是一个部分,而结构也只是语法的一部分。儿童如何建构一个包括内容、形式、表达的多元编码系统,如何使表达体现意义关系、将其表征为词汇结构组配,并最终将其实现为语音模式?

罗杰·布朗所说的对儿童语言的"详细解释"展示了如何在更大范围内考虑这个问题:通过调查意义来解释语言发展。当然这不是一个新观点。但在心理语言学的传统二层面模式(声音与意义)被结构主义语言学的二层面模式(声音和形式)所取代的时代,这种观点渐渐失势了。[①]在人们普遍认识到语言体系的三层面本质的今天(布拉格学派的理论、语符学派、系统结构理论、法位学、层次语法以及转换理论后来的版本都包含这一主题),语义观点得到了恢复。"详细解释"的基础或许依然是对儿童话语的结构分析,但即使如此,这种分析也是在意义层面,所有结构成分都有各自的功能。或许最典型的是它们都是小句的及物功能成分,如施事和过程(施莱辛格 Schlesinger 1971)。不过这里值得一提的是所有功能范畴,无论是及物性范畴如菲尔默(Fillmore 1968)的"格"还是主位结构(格鲁伯 Gruber 1967),包括如主语和修饰语(凯勒 Keller 1967)之类的传统概念,最初都是语义的(韩礼德 1970),因此出现在这样的描述中也是合适的。

通过意义来研究结构也可以分为倾向于儿童的和倾向于成人的两类。例如,*now room*(见后),可以被翻译为"现在我们去/到爸爸的房间(玩)",参照成人模式可以分析为祈使+过程+施事+地点+时间,其中祈使、过程和施事被删除了;或者参照儿童自己的系统分析为要求一起行动+场地,没有的成分被省略或被"理解"。

同样,这些都是抽象表征,不能说哪一个错。不过后一种方法中的倾向于儿童的语义分析是指示性的,包含了某些深层含义。由于结构成分不再按照(接近)成人语言成分来解释,就成分具有意义而言,我们假定这些结构来自于其他资源。例如,我们为什么会假定有"要求一起行动"这

[①] 从欧文和米勒(Ervin and Miller 1963)的原话我们可以了解后一种观点的风行程度:"现代语言学带给儿童语言研究的最重要贡献就是什么是语言这一观念。语言是一个可以从内部两个主要部分或层面来描述的系统,一个部分是语音(声音系统),另一个是语法系统。完整的语言描述应该包括对所有可能的语音序列的解释和一套我们可以用来预测一种语言中所有可能的句子的规则的解释(108页)。"

样的成分？只有当语言具备要求其他人行动、或规定他们以某种方式行为的功能，这一点才可以得到解释。毫无疑问这是对的；但要使其变得清晰可见就需要对语言的所有功能作具体说明，需要某种功能假设——不仅仅是一个语言用途列表，而是一系列意义或意义潜势可以从中产生的发展性功能系统。

在这一点上理解儿童话语结构的过程可以启发我们去思考作为整体的语言体系问题，尤其是系统最初发展的功能。在"功能"的两个意义之间，有一个重要的联系，首先是"结构中的功能"，其次是"语言的功能"；从语义上讲前者隐含后者。不过，无论这种方法是否是出于对结构的考虑，一旦我们将兴趣点聚集在儿童如何学习意义系统上面，我们最终会走到对功能的探索。因此有必要超越语言去寻找答案，但这样做并不预设某一特定的概念框架，因为这一框架正是儿童使用语言正在构建的东西；而功能方法的价值也正在于此。早期语言发展可以解释为儿童对功能潜势的逐渐掌握。

这里还存在另一个深层的含义，这个含义会引导我们去探究语言的社会基础。例如，如果从婴幼儿开始语言就被用来协调其他人的行为，并且假定掌握这种功能是发展过程的一个关键步骤，那么这也就假定了某种类似"协调"功能的一般社会结构和社会过程框架在发挥作用。更为突出的是，由于我们关注儿童语言，这就预设了一个文化传播概念，在文化传播过程中语言的角色可以得到凸显和界定。这里意义概念以及学习如何表达意义是最后一个分析步骤，可以用社会学术语来分析，可以放在相互依赖链条的语境当中去分析，如社会秩序(将社会秩序传递给儿童)、语言在传播过程中的角色(与这一角色有关的语言功能)以及从这些功能中衍生出的意义。

按照这样的方法，对于儿童意义的功能解释便隐含了社会语言学方法(参见奥塞尔1970)，语言学习被看做儿童与其他人之间的一种交流过程。这一角度是对心理解释的一种补充(没有任何意义上的对立)。从这一角度观察，注意的焦点是将语言系统看作一个整体，一头是具有(功能组织)的意义潜势，或称语义体系，另一头是声音潜势，或称语音系统。在这种情况下，结构不再占据舞台的中心位置；它走上台来是因为它是意义实现的一种形式。这一点对于调查语言发育有着重要影响。分析不再依赖大于一个成分的话语,即作为结构单位的词组合。这一点之所以重要是因为,尽管作为词项或词位意义上的词(即词汇)很快就会在语言体系发展过程中起到至关重要的作用,但作为结构单位的词本身(这里的词是一个不同的概念)并不起如此突出的重要作用。它只是其中一类成分,幼儿对于词是一类成分这一点并没有特殊意识(这一点是布雷恩1971:87提出的)。从功能角度来看,一旦出现意义表达,也便有了语言,我们的研究可以在词和结构演进到能够承担实现或表达这一重任之前开始。

于是便出现了这样的情形:儿童在拥有词或结构之前便具有了语言体系。①他能够表达一系列乍看起来很难表达的意义,因为这些意义很难翻译成成人语言。但如果我们从"儿童通过语言学会做什么?"这一问题出发,从功能角度来解释的话,这些意义就会变得很透明。从最初阶段向成人体系的过渡过程也可以从功能角度来解释,不过这里需要对功能概念做较大幅度的修改,以便解释从系统的发展本源——即"功能"等同于"使用"向高度抽象的意义——即成人语言的功能组织的过渡。不过,对于"语言的功能"这一概念的修改本身也可以帮助我们深入了解儿童语言体系向成人语言体系进化的过程。

接下来我们将提出一个实验性的框架,一种针对早期语言发展的功能解释或社会语言学解释。这一解释将确认三个阶段:第一个阶段,儿童最初的功能语言系统;第二个阶段,从这一系统向成人语言过渡;第三个阶段,学习成人语言。这一解释不会预设任何特殊的语言习得心理模型或学习理论。从语言学角度讲,它只假设某种语言实现模型;所使用的描述技术是系统—结构理论,其中系统(一个包含准入条件的选择集合)作为基本概念(弗斯 Firth 1957;韩礼德 1973)。不过这样的表征也可以通过层次语法术语来解释(兰姆 Lamb 1970;莱克 Reich 1970)。社会学立场起源于伯恩斯坦(Bernstein)的研究发现和理论著作。但是鼓励我详细

---

① 参见利奥波德(Leopold 1939—1949)的主张:"意义总是在声音形式之前发育[Vol. I:22]。"按照现在的情况来看,这一点很难解释;不过我把它理解为"在儿童从成人语言中提取声音形式之前"。

深入研究语言发展体系的原动力——即本研究的观察基础,是多年来从事语言教学的以英语为母语的教师——他们尝试找出语言教育的根本问题,以改善工作效果(参见道提等 Doughty et al. 1971;麦凯等 Machay et al. 1970)。他们的经验表明我们还远没有能够真正理解学前儿童语言发展的基本模式,我们还不能够回答"儿童如何学习表达意义?"这类深层次问题。

2. 第一阶段:功能本源

2.1 发展功能:一个假设

从社会语言学角度观察,母语学习包含三个发展阶段。第一个阶段包括掌握语言的某些基本功能,每一个功能都有一些与之相关的选择或"意义潜势"。

第一阶段的发展功能可以归入一个尝试性的系统:

工具功能	I want
规约功能	Do as I tell you
互动功能	Me and you
个人功能	Here I come
启发功能	Tell me why
想象功能	Let's pretend
信息功能	I've got something to tell you

我提出的假设就是:这些功能会大概按照上面所列的顺序出现,"信息功能"(最初称为"表征功能")总是最后出现。在第一阶段,这些功能都以具体形式出现,一个表达(也就是一个话语)只有一种功能;掌握所有的功能(最后一个除外)是向成人系统过渡的充要条件。这一假设的含义是:这些语言功能表征人类文化的共性,可能对我们了解语言进化有深远的意义。

为了验证这一假设,我对一个被试,即奈杰尔,进行了密切观察。观察他从九个月到二十四个月的语言发展,追踪并详细记录了他从第一阶段到第三阶段的语言发展模式。这成为本文的主要信息来源。

2.2 儿童语言的功能解释

判断儿童发音是否属于话语(即语言)的标准是内容与表达之间可观察的持续的关联,即对于每一个内容表达对子,表达都明确地出现在至少三个实例中,内容可以从功能角度得到解释。(在实际观察中,随机的发音和系统化的形式之间的区别是很明显的,后者出现的频率比较高。)这就意味着在每一个例子中,从某种原始起源中作为可能的意义选择提取出来的内容可以合理地解释为即时语境对有效的言语行为的需求(弗斯1950),不管这种需求是否出现在上面的系统名单当中。这里我们可以比较利奥波德(Leopold 1939—1949)的观察:他的女儿在八个月的时候表现出"交流意图,这应该看做语言的主要标准"(卷1:21)。按照这种标准,奈杰尔在九个月时候的发音依然属于前语言阶段,或处在语言的起步阶段。不过,在十个半月的时候,他有了一套包含四个功能潜势的语言。我们可以称这一时期为NL1,意思是"奈杰尔的语言进程1"(图2—1)。

在这一阶段,没有语法。也就是说,在内容和表达之间没有"形式"层(句法、形态、词汇)。用层次语法的术语来讲,这个孩子有了语义和语音层次,但还没有词汇层。并且,这个系统与英语毫无关联(一个可能的例外是[bø] *I want my toy bird*);一般情况下,声音是自发的,无法解释,不过也有两三个声音被证明是幼儿在模仿自己听到或自己发出的自然声音,然后开始系统性地使用。(附带说明一下:需要注意的是,类似国际音标这类的语音字母不适宜表征这一阶段幼儿的言语;这些字母的声音太具体了。这个阶段我们需要的是可以表达一般性发音姿势和韵律值的注音系统。)

内容			表达		释义
功能	内容系统		发音 语调(降调)		
工具功能 →	要求(一般)		[nānānā]	中	给我那个
	要小鸟		[bø]	中	给我鸟
规约功能 →	正常		[ɜ̃]	中	再做那个
	强调		[🔊]	高-宽	马上做那个
互动功能 →	发话 →	友好	[ø], (dø)	中-窄	见到你很高兴(我们一起看吧?)
		没有耐心	[ɜnnɛ]	中	见到你很高兴-终于
	回应		[ɜ], [ə]	低	是,是我
个人功能 →	退出		[gᵘᵛy gᵘᵛy gᵘᵛy]	低-窄	我困了
	参与 →	喜悦 → 一般	[a]	低	那个很好
		口感	[m̥]	低	那个好吃
		兴趣 → 一般	[ø]	低	很有趣
		具体	[ʔ], [bø], [ø]	低	看,它在动(?狗,鸟)

图 2—1 NL1:奈杰尔九至十个半月的语言

不过,这时的表达与英语语言还没有任何关系。就内容而言,英语或许起了一些作用,实质上,系统中包含了类似"*I want that*"这样的意义,成年人听出来然后对这些意义做出回应。当然,这些意义是否具有文化和语言上的共性这一点还无关紧要。

奈杰尔的语言持续得到观察,描述也每隔一个半月更新一次,这个间隔看起来是最优间隔:如果间隔过长,我们或许会漏掉语言发展中的重要步骤;如果间隔过短,就可能提取过多独立实例,即还没有形成系统的实例。表 2—1 展示在奈杰尔语言进程 1(NL1:九个月至十个半月)到进程 5(NL5)第一阶段结束(十五个月至十六个半月)期间,每一个阶段每一个功能中的多个选择。添加了进程 6(NL6)即第二个阶段开始时的选择以供比较。需要强调的是这些选择还很不可靠,而且从后来的发展来看,它们作为系统的检索工具也很不重要。

2.3 第一阶段系统的特征

构成奈杰尔语言进程 1(NL1)的选择集合代表了一个幼儿可能做的事情——相对于他全部的行为潜势来讲已经是很多的事情了。他可以使用语言:来满足自己的物质需求,即物品和服务(工具功能);对别人的行为施加影响(规约功能);建立和维持与周边对自己重要的人的联系(互动功能);以及表达自己的个体和自我意识(个人功能)。另外,每一个选择的范围也相当广泛,不仅是可以频繁使用(也就是说,可以用在很多场合,不计算同一个场合的重复使用;在这一阶段有必要区分"实例"和"次数"),而且更重要的是,很多选择的用途很概括。事实上,有一种倾向:即每一个功能都包含一个与概括性功能相等的非标记性选择;例如,工具功能中有一个简单表达"我要那个"的选择,从语境判断幼儿想要的目标很清楚——这与更具体的选择如"我想要我的鸟"形成对立。对于这个模式可以有各种各样的调整,例如,可以有一个非标记性的表达来启动一个语境,用另一个回应("是的,我是想要那个")。但是原则很明显是操作性的,或许这也预示了"充分理由"原则,即"除非有充分理由选择另外一个,否则选择这个",这正是成人语言的基本特征。

从奈杰尔第一阶段所观察到的功能,结果证明只是我的初步假设。到第二阶段就不是这样,但在很重要的一点上,这个假设早已失败了:在前四个功能内部没有发现发展的迹象。事实上,九个月之前所记录的两个满足语言标准的表达只有两个功能:互动和个人。另外,想象功能好像出现在启发功能之前。后来按照第二阶段观察对第一阶段某些成分("问题区域"将在下一段讨论)进行重新解释的时候,发现这种判断可能是错的,启发功能直到进程 4(NL4:十三个半月到十五个月)才与想象功能一起出现。这两个功能关系很紧密:启发功能是语言被用来探索客观环境——即通过个人功能与自我分离开来的"非我"的;而想象功能是语言被用来创造自己的环境,声音的或是意义的,后来发展为故事、歌曲或诗歌。这时,信息功能依然没有出现。在奈杰尔的语言发展阶段中确实出现的情况是:(1)前四个功能明显早于其他功能;(2)所有功能早于信息功能。直到第二阶段结束之前,大约在进程 9(NL9:二十一个月至二十二个半月)信息功能才开始出现。不过这也在我们的预料之中,因为语言被用来传达信息的功能很显然是一个衍生出的功能;这一功能预设了各种特殊条件,其一就是对话概念。

这些功能的出现是非常明显清晰的。运用一般标准来判断一个发音行为是否属于语言是非常容易的(因为语言系统的学习不能看做这一系统的功能,任何可以解释为语言练习的发音都被排除掉了——实际上奈杰尔很少做这类尝试)。并且,在进程1—5中,判定话语为表达,判定表达的意义,以及判定意义的功能也不用很迟疑。不过有一个例外,即处在互动和个人功能边缘的问题区域。事实证明这一区域很难系统化,后来的解释证明,实际上问题是启发功能的起源,或者说是一种更概括的学习功能。这一点下面会更全面讨论。除此之外,尽管这些功能原则上是相互重叠的,或至少逐渐相互转化,但在一个系统中的所有层面,一个成分的值通常并不难确定。

更重要的是,意义从功能衍生而来,功能来自于语言外环境这一事实证明我们可以将这些早期话语看做语言表达——如果我们要理解作为整体的语言的起源,这是一个非常必要的步骤。近些年来,学界通常将第二阶段看做(没有得到解释的)系统的起点。在本研究中,我把第二阶段看做过渡阶段,解释为按照更概括形式对初级功能所做的重新阐释。最终,这些功能会进化为成人语法体系的抽象功能成分,这些成分会成为语法中的编码媒介,将具体延伸的原始功能编码为我们所说的"语言使用"。

表2—1 不同语言阶段每一个功能内部的选择数量

	工具	规约	互动	个人	启发	想象	信息	总和
第一阶段								
NL1(9个月—10个半月)	2	2	3	5	—	—	—	12
NL2(10个半月—12个月)	3	2	7	9	—	—	—	21
NL3(12个月—13个半月)	5	6	7	9	—	2	—	29
NL4(13个半月—15个月)	5	6	7	11	(?)	3	—	32
NL5(15个月—16个半月)	10	7	15	16	(?)	4	—	52

续表

	工具	规约	互动	个人	启发	想象	信息	总和
第二阶段								
NL6（16个半月—18个月）	31	29	16	61[a]	3	5	—	145

a 这个数字包括所有观察和回忆中的表达，在第二阶段重新解释为"理性"（从个人——启发功能中发展而来）。

3. 第二阶段：过渡

3.1 词汇和结构

过渡阶段开始于NL6，奈杰尔十六个半月到十八个月的时候。这一阶段有两个特征：(1)功能取向上的转移；(2)主要在词汇、结构和对话方面的飞快进步。

词汇和结构原则上是一回事。在这一阶段出现的是语法，即传统意义上的语言"形式"（词汇语法层）。这是内容和表达之间的系统，也是人类成人语言的区别性特点。语法系统的选择由结构和词汇实现，一般由词汇来表达更具体的选择。

3.1.1 词汇

NL6有80—100个新的意义，并且第一次出现了主要意义由英语词汇表达的情况。在第一个实例中这些词的使用属于单词句性质，按照功能术语解释，即词汇形式在表达一个独立完整的功能。对于奈杰尔来说，这种现象并没有持续很久；他属于那种几乎不经历"单词句阶段"的幼儿，对于这类幼儿，单词句只是最小的语言结构。无论如何，单词句本身并不重要，但它标志着一个关键步骤的出现—儿童将词汇引入到自己的语言体系。

儿童为什么会学习单词？这些单词是否会与他们已有的功能模式融为一体或丰富这些模式，还是有打开新的功能潜能的需求？答案应该是两者都有。许多学到的新词最初只是被用来丰富已有功能,例如,*cat* 只是表达"猫,你好!"(互动功能),*syrup* 意思仅仅是"我想要我的糖浆"(工具功能)。有几个词在不同时间出现了多个功能,例如,*hole* 一会儿意思是"弄个洞"(工具),一会儿是"我想(出去散步然后)往洞里放东西"(规约功能),过一会儿是"看,有一个洞"(个人功能——启发功能;见后)。只有一两次我们发现一个例子中结合了多个功能,例如,*cake* 意思是"看,有蛋糕——我想要一些!"最后这个例子在第一次出现的时候很明显。但是对于一个儿童,一次表达两个意义的能力是一种巨大进步。因此,就现有功能而言,学习词汇(1)可以在已有功能内部衍生新的意义,(2)可以将多个功能结合起来。第二种可能性对语言结构的本质提出了限定性要求,因为在语法中,结构的主要功能就是将一个功能意义投射到另一个功能意义上去。

  但是,在奈杰尔的语言发展中,大部分新词都没有与已有的功能模式相融合。首先,很清楚的一点是,这些新词的学习与使用语境无关。实际上很多新词并不适合工具和规约功能,例如,*bubble*、*toe*、*star*、*hot*、*weathercock*。即使是那些到后来才出现在这些功能中的词,如 *dog*、*bus*,尽管完全可以理解为指示某些玩具,但并没有被用来要求别人给他这些玩具。

  这样一来或许可以推测,学习新词的动力很可能是信息功能的出现,儿童想通过语言传达信息。不过事实并非如此。奈杰尔十八个月的时候还没有将语言看做交流经验的手段,还不知道向没有自己经验的别人传达经验这一概念,只是到后来他才知道语言可以这样使用。还有一种可能性:儿童只是在练习,练习使用新词以便掌握它们。如果认为这意味着儿童为学习语言而学语言,这一观点也是需要摒弃的;我们还不能认真地以为他们在积累词汇为未来之用。不过学习的概念是相关的,可以理解为一般性学习,不仅仅是学习语言。对于奈杰尔,背后最主要的功能动力很显然是了解周围环境。很多新词只在观察和回忆的语境中使用:"我看见/听见……",包括"我见过/听到过……"。

  就发展功能而言,这看起来是一种个人功能和启发功能的结合,这种结合来自下面的过程:首先,自我与"非自我"(环境)区分开来;其次,意义潜势从各个功能中产生：个人反应，如喜悦；对外部现象的关注，如"看！"；第三，新意义从两者的结合中产生：参与环境、对环境做出反应；例如"看，那很有趣！"；第四，儿童发展出一种语言符号体系，依照个人经验解释和构建环境。

因此新词的主要功能就是将观察到的现象进行范畴化。许多新词所表征的条目的性质很难与以往经验同化，比较典型的就是运动（如 *dog*，*bee*，*train*，*bubble*）和听觉视觉突显的事物（如 *tower*，*light*，*bus*，*drill*）；其他新词所表达的事物只是儿童个人探索中的事物——在奈杰尔例子中，尤其指图画中的事物。儿童在构建有关环境的一个启发性假设，采用的形式是经验语义系统，其意义通过词汇和结构来实现，用在观察和回忆语境中——不久也在预测中出现了。①

语言的这种"学习"功能——或许我们可以称其为理性功能——看起来似乎是第一阶段功能中两个主要非语用功能的合成：个人功能和启发功能。个人功能指向自己；启发功能指向他人。奈杰尔在第二阶段开始时的话语都是明显指向他人的；不过这一功能很快变成了一个探索自己的更高阶段的个人功能。奈杰尔语言中这种理性功能最早可以追溯到他的语言起始阶段。有趣的一点是，这种学习功能揭示了儿童语言进入语法的雏形。

在 NL1 阶段有一个突出现象就是互动选择，即某种愉悦经验，通常是一幅画，被用来作为与另一个人接触的渠道：[dɔ̀]等等，意思是"看见你很高兴，咱们一起看这个吧？"在 NL2 阶段，这种功能分为两种意义，两者之间依然有很多重叠：一个强调人际功能，[dɔ̀][ɛ̀yα]等等，意思是"很高兴见到你（看这个！）"；另一个强调个人功能，[də̀][dɛ̀ə]等等，意思是

---

① 英格拉姆（Ingram 1971）在最近的文章中提出可以采用菲尔默（Fillmore）有关结构功能的"格"理论来解释一个因素的话段，用"语义及物性"范畴，与一般意义上作为结构角色的"过程"概念（韩礼德 1970）相对应。接着他指出儿童依照事物的潜在"语义功能"（即它们在及物系统中的角色）来确认事物，例如它们是否具有移动或影响其他事物的能力，这些可以帮助儿童确定诸如"施事"和"有生性"等概念。尽管英格拉姆的及物性解释看起来过于简单，但这一观点与我这里要提出的观点大体一致。不过他没有能够将这些概念与儿童的语言——功能视角联系起来：一方面，他的假设似乎是语义可以等同于"概念意义"；另一方面，他自己列举的很多例子都具有很显著的实用功能。

"那很好",对图画或亮的物体做出反应,不要求第二个参与者出现。到 NL3 阶段,前者演变为问候,相应的表达到 NL4 阶段被 *hello*[āIouwa]取代,随之出现了个性化的问候表达,*mummy*,*daddy*,*Anna*。后者具有个人功能,但同时第三种形式在两者的交汇中出现,[ādà]、[adādādà]等等,它们代表了最早的语言交流形态,可以解释为"看这个!——现在你说出它的名字"——用在已经很熟悉物品也已经知道物品名字的场合。在 NL5 阶段,这种命名要求突显出来,变为要求提供新名字的请求,[adydà]意思为"那是什么";这句话经常被用作启发手段。与此同时,伴随个人兴趣的一般表达,还出现了几个特殊的由英语词汇表达的变体,如"看,那是个……"最初这种现象只出现在熟悉的语境中,通常是讨论图画;但在 NL6 阶段,它们也开始被用在新经验的范畴化过程中,体现为观察或回忆形式:"我看见一个……""我看见过一个……"。接着,在很短时间内(不超过一个月),词汇使用中开始出现结构,大部分依然是用作同样的理性功能。我们可以跟随奈杰尔去经历这一过程,用名字来记录和评价观察到的事物,在儿童语言发展的某一阶段这是一个普遍特征,这一特征来自意义和功能,这两项内容早在儿童学习任何词汇之前就已经存在了。①

3.1.2 结构

对于奈杰尔来说,结构的发展是紧随词汇之后出现的。处在内容和表达之间的语法层次的发展是相同的一般性发展过程的一部分,这一点不是由于间隔短才显现出来的(有些儿童这之间的间隔较长),而是由于这样的事实:词汇和结构最初都出现在同样的功能语境。从功能角度所提到的所有关于词汇学习的内容同样适用于结构。

第二阶段开始的时候,奈杰尔展示出了两类原始结构,或者说是同一

---

① 不过普遍的观点与此相反,儿童从周围听到的话语一般情况下都是连贯的、适宜的、与语境相关联的。在与成人互动的过程中,儿童周围一般不会是很高深的话语,不会是带有回溯、错格、高词汇密度或缓慢迟疑的话语,而是流畅的、语法和结构上都正确的非正式日常会话。(我们记录中特定一天内人们对奈杰尔所说的前一百个小句里,只有三句是"不规范的"。)因此,儿童有充足的证据来构建自己的语言体系。他从其他孩子那里听来的话自然是不一样的,不过那些话语可以引导他自己的努力。当然这并不是要提出反对先天论假设的论证,本章的目的只是要去除先天论解释中的必要性主张。

类型的两种变化形式:在某一功能内部的具体表达,结合(1)一个手势,或(2)一个具有相同功能的一般表达。例如:[dà:bɨ]*Dvořak*＋击打节奏(音乐手势),意思是"我想播放德沃夏克的磁带"(工具功能);[ndà]*star*＋摇头(否定姿势),意思是"我看不见那个星星"(个人功能);[εi'ʊɕ](命令＋hole),意思是"弄个洞"(规约功能);[ù æyi:](激动＋egg),意思是"噢,一个鸡蛋!"(个人功能)。此后不久出现了词串。这些只是两个词的词串(例如,[bàbu nōumɔ̀](*bubble, no-more*),"泡泡没有了"),不过在列举当中,有时候可以多到六个词(例如,*stick, hole, stone, train, ball, bus* 意思是"我看见木棍了",等等)。这些词串中每一个词一般都会有自己的独立(降)音调。第一个"真正的"结构,即一个词串有单一的音调,出现在十九个月的时候,即第一次真正进入词汇阶段的四周以后;在接下来的两周时间里,各种结构都被创造出来,如下面例子的组合:

1. *mummy come*, *more meat*, *butter on*, *squeeze orange*, *mend train*, *help juice*("我要喝果汁"), *come over-there*, *now room*("现在咱们去那个房间"), *star for-you*("给我弄一个星星"), *more meat please*.

2. *green car*, *two book*("两本书"), *mummy book*("妈妈的书"), *bee flower*("花上有一只蜜蜂"), *bubble round-round*("泡泡飞呀飞"), *tiny red light*, *two fast train*.

依据功能标准,这些结构可以分为两组。(1)中的结构属于实用功能,对应第一阶段的工具功能和规约功能;(2)中的结构属于理性功能,从个人—启发功能演化而来。①

出乎意料的是,奈杰尔只用了两周时间就搞清楚了这种二元式的分类(NL7,第十九个月至十九个半月),他在说话的时候使用了全新的区分,用升调和降调表达。从这一刻起,所有的实用话语全部用升调,所有非实用(理性)话语用降调。这种区分完全是系统化的,有几个月的时间

---

① 比较路易斯(Lewis 1936)提出的"操纵"和"陈述"功能之间的区别,在写作本文的时候我对这一重要论断并不熟悉。实用功能很像路易斯的操纵功能;理性功能与他的陈述功能不同,因为路易斯将陈述功能解释为自我表达以及对表达性回应的要求,而不是学习方式。

完整无损;这进一步证明实用和理性作为主要功能对立的意义。如果奈杰尔的例子还算典型的话(当然这一对立绝不是奈杰尔特有的实现形式),它似乎是向第三阶段即成人系统过渡的根本性标志。这一点后面我还会讲到。在这里,这一点是相关的,因为它使我们看到第二阶段的结构发展是整个语言学习过程不可分割的一部分。

语言结构与语言功能之间是什么关系呢?我们来看几个例子,从奈杰尔第二阶段开始(NL7,十八个月至十九个半月),他使用了 *more meat*,*two book*,和 *green car*。这三个结构乍看上去展示的是相同的结构,用儿童的话语来讲属于中枢词+开放类,用成人话语来说属于修饰语+中心词。但 *more meat* 只用于实用功能,而其他两个只用于理性功能。另外,这是一个一般性模式:我们发现 *more omelette*,*more bread* 等等,也都只用于实用功能,而 *two train*,*mummy book*("妈妈的书"),*green peg*,*red car* 等等则只用于理性功能。正是这种功能特性将这些结构与早期语言学习阶段联系起来。随后,它们在功能上的限制取消,由 *more meat* 表达的结构与"看有一些……"等理性意义融合起来,而 *green car* 也与它的使用意义,即"我想要……"功能融为一体。不过在开始的时候,每一个结构只表达其中一种功能。

对 *more meat* 的功能分析可以表述为"请求+想要的物品",与原有的工具功能有关。结构中的成分是实用性的而非经验性的。与此相对,*green car* 或许可以从经验角度来分析,即"视觉属性+观察到的物品"。按照引言中的术语,这种对结构的解释是儿童指向性语义:意义与功能相连,儿童指向性展示其在发展过程中的作用。假如我们一开始就按照成人语言结构形式将它看做最终结果的话这一点就会被忽略掉。说到底,一个由 *more meat* 表征的结构怎么会一开始用作实用功能,后来又具有非实用功能;开始时两种功能交替,后来与实用功能合二为一,这是一个有趣但又很难回答的问题。大概在这个例子中由 *more* 表达的要求可以按照经验功能解释为比较修饰(在奈杰尔的例子中,通过体来表达"我想让你继续做……";例如,*more play rao* 意思是"我想让我们继续玩狮子");不过请求功能被一般化了,被语法中的情态系统所取代(在奈杰尔的例子中,通过系统使用声调表达)。我们在这里所选取的是一个最简单的例子，但观点是具有普遍性的。在开始的时候，奈杰尔所有的结构，如词汇，在功能上都是具体的；它们要么属于实用功能（第(1)组），要么属于理性功能（第(2)组）。只是在过了一段时间以后，两种功能之间出现交替；这并不是把功能简单调换，而是通过重新解释"功能"概念，将其提升到更抽象的层面。这样一来，实际上所有的表达都变得具有多重功能了。

在此存在着结构和词汇的根本统一性。词和结构，或者说"词与结构"，即词汇语法单位是出现在儿童语言体系中意义和声音之间的新层次上的选择表达。这是语言形式层，或称语法层，它显示语法作为将功能潜势纳入到语言体系核心的手段，随着儿童的发育而发展。它允许来自不同功能的意义编码在一起，成为整体结构。这样一来，原则上日常表达都变成具有复杂功能了。语法使儿童可以在同一时间表达多种意义。

3.2 对话

对于语法体系的早期发展已经有过很深入的研究了。还有一个非常重要的领域尚未探讨，这就是儿童如何学习对话。

奈杰尔在开始学习词汇的同时开始学习参与对话，大概在 NL6 即将结束的时候（即十八个月之前）。对话和词汇一样也可以作为第二阶段开始的标志。在第一阶段有一些"原始对话"：在 NL2，奈杰尔有三个具体的回应：回应呼唤、回应问候、回应礼物，到 NL5 他可以回答诸如"你想要……?""要不要我……?"这类问题，也就是说，所需要给出的回答都是工具功能、规约功能或互动功能的回答。但他自己不会开始对话；也不会给出纯语言性的回应。[①]

从根本上讲，对话可以被看做角色的选取和分配。这里所谈的角色是社会角色，不过是一种特殊类型的社会角色：这种角色只存在于语言中，通过语言实现为交流角色—说话人、听话人、应答者、提问者、劝说者等等。它们在语言发育过程中有着非常重要的意义，因为它们既是社会

---

① 换言之，他还不能回应那些超出他的功能潜势之外的话语。他所表达"yes"或"no"的意思是"yes, I want that"或"no, I don't want that"（工具功能），或者"yes, do that"或"no, don't do that"（规约功能）。但是他还没有一般性的归一度（肯定—否定）系统；也不能回应寻求信息的任何问题，如 "Did you see a car?" 或 "What did you see?"

交流的渠道,又是社会交流的模式。只要有人说话,通常他就会扮演说话人的角色("我正在跟你说话"),同时指派听话人角色("注意!");但是在对话中这种角色需要更明确,不仅仅是"我正在跟你说话",而是如"我正在要求信息,你得提供信息回应"。对话包含纯粹的表达人际互动的语言形式;与此同时,对话也体现人们承担角色、指派角色、接受角色或拒绝接受指派给自己的角色等的一般原则。

对话的神秘面纱在奈杰尔NL7(十八个月至十八个半月)的两个星期时间里揭开了。在这一阶段接近结束的时候,奈杰尔能够:

1. 回答特殊问题(假设答案是问话人已经知道的);例如:

"What are you eating?"(你在吃什么?)

奈杰尔:*Banana.*

2. 回应命令;例如:

"Take the toothpaste to Daddy and go and get your bib."("把牙膏给爸爸送去然后去拿你的围嘴来")

奈杰尔(按吩咐做,说):*Daddy . . . noddy . . . train*,意思是"爸爸,(给他)牙膏(去取你的围嘴),(上面有)火车图案的。"

3. 回应陈述;例如:

"You went on a train yesterday."(你昨天乘火车了。)

奈杰尔(通过重复表示注意,接着对话):*Train . . . byebye*,意思是"是的,我上了火车,然后(我下车的时候)火车开走了。"

4. 回应回应;例如:

奈杰尔:*Gravel.*

回应:"Yes, you had some gravel in your hand."("是的,你手上有些沙子。")

奈杰尔:*Ooh*(意思是"它弄疼我了")。

5. 开始对话;例如:

奈杰尔:*What's that?*

回答:"That's butter."("是黄油。")

奈杰尔(重复):*Butter*.

不过,"What's that?"这个问题是这一阶段能够开始对话的唯一问题。除此之外,要求别人做出语言上的回应还不在他的功能潜势范围;他还不能指派具体的交流角色。但是他已经进步了许多,能够接受别人指派给他的交流角色。① 只要儿童的回应局限于类似

("Nigel!")("奈杰尔!")

奈杰尔:[ǿ] "Yes I'm here."

("Do you want some cheese?")("你要奶酪吗?")

奈杰尔:[nò] "No I don't want it."

("Shall I put the truck in the box for you?")("我帮你把卡车放到盒子里吧?")

奈杰尔:[à] "Yes do."

那他只是在使用语言最原始的非言语功能;这还不是真正的对话。但是,回答特殊问题的能力是一个非常重要的新发展;儿童已经掌握了语言的纯交流功能原则,并开始承担语言本身所限定的角色。这是向语言"信息性"用途前进的第一步,这一步出现很晚恰恰是因为它是仅仅由语言限定的功能——这是一个复杂而又困难的概念。

儿童一旦能够参与对话,与他已经掌握的功能有关的新的可能性便随之出现:现有选择的精细化、功能"策略"的持续和改变等等。在一般化的理性功能的发展过程中对话也起着根本性的作用,不仅使儿童能够询问新的名称,也允许他们对环境和口头复述的延伸模式做系统的探索。同样重要的是对话的出现也预示并直接导致了第三阶段的到来,即成人系统的掌握。通过语言角色扮演的具体体现,对话向儿童敞开了语气选

---

① 在这个阶段,奈杰尔还不能清晰地回应是非问题。不过有时候会通过暗示来回应,例如:
"Are you going shopping?"("你要去买东西吗?")
奈杰尔:*Bread ... egg*.(也就是"我要去买面包和鸡蛋。")

择的途径(陈述、疑问等)，也因此打开了语言体系中的整个人际成分。通过这个成分，说话人介入人际交流、将自己建构到语言结构之中，表达自己与其他参与者之间的关系、自己的态度和判断、自己的承诺、欲望等等(韩礼德 1973)。因此，在第二阶段借助不断增加的模仿、角色扮演话语以及单纯的争论(这也起着非常重要的作用)，儿童学会了如何通过语言参与交流，去嵌入自己的角度、自己的个性，以及自己对语言结构的个人参与。这样一来，语言便成为儿童接触社会的一个有效渠道，一种参与和接受文化的手段。意义被表达为社会语境中的言语交流；这是文化传播的基本条件，这使得某些类型的语境在社会化过程中起到关键性作用(伯恩斯坦 Bernstein 1971)。

因此，第二阶段的主要特征体现为向成人语言体系发展的两个主要进步。一方面，儿童在内容和表达之间添加了语法，即句法和词汇层面，这样开始形成成人语言中基本的三层面组织。语法是一个潜势系统，是一个选择网络，这个网络可以"接收"来自内容层次的信息并将其"传导"到表达层面；[①]在这一过程中形成结构，接收来自不同功能的内容体系的选择，将其解释成完整的结构模式。这就是弗斯(Firth 1957)所说的系统和结构之间的交叉点。另一方面，儿童学会了对话，他学会选取、接受、指派语言角色，因此学会从语言角度衡量表达成功与否。从这时起，成功不再仅仅是得到想要的物品或行为，而是在交流中扮演自己的角色，自如地接受别人指派的角色，以及让他人接受别人指派给他们的角色。

儿童掌握了语法和对话原则后，可以说第二阶段就结束了，这时儿童有效地完成了向成人语言体系的过渡。(当然，这时的儿童只是刚刚开始掌握成人语言。)但是从功能意义上讲，第二阶段也是过渡性的，儿童开始脱离原始的具体的发展功能，即"功能"等同于"使用"阶段，通过中间阶段向更抽象的作为成人语言核心的"功能"转化。当然，过渡的两个方面，即功能和系统，是紧密相连的；它们是发展过程的两个侧面。不过，功能的

---

① 或者反过来，在话语的接收过程中。这里我们所关注的是生产性语言，因为相对而言，对于儿童通过怎样的过程发展其对周边所听到的话语的理解，我们知之甚少。不过在这里，很有可能最关键的步骤也就是他自己的语言编码体系中这第三个中间层面的发展。

发展在解释系统发展方面至关重要，因为语言是按照自己的规律进化的。在最后一部分，我们将尝试描绘儿童向成人语言发展过程中的功能进展。

4. 第三阶段：进入语言

4.1 成人系统的功能

我们可否将第一阶段的功能，即那些表达工具功能、规约功能等的简单的、零散的语言使用与成人语言的功能，即语言系统中高度抽象的、完整的关系网络相提并论呢？

答案取决于我们如何解释成人语言的"功能"。一般来说，语言的功能理论尝试解释语言使用的类型，而较少从功能角度解释语言的本质。这些理论的出发点有的是民族学（马林诺夫斯基，Malinowski 1923）、心理学（比勒 Bühler 1934）、行为学（莫里斯 Morris 1967），还有的是教育学（布里顿 Britton 1970）。但是，尽管在分类和术语使用上存在差别，这些理论都以这样或那样的方式包含一个有关语言的概念（表达、指称、认知、外延）功能和人际（表达——意动、愿望、呼唤、内涵）功能的基本区分。

现在如果我们采用功能视角来考虑语言本身的本质属性，我们会发现事实上成人语言是建立在功能多元化基础上的。尤其，语言是围绕概念和人际双向区分构建的。成人语言的语法是一个由三部分组成的选择网络。这些选择来自于三个功能，即上述两个基本功能加上第三个功能，即创造语篇的功能，我们可以称之为语言的"语篇"功能。大部分功能理论没有讨论过第三个功能，因为它是语言所固有的功能，是一种使能性功能，它提供条件使另外两个功能得到有效地发挥。语篇功能来源于语言的本质属性，因此，我们不需要从语言发展过程中去寻找其独立的源泉。不过，儿童是怎样从第一阶段语言系统的功能模式向处于成人语言基础的概念——人际系统发展的呢？

正是在这一点上，奈杰尔给我们提供了一个有趣的意外的线索。像所有孩子一样（参见利奥波德 Leopold 1939—49，第三卷：1—30），他一开始就会系统地使用语调，他所有的表达都有特殊的音高升降：比较典型的有各种各样的降调,不过偶尔也会有例外;例如所有的人名都是高音。第二阶段早期,奈杰尔在一周时间内(NL 7:十九个月零一周到十九个半月)开始有规律地交替使用升调和降调;这一做法一直持续到第二阶段后期,前后用法完全一致。

用第一阶段的术语来描述就是:升调用于工具功能和规约功能,降调用于所有个人功能和启发功能,在使用互动功能时,他两种音调都用但有明显对立。我们可以概括这种区分:奈杰尔用升调来要求别人做出回应,用降调来表示其他。几个例外本身是有规律的:例如,要求听音乐通常是升调,不过要求伴有音乐动作的时候会用降调,表明动作是"要听音乐"的另一个选择,而降调在系统中应该被看做非标记性的。在这里,需要注意的重点是:奈杰尔不是按照成人英语的规则在使用升调,因为这时他还不具备英语中使用语调来表达意义对立的功能潜势(韩礼德 1967)。他是在使用升调和降调的初级对立,他自己觉得这一点对他有限的功能系统很重要,而这种做法正是第一和第三阶段之间的过渡。这也是前面提到的实用功能——用语言做事(奈杰尔的声调)和理性功能——用语言学习(奈杰尔的降调)之间的区别。处在这一系统之外的是语言的想象功能或玩耍功能,在这个阶段体现为儿歌和自己编的有特殊语调模式的节奏曲调。

奈杰尔通过使用降调和升调之间的对立来表达理性功能和实用功能。这两类概括性语言使用之间的差别后来直接导致了成人语言体系中两个核心体系即概念功能和人际功能之间抽象的功能性差异。为了到达第三阶段,儿童需要发展两种主要的意义潜势:与表征经验有关的概念功能和作为社会活动形式和渠道的交流过程有关的人际功能。这两种功能在成人语言中由语法明确表达。很可能,意义的概念成分一般从用语言学习的过程中产生,而人际成分则产生于用语言来做事。当然,通过语调非常清楚地区分理性功能和实用功能这一做法,只是奈杰尔自己穿越第二阶段的路径;尚不能预测所有儿童都会以同样方式做这类区分,或者是否有必要清晰地表达这种差异。不过对于奈杰尔而言,这是他的语法体系发展的一个主要步骤,这表明他从简单的内容和表达二元对立—第一阶段的主要特征,开始向复杂体系迈步。

不过我们还不能认为第二阶段的"理性"就等同于概念,"实用"等同于人际。在儿童语言发展体系中,实用和理性都是内容的概括化功能范畴。在该体系中,每一个话段一般都会表达其中一种功能,非此即彼。在发达的成人三层体系中,概念和人际是语法的抽象功能成分。在这里,每一个话段一般都同时表达两种功能。产生变化的是"功能"概念,从这个角度看,第二阶段是"功能"与"用法"区分开来的过程。换言之,"语言的功能"概念一分为二:一个是"语言的使用",另一个是"语言体系的构成成分"。我们将在接下来的最后一部分试着总结这一过程并讨论向第三阶段发展的其他方面(图 2)。

5. 功能发展总结

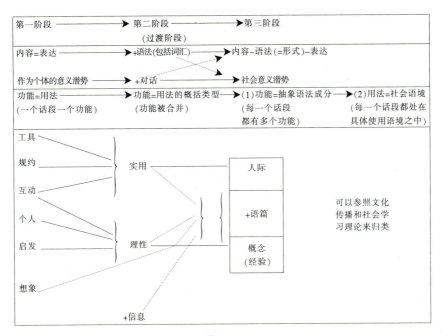

图 2—2

1. 语言发展的起源可以解释为学习一系列功能,每一种功能与其"意义潜势"相关联。系统是一个功能系统,在这一系统中功能等于用法;

每一个话段只有一个功能,意义类似于"给我那个,我有兴趣,让我们在一起"。最初的功能是工具功能、规约功能、互动功能和个人功能;稍后是启发功能和想象功能。语言中的每一个单位都是一个简单的内容—表达对;没有语言意义上的"形式"层(没有语法)。

2. 在某一阶段,儿童开始使用语言的"理性"功能,即用语言来学习。这一点是对个人功能和启发功能的概括;儿童用语言来确认自己的身份,作为一个必然结果,也会用语言来探索非自我。这一功能通过口述观察和回忆来实现(后来也由预测来实现)。这一过程衍生出一系列新意义,儿童需要词汇资源(如事物和过程的名称)和结构(如类和属性、过程和参与者)。

3. 与此同时,属于"实用"模块的其他功能也出现了概括化倾向,包括使用语言来满足自己的需求、控制他人或与他人交流(即我们通常所说的"操纵"语言)。这一过程也衍生出许多新的意义,要表达这些意义也需要其他结构(如请求加想要的物品)以及其他词汇项。不过对于奈杰尔,只有一小部分词是通过这一功能第一次学到的,或许是因为具体意义可以从环境中获得(如,"我想要那边的那个东西")。

4. 在奈杰尔的案例中,将功能归并为理性和实用功能两大类是第二阶段即过渡阶段的主导性特征。两大类之间的区别在于用语言来学习还是用语言来做事;在于将自己与周边环境分开来,从而确认自己、解释他者,与环境互动以便对环境中的事物和人施加影响,操纵它们以及表达对它们的态度。对于奈杰尔,几乎所有的词和结构都是第一次用来表达两个功能中的一个,不是同时;过一段时间后,在一种功能中已经掌握的资源被转用于另一种功能。但是,这样做的同时,所有话段都变成了多功能的(参见下面的 10)。

5. 在开始的时候,理性和实用的区分对应于"要求回应"(实用)和"不要求回应"(理性)。

这或许可以解释奈杰尔所使用的非常清晰的两种形式之间的差异:升调表示实用意义、降调表达理性意义。在这个阶段,理性和实用之间的区分是否代表第二阶段的一般策略这一问题尚无法回答;用语调来表达区分还只是奈杰尔自己的主意。

6. 就语言系统而言,第二阶段包括学习语法;即在系统中引入一个语言形式层,介于内容和表达之间,由结构和词汇所表达的多种选择构成。语法的需要来自实用和理性功能。后者或许对认知发展更为重要,也提供主要的学习动力,至少在学习词汇方面。语法结构的引入使儿童可以在一个话段中结合两种功能。

7. 儿童在学习语法的同时也在学习对话。这也是第二阶段的另一个主要步骤。这里主要动力或许来自实用功能,重点在于参与。在对话中,儿童学习获得一种潜势来选取和分派语言角色,这也要求他们掌握更多语法资源(如一系列语气和结构被用来表达这些功能。语气包括陈述、疑问等等。)①

8. 从功能上讲,成人语言的语法包括两个主要成分:(1)概念功能,体现说话人的经验以及他对周围世界和内在世界的解释;(2)人际功能,体现说话人在话语情景中的个人投入:他的角色、态度、希望、判断等等。换言之,语言体系演化为执行两种功能:一个是说话人作为"观察者"的功能;另一个是作为"介入者"的功能。这两个元功能加上第三个功能"语篇功能"一起汇入成人语言,成为不同的选择集合,每一个集合有较强的内在制约和较弱的外在制约(也就是说,一个功能内部的选择影响同一功能内的其他选择,但通常不影响该功能以外的选择)。在话语生产过程中,每一个选择集合通过相互投射的不同结构来实现。

9. 在第三阶段(成人体系)中,"功能"与"用法"已经不再是同义词。成人语言可以有无限的用法;但一般的成人话语,无论其用法如何,都有

---

① 语气系统将最终决定升降调。奈杰儿是怎样调整这一系统来解释自己的升调和降调呢? 在这一阶段,他还没有语气系统,仅只是自己区分升调和降调来表达实用/理性系统差异。要求别人说出新名称,[dayda]"这是什么?"还不能看做真正的疑问句。这类表达确实一直用降调,但这并不是因为这是一个特殊疑问句,而只是因为它具有理性功能。当他确实学会使用特殊疑问句形式的时候,*where* ＋人名,开始或者升调或者降调,意义上似乎有区别;但到后来,这个句子和其他所有特殊疑问句都使用了升调,大概是因为答案是一种回应(即使是单纯的语言形式),因此要求给出答案就是一种实用功能。再后来,他学会 *yes-no* 是非疑问形式,但这种形式根本没有被用于提问,而仅仅被用来表达信息功能,来告知听者不知道的经验;例如,*Did you fall down* 意思是"我想让你知道我摔倒了,你没有看到",与 *You fell down*"我摔倒了,你看见了"形成对比。

概念和人际两个主要意义成分。例如,每一个主句都体现选择关系,因此同时具有及物(概念)和语气(人际)结构。

10. 不过,看起来,第三阶段语法体系中的"元功能"是间接地、但毫无疑问是从儿童第一阶段语言的原始用法中发展而来的。依据奈杰尔的情况,这一过渡发生在对原始功能的概括化过程中。这一过程产生了两个宽泛的功能类型,即实用功能和理性功能。实用功能主要用来表达诸如"我想要""你可不可以""我可不可以""咱们"等意义,为语法的人际系统如语气、情态、人称、态度等提供语境。理性功能主要用来表达经验,为及物系统(过程语法)中的概念体系提供语境,如时间和地点、品质和数量等等。

11. 因此,儿童第一阶段的功能体系,即"内容、表达"语言中的内容体系,沿着普通的抽象概括化路线进入第三阶段成人功能体系,即"内容、形式、表达"语言中的形式系统。在这一过程中,功能概念本身也在演进(参见图2—2)。用耶姆斯列夫的术语来讲,就是语言的功能基础从"内容本质"(在没有形式层的系统中)转变为"内容形式"。在第二阶段,儿童有一个关键性发现,即通过语言,他既可以观察环境同时也可以与环境互动;这就是奈杰尔的 *cake* 的重要意义,表达"那是蛋糕——我想要一些!"在进入第三阶段的时候,儿童已经掌握了大量的语言"用法";但这些用法都是通过概念和人际"功能"媒介来实现的;换言之,通过它们作为观察者和介入者的双重意义潜势来实现的。

12. 与此同时,第一阶段的功能并没有消失。这些功能后来成为语言的用法,或者说成为语言使用的概括化语境。在过渡过程的几个关键性功能之外,还出现了另外两个功能:想象功能和信息功能。语言的想象功能,或称玩耍功能,早在第一阶段就出现了;到第二阶段结束的时候,儿童不仅通过声音玩耍,同时也使用形式和意义玩耍,如背诵、改编、创造童谣、惯例或故事。最终,直到进入第二阶段,他才会添加信息功能,即用语言来向不了解情况的人传递经验。这是一个非常复杂的功能,因为这是完全由语言本身来确定的。① 同时,对于儿童来讲,语言依然履行着最初学到的那些简单功能。不过,它们的范围,无论是广度还是深度,都已经被远远扩大了;也就是说,与每一种功能相关联的意义潜势被远远扩大了。

6. 结论

在第二阶段结束的时候,儿童进入成人语言。他已经建立起一个多层次(内容、形式、表达)和多功能(概念、人际、语篇)的体系。从这时起,他开始在已有基础上添加。他学会了如何表意;现在他的语言发展体现在将意义潜势范围向更广泛的文化维度延伸。

为了更深入地了解这一过程,我们应该走出语言体系,进入到文化中去。儿童的语言使用可以通过概括化的情境类型来解释。他能够表达的意义与特定的社会语境有关,至少在某些例子中可以通过诸如特纳(Turner 1973)那样的特定语境语义分析来解释。

伯恩斯坦(1971)展示了社会语境中的某些类型对文化传承过程至关重要;这些语境的语言是儿童社会化过程的重要组成部分。正如我们所看到的,所有语言行为,包括表征这些关键语境特征的语言行为,都是通过语言的基本功能,即观察者功能和介入者功能,来调节的。通过这一途径,所表达的意义与马林诺夫斯基(1923)所提出的"情景语境"联系起来。但是,由于这些功能不仅是语言用法的不同方面,而且还是语言体系的核心部分,因此所表达的具体意义同时也是一般性语义范畴实例,因此可以从马林诺夫斯基的"文化语境"角度来解释。

这一点对儿童的意义何在呢?意义就在于:由于语言的功能基础,典型日常情境中所表达的特定具体意义转变成了儿童建构文化语境的原始来源。当他们进入第三阶段的时候,每一个具体实例如"我想要""我可不可以?""让我参与"或者"发生什么事了?"都被词汇和结构编码,在一定程

---

① 想象功能和信息功能需要叙事模式(概念成分内部),与简单观察和回忆不同。这就需要话语,也就是说,需要构建语篇使其不仅与情境相关,同时也要与前后话语语境相关。我们说的语言体系中的"语篇"成分可以看做是随奈杰尔一起发展的成分,是对对话和叙述需求的回应。

度上用来对社会秩序及儿童自己在其中的角色进行归类。所以，儿童早期自己的语言用法对语言体系的本质强加了某些要求，决定着语言组织的功能基础；其结果就是，当这些早期用法演进为语言使用的概括化社会语境之后，语言体系可以通过它们成为向儿童传播文化的原始途径。这样，语言逐渐在社会学习过程中占据中心位置。

（高彦梅　译）

第三章

早期语言学习:一种社会语言学方法(1976)

这一章探讨幼儿在六个月到十八个月期间的母语学习①。这项研究也可以称为社会语义方法,因为我将母语学习看做意义系统的学习。学习语言的儿童是在学习如何"表达意义";从这一角度出发,语言系统被看作是语义潜势,或一系列可能的意义加上实现或表达②。

我所采用的观点是一种功能观,即意义与语言功能相关——

---

① 本章汇集了两篇文章,其中"早期语言学习:一种社会语言学方法"最初发表在麦考马克(William C. McCormack)和乌木(Stephen A. Wurm)主编的《语言与人类—人类学专辑》,由莫顿出版社(Mouton)出版,97—124页。"儿童的原始母语"最初发表在布卢瓦(Margaret Bullowa)主编的《说话之前:人际交流的起始》,由剑桥大学出版社1978年出版,171—90页。

② "语义"(Semantic)这个概念并不严格限定为"词汇语义",后者主要与词汇的意义有关。这里的语义指的是语言的意义整体——即兰姆(Lamb)层次理论中的"意义层"——不论是否由词汇编码。儿童除非具有词汇——即有组织的词汇量,并不一定以成人词汇的语音形式,否则无法学习词义。不过本文的论点是语言学习本质上是语义系统的学习,这一过程早在儿童使用词汇模式进行表达之前就已经具备了。

儿童成长过程中使用语言来达到的功能。这样观察语言有两个理由。其一,功能方法本身有其价值,即它启发我们深入研究儿童之所以采用某些步骤的理由。如果我们采用功能观,我们就可以探究为什么儿童以这种特殊方式建构系统——例如,为什么到一定时刻儿童会向成人语言迈进,会将某些特征如结构、词汇建构到自己的潜势整体中去。

其二,从功能角度来观察这一过程,我们就可以深刻认识为什么成人语言会按照其特有的方式演进。人类大脑应该能够构建多种不同类型的符号系统;那么,为什么语言以这种特殊方式演进为一个具有特殊属性的符号系统?如果我们从语言发展视角来审视这一问题,我们就可以看到成人语言体系的建构方式很能够反映它的功能起源①。

迄今为止,文献中有关早期阶段——十八个月之前的研究相对较少,或许是因为在这一阶段很难辨识语言学习过程是否正在进行。这一阶段处于儿童开始真正使用成人语言作为自己的模式之前。或许可以说,实际上,婴儿在这一阶段学习的语言与他从周围人们那里听到的语言之间毫无关系。

这或许是一种简单概括,因为实际上儿童可能把模仿成人语音作为表达自己意义的资源的一部分。但是同样,他可能并没有这样做,而关键是在这一阶段他是否在这样做并不重要。在这个年龄段,儿童在尝试构建某种类型的模拟语音系统方面变化巨大。目前还不完全清楚儿童为什么变化如此巨大,部分原因或许是因为他们内在的模仿成人话语声音的能力有差异,还因为环境因素的不同——他们听到的话语的多少、或者更重要的是,他们听多少不同的人在说话,例如有多少成人、多少其他儿童,有多少话语是说给他们的,他们自己的努力又有多少得到强化,等等。并且,毫无疑问,由于个性的差异,儿童对于别人对他们的努力所做出的回应的反映差异很大,他们关注自己还要付出多少才能达到完美——有些

---

① 同样,"功能"概念不能理解为一种具体假设,即儿童参照这些事物的功能来解释物体名称(参见路易斯 Lewis 1957),或参照结构功能学习词类,如及物动词的施事,后者反映真实世界中物体的潜势。本文的"功能"指的是儿童将语言作为一般功能语境中的意义系统来学习这样一个一般认识,这些语境反过来成为成人语言语义系统的组织原则(参见韩礼德 1973 年关于语言功能的理论)。

第三章 早期语言学习:一种社会语言学方法(1976)

儿童表面看来几乎不做任何尝试,至少在公众面前,直到他们对自己的表现满意为止。

造成这个年龄的儿童之间差异巨大的因素多种多样——有些儿童非常努力去模仿发音,其他儿童则根本不做这类尝试。对于这两种情形,研究者有一个困难。一方面,如果儿童确实模仿成人语言的语音,那么研究者很容易将这种成人语音当做一种标准去确定儿童的声音是否属于语音,不过这一点其实并不相关。儿童自己的系统是一个意义系统,有些意义,或者是所有的意义,都可以通过从成人语言中借用来的声音来表达。另一方面,也有可能儿童发音中没有使用任何成人语音,在这种情况下,研究者就会认为语言学习尚未开始。事实上,在这一阶段大量的语言学习正在进行。儿童既可以回应也可以创造一种类似语言的符号。

一开始,儿童学习竟然会有语言这样一个事物,声音竟然具有相应的功能。他学习与生俱来的发音资源可以被用来实现自己生活中的某些功能。对于儿童,使用声音就是在做事;是一种行动形式,这种形式随后很快发展出自己的模式和自己特定的语境。接下来,我们需要确定依据怎样的标准我们来判定儿童发出的声音在某种意义上确实构成了一个语言体系;如果仅从声音本身无法辨识是否来自成人语言——或者如果并不是来自成人语言,因为这个时候这些声音是否来自成人语言并不重要?这里我们有另一个采用功能观的理由:每个父母都知道,一般儿童在很早的阶段,大概从六到九个月,便开始系统地连续使用一些声音,开始在声音和意义之间建立起某种一致不变的联系。但是这些意义还不能用成人语言来描述,不是那种可以编进词典,或者能够对应成人语言中的词、短语和结构的意义。这是一些通过功能假设可以开始解释的意义:儿童通过使用声音在做什么;儿童想通过那些声音为自己做什么;换言之,我们可以确认儿童通过使用声音所实现的某些根本目标或目的是什么。他用声音来招呼周围的人,让他们为自己做事;他用声音要求某种物品或服务;他用声音联络别人,要亲近他们等等。这些都是有意义的行为。

我曾经对一个婴儿在较早时期的语言做过深入细致的研究,我对他从九个月到十八个月的语言做了一系列的描述。把这些称为"语法"是很奇怪的,因为在这一阶段的儿童语言体系中语法这个层次是完全缺失的

（儿童语言中既没有结构也没有词汇），所以我还是回到早些时候的术语暂时称其为描述吧。我对这个幼儿的语言进行了我自认为完整的描述。（如果这些描述是完整的，那么这些就是我所做过或我所能做的仅有的有关任何语言的完整描述了。）这里需要简单说一说描述所使用的形式和其由来。

1. 观察婴儿话语

由父母或其他近亲属通过日记形式记录一个儿童语言发展，这样的细致研究在 20 世纪 60 年代中期是不时兴的，因为当时的语言发展研究大部分都属于心理学家的范围；心理学家喜欢实验方法，包括大规模儿童样本、聚焦单个清晰界定的问题，例如"三岁六个月大的幼儿能够理解包含被动语态的句子的概率是多少？"这类探索可以严格控制和监督，同时样本的选择可以反映任何特定群体；不过，其局限就是儿童在实验条件下常常会举止反常。最近一个时期，许多认知心理学家和带有心理倾向的语言学家喜欢使用半结构性方法：例如，选取中等人数的儿童，在六个月期间每两周记录一次；他们的语言和其他行为是半开放式的，有些结构通过诸如提供特定玩具等方式引入。目的可能是确立在某个特殊年龄段儿童通常会使用的语言功能的范围。比较之下，日记方法本身不包含任何结构；没有人向儿童提问，也没有人为他们设定任何情境；没有人或物给他们提示；他只是在自然条件下被观察。这种方法的弊端也很明显："样本"只有一个儿童，或者在同一个家庭中最多不过两三个，这样很难得出有关儿童如何学习语言的一般性结论。

与此同时，这类研究也有自己的优点。自然场景确保发展图景的真实性；不仅是一般意义上的真实——所记录的都是自然行为而非人工设计或启发的行为，而且语言发展的前沿，不论是个人历史还是群体历史，总是在随意的自发话语中出现的。家庭语境中，父母或其他亲属作为观察者，可以保证儿童所说的大部分话语都能够被理解；并且更为重要的是，儿童理解人们对他所说的话。

最后，通过这种大人与儿童之间不受干扰的持续交流，观察者可以选

第三章　早期语言学习：一种社会语言学方法(1976)

择性地观察和记录那些相关的部分，确保记录中间没有间隔，同时观察者知道儿童在任何时候的整个体系。最后这一点非常关键：每一个新的发展都可以依据儿童的整体资源背景、参照他当时能够表达的意义进行观察和解释。这一点只有通过持续的日记类型的日常记录才能够获得。

在我自己的研究中，我尝试构建这类的图景，追踪我自己的孩子从早期婴儿时期开始的语义发展。我很幸运自己曾经作为方言田野调查者接受过语言学训练，我已经习惯了既当参与者又当观察者，随时使用各种语音符号记录正在进行的言语交流。附录 1 是有关前三个阶段原始母语发展的详细记录：(1)九个月；(2)九至十个半月；(3)十个半月至十二个月。

我使用传统的田野工作者的设备——铅笔和笔记本记录了这个儿童的话语，这些设备很适合这一时期。我聆听、有时候参与到情境中，有时候退出来，躲到门或家具后面；我记录下我认为第一次观察到的任何有意义的表达。随后，我还记录下那些与我以前观察记录中相同的表达；当然，不是每一次听到都记下来，这是不可能的，但间隔时间很短，关键是在这个阶段尚无法假定由于某个表达是以前观察到的，它现在就已经成为儿童语言体系的一部分了。

在这一阶段，语言学习不是稳步前进的；像其他形式的学习一样，存在起伏。系统中的成分来去不定；学会了随后又忘记了，或者被修改或改变。例如，在四个月大的时候，奈杰尔发出了一种特殊的声音来评论头上飞过的飞机，那种声音似乎是对飞机声音的模仿。过了一段时间，这种声音完全从系统中消失了；后来，过了一段时间，大概有三个月，出现了一个类似模仿成人语言中飞机的词的声音。我并没有把这两种声音理解为是同义表达。第一个例子中我们解释为飞机的条目的功能意义与第二个例子的功能意义是很不同的；在间隔期前，语义系统发生了变化。其他那些在开始进入了系统随后又消失的成分包括一些表达要求和回应别人提议的形式；这些形式记录在附录 2 表 1—6。

之后，每隔六个星期，我就把这些记录转写成系统描述，这样每过六个星期系统就被重新解释和描述。这个间隔看起来是一个最优的选择。如果我当时选择的间隔过长，那么一些重要的发展步骤可能就被忽略掉了；而如果我选择间隔过短，那么我就要被随机不出现的情况所摆布——

一些条目在这段时间根本就没有观察到,但却应该出现在系统中。所以一个半月似乎是最好的时间段。我从孩子九个月的时候开始观察,因为在九个月之前,奈杰尔根本没有系统;其实最初的描述所呈现的阶段我认为属于前语言阶段,因为这一阶段与任何我所建立的确定语言系统出现的标准都不相符。这一阶段我编码为 NL0,NL 意思是"奈杰尔的语言";所以在九个月的时候我们得到的系统为 NL0,NL1 是十个半月,NL2 是十二个月,NL3 是十三个半月,NL4 是十五个月,NL5 是十六个半月,NL6 是十八个月。

2. 儿童的原始母语:内容与表达

现在我认为需要考虑建立一个研究这一早期阶段的理论框架。这个理论框架可以围绕两个中心概念展开:内容和表达,或说意义与声音。第一点要说明的就是这是你得到的所有东西。也就是说,在这一阶段儿童的语言体系只有两个层面。它包括内容和表达,系统中的每一个成分都是一个有着两方面特性的简单符号:这是一个内容表达配对。换言之,这个系统与成人语言系统的差异就在于它没有中间层面;在意义和声音之间没有语法层(我们应该称其为词汇语法层,因为这个层面包括词汇)。因此我们需要将这一系统看做是由内容和表达构成的系统,系统中的每一个成分由一个意义和一个声音构成。

其次,有关这样的内容和表达的一些特点我们需要详细说明。就表达而言,有一点已经提到了:特定表达不是,或者说或许不是对成人语言的模仿。总体观察,这一阶段表达与成人语言毫无关系。这是一个包括发音和语调的声音姿势系统。我用姿势一词是因为我想强调,对于表达系统的标注,国际音标并不合适;它太具体了。我们所需要的是某种可以标注韵律的记号,即能记录发音姿势的记号:可以表征发音器官所采取的姿势的记号,是一般性的组合,不是具体的语音特征的对立之类的特殊组合,即那些构成成人声音系统的成分。

与此类似,我们也可以同样解释内容。一般来讲,在这一阶段我们无法用成人语言的词和结构表征儿童系统的内容。我们无法将儿童的意义与成人语义系统对应,后者也太具体了。我们也需要与姿势标注类似的标记内容的符号。这在实际工作中意味着什么呢?这意味着我们需要一种功能表征形式。换言之,内容必须相对于语言功能来说明。

这一点需要详细阐释,以说明我们认为儿童发音可以看做语言的原因。首先,回到语言系统本质的问题,显然,不能用结构或词汇去定义早期的语言。第一,这个阶段的语言尚不具备结构,因为每句话只包含一个语言单位。但是,这并不是说只包含一个语言单位的句子不具备结构。在成人语言系统中很多项目(小句类型、短语类型)都可以由一个单位组成。毫无疑问,这些语言项目都是有结构的,作为这些类型的标记的话语本身也是有结构的。然而,单成分结构是相对于多成分结构的存在而言的,这个阶段的儿童语言中并不存在多成分结构。没有双成分话语,也就没有结构,因此就不能从结构角度或用测量结构的方法(如话语的平均长度等暗示存在结构的方法)来描述这一时期的语言习得。

第二,我们也不能说这个阶段的儿童语言中存在"词"的概念。前面说过儿童语言不能算是对成人语言的简单模仿,所以儿童语言中出现的词不能被看做成人英语词汇系统的语言形式。另外,也不能用一般意义上"词汇"的定义来理解这一阶段的儿童语言。基于这两点,我们说现在所描述的这个语言系统既不存在结构也不包括一般意义上的"词汇",即不存在形式层面,或一个由词汇和语法系统构成的词汇—语法层。

语言通常被定义为一个包括语义、语法和语音三个子系统的系统,单凭这一点,儿童阶段的语言就不能算是真正意义上的语言。然而,在整个儿童语言发展的全景中,目前这个阶段的语言是否算是语言并不重要。但是,为了凸显儿童语言与成人语言系统中潜在的连续性,我们姑且把儿童语言系统中的一些特征看做属于语言的。

儿童语言系统中的内容—形式配对可以帮助我们建立一个认定系统成分的标准,即内容—形式之间稳定不变的关系。例如,每当奈杰尔发出 *nananana* 这个声音时,他是在表达"我想要这个东西";而每当他想要表达"我想要这个东西"时,他就会发出 *nananana* 的声音。这种意义—声音的对应关系就可以被视为语言的一部分。我们把这种语言的意义—声音之间稳定不变的关系称为语言的系统性。

基于儿童的语言系统,我们认为,语言系统对其组成部分的另外一个要求是功能性。儿童语音必须同时满足系统性和功能性的要求,才能算是真正意义上的语言。这时,内容可以依据已经存在的功能得以理解。根据上述奈杰尔的例子,我们对于"我想要这个东西"的理解是来自于我们对儿童早期语言功能的认识,即儿童最早用来满足物质需要的工具功能,换言之,离开情景语境,就不可能存在这样的内容系统,只有依据具体的内容,依据语言在儿童早期发育过程中所发挥的作用,才谈得上语言的系统。

　　语言的意义不是凭空创造出来的,意义的创造都是基于语言使用的情景语境,儿童以有意义的方式做人行事,与他人互动,他在学习一套表意行为系统,即符号系统;其中一部分的表意行为是具有语言属性的。然而,所有的表意行为都不是孤立存在的,而是依存于特定社会语境。话语的内容就是依据其功能而获得意义的,是儿童用来做事的某种功能。这个符号行为可以通过整个符号序列系统来识解,即儿童在这一阶段所获得的全部的语言意义潜势。

　　问题是,我们所认定的这个阶段的儿童语言符号系统都具备哪些功能?回答这个问题,我们需要在理论目标为导向的前提下理性地观察,同时又要善于想象。一方面,作为父母,我们看到,孩子在发出一个声音时就是在做一件事情,这些声音如何帮助他行事呢?我们都清楚语言在语境中的功能,并能够依据情景语境用一般的术语来描述它的特征。换言之,如果仅仅通过观察,并仅仅利用普通人所具备的常识,我们就可以说:每当奈杰尔想要得到某物时,他就会发出 nananana 的声音。这是基于归纳法得出的结论,就像任何人都可以利用归纳法得出某个结论一样。作为研究人员,我们必须在某种理论的指导下来深入地研究这个问题。

　　利用归纳法能够得出一些有趣的结论,但是也暴露了这种方法的严重的局限性,这使我们无法继续进行下面的工作。如果想了解儿童语言发展过程的本质,或是要在儿童原始母语系统与成人语言系统之间建立某种关联,我们就必须把语言运用的理论和语言在成人社会生活中发挥的功能联系起来才行。

　　显然,我们不能仅仅凭经验就得出结论。对于一个两岁半的孩子,我们还不能对他的语言使用情况做出任何概括性解释。这个年龄的孩子已经在像成年人一样用语言去实现很多的功能,如果把这些目的列出清单,那么上面的项目可能无法穷尽;或者不分主次地列出一整套项目。要把这些观察结果与语言功能的本质属性结合起来,并建构一个理论体系,我们还需要理论作为基础,此基础来源于语言系统自身和语言外部。

3. 功能概念的来源

我们逐个简短地审视一下这些资源。如果先考虑语言系统本身,我们发现成人语言系统具备若干特征,而这些特征只能从语言的功能角度来解释。在意义方面,成人语言的语义系统在组成方面体现出清晰的功能性,即:语言是在满足人类特定需要的过程中得以进化发展的。但关键问题是,这一功能已经被建构到语法体系中,因而语法的内部结构特征也是功能性的。如果把语言看做意义潜势,一个开放的、理论上包含无限多意义选择的系统,那么我们可以把这些选择分成几个类别,每个类别的成员都有较高程度的内在制约,却很少受到外在制约。换言之,当说话人在语言系统中做出选择时(基本上是意义的选择),他在某一组类别的成员中做出的选择将对该类别中其他成员产生重大影响;相反,这一选择却对其他类别中的成员基本上不会产生任何影响。这些选择集合就构成了语义系统的功能成分。

从宽泛意义上讲,我可以把这些功能组成部分概括为三个方面。第一,概念的选择,即话语内容,说话人用语言来表达外部世界经验和内心世界的自我意识。这也是语言的观察者功能,语言作为谈论世界的一种方式,同时也是儿童最先捕获和识解并用来表达事物之间逻辑联系的一种方式。

语义系统中第二部分的功能,人际功能,其作用在于反映说话人参与交际语境,这也叫做语言的介入者功能,其中,说话人可以扮演一个或几个话语角色。在面对面的话语情境中,说话人在给其他话语参与者分配角色的同时,自己也接受别人给自己分配的角色。说话人通过表达自己的判断、态度和个性来对听话人施加影响,这一过程也叫"表达—意动",

话语参与者之间通过语言的人际功能而相互关联,同时,人际功能也相对独立于概念功能。

第三个语义功能在某种意义上说是使能功能,它的作用是使概念功能和人际功能在话语交际中发挥作用,这个功能也叫语篇功能。正是通过语篇功能,说话人将所要表达的内容恰当地体现在情境语境中,从而使其有别于那些从字典或语法书中随意节取的文字所表达的意义。语篇功能为语言赋予了生命,或者使语言具有语篇组织,可以说没有语篇组织就没有真正的语言。

我们可以考虑成人语言的语义系统功能组织,这有助于确定儿童语言发育的最初状态。儿童语言发展从一个阶段发展到另一个阶段,从儿童语言系统过渡到成人语言系统。我们的理论假设需要解释这些过渡是如何发生的。当然,我们希望发现儿童产生这些转变的动机是什么,即:儿童是如何通过扩展已经拥有的语言功能潜势而逐渐过渡并最终进入到成人语言阶段的。以上这些研究都是从语言内部来探究语言功能的。

在语言系统之外,我们引入一个社会学理论,这一理论把语言看作是一个基本要素,一个包含着对儿童来说非常关键的概念,这个概念关系到语言使用的功能语境。根据伯恩斯坦(1971)的观点,社会结构与社会变迁蕴含着文化传承的过程,这个过程涉及若干情景语境,这些语境被称为"关键社会化语境",由于文化传承在儿童语言发展过程中起着重要作用,这些语言使用的典型情景语境显得十分重要。伯恩斯坦确定了几个种类的情景语境,基于此建立了语言功能的社会学理论。他列举了四种情景语境,分别是规定性语境、指导性语境、想象性语境(或创造性语境)以及人际性语境。在伯恩斯坦的著作中,语言是传递文化的核心因素,而情景语境不仅可以使文化传递成为现实,也是语言习得过程中的关键因素。

4. 第一阶段的功能

现在我们使用"功能"这一术语把语言各个部分的功能组建成一个模式。首先,观察儿童语言使用情况;第二,有关语言功能的理论问题可以分成两部分,一部分属于语言本质,如关于语言的功能和语义系统的理

第三章 早期语言学习:一种社会语言学方法(1976)

论,另一部分属于语言本质之外的因素,包含文化传承和社会化进程的社会学理论。

考虑到这些因素,我认为应该建立一套功能体系,从功能的或社会语言学的视角来研究儿童早期语言发展,这套功能体系包括:工具功能、规约功能、互动功能、个人功能、启发功能、想象功能。下面将依次讨论这些功能。

(1) 工具功能是儿童利用语言来满足自身需求、获得所需要物品和服务、表达愿望的功能。例如,有的语言表达这样的意义:"我想要那件物品"(语境中出现的),也可能是对他人表达愿望的回应,或对"你想要某物吗?"一类问题的回应。

(2) 规约功能和工具功能相似但有所不同。它是利用语言操控他人行为的功能。当儿童发现他人可以用语言来操控自己的行为时,他就转而用语言去操控他人。规约功能表达"按我说的去做"。规约功能与工具功能的区别在于后者聚焦于所要求的物品或服务,而不在于是谁提供了这些物品或服务,而规约功能则是直接针对某个听话人的,并且旨在影响这个听话人的行为。因此,典型的规约功能包括一般性要求的表述,"我要求你做那件事"或者"做你刚才一直在做的那件事"或者"再做一次",以及其他多种特定的需求,特别是以建议形式出现的"来做这件事好不好""出去散步吧""来玩个游戏吧""唱个歌吧"等等。

(3) 互动功能可以解释为语言中关于"我"和"你"的功能。儿童利用语言的人际功能与周围的人互动,尤其是母亲和其他重要的人。人际意义包括一般性问候语如"你好""认识你很高兴"以及对别人提问的回应等更加具体的形式。例如,儿童最早习得的特定人名一般都用于单纯的交际功能。可能还有其他特定的互动性质的意义,包括注意到环境中特定的物品等,有些儿童通过心爱的物品与周围人互动①。

---

① 不同的儿童使用 *mummy* 和 *daddy* 的情况存在很大的差异,*mummy* 和 *daddy* 是否应该界定为专有名词的问题引发过持续不断的争论,对此,我们应该清楚的是,在奈杰尔的语言系统中,*mummy* 和 *daddy* 毫无疑问用于专名的功能,因为这两个名称只有在交际互动的情况下才会使用(例如,从未作为命令的表达方式使用过),而且从最初就是和特定的个体联系在一起的。奈杰尔作为专有名词来使用的这些形式本身具有独特的音位,并且没有见在其他任何语境下使用过这些词。

（4）个人功能。儿童用个人功能表达作为个体的独特性和相对于周围环境而言的自我意识，并逐渐塑造自我，最终形成个性发展阶段的语言。个人功能包括表达个人情感、表达参与和退出，以及表达自己喜欢或厌恶某物，然后扩展到更加具体的、儿童所参与的话语语境中。我们称之为表达"我在这儿"的功能。

（5）一旦儿童和他周围的环境之间的界限明确下来，他就开始对周围进行探索。这是语言的启发功能，"告诉我为什么"这一功能可以最终发展为儿童所使用的各种用于提问的表达方式。在早期阶段，语言的启发功能最基本的形式体现在儿童需要给周围的人和事物命名。儿童以自己的方式将物质世界范畴化，随后这一功能扩展到更多种类和更加具体的意义。

（6）最后，还有想象功能。儿童通过这一功能创造自己的世界并逐渐接近、探索和进入周围世界。儿童通过话语创造一个自己的世界，在这个世界里，一开始只有声音，但是逐渐地发展到有了故事、有了假想，例如，"我们假装……"，直至最终进入到诗的意境和富有想象力的写作阶段。总之，想象功能是表达"让我们假装……"的功能。

再后来，还有第七个功能，虽然这最后一个功能在成人语言使用中占有主导地位，并且在成人看来，语言本质就该如此，但这却是儿童语言发展过程中出现最晚的一个功能。我们称之为信息功能，表达"我有话要告诉你"的功能。对于信息功能尚未发展的个体而言，让语言成为他交流信息的工具无疑是个复杂的问题，因为只有在儿童掌握了一套复杂的已经内化的语言概念后才可以运用语言的信息功能。这是语言内在的本质的功能，其定义必须参照语言本身，这个功能是我们在儿童语言发展的各个阶段中并没有注意到的。以奈杰尔为例，直到他二十二个月大时，才发展出语言的信息功能。但是，这个时刻非常关键，因为这决定了他将来作为成人的主导性思维。这也是为什么有时候成人很难去理解儿童心目中语言的意象。儿童对自己语言系统的功能有非常清晰的认识。他知道语言可以帮他做哪些事。儿童对语言功能的认识是和成人完全不同的。

我们依据这些来认定儿童学会表达的内容和儿童早期语言系统所表达的意义。这些功能可以用来解读特定的话语意义。对于每一种功能，我们都可以相应地选定一组表达意义的方式，这些方式是儿童早期语言发展中就已经具备的，并且构成了他语言表达的意义潜势。

正是基于这样一组可供选择的表达方式，我们提出了儿童早期语言功能发展的研究范式。令人惊讶的是，在这一阶段，哪些属于系统、哪些不属于系统看起来是很容易区分的，至少就我的发现而言是这样的；而对于一个特定的语音是否具备功能，以及一个表达方式是否具备功能这样的问题，却很少有人去质疑。

这些才是功能研究方法的价值所在，它为我们提供了判断什么是语言、什么不是语言的标准。这里排除了语言学习中有意训练的情况，即儿童在练习发音、组词、短语、句子等情况，这种情况不能算作语言的运用，因为它本身不具备意义。这就是说对于特定语言系统的学习不能算是对这个系统的运用，因此，这项研究中没有把单纯的语言学习包括在语言的运用中。恰好奈杰尔没有做过很多的语言训练和学习，但是有些儿童显然在这方面会做得更多。

5. 第一阶段的语音和语义

附录 2 的表 1—6 是奈杰尔十个半月到十八个月期间，我每六个星期对他的语言选择系统做一次记录的结果。在他九个月大的时候，我只能从他的发音系统中识别出两个语言表达方式，这两个表达方式体现出较为稳定的语言的互动功能和个人功能。在这个阶段，还不能算是形成了语言系统，因为在每个范畴里还不具备其他选择项目。目前每种功能只有一个意义体现形式，还不具备其他的选择。

奈杰尔在十个半月大时所掌握的一套选择体系，如附录 2 表 1 所示，在我看来，是可以视为儿童语言系统最初发育阶段了。在十个半月大时，他已经能够利用自己的声音来表达上述六项功能中的四项。在工具功能里他能够表达类似"把这个物品给我"的意义，并且经常指向一些情景语境中存在的一般的物品。

这与儿童表达要求得到自己最喜爱的物品时有所不同，比如说一只玩具小鸟。有可能这代表了一个从成人语言那里借用来的表达系统，可

能是儿童模仿了 *bird* 这个词的发音。在规约功能中他会有一般性的需求,经常指向一个特定的个体,要求他再为自己做一次刚刚做过的事情,这个人一定也是在具体的语境中的,而且所指的行为也一定是此人刚刚做过的。因此,这个表达相当于"再做一遍",这与一个表达同样意义的强调形式有所不同,后者多了一个表达"迫切"的特征,我们用"现在就去做"来表示。

儿童语言的互动功能是通过几个初始表达方式和一个表回应的表达式来体现的。在初始表达方式中,其中一个是问候,通常在另外一个人进入到儿童的注意力范围时使用。例如当他醒来时有人走进了房间,或者有人说话,从而把他的注意力转向另一个物品,一般是图片,然后这个图片就成为了交流的途径。最接近这种情况的表达方式是"见到你很高兴!我们一起来看这张图片好吗?"这意味着图片由语言发生时一种互动的形式成为了谈论的焦点。

另一功能是表达强调意义的,开始是问候,接下来就是表达这样的意义:"你好,你之前怎么不在这里呢?"此外,还有一种回应的形式,用于和他人通过言语进行互动,例如,回应他人的呼唤或者问候。最后,还有一组表达个人功能的意义,共有五个,其中有表达退出状态的,也有表达参与状态的,包括表达愉悦或感兴趣的形式。

目前,这个语言系统可以表达十二个不同的意义。这代表了这个阶段的儿童语言所具有的意义潜势总和。如果我们把"符号"定义为儿童行为中所体现的全部的信息系统的话,这些显然不是全部的符号表达。但是这些的确是他的全部语义系统(作为由声音编码的符号系统的一部分)。这代表了儿童可以利用现有语言能够做的事情,或能够表达的意义①。这一阶段的语言和成人语言系统毫无关系,儿童的语音并非是对成人语音的模仿。那么,这些语音究竟来自哪里呢?对于这个问题,我不会试图给出任何概括性的答案。从有关语言起源的一些经典理论中,我

---

① 我们使用"表达的意义",而不是"他所掌握的知识",是考虑到语言的发展过程不应被视为知识的积累,而应该是一个行为潜势的发展。在社会语言学的视角下,我们不需要假定存在一个介于"能够做的事情"和"能够表达的意义"之间的认知层面。

第三章 早期语言学习：一种社会语言学方法(1976)

们或许可以从一些有趣的视角来理解这个问题。

奈杰尔早期语言系统来自于儿童本能地对一种声音的模仿，在第一阶段，ɡʷʏɪɡʷʏɪɡʷʏɪ的声音开始出现，表示"退出、不愿意接受"的意思，或者"我感觉困了，想要睡觉。"这都属于语言的个人功能。这个声音是在儿童将要进入睡眠状态时自然而然发出的，它相当于婴儿吸吮手指或奶嘴的声音，这是儿童将这一本能发出的声音转换为自己语言系统中的一个发音。有趣的是，此后不久，这个声音又被赋予了另一个含义：作为玩耍的一种形式，奈杰尔大约在十三个半月大时会蜷缩在地板上，发出这个声音，假装要睡觉。在奈杰尔早期语言发展过程中，还有一、两个语音是起源于这种方式的。

不过，儿童语言表达中的绝大部分语音都找不到明显的来源，而更像是儿童在语言发展过程中自发创造的。一般而言，就儿童早期语言系统所涉及的内容来看，儿童语言的习得很可能来源于成人语言，但事实上却不是这样。毫无疑问，儿童的语言都是由他身边的成人根据自身的语义标准来解读的，从这意义上讲，成人语言的确会影响到儿童早期语言系统的发展。

换言之，无论儿童要表达什么意义，他所传递的信息都是有某种意义的，并且在成人看来是可以理解的。正是基于这种理解，儿童的语言行为才会得以强化，儿童表达意义的方式开始逐渐适应成人的语言系统。在这一阶段，我们还没有办法对这一过程的细节进行追踪，但是却有可能看到奈杰尔的语言系统正在从一个阶段向另一个阶段发展，期间，他所表达的功能意义越来越清晰，正如这些意义看起来越来越接近成人语言所编码的语义系统一样。

下面用一个例子来说明儿童与成人语言表达意义的区别，儿童语言系统对语义的区分和成人的有所不同。奈杰尔在语言发展的第三阶段有一个发音是 yi yi yi yi（高平调），每当有人问他是否想要某个物品时，他就用这个音作为回应，意思是"是的，把它给我"。还有一个类似的形式 a：（高升降调）是用来回应"需要我来做某事吗？"这类问题的，意思是"对，就照你说的那样做"。例如，"需要我拉上窗帘吗？""需要我播放音乐吗？"这两个意义都代表了工具功能，第一个是对他人提供某物品的回应，这个物

品用名称或代词 *that* 来表示。第二种是对他人提供服务的回应，也可能涉及物品的命名，实际上指的是一种行为或动作。这两种回应具有完全不同的音调模式，前者是用升调，这在成人语音系统中不常见，后者与成人语音的升降调类似，意为"是，你说对了，我就是这个意思。"两者的区别是作为工具功能的一个子系统选项，一般意为"回应"，回应反过来与"提出"的意思相对应，即儿童用来提出要求的表达方式。

然而，把 Yes, *please* 这类回应语或"对问题的积极回应"的表达方式解释为一种反馈，显然是不够的。在这个阶段，奈杰尔的语言系统具备了工具功能和规约功能，除上述情况之外，他还无法对其他问题做出回应。换言之，他能够对"你想要某物吗？"或"我可以帮你做某事吗？"这样的问题做出回应，但是像"这里有某物吗？"或"你已经有了某物吗？"这样的问题，他还无法做出回应。

直到奈杰尔十八个月大的时候，他才开始学会对这类问题做出回应，但是回应的方式有很大不同。儿童对语言系统中的"问答"模式具有非常独特的概念。这些概念取决于儿童如何理解对话的本质、如何理解交际过程中社会角色的含义。直到完成从原始母语到成人语言阶段的过渡，儿童才会掌握这些概念。

再举个例子，在奈杰尔语言发展的第五阶段，他曾要求表达相当于成人语言中"让我们一起来做某事"的意思，比如"让我们一起来散步""让我们一起来画画"等。前者是由一个他自己发明的语音来表示的，一个是通过声带震颤而缓慢发出的音，另一个语音的产生是先模仿 *draw* 这个词的发音，然后更多地倾向于 *bow-wow* 的音，大概的意思是"让我们画一只小狗"，最后已经用来表达更加概括的意义"让我们画画吧"。这些表达在功能上是规约性的，它指特定个体的某种行为。与更加概括的"做这件事"相比，规约功能的表达方式是较为具体的。此外，这种表达不只是对对方提出要求，而且是对话语双方共同行为的规约，例如"请你来我家吃饭"。所以，在这个阶段，奈杰尔的语言系统里有一个具有两个选项的子系统，意为"让我们做某事吧"。在儿童语言系统中，我们可以看到最初展现的并逐渐发展为成人语言系统中的语气系统。

6. 过渡期的开始

在此,我对儿童语言发展的各个阶段暂不做详细的评论。我希望对奈杰尔语言发展第一阶段到第五阶段这期间的描述可以合理地解释这个问题。在每个阶段,儿童的语义潜势都是一个从初始功能开始发展的、包括诸多选项的系统网络。这表明儿童的语义潜势从最初只能表达十二个不同的意义发展到后来的能够表达大约五十个意义。这些意义表达可以组成一个系统,每个意义都存在于和其他意义选项共同组成的环境中。换言之,语言被看做系统,而不是结构。深层的概念是选择:非此即彼的选择。而结构则被看做语言成分的组合,或语言得以表达的机制,并且是诸多可能机制中的一个。这一阶段的儿童语言系统尚未发展完善,但是不能据此否认儿童的确拥有自己的语言系统。

奈杰尔语言发展的第五阶段代表了原始母语发展的最后一个时期,这期间他已经掌握了原始母语的功能。自此,他开始了向成人语言系统的过渡,在第五阶段,他所使用的大量的语言表达方式已经具备了成人语言系统的一些特征,其中包括部分英语词汇,更重要的是,这标志着新的语言功能的形成。这一新的发展是从奈杰尔十六个半月大时开始的,是在同周围环境的交流过程中形成的。

比如,他可能会这样问:[ádydà]"那是什么?",我们就回答他:"那是个蛋。"然后他通过多次重复来模仿 *egg*[ayì]的发音。不久,当他注意到周围环境中有蛋,或者画有蛋的图片时,他就会发出同样的声音,再过一段时间,即使他周围没有出现蛋或画着蛋的图片,他也会发 *egg* 这个音。但是,这个时候,他使用语言来表达的意义还仅限于其中的一个功能,工具功能,意为:我想要吃蛋。再到后来,他真正地参与到会话中时(例如下面的情景语境,大概是在奈杰尔语言的第六阶段,在他十七个半月大的时候),他还会使用这个词,但是已经不仅限于工具功能。

妈妈:奈杰尔,告诉爸爸,你想吃哪种点心呢?

奈杰尔:(兴奋地对妈妈说)aʸì…ʊ̃…aʸì…aʸì' egg, ooh! egg,

egg!'（我想要）蛋（作为茶点），gɔgˈgɔgʷa 'cockadoodledoo'（意为"玉米片"，我们的餐盒上面画着玉米片的图案，以及教堂建筑顶端的风向标，我们刚刚从外面散步回来，奈杰尔还说出了许多他刚刚看到的事物），tik（还有"树枝！"）

妈妈：奈杰尔，早点没有吃玉米片啊！

奈杰尔：lòu（和树洞）

妈妈：但是，树枝和树洞都不能吃啊！

奈杰尔：(最后注意到手里的东西)dòuba'and toast."（和吐司面包）

与我最初设想的一样，也许你会认为儿童学会成人英语中的词汇主要是出于实用的目的，即儿童可以通过学会说物品的名称来表达想要拥有这个物品的意义。但是在奈杰尔语言发展的第六阶段，他学会的意义表达会在一个时期内迅速增加，包括一些在情景语境中不可能出现的表达，诸如"泡泡""星星""血液""眼皮"和"风向标"这些词汇。如果我们再仔细地观察这一阶段儿童能够说出的句子以及句子所使用的语境，就会发现大量的词汇和表达方式并不是出于实用的目的才学会的，而是在儿童观察、回忆和预测周围事物时所掌握的。

首先，儿童注意到一个物品时，他就会使用这些新词来评论它，例如，"木棒"，意为"我看到一根木棒。"约两三个星期后，这些词开始在他回忆起木棒时用到。这时，他说"木棒"的意思就不是"我看到一根木棒"，而是"刚刚出去散步时我看到一根木棒来着"。在这种情况下，奈杰尔通常会说出一长串的词，比如 [kàkàbàbàbàuwàugòʔgòˀltikᵂlòulòu]，（意为：我刚刚看到公共汽车、小汽车、小狗、风向标、木棒和树洞），同样，他也可以表达"我刚刚看到木棒、树洞、石头、火车、皮球和公共汽车"。最后，大概间隔一两个星期，同样的表达会出现在表示预测的语境当中，当我们给他穿好衣服准备外出时，他会表达"如果我出去散步，我将会看到木棒"。这样的意思。

那么，这样的话语表达了哪种功能呢？显然，不能说是这些话语是工具或规约性的，所以在这个意义上说，不是语言的实用功能。同样，也不能说他们不具备任何意义，根据这一阶段的儿童所具备的符号意义潜势，

第三章　早期语言学习:一种社会语言学方法(1976)

这似乎是一种学习的功能,但是这与儿童在学习语言时的练习或操练明显不同,因此不能说它在儿童语言习得过程中具有重要意义,在我们看来,学习的功能是不包括在语言的基本功能之内的,因此这些表达在儿童学习周围环境过程中意义重大。

语言的这种功能可称为"理性功能",理性功能属于儿童习得语言最初阶段的几个功能之一。正如我们通常认为儿童习得新词汇的实用动机来源于工具功能和规约功能一样,理性功能也是来源于语言的两个功能:个人功能和启发功能。事实上,我们可以把儿童早期掌握的几种语言意义的进化追溯到用于表达愉悦和感兴趣,以及出于为周围物品命名的需要,尤其是像图片这类儿童较为熟悉的物品。

从奈杰尔语言发展第四时期开始,通过与周围人进行一系列简单的交流,也叫最初的对话,他开始从这种语境逐渐地、自然而然地过渡到通过使用新学到的词汇为他周围环境中出现的事物和他自身的经验进行分类。因此,在这一阶段,我们可以看到儿童的语言功能逐渐概括化的发展趋势,儿童学会的新词汇或结构可以用来在特定语境中发挥实用功能(源于第一阶段的语言工具功能和规约功能),也可以在特定语境下形成理性功能(源于个人功能和启发功能)。此外,互动功能对实用功能和理性功能的形成有所帮助[①]。

这里所做的解释都是基于对奈杰尔这一阶段语言发展的观察。这一阶段的语言,有些是在语境中非常具体的表达,具有实用功能的,如:再给我一些肉、修理火车、到那边去、为我画一幅画儿;还有一些意义的表达也是非常清楚的,但是不属于实用功能,而仅仅是儿童对所观察到的周围事物的描述,例如汽车是绿色的、小猫是黑色的、红色的灯光、圆圆的泡泡等。恰好在奈杰尔的语言表达中,实用功能和理性功能的区分非常清楚,此后的六个月或更久的一段时间内,我们发现他表达实用功能时都是使用升调,而其他功能的表达则都是使用降调。

使用升调说明他在用语言表达自己的要求之后,需要听话人以某种形式来回应他,就目前他所处的发展阶段而言,用行动来回应;再晚些时

[①] 路易斯 1950 区分了"操纵"和"陈述"用法。

候,用语言来回应他。使用降调说明听话人无需给予回应。用语调来区分实用功能和理性功能应该是奈杰尔这个孩子自己所采用的一种策略。在这一阶段,儿童的语言功能系统是以实用功能和理性功能为基础的,这不仅在儿童自己独特的语言使用中观察得到,而且在由原始母语向成人语言阶段过渡时也是非常重要的。儿童以自己特有的方式把语言功能逐一并入到语言系统整体中。从个体发生的角度讲,就是通过这种方式,儿童建立了自己的语言系统,其主要语义部分是基于一个介乎于概念功能和人际功能之间的功能对立体。

7. 语法和会话

在原始母语的过渡阶段,即第二阶段,实用功能逐渐发展为成人语言系统的人际功能,而理性功能则逐渐发展为概念功能。儿童在这一阶段会以观察者或介入者的身份学习语言的任何用法。作为观察者,儿童用语言来对周围现象进行编码,但是他自己只是观察,并不介入;作为介入者,他在具体情景语境中使用语言来参与特定的会话活动。

但是在第二阶段的初始,儿童所使用的语言每次只能表达一个功能,或者作为观察者、或者作为介入者,而不能同时具备这两个功能。到了第二阶段后期,原始母语发展到同时具备两个功能,而这才是成人语言系统所具备的特征。在儿童语言发展的第二时期,奈杰尔是在第六个阶段(十六个半月到十八个月)开始,一直持续到他两周岁,这一时期正是儿童从原始母语系统过渡到成人语言系统的关键时刻,其中包括两个关键的步骤。

首先,儿童语言发展体系中内容层面和表达层面之间需要第三个层面。成人语言系统是包含三个层面、而不是两个层面的系统,这个系统不仅包括意义和声音,还有一个编码在意义和声音之间的层面,叫做词汇层。用语言学的术语来讲,成人语言系统中除了语义层和音位层、还存在一个形式的层面,即词汇语法层。

在意义和声音之间增加一个词汇语法层面并非仅仅出于增加语义负荷的需要,而是由于来自不同功能的意义层面需要从一个层面向另一层面映射,这一过程是由语法结构来实现的。语法结构使得话语参与者同时成为观察者和介入者,这是一个多声的形式,其中多个旋律同时展开,从而形成包含各个功能成分的语义链。有了语法,我们就可以用一个言语行为同时表达两个意义了。①

另一个关键时期是儿童语言发展进入到第二阶段,即由原始母语向成人语言过渡时期,这时,儿童开始学会参与会话,这个阶段,会话对他来说是个全新的概念。他需要选择一个话语角色,同时,也是一个基于语言功能的社会角色。我们把它称为交际角色。

成人在使用语言时,总会选择一个话语角色,同时也给参与交际的另一方分配话语角色。当然,对方可以选择接受或拒绝被分配的话语角色。在第一阶段,儿童尚未形成关于会话或交流角色的概念,直到第一阶段接近结束时,他才开始认识到语言本身是一种交际形式,并开始参与会话交际行为。奈杰尔在这个时候开始构建语言的词汇和语法,并初步尝试参与会话,学会用有限的方式去参与交际。他学会如何去回应"WH-"一类的问题,这类问题要求提供语句中缺失的信息,例如:"你在吃什么呢?"他也试着回应别人的命令,不仅遵循了命令中包含的指令,而且学会用言语去回应。对于陈述句的回应,奈杰尔不仅能够重复原句,而且能够提供更多的信息。最后,他学会发起会话,先是一个简单的问题,例如"那是什么?"在这个阶段,他还没有学会如何提出其他的问题,当然也不会对是非问句做出回应。即便如此,这一阶段,奈杰尔已经能够认识到参与者在情境语境中要承担一定的社会角色。这是儿童掌握语言功能中的最后一项——信息功能过程中关键的一步。

在儿童语言发展过程中,信息功能的习得较晚,这是因为信息功能是依据语言自身来定义的。除信息功能以外的其他各个功能都是外在于语言的。虽然这些功能是由语言提供并通过语言来实现的,但是其定义可以不借助语言本身。这些功能所涉及的语言使用的情景语境均独立于语言系统。而信息功能则不能独立于语言系统而存在。这是一个内在的功

---

① 在这一阶段我们有可能根据诸如克拉克(Eve V Clark)的"语言习得的语义特征"这类词汇语义理论来解释儿童的语义发展。

能,儿童只有在习得会话的原则之后,即掌握交际过程的本质之后才能开始掌握信息功能。

在儿童语言发展的第二阶段期间,奈杰尔开始使用语言的信息功能,并在语言系统中纳入了用来区分语义的规则,这种区分是他自己特有的,这在成人语言系统中是不存在的,其功能是提供对方已知或未知的信息。在这一阶段,奈杰尔已经学会了区分陈述句和疑问句的语法功能。但是他的目的并非要区分这两类句式,我们已经注意到了他这时候还尚未形成是非问句的概念,他仅仅能够识别出这两者是不同的。他用陈述句式来表述听话人已知的信息,或两者共知的信息。用疑问句式来表述听话人未知的信息,或双方均未知的信息。例如,他玩搭积木,然后搭起来的积木倒掉了。这时候他会对周围看到这一切的人说"积木倒掉了",如果是一个刚刚不在现场、不了解这个场景的人,他会说"积木倒掉了吗?"这是一个非常重要的语义区分,遗憾的是,这种区分在成人的语义系统中已经找不到了。

儿童语言发展第二阶段中两个最关键的进展是学习语法和会话,这两者是同时发生的。这是成人语言系统最本质的特征、也是儿童为自己创造的原始母语系统中所缺少的部分。在特定时期,儿童语言发展的各个阶段展示了人类语言进化发展的历程,儿童创造出自己的语言来满足特定的需求,这些需求是独立于语言而存在的,也是历来所有文化中人类生活的本质特征。

然后到了一个关键时期,儿童开始放弃系统发生尝试,逐渐地接受周围人所使用的语言,这一时期儿童语言系统迅速发展,并形成语言系统的两个本质特征:一是具备了三个层次的语言系统,意义和声音层以及中间的词汇语法层,词汇语法层可以使儿童同时表达一个以上的意义;二是语言作为独立的人际交流方式和社会交往方式,这些会有助于生成一套独特的角色和角色关系,其意义是由以语言为媒介的交际过程来界定的。

这两个方面的发展是同时进行的,并成为第二阶段的关键特征,我们称之为儿童从原始母语阶段到成人语言系统的过渡期。到了第二阶段的末期,儿童已经有效地掌握了成人的语言系统,并在未来继续完善这个系统。

8. 总结

现在,我们将以上提到的要点进行总结,首先,我们假定学习母语的要点在于掌握语言的基本功能和发展语言的意义潜势。这些基本功能是:工具功能、规约功能、互动功能、个人功能、启发功能和想象功能。这些功能代表了语言发展的不同阶段。儿童依据这些功能来创造意义系统,并学会表达这些功能的方式,这是儿童掌握成人语言系统的充分必要条件。据推测,这些功能普遍存在于人类文化之中,因而可以将其视为语言的个体发生和语言系统进化的起始点。

针对每一项功能,儿童会发展出一套意义选择,即由这些功能生成的一系列不同的意义。以这种方式发展语言是一个简单的内容—表达系统,不含有语法和词汇,即,在语义层和音位层之间不存在中间的编码层。这个系统代表了一个意义潜势,是儿童用语言和那些表义资源能够做的事情。在这一阶段,儿童能够用语言做的事情很少,但是能够用来满足自身需要,这一点十分重要。

以奈杰尔为例,我们发现他在语言系统初始发展阶段(十二个半月)时,能够用十二个不同的方式表达命令。到了第五阶段(十六个半月),他能够表达的语义选择多达五十个。根据我们对语言的了解,这只能算是非常有限的资源。然而,不仅系统中每个元素出现的频率很高(在很多情况下,重复的情况不算在内),而且,某些元素的应用范围非常广泛,这一点值得注意。

在语言的每个功能中,都会出现一个语义上无标记的项目,即这个项目的意义范围最为宽泛,例如,"我想要那个物品。"这是语言的工具功能,其中的"那个"可以依据语境得以确定。这正是我经常称之为成人语言系统中的"充足理由"原则。一个非常概括的、适用于任何情况的原则,即,除非存在充分的理由选择其他形式,否则说话人会选择一个无标记形式来表达意义。在这些功能中,除非有充分的理由选择一个更加具体的表达方式,否则儿童通常也会选择一个无标记形式来表达宽泛的意义。

在第一阶段,儿童使用语音资源中的音调和发音。通过观察周围人使用这些资源来进行有意义的言语交流,他学会了如何利用这套资源。当然,他不是在模仿特定的语音—语义结合体,而是使用升调和降调来区分不同的语义。在一段时间内,通常六个月或九个月,儿童会以这样的方式增加现有语言系统中新的语义对比,从而继续扩展他所创造的意义系统。此后,他还是继续创造各种语音,但是已经越来越多地倾向于从成人语言系统中借用词汇等表达方式。

然而,当儿童语言发展到了这一时期,我们认为他进入了新的发展阶段,其主要特征是,引进词汇语法层,以及学习会话。以奈杰尔为例,这一阶段始于语言发展的第六阶段,在这一时期,他所掌握的意义数量从五十个迅速增加到约两百个。但是,也是从这个时候开始,我们不能再把语言系统看做是语义的集合,因此数量的多少也就不重要了。这时儿童语言已经进入到一个新的发展阶段了。

奈杰尔开始参与会话,担当起不同的社会角色并给他人分配角色,这些都表明我们仅仅将儿童能够表达的意义列出清单的做法是不够的。因为此时他正在发展一个语义系统,包括词汇语义和语法语义,并且是一套相互组合而形成的意义潜势,其中每个选择本身是非常简单的,但是其组合却形成了高度复杂的形式。这一阶段用来表征语义的系统网络已经不再是一个简单的分类体系。

于是,新发展的意义系统融入到儿童现存的一套语言功能中。语言的表达系统中可能存在不连续性,而意义系统则不存在不连续性,意义潜势的发展是个连续的过程。但是,这一潜势的发展也会导致儿童的语言功能的系统发展产生一个新的形式:从单纯地"使用语言",到经过一个渐进的发展过程,将语言重新诠释为一个更加抽象的层面,从而最终建立语言系统的核心部分。

这一过程的发展分为两个阶段,首先,通过概括最初发展起来的语言功能,我们区分用于做事的语言和用于学习的语言,即语言的实用功能和理性功能;其次,通过抽象的过程,两种基本的功能对立通过语义系统扩展到词汇语法层面,构成成人语言系统中概念功能(表达真实世界中的各种现象)和人际功能(表达交际情景的结构)之间的区别。这样,作为初始理论假设的一部分,语言系统的功能性构成了以不同形式存在的功能连

第三章 早期语言学习：一种社会语言学方法（1976）

续体。

这种功能连续性不仅存在于词汇语法层，有助于儿童语言的发展进化；同时也存在于语言使用的特定情景语境。这种情景类型决定了儿童长大后作为成人使用语言时所涉及的特定语境变体或语域，其语言中所使用的某些语义组合（以及表达的形式）与情景语境的某些抽象特征相关。

我们可以用另外一种方式来表达这种双重连续性，但是对于第一阶段的儿童来说，"语言功能"这个概念还是"语言使用"的同义词，而对于成人而言，两者则不同，前者是语言系统的组成部分；而后者则是外在于语言的、影响语言系统资源如何发挥作用的因素。然而，"功能"和"使用"都是直接从儿童最初的语义潜势系统发展而来的。

我们把语言系统视为一个意义系统，与之相关的形式和表达作为这些意义资源的实现手段。我们已经把语言的学习看做学会如何表达意义。在第二阶段的末期，以奈杰尔为例，他在二十二个半月到两周岁的时候，从成人语言系统这个意义上说，他已经学会如何表达意义。这时，他已经掌握了一个具有多重功能、能够表达多重意义的系统。

这个系统有一个巨大的潜势，实际上，这个系统是开放的，它可以创造出无穷多的意义以及无穷多的句子、小句、短语和词来表达这些意义。儿童将在未来的生活中继续探索这个系统的潜势，正如他学会走路后，就开始奔跑一样。这一时期的语言可以成为一个传递文化的有效手段，在日常交际中他可以获得文化传递给他的那些最本质的意义。

文化本身是一个符号系统，一个意义系统，一个以社会成员的行为潜势来编码的信息系统，其中包括言语潜势，即语言系统。语言系统是由文化构成的更加一般化的符号系统的一种实现形式。语言是文化得以实现的最重要的形式，同时也是大多数（如果不是全部）其他实现形式的前提。虽然社会符号的许多方面不是通过语言形式来编码的，但是大部分仍然是由构成语言本质的意义系统得以实现的。

儿童在试图学会如何表达意义的过程中，已经在共享意义方面迈出了关键的一步，这也是社会化的人进入成熟状态的一个显著特征。但是此后，我们对儿童语言发展所取得的进步则必须谨慎对待。儿童语言发展所取得的某些进步毫无疑问代表了人类发展的普遍模式,还有一些进步则是他自己特有的学习策略,不能成为语言的意义发生过程中的必要组成部分。

　　至此,我们可以清晰地勾画出奈杰尔从原始母语阶段到成人语言阶段的发展历程,这一过程可以被纳入更普遍性的理论假设中。但是,普遍性的理论假设并不仅仅由普遍性的陈述构成,这其中蕴含了人类进化与恒定的对立、或然与必然的并存。最终,在一种普遍意义上,我们可以确定语言是一个成品,然而,我们对它的了解还远不够深入。

(李寒冰　译)

第四章

语言发展的社会符号观（1974）[①]

1. 符号的开始

本章旨在说明儿童早期语言学习是一个社会符号的构建过程。此处"社会符号"的含义主要留至后文讨论。但从最广义的角度来看，其含义有三个方面，分别为：社会体系环境中的语言，作为更广义符号学一个方面的语言，以及作为符号系统的社会体系本身，这三种解释分别与马林诺夫斯基和弗斯、雅各布森（Jakobson）以及列维－斯特劳斯（Levi-Strauss）等语言研究者

[①] 本章内容首次发表于《东方及非洲学派研究院公告》中，37.1，1974年，98—118页。此章也整合了"儿童的原始母语"中的材料。

有关。根据以上术语,社会体系是一个意义关系系统,而这些意义关系是以多种方式实现的。就该系统的维持与传递而言,其中最主要的方式之一是对语言进行编码。因此,我们认为语言的意义潜势,即语义系统,能实现高一级关系系统,即社会符号系统,其实现方式与在词汇语法系统和音系系统中的实现方式相同。

学习母语的儿童是在学习如何表意。他在语言中为自己积累意义潜势的过程实则是在为自己构建一个社会符号系统。语言随着社会符号的表达得到发展,语言同时也是传递社会符号的方式,并不断地改进和重塑社会符号。在此过程中,儿童承袭文化,学习与他人共享业已接受的意义系统。

此过程始于何时?许多语言发展研究都开始于儿童的"话语平均长度"超过一个单词的时候;但这为时太晚,因为早在儿童开始组词之前,事实上,早在他有任何单词(如果我们所说的"单词"是指儿童从成人语言中抽取出来的词汇)之前,很可能就已经拥有了一个完善的语义系统。另有一种说法认为儿童在出生后几周,甚至几天就会有一个交流系统,毋庸置疑,孩子一生下来就或多或少会进行交流,但这种交流在很大程度上不同于语言。我们此处所关注的是语言本身,因为正是语言才使得儿童能够构建起一个社会符号系统。这并不是说,儿童在具有成人意义上的语言体系之后才有语言,相反,有一些特征表明,在某一特定阶段之前,儿童没有语言,而在这阶段之后,他就有了语言。

前几章已经对奈杰尔语言发展的早期阶段进行了较为详细的描述。此处,我们将根据需要对这些描述进行概括,以便更清晰地阐述现在的解释,相关事实将杂糅在讨论中。

奈杰尔的语言突破发生在他大约九个月大的时候。那时,他已拥有一个具备五个元素的意义系统,其中两个用语音实现,三个用手势实现。两个语音元素是:

[ø]中低音降为低音　　　　"咱们一起吧"
[ø]中音降为低音　　　　　"看(它正在动)"

三个通过手势实现的元素是：

牢牢抓住物品	"我要那个"
轻轻碰触物体[sic]	"我不要那个"
用力触碰人或相关物品	"（用那个）再做一次（比如，让它跳起来）"

此时，儿童即将开始使用语言。在他九至十个半月大之间，他已拥有了语言系统，该系统参见附录2表1。顺便提一下，手势语在他十二个月大的时候消失了。

我们凭什么称之为"语言"？它没有单词，也没有语法结构，显然它并非成人意义上的语言系统，因为它缺乏成人语言系统的本质特征：它没有层次性。成人语言系统有三个层面，或三个层次：语义、词汇语法（或"句法"）以及音系。正是这个三层级结构将它与所有动物交流系统区分开来，因为据我们所知，动物的交流系统只有两个层面。与此相似，奈杰尔此阶段的语言系统只有语义和音系两个层面，但二者间再无其他。为此，我们是否应该使用"语义"和"音系"这两个术语，这不是什么大问题。我们不妨可以说儿童具有一个两个层面的原始母语系统，它由意义和声音构成，或者说，是由内容和表达构成。该系统的元素是内容—表达配对符号。

将原始母语看作是一种语言有两方面原因。首先，它具有两个标准特征：系统性和功能性。内容与表达之间存在着系统关联，而且，内容可以用功能术语予以解释。其次，它表现出向成人语言系统发展的连续性。二者中，第二点更为重要，因为它决定了与第一点之间的相关性。我们知道，这些特征很重要，因为它们提供了重要的关联。正是通过这些关联，儿童能够把握成人语言的本质，并把它理解为自己已经拥有的语言的延伸。如果从语言系统的外在表现形式来看，许多儿童（包括奈杰尔）语言发展的连续性在短时间内不会明显地表现出来。但是，如果我们在"社会符号学"的语境中去考察他们表达的意义，就可以发现语言发展的连续性。

2. 功能语义学

从附录 2 表 1 所列举的语言来看,在很大程度上,那些表达显然既不是对单词的模仿,也不是对成人语言中任何元素的模仿。它们是儿童自己的发明。总的来说,我们不知道它们来自何方;像叮咚、汪汪、嗨哟以及其他诸如此类的经典来源都很有可能在其他地方表征过了。重要的是,这些表达各不相同。在此阶段,尽管国际音标字母不是其相关标记形式—我们需要专门为语言发展研究设计一套音律或姿势标记法—但它能表明一个实际情况,即:表达上的重叠不会抵消语义对立。有些儿童很可能在使用自己的原始母语进行表达时更多地利用了模仿,使用了成人语言中的一些单词形式。对此进行调查取证有一定难度,因为本阶段这种语言形式不是单词(单词属于词汇语法层),而仅仅是表达而已。奈杰尔的[bø]"我要玩具鸟"这个例子就可能说明这一点。[bø]可能是他在模仿成人对"鸟"这个词的发音,而不是在说"鸟"这个单词。因为在该阶段,还没有出现单词。事实上,表达来自何处无关大碍;其作用就是表明儿童自己语言系统中的意义。

那么,意义来自何处?同样,它们不是对成人语言中意义的模仿,我们可以用功能术语予以解释。儿童语言系统的内容取决于儿童想让系统为他做什么。因此,要解释内容,我们就需要先做功能—语义方面的一个假设,提出一个对语言发展至关重要的功能概念,从广义社会文化学的角度(以及我们对成人语言本质的了解)出发,以期确定儿童原始母语的内容结构。为此,可采用包括如下六个基本功能的简单框架结构:工具功能("我要")、规约功能("按我说的去做")、互动功能("我和你")、个人功能("我来了")、启发功能("告诉我为什么")以及想象功能("咱们假装")(参见第三章和第十二章)。工具功能是指通过语言表达提出对物品和服务的需求,以满足物质需要。规约功能是指运用语言控制周围人的行为,并使之顺应自己的愿望。这二者是较为实用的功能。互动功能中也有一个实用元素,因为它体现了儿童对于人际交往的需求。但其意义就是对互动本身的表达,而不表示对互动的需求。就个人功能而言,语言表达了儿童的自我身份,表达了他与周围由人和事物所构成的环境之间的区别,以及自己的独特性。这就为启发功能创设了语境,即用语言来探索非我的环境。最后,语言也有创设环境的功能,一个想象出来的环境,纯粹以声音开始,一直发展到语言系统,成为一个由歌曲、韵律和故事组成的"让咱们假想"的世界。

意义是其中一个功能的意义。儿童用原始母语所表达的意义可能会受到成人语言中惯用语的影响,例如:"再做一次",或者"很高兴见到你,我们一起来看好吗?"这些表达——与上文提到的语音标记一样——也是非常特殊的。儿童用这些措词或者用具有成人语义特征的语言表达了什么意思,我们无法完全解释清楚。我们需要的仍是某种语义表达标记,它类似音律或姿势表达标记。附录 2 表 1 中的内容体系旨在用系统术语来表达意义,将意义看做从最初假设的功能中衍生出来的选择集合。我们认定,在每一个功能中,儿童都培育了一套小型的、开放的、可无限扩充的意义选择,所有的意义选择合起来共同构成了儿童该阶段的语义系统。这些功能本身是儿童所在的原型社会语境,是简单的符号结构,儿童借此与整个社会体系相联系并成为其中一员。

依此来看,我们不难发现,儿童原始母语中没有"信息"功能。"我有话要告诉你",成人常被这样的话所困扰,这可能因为他们费了好大劲才掌握这句话的意思。而儿童却不会这样说,因为它没有直接的社交意义。而且儿童也听不到这种话,因为它是语言内在之物;这一功能源于语言本身的性质。其他六项功能都是语言外在之物;虽然语言能把与它们相关的意义潜势无限传播出去,但是,他们会独立于语言而存在,被人们所认识。奈杰尔的语言开始时同时具备四个功能:工具功能、规约功能、互动功能和个人功能。大约四至五个月之后,他又有了想象功能和至少处于萌芽时期的启发功能。这样一来,我们预测到的功能在他的语言中就全部清楚可辨;但与我们的期望不同的是,这些功能之间不存在明显的发展顺序,较为实用的功能其发展未必早于其他功能。从一开始,非实用性功能也同样突出;当儿童发育到下一阶段时这种情况尤为明显。

每一个具有系统性声音—意义对应关系并且可以用功能术语能够解释(这两个标准事实上界定了同一套术语)的成分都要输入系统,只要我们能在语言实践中(用它来表达意义的语境)观察到它们以某种最小频率出现即可。实际上,在整个前六个月的原始母语阶段,即我们所谓的第一阶段,据观察,在我们理解的所有有意义的发音中,除去两三个之外,其余的出现频率都远远大于最小频率,而且更令人吃惊的是,我们几乎不用费力就能分辨出语言与非语言。考虑到语言学习不属于语言功能,所以语言练习没有包括在内;奈杰尔没有做什么诸如此类的语言练习,只是对他自己所拥有的资源进行了广泛使用而已。(这可能是因为练习从来就与原始母语无关;奈杰尔也没有提供什么证据,因为他在第二阶段也没有进行练习。)每隔六周,其语言系统就被重新解释和编写。六周的间隔是最理想的,既不会太短,以致我们的描述受到随机未发生事件的严重影响,也不会太长,以致我们在变化周期内看不到系统的变化(参见附录2表1—6)。

NL5和NL6之间存在显著差异;NL6可以看成是我们所称的"第二阶段"的开始。以下主要讨论在第二阶段所发生的情况。不过,在此之前,我们要简要说明情景或社会语境这一概念。第七章将对此概念进行充分讨论。

3. 意义与环境

儿童在学习如何表意,但意义发生在环境中,并非孤立存在。环境的本质又是什么?一方面,可以把它理解为是"当时正在发生的事情":即说出语言并使之具有生命力的地方。另一方面,也可以把它理解为是一个社会系统,儿童自己就是其中一员。

马林诺夫斯基对这两点都做过表述:他把前者称之为"情景语境",后者为"文化语境"。出于对实用言语的兴趣,他对于情景特征的表述显得相当具体,好像是有道具和舞台指挥的剧本。弗斯的表述则抽象得多,使我们可以把情景理解为广义的情境类型或社会语境。情景即文本的环境,是既定环境中选出的或得以"实现"的那些意义的环境。文化是语言系统的环境,是整个意义潜势的环境。(因此,弗斯并没有发展马林诺夫斯基的文化语境说;因为他关注的不是潜势,而是典型的真实情况。)因此,我们可以从"情景"的概念出发,把文化语境界定为一套可能的情景。

这相当于把社会系统理解为一整套可能的社会语境。

然而,另有一种观点,可作为此观点的补充。我们可以根据文化来界定情景,而非根据情景来界定文化。我们已经把文化界定为一个意义系统,一个符号系统。于是,情景(通常是广义的情景类型)便是源于该系统的符号结构。

各种"话语人种学"都试图描述言语情境的相关模式,我们可以据此来解释和评价这些"话语人种学",分析情景的符号结构,因为它是文本的决定因素。儿童在第一阶段学会表达的意义潜势能够帮助他不依靠语言,在任何时候、任何文化中都能了解人类生活的特征。但同时,在同一过程中,他也在为自己构建社会符号,而他自己也是这一文化范式中的一员;他这样做是情景的符号特性决定的,在情景中,他或是参与者,或是观察者。对这一过程的理解构成了伯格和凯尔纳(1970;参见伯格和卢克曼1967)所称的"知识的微社会学",即用日常生活中遇到的无数微符号构建社会现实。奈杰尔在九个月大时就开始了这一探索过程。作为社会体系以及自己在其中地位的表征,他的意义潜势得到发展。

故而,在语言学习中,儿童同时也在通过语言学习文化。他正在构建的语义系统成为文化传播的主要模式。但是,我们也可以回头反问一下:社会体系中的语言其地位是如何决定语言的本质和发展的?一百年前,没有人会认为这个问题有什么怪异。不过如今,不管这个问题离题多远,当我们思考儿童是如何、尤其是为什么把他自己的原始母语转变为成人语言系统的时候,我们还是需要考虑到这个问题。

4. 掌握母语

奈杰尔继续发展其第一阶段的语言,把意义潜势在四个功能范围内延伸:工具功能、规约功能、互动功能和个人功能。之后,在这些功能中加入一点其他功能中的意义。不同意义的数目增加如下:

NL1	NL2	NL3	NL4	NL5
12	21	29	32	52

附录 2 表 5 表示 NL 5(十五至十六个半月大)的语言系统;每一标题下可选项的数目如下:

工具功能:10　　规约功能:7　　互动功能:15　　个人功能:16

其余四个属于"想象功能"。根据之后的发展,我们再来回顾一下该语言系统,就会发现至少其中一个选项应该被真正理解为启发功能。不过,至此,该系统的功能基础本身已经开始向新阶段发展。

因此,到 NL 5 时,该语言系统的潜势已经得到发展,约为其原先潜势的四至五倍。不过,就其本质来看,仍为同类系统。其意义继续形成一个简单的语义类别,只有一小类例外,即预示将要发生的情况的一类:

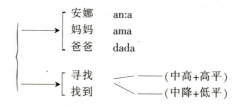

这里,我们首次有了两个语义系统的交汇,自由组合的两套共存选项。除此以外,奈杰尔还是一次只能表达一个意义。

然后,奈杰尔突然间就中止了这一过程。他不再自己创造新的语言,而是开始使用从周围人那里听来的语言。这就是过渡阶段,即我们所称的第二阶段。它与一般更为人们所认同的语言开端相呼应,因为此时词汇(在真正意义上,不同于对单词发音的模仿)和语法结构开始出现;但从当前观点来看,他的语言已进入过渡阶段了。

第二阶段的标志性变化在第二章已总结过。奈杰尔学会了语法,也学会了对话。也就是说:(1)他用成人的三层系统(内容、形式、表达,即:语义、词汇语法和发音)替代了他自己的(内容、表达)二层系统。(2)他用成人的双向系统(对话)代替了他自己的单向系统(独语)。这个过程从 NL6 时开始,在 NL7(十八至十九个半月)时得以稳固。这是迈向成人语言系统的两个关键步骤。下面将对其依次解释说明。

第四章 语言发展的社会符号观(1974)

5. 词汇语法结构和语义结构

用通俗语言学的术语来表述，词汇语法在语言中是介于意义和声音之间的"措词"层面；它涉及语法和词汇。意义不再直接作为声音输出，而是首先以词汇语法形式编码，然后再重新编码成声音。语法的外在表现形式是结构；词汇的外在表现形式是单词，或词项。以语法结构编码的意义和以词项编码的意义之间并非泾渭分明；通常，后者表示更为具体或更为微妙的选择。到 NL7 末期，奈杰尔的词汇量很可能已达到大约两百个单词，同时，他还掌握了诸如以下结构：

gɹi ... gɹī: la	绿色……绿光
dà ... dā: dòbɪ	小……小牙签
əlõʷ tɪ ko:	你好，茶壶保温套
gɹī: kà	绿车

所有这些结构都出现在同一天。就在这一天，他一下子就使用了所有的结构（从语调标准来看，他把组合形式用在了单个音调上）。第二天，他又用了以下结构：

gɹī: kà ... blːʉ̈: kà ... ān̥	绿车……蓝车……另一部车
mɔ́:mi⁷	更多的肉
mɔ́:mi⁷ plɪ	请再来点肉
tʰʉ̈ bòk	两本书

一周之内，他又会说 green peg、more omelette 和 two 加上各种各样的东西，包括卡车、火车和直升机。此外，还有以下表述，从语义层面说它们是结构，但就词汇语法层面而言，它们又不是结构。

ⁿdà"da ... pài ... [blowing] Φʷ ... çòvɐ	叔叔……管子……烟……（像）火车
ʔɔ̀ ... ừ ... ĩkwèː ... ð̀gò ... bābā	弄坏……树……外卖……都走了……再见
bìkɛ̀ ... òd è ... mí̀ɡ ... dàda	早饭……哦，亲爱的（我饿了）……牛奶……（给）爸爸（一些）
çòvɐ ... là ... gɹi	火车……光……绿色

89

这一阶段,词项根据语义结构自由组合。但在组合成语法结构时,却只有部分自由。例如,more(更多)这个单词能与表达食物的词项自由组合,包括可数名词食物,如 more cherries(更多樱桃),但它还没有与汽车或火车等组合。下面将对此予以解释。

6. 互动模式

对话是自己承担或分配给他人特殊的社会角色,即由语言所规定的角色——命令角色、提问角色、回答角色等等。奈杰尔在其第一个结构出现的前四周就开始了对话。这里还有一些早期的实例(参见第六部分第三章)。

1. 奈杰尔:ádỳdà"那是什么?"

妈妈:那是插头。

奈杰尔:[模仿]:ɩ̀koba...ádỳdà

妈妈:那是链子。

奈杰尔:ɕ̀tɪ́tɪ̀

妈妈:不,不是火车,是链子。

2. 奈杰尔:[指着画在瓶身上的线条]:ádỳdà

妈妈:那是一条线。

奈杰尔:ɹaː ɹ̀:[吼叫着,也就是在说,"一头狮子"]

3. 妈妈:把牙膏给爸爸,去拿你的围嘴来。

奈杰尔:[这样做着]:dàda...nɪ̀mɔ̀ nɪ́mɔ̀...ɕ̀tɪ́tɪ̀ "爸爸…(给)傻瓜(牙膏给他)…(拿围嘴,有)火车(图画在上面)"。

5. 安娜:我们要出去散步,要去钓些鱼。

奈杰尔:[充满希望地]:tɪ̀kǝ "(并且我们要弄些)棍子"

安娜:不,我们今天不弄棍子。

奈杰尔:[哀伤地]:lɔ̀ʊ "(我们不去找)洞了吗?",或者"(我能把什么放进)洞(里呢)?"

6. 奈杰尔:[进到书房]:ʒɛ̀ʒ̀ʒ̀ʒ̀ bòuwòu "我想(来)画(原先='画狗')(和你)"

爸爸：不行，我在工作。

奈杰尔：dādıkədà"（你在）敲手鼓"。

爸爸：不，我不是在玩 dadikada；我在写作。

奈杰尔：bòuwòu"（你在）画画"。

7. 妈妈：[指着]：那是谁？

奈杰尔：n:ā"安娜"

妈妈：[指着自己]：那又是谁？

奈杰尔：mā"妈妈"

妈妈：[指着奈杰尔]：那又是谁呢？

奈杰尔：ni"奈杰尔"。

8. 爸爸：我的布丁在哪里？[5分钟后拿进来了]

奈杰尔：dèe"在那里"

如果根据奈杰尔的言语角色潜势来分析这些对话，我们就会发现奈杰尔能够：

1. 回答 Wh-问题（如果他知道提问者是知道答案的）；
2. 回答命令、执行命令并在执行命令时口头重复命令；
3. 接话、吸引注意力并继续会话；
4. 对他自己已经说过的话做出反应；
5. 问一个 Wh-问题（只有一个，即"那是什么？"）

"那是什么？"是唯一一个他要求对方用语言回答的问题，并用此主动开始对话。有必要强调的是，我们把对话理解为言语角色的交换；也就是说，在使用中，语言的功能是被其本身创造和确定的，如提问和回答功能。诸如用"是的"回答"我可以……吗？"或是用"是的，我要。"回答"你要……吗？"这些不是对话，因为这些回答在功能上还是外在于语言的；表达的是简单的工具性或规约性的意义。早在第一阶段，奈杰尔就已经会在这类语境中使用了。在这类语境中，他表达的"是"和"不"可以从其基本功能的角度充分得以解释；但是他不能回答是非问题，因为他不能运用语言提供信息，也不能向某个与他没有共同经历的人交流。正是出于同样的原因，只有在他确定提问者本人也知道答案的情况下，才会问 Wh-问题。

正如我们已经强调过的,交流新信息是一个复杂的概念,因为交流新信息是语言的一个功能,该功能是完全依靠语言来实现和界定的。故而,该概念的形成比较晚。奈杰尔在第二阶段即将结束时才掌握了这一概念。当时,他即将完成向成人语言系统的过渡。当他确实掌握这一概念后,他给自己的语言系统增加了一个新的语义类别,介于新传递的信息和已为人们所知并共享的话语信息之间。因为此时,他掌握了陈述句/疑问句的语法系统,但还没有掌握语句/(是/否)问题的语义系统,所以他对语法稍做变通以适合自己使用:共享的话语信息用陈述句表达,新信息用疑问句来交流。例如,当叔叔给他礼物时,他转向也在场的母亲说 *uncle gave you some marbles*(也就是说,"你看见叔叔给了我一些弹子";在整个这一阶段"你"一般都是指"我")。然后他跑出去给他爸爸看(当时他爸爸不在场),并问,*Daddy, did Uncle give you some marbes*?(也就是说,"你没看到,但叔叔给了我一些弹子")。

如果我们上面列举的这些言语不是在交流信息,那么它们是在干什么?当然,在文化语境中,它们是在交流信息。正如玛丽·道格拉斯所言:"如果我们对任何形式的交流提一个简单的问题,它在交流什么?答案是:来自社会体系的信息。正在进行的信息交流构成了社会体系。"这正是我们此处采纳的社会符号学的观点。但在情景语境中,其功能不是把信息传递到一个没有听过此信息的人那里。儿童所说的一些话显然具有实用功能,比如:*more meat* 意思是"我还要更多的肉"。但其他话语却不能这样解释,我们必须另寻新的解释。不过,首先,我们还是再考虑一下奈杰尔语言发展第二阶段的重要性。他为什么停止努力,不再自己创造语言,而是去学习母语?尤其是他为什么要一步步掌握语法,学习对话?

7. 第一阶段语言系统的局限性

儿童第一阶段语言系统功能的内在局限性造成了这两种变化。该语言系统已不能满足自己对社会符号的需要。这是否意味着它已不足以表达意义上的差异?从长远来看,的确如此;但是当奈杰尔步入第二阶段时，他第一阶段语言系统的潜势还远未用完——他本可以增加许多新元素，而这对他自己的发音和听他说话的人听觉都不会带来过多的压力。然而，其原始母语还有一个更大的不足，那就是：它一次只能表达一个意义。这只能靠加入词汇语法层来完成。原因在于，要让不同的意义相互组合后通过一个完整的句子表达出来，在意义和声音之间就必须进行中层编码，这一功能要靠词汇语法来实现。

所以，当奈杰尔说[lɔ̌]时，其意义已经很复杂了：大致就是"有些洞，必须把它们填了"。[lɔ̌]这个发音表明他曾经见过洞，悲伤的升调则表明他曾介入环境中，洞给他留下了一定的心理阴影。他能这么表达，仅仅是因为他现在具有语法和词汇编码层面了。语法和词汇编码层并不处于语义或语音界面，而是在语言核心位置。这是一个由纯语言学抽象概念构成的层级，它像一个中介，能把兰姆所称的意义"转导"成声音。这一系统能接受来自不同功能源的意义，并把它们编码成统一的词汇语法结构，然后再通过措词——命令模式、词汇选择、语调模式等——输出出来。

上述实例以最简单的方式表明了这一功能性语义的映射。[lɔ̌]表示两个最普通的表意功能成分的组合，即：概念成分（比勒的"表征成分"，莱昂斯的"认知成分"，海姆斯的"指称成分"）以及人际成分（比勒的"意动成分"和"表达成分"，莱昂斯的"社会成分"，海姆斯的"社会表达成分"或"文体成分"）。前者是语言的观察者功能，是说话者对其环境的思考。后者是语言的介入者功能；是说话者作用于环境。成人语言的一大特征是说话者能同时做到这两点——事实上，不可能不让他用各种不同的和间接的方式同时做到这两点。奈杰尔的话语只是朝这个方向的初步尝试。但本质上，奈杰尔追求的是：能让他一次表达不止一层意思的多功能语言系统。为此，他需要语法。

同理，他需要语法是为了能够进行对话。对话需要的就是这种功能性映射，即把内容与情景对应起来；同样的结构能同时表达概念意义和人际意义，前者是基于说话者的经历，后者则是基于说话者接受和分配到的言语角色。在成人语言系统中，及物性和语气体现了这一要求。及物性表示说话者在外部世界中经历的过程，语气表明他对言语情景的构建。它们是相互独立的两组选择，但是可以组合形成完整的词汇语法结构。

奈杰尔还没有及物系统或语气系统。但他已开始用语言交流，并开始积累对话所需要的潜势。

因此，并非是别人无法理解他第一阶段的"原始母语"这一事实促使他步入第二阶段。除了近在眼前且非常了解他的人以外，看不出他还想与其他人交流；但他又确实想与其他人互动，而他的原始母语又无法让他做到这一点。当然，用原始母语可以进行简单长对话，通常他也在这样做；但是却不可能进行互动性的角色扮演。原始母语系统无法给儿童提供机会承担、分配、接受和拒绝言语角色。

以下实例简要表明奈杰尔已经掌握的多重意义种类和多重角色扮演，这时，他已完全步入第二阶段；该实例取自NL9（二十一至二十二个半月）：

奈杰尔[当天早些时候摔倒受伤；现在摸着自己的额头]：ádỹdà那是什么？

父亲：那是膏药，粘的膏药。

奈杰尔：tell Munny take it òff"（我要）…"…[跑向妈妈]take it off，"拿掉它！"

8. 实用功能和理性功能

我们现在可以把奈杰尔采用的策略理解为是语言第二阶段的基础。在上文第四部分，我们引用了简单语义类别的第一个细目分类，它是第一阶段语言的典型代表：呼人名并（以某种方式）与其交流，比如：[ānːā]"安娜，你在哪里？"这与前面解释过的现象完全一样，即[lɔ̌]的意思是"有些洞—必须把它们填了"；另一个早期的例子是，当他看见桌子中央有一块蛋糕时说[kʸēːkʸ]，其意为"那是蛋糕——我想要一些！"

这一切都给我们预示了未来的情况。如果用功能术语来分析奈杰尔第二阶段的话语意思，我们就会发现，他明显在从第一阶段可识别的初始发展功能中归纳出两个广义的功能类别，或两个我们所说的宏观功能：其中一个要求回应，另一个则不然。所需要的回应起初是有关物品和服务方面的:"我想要那个""再做一次"等等;不过,逐渐地,发展成要求口头回答,比如"那是什么?"另一种不要求回应的话语类型起初主要是关于观察、回忆或是对所见所闻的预测:"我能看见/听见""我看见了/听见了""我会看见/听见";然后这一类型延伸到叙述性或描写性的语境中。

  第一类显然源自第一阶段的工具功能和规约功能,也有部分源自互动功能。从功能角度来说,我们称之为实用功能。了解第二类的发展历史要困难得多;不过,有意思的是,研究发现它是间接地来自互动功能,从非实用性角度来说,它来自个人功能和启发功能。从第二阶段的优势点来看,启发功能出现在第一阶段的后期。其发生情况大致如下。在 NL 1—2 时期,奈杰尔开始使用某个外部物体,尤其是图画,作为与他人交流的工具。因此,就有了"见到你很高兴——我们一起看这个好吗?"这样的表达。在 NL 3 时,他把互动元素和个人元素分开,前者发展成一些问候语,后者则发展成表达兴趣、快乐等关乎"自我"的东西。然后,随着自我与环境之间的差距日益明显,互动元素在高一级层面重现,注意力放在要求对方说外部物体的名称上(NL 4—5):"看这个——现在你说出它的名字吧"。起初,这句话只用于自己熟悉的物品——一般情况,还是用一幅图——而且自己已经(接受性地)知道其名称。然后,这一功能又分化成两个意思,其一是要求说出一个新名称,一个自己不知道的名称,其形式就是前面已经阐释过的"那是什么?"。同时,他也创造性地学到了表示物品名称的单词。然后,在表达个人兴趣和参与的时候,用这些单词进行编码:"瞧,那是个……!"因此,第一阶段个人功能(以自我为中心)和启发功能(以环境为中心)相结合,就出现了一个广义的非实用性的表意模式,它与上文提到的实用模式正好相反。

  这些"非实用性"话语的功能是什么?能否用明确的术语来表明其特征呢?路易斯早在二十世纪三十年代就注意到这一特点;他用"操纵"一词表达其实用功能,而用"陈述"表达另一功能。这足以满足描述的目的,但却不能真正解释这些话语的意思。路易斯似乎是从自我表达和要求回应的角度解释了"陈述性"。不过,非实用性话语其功能主要是为了学习。和实用功能一样,它出现于第一阶段对初始外在功能进行概括化的过程;正如反思是对行动的补充一样,非实用功能是对实用功能的补充。我们建议把它称作理性功能;它能使儿童了解其社会环境和物质环境,帮助他构建现实。这一功能的实现最初是通过儿童对感知到的事物和事件的观察、回忆和预测。

第二阶段初期,所有的话语都属于实用功能或理性功能中的一种。看看在 NL 6—7 时奈杰尔语言系统中所增加的新词汇,就会发现其中大多数,可能四分之三以上,都属于理性功能,而不是实用功能。(而且,每个单词以及每个结构,首先都只局限于一个功能;它们不能同时体现两种功能。)在一定程度上,我们可以在情景中更多地依靠实用功能来解释这一点。当表达"我想要……"的意思时,说话者通常能指着他所要的东西。因此,步入第二阶段后,奈杰尔继续使用着第一阶段无标记的工具性和规约性功能。但是,这也让人想到了列维-斯特劳斯所言。他说,在所有文化中,"宇宙是一个思维客体,至少它是一个满足多种需要的工具"。我们发现这已经是儿童语言发展中的一个决定因素;语言在儿童思考宇宙过程中的发展程度不亚于他在探索宇宙过程中的发展程度。

9. 第二阶段的功能策略

我们能非常确定存在着理性功能和实用功能两种不同模式,主要归功于奈杰尔,这是他第二阶段策略的一个方面。在一个特定时刻——在 NL 7 的最后一周,也是第五部分中讨论的突然出现大量结构后的一周——他开始区分使用升/降调,并持续数月。我们注意到,从那天开始,他说每句话都带有语调,要么是明显的升调,要么是明显的降调。这很快就有了清楚的解释:所有的降调话语都具有理性功能,而所有的升调话语都具有实用功能。下面是 NL 7—8 时的一些例子:

实用功能

chuffa stúck	"火车卡住了;帮我把它弄出来"
high wáll	"我往下跳,你接我"
háve it	"我要那个"
play ráo	"咱们耍狮子玩吧"

squeeze órange	"挤橙子"
bounce táble	"我想在桌子上弹橙子,可以吗?"
water ón	"我想把水打开"
Anna help gréenpea	"安妮帮我吃嫩豌豆"
Dada come overthere nów	"爸爸从那边过来了"
make cross tíckmatick... in Dada róom	"我想在爸爸房间里的打字机上打个叉"
chuffa under túnnel... getit fóryou	"火车在隧道里;把它给我"
play rao Bártok	"让我抓着巴特克唱片的唱片套,逗狮子玩。"

理性功能

molasses nòse	"我鼻子上有糖浆"
red swèater	"那是一件红色的外套"
chuffa stòp	"火车停了"
loud Dvòřak	"德沃夏克的唱片声音有点大"
green stick fìnd	"绿棍子找到了"
Dada black brùsh	"那是爸爸的黑牙刷"
man clean càr	"那个人在洗车"
Anna make noise gràss	"安娜用一根草弄出了声音"
Clever boy fix roof on lòrry	"这个聪明的男孩修好了卡车顶"
Dada come bàck... Dada come on fast chùffa	"爸爸回来了;爸爸坐快速列车"
too dàrk... open cùrtain... lìght now	"太黑了;你拉开了窗帘,所以现在亮了"

应该指出的是,其中有些话语既可以理解为实用功能,也可以理解为理性功能。但是奈杰尔本人已经做了清晰的区分。使用升调时,他要听到回应才会高兴;如果是降调,他不会等人回应。下面一先一后是两种类

型话语的典型实例：

> Dada got scrambled ègg, Mummy get fóryou scrambled egg
> "爸爸有一些炒蛋,妈妈给我做了一些炒蛋!"

这样,奈杰尔第二阶段的功能策略明显得到发展,该阶段是他自己原始母语和成人语言系统之间的过渡。为什么说是过渡呢？这里,让我们再用社会符号学的观点来加以解释。第二阶段是指掌握成人语言系统的时期,其终结点是指已有效掌握该系统并能无障碍地继续掌握该语言的那一刻。这个终结点不可能固定在某个时间点上,但就奈杰尔而言,却正好发生在他快满两岁时,大约在本研究中的 NL 10 时期。不过,用功能术语来解释过渡概念可能更容易。在第二阶段开始时,情况是"一个话语一个功能"。正因如此,奈杰尔才能那样系统地利用语调对比(当然,他不能像英语中使用的那样,因为他的功能潜势还未达到英语中语调系统的程度)。在第二阶段,他逐渐从"一般情况下,一个话语一个主要功能一个辅助功能"的阶段发展到"每个话语全部功能"的终极阶段。这是成人语言的典型特征。

这一功能发展是如何发生的？并非显而易见发生的,并不是借助某个分类转换过程实现句型的转换。它是通过重新解释功能概念发生的：即通过在比较抽象的层面重新解释功能概念使其成为语言系统本身的组织原则。我们可以这样说,第一阶段的功能在第二阶段变成了宏观功能,在第三阶段变成了元功能。

这似乎是成人语言系统中概念功能和人际功能(前文提到过)的发展源头。无论如何具体使用语言——到第二阶段行将结束之时,儿童都肯定已掌握了语言的许多用法(因为这些用法可无限细分)——在所有语境中,说话者都同时既是观察者,又是参与者。是实用功能为"介入者"系统的语气、情态、强烈程度、人称等提供主要语境;而理性功能为"观察者"系统的及物性、程度、处所、量化以及定性等提供主要语境。但是,无论社会环境如何,成人语言的特点是,语言的意义表达都涉及到对社会体系的思考与互动。

因此,在第二阶段,"功能"概念与"用法"概念截然分开。成人能不受限制地使用语言；而典型的成人话语，不论其用法如何，都有概念意义和人际意义成分。同时，成人语言的"元功能"成分间接来源于第一阶段的原始发展功能。在第一阶段，功能和用法是一回事儿。在第二阶段，儿童有了重大发现，发现他能同时表达两个意思，能同时观察环境并与环境互动。当步入第三阶段后，语言的所有用法都通过这个双重意义潜势得以实现。儿童最初构建原始母语的基本功能语境仍然存在，且已发展成符号结构，我们将这些符号结构看做语言使用的情景和环境。作为行为者，他可以操纵的意义潜势已发生了变化。

第二章图 2-2 是我们所拟定的系统—功能发展过程的图式表征。

10. 语言发展过程的连续性

奈杰尔的语言学习策略有多少代表了向成人语言系统过渡的普遍模式，又有多少是他自己所特有的，这一点很难说清楚。显然，运用语调来区分实用和理性是他的个人作法；但区分本身可能是个普遍性特征——至少似乎没有什么可以表明它不是。另一方面，很可能许多儿童根本就不愿费力去创造什么第一阶段语言；几乎可以肯定的是，他们没有都像奈杰尔那样表现出从第一阶段到第二阶段的显著变化。但此处需要谨慎从事。显然，原始母语中的话语表达无源可溯，很可能是某些儿童在该语境中已经在模仿成人的声音了；这些声音貌似单词，但它们实际上起不到词汇的作用，因为他们的语言系统中还没有词汇语法这一层面。此外，许多儿童使用单词句作为转换策略，这就使得词汇语法的出现不会令人感到那么突兀。

无论这种可能性有多大，此处要强调的重点是连续性，而非断续性。就奈杰尔的情况来看，表达中有断续性，当然，还有因其语言系统增加了第三层编码而引起的断续。但内容上却没有断续性。决定原始母语的社会功能—满足眼前需求、控制人的行为、与人"共处"、表达自我的独特性、探索非自我的世界以及创造想象中的世界—所有这些都逐渐并自然地发展成我们称之为符号结构的社会语境和情景；来自这些功能的语义系统，即意义潜势，也同样得到发展。通过与比自己年长的人交流并得到他们的强化,儿童所表达的意义开始逐渐接近成人表达的意义,之后这些意义还(需)要通过单词和成人的语言结构表达出来,且能不受干扰继续这一过程。没有这种连续性,在成人给儿童传承社会体系的过程中,语义系统就不能有效发挥其作用。

我们希望通过采用社会符号学的观点,说明"学习表意"这一过程(无论大家认为它多早开始)有其重要的连续性。此处我们研究的目标仍是语言;但是,如果把语言放到大家公认为意义系统的社会体系这一更宽泛的语境中,我们就要对语言,尤其是语言发展,有更多认识。因此就有了语言是社会符号这一概念。从另一观点来看,这是一种方法,能把语言发展的社会语言学解释和语义学解释结合起来,只是目前二者还未发生联系。从社会语言学的角度来看,学习母语就是逐渐掌握在不同社会语境中运用语言的"交际能力"。交际能力这一概念的提出非常重要,它对于比较发展研究和比较教育研究来说具有启发意义,但它却与语言系统的本质无关,也无法解释儿童为何以及如何学习语言。发展语义学主要关注儿童学习单词意义的过程以及成人语言系统中概念成分的其他具体方面。但是,总的来说,这些研究没有把该系统和其社会语境联系起来,也没有和幼儿生活中语言的功能联系起来。毋庸置疑,研究的每一个领域都是整体中一个不可或缺的有机组成部分。但是,需要通过某个框架把它们连接在一起,该框架不能把语言系统与其用法或是把意义与其社会语境分离开。

我们可能轻易就接受了这些二分法,它们的存在表明,互动观或"社交"观所关注的是行为、表现以及语言系统的用法,"而不是"语言系统本身。有必要提醒大家,现在也有社会学方面的解释,把语言理解为互动交流。这种理解是对语言就是知识这一观点的补充和解释。

儿童会学习一个象征性行为潜势;从几个基本社会功能来看,象征性行为潜势就是他"能表示的意思"。在此过程中,他创造一种语言,即源自于这些功能的意义系统,包括这些意义的发音。反过来,这些意义又是对更高层次意义的编码,儿童正在形成的社会体系就是由这些更高层次意义构成的;首先是自己与他人及事物之间的关系,其次是他人和事物之间的相互关系,再次就是符号之间的关系,如此等等。在此过程中,会出现

第四章　语言发展的社会符号观(1974)

这样一刻,此时儿童会摒弃自创语言——我们认为这可能是人类语言进化的一种范式——而接受其"母语"(就是他从别人那里听到的语言)。借助母语,同时具备了对话和多重意义的潜势,他就能与身边的人进行持续的多语调交流。

语言能对社会体系进行编码,这一事实长期以来决定着语言内部的组织形式。所以,此时儿童不会面临语言突然中断;他在掌握一个系统,该系统是儿童自己构建的语言的自然延伸。此时,他自己的功能符号在更为抽象的层面再现于成人语言的核心位置,再现于语义系统的概念功能成分和人际关系功能成分中。所有语言互动都通过这两个功能得以实现;这两个功能不仅是语言使用的两个方面,也是语言系统本身的基础,因此,语言互动的每一个实例不仅具有特别意义,而且具有普遍意义,既表达了社会体系,也表达了儿童在其中的位置。换句话说,它既与情景语境相关,又与文化语境相关。这就解释了儿童是如何在语言学习过程中一直通过语言进行学习的;也解释了儿童在与家人及同伴的群体生活中,微符号交流自身如何携带有文化中最普遍的符号模式的标记。

一岁半的时候,奈杰尔毅然开始学习母语。附录3是奈杰尔从十八个月开始的一个对话样例。

奈杰尔达到这种水平是通过经常与他人交流,而不是只靠自己。他的意义团队里的三个成年人(家里没有其他孩子;如果有机会,他会与其他儿童互动,朝他们扔自己的玩具,或是抢他们的玩具,但是还没有很认真地设法去和他们交流意义)都是在不自觉地听他说话,理解他的意思并根据他们自己的理解回应他。无论是奈杰尔还是其他人都不是在模仿;而是在参与创造他的意义潜势。其他人用理解行为共享奈杰尔每一个阶段的语言;其语言创造过程是个社会化的过程,是奈杰尔与那些和自己有共同经历的人进行互动的结果。

母亲或他人跟踪儿童语言发展意义重大,却鲜有人关注。这种现象是不自觉发生的;通常,当事者无法解释自己在做什么。比如说,如果有人问母亲她孩子一直在说些什么,她很有可能回应说他什么也没说——因为他还不会说话呢。当然,他还不会说母语呢。但他是在说儿语;而且母亲一直在回应他,所用方式只能解释为是对语言的回应方式。这是与特瓦森描述的早期前语言阶段交流的直接连续；不知不觉中，母亲和孩子一起进步，对孩子的声音表达或手势表达轻松自然地做出回应，正如对新生婴儿的微笑、咯咯笑以及其他兴奋的反应做出回应一样。任何时候，她都清楚孩子知道什么；她不仅理解孩子，还知道孩子理解能力有限，因此和孩子说话时注意方式，使其获得信息——当然不是成人获得的文字信息，而是根据孩子自己的表意功能能理解的信息。具有有利条件跟踪儿童语言的那些人（依然没有意识自己在做什么）与孩子交流时，会扩大孩子现有的理解力，但不会超越之。这种跟踪儿童语言发展的作法可能会贯穿儿童的早期生活，也很有可能极大地帮助儿童开发其语言资源，无论是学习语言，还是通过语言进行学习。

　　任何阶段的语言发展都不是单个人的事情。表意以及学习表意是一个社会化的过程。从出生的那一刻起，孩子就成为众多儿童中的一员，也是人群中的一位。所谓的"先天论"方法和"环境论"方法是语言学家和心理学家的主导理论。二者以前常常被视为是截然对立的观点。如今却表现为同一主题的变体。那就是，一个孩子就是一座小岛，是现实中的个体，必须从"那里"（我们称之为语言的地方）"获取"成品。此处没有必要再赘述这些理论是西方个人主义思想的产物。当下的重要问题不是我们选择什么特殊认知方式解释语言学习过程，而是在解释语言的个体发生过程中更好地理解婴儿早期的本质：儿童是如何开始意义交流的，在日常互动过程中儿童是如何构建自己的语义系统，如何逐渐靠近周边人的语义系统的，在构建语义系统过程中儿童是如何构建现实的——目的是为了理解自己的经验，并将其融入到一幅与大家共享的世界之图中去。为了便于理解，我们也开始更深入地探究语言自身的性质，因为语言终究是由其功能塑造的，这些功能的作用是帮助儿童采取行动、思考现实。

（钱清　译）

第五章

童年早期的意义与现实构建(1978)[①]

1. 语言发展的功能语义观

1.1 原始母语的概念

早在儿童开始说母语之前,他就已经显示出各种表意行为。意义可以通过各种方式来表达。儿童可能使用口语或手势语。口语是一种复杂的表达模式,它将语调和气流结合起来。在使用口语表达时,儿童很可能在自己创造新模式,也可能竭力

[①] 本章内容首次发表于小赫伯特 L.匹克和埃利奥特·萨尔茨曼主编《信息感知与处理方式》。新泽西,希尔斯代尔:劳伦斯厄尔博姆协会,1978,67—96页。

模仿其他人发出的声音。大多数儿童很有可能把三种表达方式结合起来使用,尽管许多人表现出对其中某一方式的偏爱。我仔细研究了一位名叫奈杰尔的儿童从出生到三岁半期间的情况(韩礼德1975)。奈杰尔明显表现出对口语的喜好,而且他喜欢自编声音而不是模仿他人的声音,虽然他也确实使用了一些手势,也模仿了他人的声音。这三种方法都是体态或动作这一更为普遍的表达方式的变体,儿童正是使用体态和动作构建其原始母语的。原始母语的基本成分不是其输出形式,而是其表意行为本身的性质。

表意行为是一种交际行为,具有目的性和符号性。饥饿时的哭闹是交际行为,随之蹭向母亲的胸脯也是交际行为。两者都传递一个信息,即孩子饿了。但这两种行为都不体现交际意图,所以它们不是符号行为。符号行为的意义和成功标准不存在于其自身表现。

符号行为的外在形式有时带有标志性。如果我因为生气打你,那就不是表意行为。如果我打你是为了表示我生你的气,这才是意义行为,但在此表意行为中,表达是以一种非随意性的方式与其意义相联系的:其符号就是一个像似符号。毋庸置疑,像似符号与非像似符号之间的区别在于程度;一个表达或多或少是有像似性的,它也可能同时具有像似性与非像似性。九个月大时,奈杰尔就有了一些手势,其中之一是用力抓住物体,但不往自己身边拽,然后松开手。他的意思是"我要那个"(参见 2.9)。该手势带有部分像似性,但该行为明显是符号行为——它本身不表示实现该愿望的努力。奈杰尔不是直接作用于该物体。其手势是针对同一情境中其他人的表意行为。

根据这一具体意义,表意行为发生于童年生活早期,远远早于语言发展研究通常开始的时间,也远远早于儿童掌握了能被称为"语言"的东西的时间(如果我们用具备成人式语言结构或单词这一标准来界定语言)。就我所知,在奈杰尔身上,可以确定无疑称作表意行为的最早行为发生在他马上就满六个月的时候,当时他第一次发出了一个声音——用高升调发出的一个非常短促、非常低沉的鼻腔音——表达的意义是"发生了什么?"另一方面,这么早就有表意行为出乎我的意料,我很可能没有注意到更早的实例。也许他两个月大时第一次打针之后的闷闷不乐状态就应该被视为表意行为,因为这显然不同于他平时惯有的欢快状态(参见 2.11)。

九个月大的时候,奈杰尔有了表意行为系统,即意义潜势——这标志着他的原始母语的开始。此时,其原始母语中包含五种意思。其中三种以比较积极的方式用手势语表达,意思分别为:"我要那个""我不要那个"和"(再)做一次"。另两种以反应型方式通过口头表达,其意为:"咱们呆在一起吧"和"看,那真有意思"。因此,当时奈杰尔表明了两种表达方式(口头语和手势语)之间存在相关性,两种表意模式(反应型与主动型)之间也存在相关性:反应型表意通过口语表达,而主动型表意则是用手势表达。不过,四至六周之内,他几乎完全摒弃了手势语(除了想听音乐时他"击打节拍"),改用口语表达各种意思。

1.2 表意行为的系统性和社会性

表意行为的系统性有双重意义。首先,行为本身具有选择性,在意义潜势中进行选择;该选择不是随机的,因为它与情景语境相关联——在既定环境里,儿童现实中任何一部分的符号结构都构成其相关环境。

其次,意义潜势也具有系统性。它是一个资源,是一套由选择构成的网络,其中每一选项都能通过儿童心目中的整个现实模式和他自己在其中的位置加以解释。因此,现实,亦即意义潜势,总是处在不断的构建之中,或被扩增、或被内部区分、或被修正。

九至十六个月大时,奈杰尔原始母语系统的意义就从五个发展到大约五十个。比如,刚开始时,他只有一种互动功能的意义,一个普通的参与符号。通过在对话过程中与他人相互关注,他现在的语言资源里已有大约十五个互动功能类意义。其中包括:(1)问候:通过与不同人交流,并在主动发话和回应的过程中,他把自己与他人区分开来;(2)分享:通过分享,他把分享注意与分享遗憾区分开;(3)回应:对具体邀约做出回应。所有这些都被认定为清晰可辨的符号行为,被编码到他的语言系统中。

不过,"行为"一词含有语义之意;它表示纯主观性的东西。但表意行为是社会行为,如前文所述,它具有双重意义。首先,行为本身为行为者和观众所共有。共有不仅表示一个人在表演,另一个在观看(一个是"给出"意义者,另一个是"接收"意义者),也表示两人都参与意义交换,如果意义交换是一人所为,就不存在表意行为了。表意行为过程是会话过程;只有当对方(就参与会话过程而言,这是一个"具有重要意义的他人")参与,并对儿童的符号意图给予肯定的时候,行为才变得有意义。

其次,从广义角度而言,表意行为也具有社会性。表意行为来自意义潜势,而意义潜势是一个社会构件。如果表意行为要获得成功,儿童对其主观现实进行编码的语义系统就必须由儿童和其他具有重要意义的人们所共享。经验可能只是个人体验的,但是对经验的符号编码是社会性的;就这种意义而言,没有属于个人的符号。但是儿童还没有趋近他人的语义系统;他是在创造自己的语义系统。因此,在此阶段,如果说语义系统的创建是社会过程,这意味着他人必须走近儿童的语义系统,他们也正是这么做的。观察奈杰尔的会话就会清楚地发现,他人不仅理解他,而且是在积极主动理解他;根据他的规则与他玩会话游戏。这里有一个他十八个月大时的实例:

奈杰尔准备好开始吃午饭。一些鱼肉从饭叉上掉了下来。
"Ooh!"这是另一个非常高声的尖叫。
"哦,你刚才掉了一小块。掉到哪儿了?"安娜问道。
"Byebye."奈杰尔抬头看着安娜,想让她一起来想想。
"yebye, byebye,"他说。
"嗯,所有的火车都开走了,你才说'再见',对吧?"
"Byebye,"奈杰尔伤心地说,挥了挥手。他吃完了午饭。
"No-more. No-more."
"它掉到哪儿了?"安娜问他。

显然,安娜在对话过程中是在非常自然地理解奈杰尔的话语。同时,语义趋近不是一个单向过程;它有自己的自然逻辑辩证。安娜用自己的意思回应;并根据自己语义系统中已经编码的意义来理解奈杰尔的意思,或者(因为她富有想象力)根据自己语义系统中尚不必编码但至少可以编码的意义来理解奈杰尔的意思。事实上,这就是会话过程中其他人的角色:用他们自己的意思理解并做出回应。所以,即使是在原始母语早期阶段,儿童也可以用这些方法,在语境中理解成人的意思。在该语境中,他们能够修改并扩增自己的意义潜势。

1.3 语义的连续性

也许用一套定义于语言外的语义功能来解释儿童最初的原始母语是最好不过的。十个月大的时候,奈杰尔的表意行为可分为四种功能:工具功能和规约功能(更关注主动性表意模式);以及互动功能和个人功能(更关注反应性模式)。它们都是超语言的,因为它们作为目的模式独立存在,没有编码为符号表意行为,也不通过符号表意行为来实现。

显然,至少对奈杰尔而言,原始母语的这一功能定位是成人语义系统中主要功能成分的个体发生基础。我把成人语义系统的主要功能成分称为元功能——人际成分或主动成分和概念成分或反思成分(韩礼德1973)。

如此一来,功能组织和功能连续性就成了语言系统的特征。为了表达这些特征,我们把语言系统表述为一个潜势,一个资源,而不是一套规则。因此,为了表示奈杰尔的原始母语,我用了一个基于"选择(或者)"而不是基于"加和(并且)"的语言模式。在该模式中,深层关系是聚合关系(系统),而不是组合关系(结构)。从专业术语意义来看,语言系统是任何一套选择或可选择范围加上它的准入条件。

如果我们严密跟踪奈杰尔的语言发展,从原始母语(第一阶段)到过渡阶段(第二阶段)再到成人语言体系(第三阶段),就会发现一个惊人的语义连续模式。以"自我"为中心的互动功能系统和个人功能系统,首先确定这些意义,如"咱们待在一起吧""我在这里""那真令人高兴"以及"那真有意思"等等。然后,这些意义通过"咱们一起做吧"和"现在你说出它的名字"这些中间意义发展成说名字。先是说人、物和过程的名称;之后,通过观察、回忆和预测,再发展进入成人语义系统中的叙述方式和概念成分。这似乎就是奈杰尔向反思性表意模式发展的轨迹。

指向"他人"的系统,即工具功能和规约功能系统,首先确定诸如"把那个给我""做那个"以及"再做一次那个"等意义。然后,通过"你做那个"

"咱们做吧"以及"我来做"(分别表示命令、建议以及请求许可)等,学会交换物品、提供物品、要求物品以及按要求提供物品。这样,通过信息交流,发展到成人语义系统中的对话模式和人际成分。这就是奈杰尔发展其主动表意模式的方法。

功能概念本身的发展对该功能模式或表意要素的发展过程是至关重要的。奈杰尔最早的意义潜势系统,即第一阶段的原始母语,具有"功能性":语言系统中每个元素,亦即每个表意行为,都能实现超语言功能中的一个意图。超语言功能就是我们确定的工具功能、规约功能、互动功能、个人功能以及之后增加的一两个功能。奈杰尔的会话在其社会行为范畴内是有意义的,这些范畴包括:(1)实现物质目标;(2)控制"他人"的行为;(3)与他人建立并维持联系;或(4)以认知或情感状态的形式表达自我。这些都是其表意行为的社会语境——符号交流中的各种角色。如果我们把这些称为他原始母语的"功能",那么,在这种情况下,"功能"就等同于"用法"。

有几个月的时间(从奈杰尔九个月到十六七个月大),这一系统继续扩展。意义潜势明显扩大,但系统类别没有改变。到一岁半的时候,该系统发生了质变。到那时为止,该系统一直是一个只有两个层面的编码系统,一个是内容(意义)层面,一个是表达(声音或手势)层面;系统元素都是单个符号,即内容—意义配对。如 "e-e-eh":"我在这里!"或 "ùh":"再做一次",或 "dòh":"看见你很高兴!我们一起看图,好吗?"这些元素的意义都是直接编码成声音的,没有受到任何干扰。(毋庸赘言,不必把这些符号按其字面意思理解为意义陈述;它们原本就是用来辅助理解的。但是,它们也能帮助说明一个事实,即:奈杰尔原始母语的意义并不完全按照成人语义进行编码。)

不过,就在奈杰尔一岁半之前(尽管对将要发生的情况已有预见),他开始在内容和表达之间引入了第三层编码,一层包含单词和结构两部分的形式组织。换言之,他增加了语法,或者更确切地说,是增加了词汇语法。该系统的元素不再是单个符号,而是具有三个不同层面的结构,即语义、词汇语法和语音,它们在语言实现过程中相互关联。意义"首先"以

(被编码为)措辞实现,"然后"以(再次编码为)声音实现。这就是成人语言的组构方式。

这样,奈杰尔就可以把意义整合进一个复杂的行为中去;他借助自己创造的功能策略做到这一点,并借此把所有表意行为分成两大功能类,实用功能和理性功能。前者具有"做"的功能,要求对方给出回应:起初是非言语式回应,诸如给东西或做某事,但之后日益要求言语回应,比如回答他的问题。后者不要求对方回应,其作用是我们所理解的"学习"功能。对原始母语的功能进行概括,这种区别就直接显现出来了。这意味着奈杰尔现在能够使用新的方式交谈,在交谈(对话)过程中可以承担角色、安排角色,并且不受时空限制(以叙事体)自由叙述。

语法可以分解意义,使意义成分以各种方式组合和重组。因为奈杰尔现在有了语法,他就能用很有意思的方式把这种区分清楚地呈现出来。他用升调表示"实用功能",用降调表示"理性功能"。换句话说,功能区分本身已被编码,成为两个对立的宏观功能;奈杰尔在十九个月大时,几乎是在一夜之间创造了这一模式,然后就一直作为他的主要符号策略,伴随他度过第二阶段其余时间(这是迈向成人语言的过渡期),并进入第三阶段。此时,"功能"不再等同于"用法";需要用"表意模式"来重新解释。

与奈杰尔交流的其他具有重要意义的人们会不自觉地理解他这种新语言,就如同他们不自觉地理解其原始母语一样。听到升调,他们用物品和服务予以回应,或逐渐用新意义回应,即给他一些物品作为交换。听到降调,如果他们觉得没必要回应,只听听而已;如果他们做出回应,通常不用新信息,只是用成人词汇和结构来重复奈杰尔的话,或只是提示他继续说。反过来,奈杰尔也会清楚表示,这种回应是恰当的。当然,这并不是说他总能得到自己想要的回应;而是说他能从足够多的事例中得到想要的回应,从而维持系统正常发挥作用。应当指出,这种语义对立完全不同于成人英语中升降调的意义对立。二者终究是相关联的,但在成人看来,奈杰尔的许多措辞都用"错"了调。

比如,他所有的命令和"Wh-"问题都用升调,因为需要回应;而从句

(当他开始学着使用时)都用降调,因为不要求别人回应。

然而,在此过渡阶段,实用功能和理性功能这两种表意模式仍然是二者择其一,因为表意行为要么具有实用功能,要么具有理性功能。比如,more meát 表示"更多的肉"+"去做"(实用功能),即:"给我更多的肉";chuffa stúck 意为"火车堵了"+"去做",即:"把它给我取出来";high wáll 意为"高处"+"去做",即:"我要跳了,接着我!"另一方面,green càr 意为"绿色的车"+"我在记笔记""我在学习"(理性功能),即:"我看见(看见过或将看见)一辆绿色的车";同样,loud mùsic 意为"音乐嘈杂";chuffa stòp 意为"火车已经停了"。至此,显然奈杰尔的下一步就是要把这两种表意模式合并起来,使每个表意行为都二者兼具,既有实用功能,又有理性功能。这就意味着要再次重新理解功能概念。

到第二阶段结束时,即奈杰尔将满两岁的时候,他的语法资源已经达到新的水平,能按照成人语言组织其语法结构。比如,他会选择使用及物(在及物系统中)和疑问(在语气系统中),同时对二者编码,造出下面这个句子:did you drop the green pen(你把绿色的钢笔弄掉了吗)。但这句话并非成人意义上的疑问句,因为他的语义系统还没有达到成人语言的语义系统;但他已成功地合并了两个功能:由问句表示的人际功能和由及物结构表示的概念功能。(当然,该句除此二者外,还有许多其他内容。)

至此,宏观功能已经转变成元功能。它们不再只是对早先功能类别的概括,而是在另一水平上对这些功能类别的重新理解。它们已经变成了语义系统中的功能成分;每一成分都有自己的意义潜势系统,以输出的形式为整个词汇语法编码助一臂之力。成人语言是围绕着概念和人际(另有第三个,即语篇功能,为了简洁起见,此处略去不谈)这两个表意成分构建起来的。它们代表成人语言符号中的思考和行动两大主题:一把语言用作思考现实的手段,二把语言用作作用于现实的手段。婴儿天生就具备这两种表意模式,这一事实听起来令人震惊。从奈杰尔最早的表意行为中,我们发现他在持续会话过程中已经在使用这两种基本符号形式了。

1.4 表意行为的语境

认为儿童的语言完全受制于语境或成人的语言完全脱离语境,这两种看法都是错误的。语义连续和功能进化原则表明:(1)表意行为总要有语境;(2)表意行为与语境发生关联的方式在发展过程中会发生变化。同理,整个(意义潜势)系统也有语境,它也在发展过程中发生变化。

表意系统的语境是社会系统,因为它在特定时刻是作为儿童符号结构而存在的。表意行为的语境是情景,它也是一个符号结构,其特征构型在社会体系中清晰可辨。该情景主要包括社会过程语场、社会关系语旨以及第三个要素符号行为语式——也就是说,在特定语境中分配给表意行为的特定角色。

通常,儿童听到周围人所说的大部分言语都与其情景语境有关联。关联方式清晰可辨,并具有系统性。(这些言语结构丰富,语法完备,话语流畅。尽管有人持不同看法。)意义能系统地反映其所在情景中的语场、语旨以及语式。一般情况下,以事物名称、及物结构等表现的概念意义代表"语场",它是社会过程——当时正在发生的情况——的本质。通过语气和情态、评述以及态度等表现的人际意义代表"语旨",它关乎情势中的社会关系,即所有参与者。以语篇衔接与组织模式表现的语篇意义代表"语式",提供表达或修辞渠道——意义交流在一步步展开的整个情景中的作用。在许多成人话语中,不管是后院闲聊还是委员会的审议,情景的实际成分都带有虚拟性,是从交流的意义中识解出来的:被谈及或是被施加影响的人和物在谈话之外,不在现场。但是,当儿童自己参与互动过程时,通常他非常清楚情景的特征:他能够看见、感知或听到参与者的情感和态度以及所指事物和行为。

同样,儿童自己的表意行为也与其社会结构有关系。首先,如我们所见,在第一阶段,其关系就是,表意是以目标为导向的("做这个""我要那个"和"咱们待在一起吧");语境就是目标,如果目标得以实现,则表意行为就能成功。(我们应该记得,从最初开始也有纯反思性的表意行为:"那真令人高兴""那很有意思"。)但这种关系会根据发展的自然辩证逻辑发生变化。奈杰尔自己的表意能力使他能够通过他人与语境的关系推断他人的表意行为；但是成人会话，或更准确地说，是属于第三阶段系统的会话，其关系本质是：对成人会话的理解过程改变了儿童自己表意行为的语境基础。因此，在儿童向成人语言系统过渡的第二阶段，表意不再是针对早就存在的目标对象而言；现在还需要确定目标对象。此处，成功具有双重标准。就奈杰尔的情况来看，我们发现，他的每个行为都明确表明是为了达到其中一个标准。成功可以是外在的(实用行为，用升调)，表明奈杰尔对其他人的回应满意与否；成功也可能是内在的(理性行为，用降调)，表明奈杰尔对自己的成就满意与否。在任何一种情况下，成功都不是提前可以预料到的。显然，在使用像 *more méat* 这样的实用言语时，奈杰尔可能得不到令他满意的回应：可能根本没人回应他，也可能回应不合他的心意。但是，通常情况下，奈杰尔通过理性言语意识到自己表达意义的失败。比如，他一手拿玩具公共汽车，另一只手拿火车，试着给情景编码，说：*two . . . two chùffa . . . two . . . two*——最后他承认自己表意失败，随后放弃。但是，在这两种情况中，表意行为不只是确定语境中的一个功能，它要使和功能相关的语境更加清晰。奈杰尔此时向前迈出了关键的一大步，把会话从自己眼前的环境局限中解放出来。不过，他的会话也从来没有完全局限于此。面包不在眼前时，他能要面包；在公共汽车已走远或到来之前，他还能够回忆或预见到公共汽车。

1.5 功能连续性和主观现实构建

功能语义的连续性不仅使儿童能构建语言，还使他在构建语言的同时，用语言构建现实。

通过增加语法，奈杰尔将原始母语转变为语言(语法是介于意义和声音之间的新编码中介)，他向前迈出了重大一步。同时，这也是他语言系统发展过程中的一个主要中断处，它发生在功能—语义发展过程中连续性清晰可辨的背景下。从他最早的表意行为到标志着他进入成人语式的复杂结构，这是一个连续性的发展过程，行为和思考构成其中心脉络。

正是这一连续性使得奈杰尔能够构建现实,语言既用来实现现实,又是现实的一部分。这并非因为构建现实必然是连续性过程(无论是与否,它都很可能取决于现实中有无中断),而是因为意义连续性表明什么长期"在这里",什么长期"在那里",如自我、界定自我的社会系统,以及存在于二者之间的关系。表意行为最能在混沌中确立并维持我们的自我身份。似乎是,通过学习表意,我们才有了自我意识,而我们又不得不继续用表意保持自我的存在。

第一阶段初始,大约九个月至十个半月大时,奈杰尔已对事物形成自己的看法。我们知道这一点,因为只有有了这些看法,他才能够按他的方式表意;我们能够通过解释他的意义结构了解其思维结构。到十个月大时,奈杰尔已经构建了一个主观现实,其基础是他自己与事物连续体的分离。根据这一理解,要解释他当时使用的原始母语,我们只好假定,他至少已经构建起图一所示的图式。基于同一基础,奈杰尔在六个月后第一阶段结束时构建的图式就可以用图5-2来表示。(图5-1和图5-2中的相关解释数据,请参见附录2中的表1和表5。)同样,我们能够通过观察奈杰尔的语义系统发现这个图示结构,该图式还不能清楚反映他当时能表达哪些意义。

图5-1 奈杰尔九到十个半月

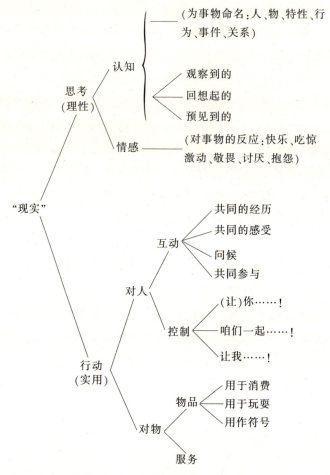

图 5-2　奈杰尔十五到十六个半月

不管使用哪种表征方法,事实上,我们都落后于时间了。这些是最小结构,我们必须把它们看做奈杰尔表意能力的基础——他能用自己的言语编码。由于他理解力的发展程度总是高于其表达能力,我们在事情实际发生后好久才能注意到;就其现实模式来说,听奈杰尔说话就好像是观看远处星星发出的光一样。然而,此处我们还应该注意:奈杰尔是沿着自己的路线达到了目前的能力,而不是通过了解成年人的思维方式做到的。因此,虽然他对别人意思的理解(我们需要继续以这种相当非英语的方式使用"表意"这个词,是因为我们现在谈论的不是讲话的内容,而是讲话中的意思是什么；说话只是表意的外在标志和表意方式）表明他知道的多于他所能表达的。但是我们无法通过描述为了理解别人对他所说的话他必须知道什么来表征他实际知道哪些。这是因为我们只能用成人语义表达意思。

当奈杰尔步入第二阶段时，即原始母语向（成人式）语言的过渡阶段，我们发现，他主要的功能策略是将实用与理性明显对立起来。必须强调的是，这两种表意语式对于现实构建过程来说都意义非凡。通过儿童的语义系统构建的现实有双重特性，即它必须想起来令人开心，同时吃起来又可口。正如我们在观察儿童通过说话或打手势表达自己想要的东西的时候，我们必须记住他还在用其他符号，那些符号能够表达他对所处环境的愉悦心情和好奇心；当我们关注儿童的主观现实时，也不应该忘记他的主观现实也是他施为和思考的对象。这正表明了实用与理性的对立。奈杰尔用升调时，是施为于现实；用降调时，是在思考现实；行为和思考都借助表意行为实现。向他人表意实现行为，向自己表意进行学习。表意潜势——目前来说就是语言——把两种语式整合成一体。由于人们可以谈论现实，所以就可以施为于现实并对其进行思考、交谈，即会话，使它成为一个现实，而非两个现实。当奈杰尔步入第二阶段时，一个单词或一个结构只属于其中一种语式；到第二阶段结束时，每个单词、每个结构，都能在两种语式中起作用。因此，在向成人表意语式过渡过程中，奈杰尔对于事物认识的经验基础便清晰显现出来。

为了说明这一观点，下面列举一些奈杰尔与人互动交流的简短叙述，从他两岁半开始回溯到他出生两周时。

2. 会话实例

2.1 两岁半

"We broke the cot in Mrs Lampeter's house and you licked it and pressed it dòwn,"（"我们弄坏了兰彼德夫人家的吊床，你拍了它，还把它

压坏了,")奈杰尔说。这个时候你其实是指"我":"我拍了它,还把它压坏了"。

我们弄坏了吊床,也就是说:它再也用不成了。但我不记得奈杰尔拍打过它。"你拍了什么?"我问道。

"The st-... the paper-"

"哦,标签,"我猜着说。但我弄错了。

"The paper tàpe,"("是胶带纸,")他说。我在吊床周围粘了一些胶带纸,也给奈杰尔一些让他自己去粘。

奈杰尔的妈妈进来了。

她手里拿了一大张纸,还有一支铅笔,接下来她画了奈杰尔的脚样,解释说她要为奈杰尔做一双凉鞋。奈杰尔事后回忆道。

"Mummy draw round your fòot,"("妈妈围着你的脚画了一圈,")他说。

"对,妈妈围着你的脚画了一圈。"

"She didn't draw a lĭon."("她没有画狮子。")

"对,她没有画狮子。"

"She drew a line."("她画了一条线。")

"对,她画了一条线。"

"A ràilway line."("一条火车线。")

"哦,我可不知道那是火车线!"

"And then you got off the letter and sat on Daddy's knèe."("然后你扔了那封信,坐在爸爸的膝盖上。")那张纸上现在有印记,所以它变成了一封信。

2.2 两岁三个月

奈杰尔在他的剪贴本上粘图。他现在会自己涂胶水,把图翻过去,想粘在哪儿就粘在哪儿。他已经学会把胶水涂在画的背面;这不容易,因为背面也经常有画,所以你要决定留哪幅画,并把它翻过去,不让自己受背面那张画的影响。他把这面叫做"第二面",因为这就好像把唱片翻到背面一样。

"You did put the gum on the sècond side,"（"你确实把胶水涂到第二面了，"）他自豪地说，"but not on the ùnderground train picture.""而没有涂在地铁列车图上。"

"这太好了，"我说。

"You can put the gum on the bàck of the fast electric underground train pícture,"（"你可以把胶水涂在高速电动地铁列车图的背面，"）他解释说，"but not on the bàck of the fast electric underground train picture."（"而不是在高速电动地铁列车图的背面。"）换言之，你可以把它翻过来一次后涂胶水，但是你要小心，别再翻一次。

又有一次，我们看到一幅火车图片贴颠倒了。我指着图，疑惑地看着奈杰尔。

"Did you stick it wrong way up because it doesn't stìck that wáy,"（"是你把它粘反了吧，因为不是那样粘的，"）他说。

"You stuck it wrong way up because it doesn't stìck that wáy."（"你粘反了，因为它不是那样粘的。"）

我不解地看着。

"No the tràin is not wrong way úp,"（"不，火车不是粘反了，"）他解释说。"It is the pìcture that's wrong way up. The picture won't fall off the scrăpbook."（"是画反了。图片不会从粘贴本上掉下来。"）

也就是说：似乎是火车要从轨道上掉下来。但这不可能，因为火车确实没错，错的是画，是画反了。但是画反了不会使画从粘贴本上掉下来。我把它贴反了，是因为正着贴地方不够。

2.3 一岁十一个月

"Daddy coming to look at the train has gòne,"（"爸爸快来看火车走了，"）奈杰尔说道。"It already gone whòosh."（"它已经'嗖'地一声不见了。"）

我来看。那是他"火车"书里的图画，画的是一列火车没有停而刚刚加速驶过一个车站。"嗖"的一声是你站在站台上，火车从你身边疾驰而过时发出的声音，这是奈杰尔最喜欢的消遣之一。

"Thàt train alrèady gone whoosh,"（"火车已经'嗖'地一声开走了，"）奈杰尔解释说。

"Thàt train has alrèady gone whoosh."（"火车已经'嗖'地一声开走了。"）

一周后的某一天，我们乘火车去看望一位朋友。

"There no bùmblebee in thìs train,"（"火车里没有大黄蜂，"）奈杰尔说道。"There was a bumblebee in the wèt train."（"湿火车里有只大黄蜂。"）这是指他三个月前的一次火车之旅；当时下着雨，一只蜜蜂钻进了他所在的火车车厢里。

奈杰尔一直看着窗外，谈论着他的所见所闻。

"Thìs not an ùnderground train,"（"这不是地铁，"）他说。"Ooh there's a bi-i-ig cràne! There's anòther railway line thére; we're not going on thàt railway line. It not líon,"（"哦，那有个大大的起重机！那里还有一条火车道；我们没走那条线。那不是狮子，"）他大声纠正着自己。"It lìne ... Fast weel tràin. It gòing nów. But it not say whòosh ... but ... but it not say whòosh... whòosh... whòosh,"（"它线……快轮（'柴油'）火车。火车现在开了。但是它没有"嗖"地一声……但是……但是，它没有"嗖"地一声……"嗖"地一声……"嗖"地一声，"）他若有所思地重复了许多次。

他有一个问题想不通：如果你站在站台上，火车从你身边疾驰而过时发出的响声很大。那为什么你坐在火车里面，响声就没那么大了呢？

2.4 一岁九个月

我们吃过饭，坐着闲聊。奈杰尔坐在他的高椅子上。

"eat chúffa,"（"吃车，"）他说。

"你不能吃火车！"我说。

"can't eat blue chùffa"（"不能吃蓝色的车"）

"对,你不能吃蓝色的火车。"

"can't eat rèd chuffa"("不能吃红色的车")

"对,你不能吃红色的火车。"

奈杰尔看着他车里的小木人。"can't eat màn,"("不能吃人,")他说。

"对,你不能吃那个人。"

奈杰尔看着他的书。"can't eat that book"("不能吃那本书")

"对,你不能吃那本书。你不能吃任何书。"

奈杰尔看着波琳。"can't eat Pàuline book"("不能吃波琳书。")

"对,你不能吃波琳的书。"

奈杰尔若有所思地看着波琳的头发。"Pauline got èar,"("波琳有耳朵,")他说。

"对,"我说,把波琳的头发往边上拨了拨。"波琳有一只耳朵,尽管你一般看不到。"

奈杰尔摸着他的木头玩偶匹诺曹。"'nocchio got funny nòse,"("诺曹的鼻子很滑稽,")他说。

"是的,匹诺曹的鼻子很滑稽,像一个……"

"càrrot,"("胡萝卜,")奈杰尔替我说完了。

"是的,像一只胡萝卜。"

几天前,匹诺曹的脚掉了,我把它修好了。奈杰尔想起了这件事。

"scrèwdriver,"("起子,")他说道。"mend 'nocchio fòot"("修好了诺曹的脚。")

2.5 一岁半

奈杰尔在等着吃午饭。他拿起叉子,试着用叉齿碰自己的手掌。"oôh"("哦,")他低喘着叫了一声,意思是"哦,是尖的。"

他把叉子扔在桌子上。"ŏŏ"("噢,")他发出了一声短促的尖叫。

"噢,把叉子扔了,"我说。"它是尖的吗?"

安娜进来了,端着午饭。

"你知道这是什么吗?"安娜说道。"你要吃鱼喽。"

"lù,"奈杰尔说。"lù"

"是的,午饭,"安娜说道。"是鱼。"

"vò"(鱼)

奈杰尔开始吃鱼。有些鱼肉从叉子上掉下来。

"ŏo",他又尖叫了一声。

"哦,你刚才掉了一大块鱼肉,"安娜说。"掉到哪儿了?"

"bâiba"奈杰尔抬头看着安娜,请她一起想一下。"âiba...bâiba,"他说。

"是呀,所有的火车都开走了,你才说'再见',对吗?"安娜问道。

"bâiba,"奈杰尔伤心地说道,并挥着手。

他吃完了午饭。"nōumò...nōumò""不要了,不要了。"

"鱼肉掉哪儿了?"安娜问他。

奈杰尔转而开始注意盐。"adīdà"他问道。

"那是盐,"安娜说道。"盐和胡椒。"

"ùh...ùh"("我要")

安娜把盐递给了他。"那是盐。"

奈杰尔用手指在顶上戳了一个洞。"lôu! lôu!"("一个洞!")

"是的,里面有个洞。"安娜说道。

"adīdà"

"那是盐。"

"lò"

"盐。"

"lò"

2.6 一岁三个月

奈杰尔坐在高椅子里;他妈妈给了他一块面包。

"给你,布迪,"她说。"面包。"

"dòu,"奈杰尔说,拿了起来。"dòu"

他看着我的那块面包。"dòu,"他又说一次。

"是的,我也有一块面包。"

奈杰尔吃完了他的那块。

"dòu,"他坚定地说道。

"你还要吗?"

"n̄",他短促地高声尖叫了一下,嘴张开,意思是"是的,我还要"或者"是的,给我吧",以此回应别人给他东西或提供服务。

他妈妈开始给另一块面包涂黄油。奈杰尔开始越来越不耐烦地看着她。

"ùh...ùh...mǹg!"("我要,我要!给我!")

"好的,这就好了!你想给上面涂一些黄油,对吗?看见了吗?那就是黄油。"

"bàta"

随着"扑通"一声和一声猫叫,邻居家的猫出现在奈杰尔的身边。那只猫经常来。

"abâe...abâe"

那是向猫问好。除了他的母亲安娜和我以外,那只猫是唯一一个和奈杰尔交流信息的活物。他们都说同一种语言。

2.7 十二个月

我和奈杰尔一起在看他的书。

奈杰尔抓着我的手指,轻轻地指在一幅图上。"èya",他说。

他的意思很明白:"你说出它的名字"。"那是球,"我说。

"è-e-eh"奈杰尔长长地舒了口气,意思是"对,我就是想让你那样做。"他很高兴他的意思表达成功了,而且他在整个看书过程中都在重复那个作法。

之后,他就自己看那本书了。

"dò...èya...vèu"

这是奈杰尔发出的第一个复杂话语,也是之后几个月里唯一的一个复杂话语。但它很好地表达了他的意思。他已经拿起图画书,翻到有球的那一页,指着图画。就好像他已经会用许多单词说:"看,一幅图! 它是什么? 是一个球!"

2.8 十个半月

奈杰尔坐在我的膝盖上。我们面前的桌子上有一个水果碗,里面有一个橙子。奈杰尔费力要够着它。

"nà nà nà nà,"他说,意思是"我要""给我"。

我把那个橙子给了他,他放在桌子上滚着。橙子滚到桌子底下去了。

"nà nà nà nà,"他又说了。

游戏结束,他从我膝盖上下来,爬走了,消失在走廊边,边爬边不断发出 boomp 的响声。然后就是一片寂静。这时,他妈妈开始找他了。

"奈杰尔!"她叫道。

"è-e-eh"这是他特殊的回应方式,表示"我在这儿。"

"他在哪里?"他妈妈叫着。"奈杰尔!"

她去找他,发现他摇摇晃晃地站在无背长沙发旁边,正看着挂在墙上的那些图片。

"dòh"她妈妈进来时他这样说道。意思是"你好! 我们一起看这些图片好吗?""dòh...dòh"

"你在看图片吗?"他妈妈问他。

"dòh...dòh"

2.9 九个月

奈杰尔现在刚学会自己坐,就急着要开始表达自己的想法。

他有一只松软的小兔子;我把它抓在手里抚摸着,然后让它向上跳起来。当我停下来的时候,奈杰尔伸出手摸兔子,很用力但却没有推它。这个手势的意思是"继续那样做",和他之后发的"ùh"的音意思一样。

他还有另外两个手势。如果他的意思是想要某样东西,他就会把它紧紧抓在手里,不朝自己这边拉,然后松手。如果他的意思是不想要那个东西,他会轻轻地用指尖碰一下。

这些手势都是真实的表意行为。奈杰尔并没有直接作用于这些物品;他在对其他人讲话,吩咐他们去做。

除了这三种由手势表达的意义,奈杰尔还有其他两个用语音表达的意义。这两个语音基本相同:一个是"èu",另一个也是"èu",只是开头部分音调稍高些。第一个的意思是"咱们待在一起吧",用在会话中:"奈杰尔!"——"èu"——"糊里糊涂,糊里糊涂,糊里糊涂"——"èu",等等随意的发音。另一个的意思是"看——多乱",它紧接一小声尖叫"ˈ"之后发出。奈杰尔用它来表示他对周围环境感兴趣,尤其是对环境中的剧烈运动感兴趣,比如说看见一群鸟飞起。

这就是奈杰尔语言开始形成时的情形。

2.10 六个月

我们在公园里。奈杰尔在他的婴儿车里,像往常那样脸朝下趴着。

我们走过一群鸽子时,鸽子劈里啪啦四散开来。奈杰尔抬起了头。"ˈ",他发出了短促的一声尖叫,意思是"那是什么?""发生了什么?"

"那是些鸟,"我们告诉他。"大鸟;是鸽子。它们飞走了。"

这是奈杰尔的第一个表意行为,是他第一次用符号表达与他人进行交流。那是一声轻柔的高声尖叫,带有类似询问一样的声调。

在接下来的三到四周里,奈杰尔经常以这种方式提问,表达的意思也都相同。之后他不用这种方法了,似乎他已经确立了一个原则:他能够开始会话,也能让他人对他做出回应。有一段时间他对此很满意。

2.11 两个月

我下班回家时,奈杰尔向我问好。他总是兴奋地咯咯咯地给我讲当天的事情,讲的时候他脸上绽开了笑容。然后他听我讲我的事情。

一天,我回到公寓时,听到他和他妈妈像往常一样咕咕咕地说着话。但是,他一看见我整个表情就变了:皱着眉头,语气悲哀,都快哭了。

"今天出什么事了?"我问他妈妈。

"他今天第一次打针,"她说。

2.12 十二天

奈杰尔刚从医院回来,好像很高兴回家。但是,有一天,他哭得很伤心,他妈妈也很难过。

该给他洗澡了。在给他脱衣服时,她发现他臂弯里有一个很吓人的脓包。

她把我叫过来。"快来看这个,"她说。

她刚一开始注意脓包,奈杰尔就不哭了。那个脓胞还在那里,肯定让他很疼。但是他妈妈发现了问题后,奈杰尔也就不再哭了。

3. 语言和现实的社会构建

3.1 主体角度:小结

奈杰尔在五个月大时稍微显露了一点表意行为,到八个月大时便急切开始了表意行为。到十个半月大时,他的会话能力发展成一个意义潜势系统(我们所称的原始母语)。成人语言是三层面系统(意义、措辞和声音),与此不同,原始母语则是二层面系统(意义和声音),其元素是内容—表达配对,与索绪尔经典的"符号"概念相呼应。在符号功能的小范畴内,这些元素具有意义;开始时我们能够确定四个功能:工具功能、规约功能、互动功能和个人功能。它们在两方面有区别:(1)在取向方面,指向人或物,(2)所涉及的协调类型。在工具功能方面("我要"),儿童通过其他人的参与作用于物体;在规约功能方面("按我说的去做"),儿童直接作用于其他人,在互动功能中("我和你"),儿童与其他人互动,但是要通过与其他人共同关注事物才能实现这一功能;就个人功能而言("我来了"),儿童在主动关注环境或对其排斥的过程中,实现着自我。

从八到十七个月,即整个所谓的第一阶段,奈杰尔都在扩充他的原始母语,加强会话能力,直到他的意义潜势增长至大约五十个元素。尽管此

第五章 童年早期的意义与现实构建(1978)

时已有了第五个功能,但这些元素仍然主要属于前面说过的那四个功能。这第五个是想象功能("咱们假装"),对他而言,表意是一种玩的模式。但至此,语言一直是二层面的编码系统,并因此受到某些限制。这一系统中的"符号"是些基本小品词,它们能像小珠一样被串起来,但是不能被拆开或重新组合。因此,奈杰尔一直不能同时表达两个意思。

为此,需要一个三层面系统,它具有抽象的措辞,介于意义和声音之间。这个中间层级(用语言学术语来说,就是词汇语法)提供了命名的可能性,并把观察现实的意义与闯入现实的意义区分开来。在二层面的系统中,比如像奈杰尔的原始母语,要对事物命名,就必须作用于该物体。一旦有了词汇语法,命名事物与作用于事物就变成明确的符号行为。

奈杰尔为什么要区分这两种表意模式?因为只有如此,会话才能顺着叙述和对话两条路线发展。叙述和对话是交谈的两大基石,是语言在构建现实过程中发挥有效作用的前提。

我们把叙述一词理解为脱离情景表达意义的能力:在会话中谈到感知场以外的事物——过去的和未来的事情、意识状态、抽象事物以及其他主观现实中非指示性的事物。要表达"(我现在看见)棍子和石头",没有必要一定是叙述行为;它无需隐含命名,也不要求有词汇语法。但要表达"我看见过棍子和石头"却是个叙述行为,如果不依靠语法,用语言无法表达;不是因为它需要(之后才有的)语法结构,而是因为它要求"棍子"这一事物名称与"我要"或"我喜欢"之类的意思采用不同的编码。自从儿童有了这个中间层面的编码,他的会话就开始脱离情景语境。奈杰尔花了大约三周时间(到第十七个月时)从"(我现在看见)棍子和石头"发展到"我刚才看见棍子和石头";又用了三周时间发展到会说"我会看到棍子和石头"(比如,用来回应"奈杰尔,我们现在要出去散步了")。发音形式没有改变——每次都是"棍子,石头"——但作为表意行为,其意义就明显不同了。

我们把对话一词理解为是一种特殊的会话,参与者不仅交换信息,而且积极参与角色扮演,每人都轮流扮演某一角色,并为他人安排角色,或是让他人选择一个角色。奈杰尔发现,为实现意义世界,他自己在构建符号系统的同时还创造了一个自成一体的意义世界,即社会角色和社会行为的符号系统。既然该系统创造信息,它也能用来交换这一信息(也就是,问询与告知),并用来交换物品与服务,其方式与原始母语使用的方式一样。这进而表明,会话不仅仅是对共有经历的符号性思考,也是其实际选择。此时,当奈杰尔的妈妈说他应该"告诉爸爸发生了什么"的时候,这句话对他来说毫无意义。他能告诉妈妈,因为她和他有共同的经历,但是他怎么能够告诉爸爸呢?因为当时爸爸不在场。现在他在自己的功能目录中增加了一个信息功能——并从这一刻开始终身都在使用它。

正如语言发展过程中的其他重大进步一样,这个进步也有其前兆。那是在十五个月大时,奈杰尔在语法方面迈出了第一步,当时他开始把与他交流的三个人的不同名字和寻找与找到的不同行为选择区分开来。前者他用发音表示,后者用语调表示。他能够用这种方式把两种系统组合起来,如此一来,每个名字,*ama*("妈咪")、*dada*、*anna*,都可以用二者中的一种意思来表达,例如"你在哪里?我要你"(中平调+高平调)或者"嗨!你在那里!"(高降调+中平调)。但是,这种命名与行为之间的区别是在向成人语言过渡的第二阶段才变成他的主要符号策略。如我们所见,如果命名仅用来指对词汇语义进行分类,则其概念范畴太狭隘;我们谈论的是和表意有关的全部观念,而给事物命名仅是其中的一个部分。奈杰尔所做的是,从他第一阶段功能目录中概括出一对简单的对立体,作为学习工具(我们所谓的理性模式)的会话和作为行为工具(实用模式)的会话之间的对立。这种对立体对奈杰尔的现实构建非常重要,所以在十九个月大时,他就开始系统地以韵律的方式进行编码。从那时起,所有实用表意行为——所有要求有回应的对话性质的话语——都用升调表达,而所有理性行为——那些不要求回应的叙述性的话语——都用降调。奈杰尔就这样明确区分了作为思考的表意和作为行为的表意,这种区分是成人语义系统的核心部分。

奈杰尔把这种对立完整地保持了六个月;它是主要策略,借此,奈杰尔原始母语的具体功能发展到了具有抽象功能的成分,抽象功能是成人语义的基础。同时,它又不仅仅是一个过渡策略;它自身也是勾勒现实的方式。通过这种区分,奈杰尔认为现实存在于两个平面:有待发掘的物质和有待探索的地层。在这个双重角色中,不仅有物,还有人;通过对话,一个人"作用于"其他人,事实上也只有人作为中介,一个表意行为才能指向

第五章 童年早期的意义与现实构建（1978）

一个物体，因为物体原则上不受符号行为的影响。

但是，从它开始的那一刻起，奈杰尔的双模式策略就已经分开了，其中每个表意行为或是具有实用功能，或是具有理性功能。一旦他交谈的语言有了词汇语法，其中每句话语就不可避免地同时具有实用功能和理性功能。能一次表达两个意思，其代价就是，不可能一次不表达两个意思（除了用很受局限的方式外）。语调仍然表示以下主要模式：需要有回应（用升调），或者是不要求有回应（用降调）。但是随着奈杰尔在第二阶段不断进步，另一个作为属特征的语式变得日益重要；直到大约二十三个月大时，所有的表意行为从实用功能和理性功能两方面来说都势均力敌。但是在该过程中，这些概念再次发生了变化。最初的功能首先变成宏观功能，然后变成元功能。

现在的实用功能成分往往表示要求口头回应：给予和要求物品与服务这个他最喜欢的表意行为，已被给予和要求信息所取代。大约二十一个月大时，又增加了其他元素（其中一些随后会消失），比如，奈杰尔对告诉听话一方自己知道他们已经知道的事情和告诉他们自己知道他们不知道的事情做了区分，这一区分非常有用。这时，实用功能已经发展为成人语义系统中完全的人际功能（有时称作"社会表达性的"）成分；而作为学习方式的理性功能则已经发展成概念成分。奈杰尔的每一个会话行为，现在都同时是在思考现实和作用于现实。

但是，奈杰尔从来没有失去意义和社会环境之间的基本联系，正是这些联系使他开始能从原始母语过渡到母语。人际意义——用诸如语气、情态、人称、音调等语法表达的——反映交际过程中的角色关系。概念意义——用及物性、时间和空间、词汇类别等表达的——反映周边正在发生的事情、交流过程所处的现象世界，以及参与者和在场的人们所处的环境。

这并不是说表意行为总是直接和眼前的社会语境相关联；大多数表意行为并非如此。从第二阶段开始我们就注意到，由于有了词汇语法，奈杰尔的会话已经有效地脱离环境，不受说话时环境的局限。但是，奈杰尔表意行为背后的意义潜势最终要参照他的经历，这当然包括他自己经历的意识状态。表意行为的一个重要特征是，它们能根据以往的经历创造自己的语境。尤其特别的是,隐藏在会话过程背后的不仅仅是个人对事物的体验;还有这些事物,他们反映主体间现实的各种现象,也是社会意义和社会价值的接承者。隐藏在会话过程背后的也不仅仅是对话中参与者面对面的互动,而是儿童社会体系中的全部功能。毕竟,奈杰尔从一出生就一直在忙于这些事情。表意行为的社会语境远远不止是对周围事物的所见所闻所能表达的。

3.2 主体间视角

儿童的语言构建既是他的现实结构的一个部分,也是他用于构建现实的一种方法;西方人的自然思维模式主要从个体角度同时考虑这两个过程。我们往往不自觉地把研究的目的确定为:解释儿童从婴儿期发展到成熟期所发生的情况。

诸如"语言习得"和"原始社会化"这类普遍流行的隐喻表达中,已经嵌入并强化了这一先入为主的想法。前者暗示儿童获得一个新的物品,即语言;后者则暗示他已进入一个新状态,即社会化状态。在任何一种情况中,他都被视为一个个体,服务于外部过程;虽然我们不应该过多考虑这些隐喻本身,但它们有可能确实反映了一种趋势,即认为儿童是从"外面"某处获得语言和其他现实部分的——仿佛他是一个预先存在的个体,通过学习规则这一过程,做到了遵从预先就存在的图式。

研究语言发展的社会语言家们已尝试把语言发育中的儿童放入社会语境中;他们已经从考虑因素中摒弃了"先天论与环境论"的争议,提出了某种版本的"互动"方法。一些研究人员建议用交际能力的概念进行解释。从实质上说,这会把研究的目的引向语言发展的社会化模式。根据该模式,儿童要掌握除了语言"规则"之外的一套为社交场合所能接受的语言使用规则。对此,有批评说,学习表意不能降格为学习如何在意义交流环境中举止得体。还有更新的一个解释,是基于言语行为这一概念的。这一解释提出将言语行为作为结构单位,儿童在习得结构单位的同时,也能表征他掌握的观念、交际和语法技巧(多尔,1974,1976)。但是,言语行为是一个主观结构,而不是主体间结构;它理应考虑人们之间相互交谈这个事实,但它却是用个体的知识、思想观念以及行为模式来表征这一事实的。其后果是,理论无法解释对话的动态性,即言语角色的持续交换;正是言语角色的持续交换才使会话变成了一个制造现实的过程。

我认为,我们需要更多地从社会创造性或主体间创造性的概念角度来解释语言发展。学习表意是一个创造性过程,借此儿童也在与周围人互动的过程中构建一个符号潜势,使他能够进入构成社会现实的那些意义大厦。

有充分证据表明,儿童自出生起就开始进行交际性互动。新生儿对人的取向与他对其环境中物品的取向截然不同;他知道有人对他说话,并做出回应。他与自己社会系统中叫做"他人"的那些人互动(布鲁纳,1975;弗昂斯,1975;特瓦森,1974b)。

构建现实的基础存在于这些主体间的互动过程中。现实通过意义交换——换言之,通过会话——而得以创造。人一出生就会交换注意力,这已具备会话的一些特征;贝特森(1975)将其描述为"原始会话"。

但是,早期会话没有意义交换。如果我们认同"表意行为"(本章前面讨论过)和其他交际行为之间的区别的话,那么会话本身是表意行为的交换——或者,简言之,就是意义交换。而原始会话中的交流并没有采用表意行为的形式。

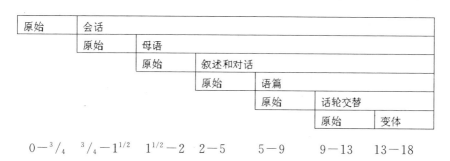

图5—3 会话能力的发展

$0-{}^3/_4$ 交际行为(原始会话),前话语

${}^3/_4-1{}^1/_2$,表意行为(功能性原始母语)

$1{}^1/_2-2$,过渡到语言,宏观功能:理性/实用

2—5,叙述和对话,基础词汇语法

5—9,语篇,中级词汇语法

9—13，话轮交替，高级词汇语法

13(—18)，变体、语域和社会方言

原始会话始于出生；而会话是在出生几个月后才开始。实际上，会话随着原始母语的开始而开始。

此时，尝试用图式来描述儿童会话能力的发展（参见图5—3）很有意义。

在这里主体间特性（特瓦森1974a）是一个重要概念。构建现实有赖于会话——意义交换。但其基础在早期会话阶段就已经奠定，当时儿童已经在进行主体间行为了。语言并非是儿童与生俱来的东西。但他生来就有能力辨识别人对他的招呼，能做出反应；而且还能与跟他交流的人进行交流。从出生几周开始，他甚至还具有特维森所说的"前话语"：他能掌控表达资源，这些表达资源将运用于其原始母语中，最终运用于语言本身。（区分前话语和原始母语很重要。前话语只是表达，而原始母语则包括表达和内容。前话语中没有语义成分。但是前话语很重要，因为它通常与原始会话的交际行为一起出现。）

因此，主体间的行为模式在儿童迈开表意这一关键一步时就已确立。表意行为本身就是主体间的行为，它使意义交换成为可能，因而，也使构建现实成为可能。伯格和卢克曼（1966）就明确提到"会话的制造现实能力"；如他们所言，尽管会话通常暗含语言，但我们一直都在强调，原始母语中早已开始了真实会话。原始母语的构成方式不同于成年人的语言，它没有语法和词汇；如果奈杰尔是个典型实例，原始母语是可以发挥会话作用的，而且它也确实在发挥着这一作用。

伯格和卢克曼认为，会话的主要特征是它具有随意性。这不包括解释性语言。没有人给儿童讲事物的奥秘；即使讲了，他们也不懂。会话包括持续的基于语境的闲聊。由此，儿童知道了一系列事物和事件，也确立了自己在这些事物和事件中的角色以及对它们的态度。

儿童能做到这一点是因为表意行为与其语境之间有联系（参见1.4至1.5）。他如何做到的又是另外一回事。通常情况下，他围绕自己概括的几个有限语义策略来组织会话，这些语义策略是表意方法，在个体发生方面来说与成人语言的言语功能和修辞模式相类似，也可以说是成人语

第五章 童年早期的意义与现实构建(1978)

言的言语功能和修辞模式的雏形。下面这个实例发生在他二十三个月大时:

我和奈杰尔的母亲计划去参观水族馆。奈杰尔不知道水族馆是什么,但是他听到我们在讨论这件事。

"我们不去看 rao('狮子'),"他自言自语道。"Vòpa['鱼']。有一些水。"

换言之,那不是动物园,不过和动物园差不多,里面有鱼(还有鱼所需要的水),没有狮子。

对比原则——即视事物为"相同但有差异"——是在该阶段儿童表达经历时最喜欢使用的策略。这些策略不同于成年人的策略,但我们应该认为,这些策略是在向成年人所使用的策略趋近。儿童以不同的方式使用语言;不是因为他在努力做成人做的事情时没能成功,而是因为他不同于成人,他在从事着一系列不同的任务。

人们禁不住会认为,儿童对现实的构建只不过是他对外部世界模式的构建——是对事物及其特征的构建,以及对事物的联系方式与互动方式的构建。这当然是他正在做的事情的一个重要方面,但并非全部。儿童正在构建社会符号,构建现实,在这个现实中,事情因人而发生,而人们又以某些方式分析事物。说人"分析"事物,其意为:人作用于事物,珍重之,并理解;这种构建正是主体间共同进行的表意行为。当儿童看见事物相互作用时,通常情况下,他看到的是人们作用于事物的方式;当他理解其意义时,他会明白人们是如何珍重事物的;当他把事物变成自己的意义潜势时,通常情况下,他会明白人们是如何理解它们的。他并不是在掌握意义潜势或现实,那些对他来说都是现成的,就在"那里";相反,正如对奈杰尔原始母语所做的清晰解释,儿童是在创造意义,而不是在模仿他周边的人。但是这一创造过程需要互动,在互动过程中,儿童在与其他具有重要意义的人们进行交流的同时创造了意义。交流发生在"现有的"的现实语境中,发生在与该现实语境的相互渗透中;但是,"现有的"是一个社会结构——不是一堆棍子和石头,而是一幢房子。

如前所述,表意行为是社会行为,不仅是从简单意义上说它是一种人们互动交流的形式——每人都在表达自己的意义,并设法明白他人的意义;还要从更深层意义上说,产生这些意义的意义潜势其本身就是社会结构;超乎它的现实也是如此。显然,在原始母语中由会话所体现的意义不是很复杂;但是,我们认为,它们可以实现更高层面的符号——实际上,就是社会现实符号。奈杰尔的现实是社会现实,其现实构建是社会过程。奈杰尔和与他交换意义的人们(即其他具有重要意义的人们,他们之所以重要正是因为这个原因)一致认为:他们就是在进行意义交换。

发生在儿童和母亲——或者是与儿童经常交换意义的任何其他人——之间的互动其最重要的特征之一就是,母亲(或其他人)在很大程度上知道儿童每时每刻能领会什么,不能领会什么。这一点不仅能从母亲与儿童会话的方式上看出来(或听出来),也能从她给儿童讲故事,或是把自己大声阅读的内容改编或解释给儿童听的方式上看出来(或听出来)。(有些人不知道这一点,很令人吃惊。儿童在照料他的机构中面临的一个重大问题,就是没有人能理解其语言和其现实世界。)儿童对事物的理解天天都在发生变化,如果把这一事实考虑进去,那么这一现象就会更令人震惊。母亲紧随儿童的发展过程,母亲跟孩子是在同时发展同一语言,构建同样的现实,这样说完全合乎情理。(我不是说母亲在模仿孩子的发音。相反,根据我的经验,模仿孩子发音并给孩子重复这些发音,总会掩盖其没有充分关注孩子语言发展这一真相;这是企图"骗"孩子,让他认为有人正在和他进行交流。而孩子从不受骗,总能拒绝别人欺骗他的企图。)实质上,母亲是在重温孩子心理发展的过程,但这次,是以孩子的角色。受到孩子的激励,母亲与孩子在一起创造意义世界。正因如此,我们才把这一过程称为主体间过程。

如果有人想用最通用的文字来描述语言发展的特征,那就是,语言发展是一个主体间意义创造的过程,因此也是对表征现实模式的意义潜势的创造。在与他人的互动过程中,儿童构建一个现实。该现实包括两个部分,因为它自身还有一个表征系统,即语言,并通过该表征系统协调其他部分。这两个部分就是语言和非语言。这两个部分本质上是连续的,它们相互影响、相互作用。因此,促成现实形成的表征系统不仅仅是现实的一个部分,而且在一定程度上,对另一部分起决定性作用。

图5—1和图5—2所提供的图式代表了奈杰尔原始母语所理解的现实。一方面,婴儿具有相互招呼、相互关注以及进行原始会话的主体间经历,另一方面,会话中的自然言语和自然逻辑在构建社会现实,这二者之间具有直接连续性。图5—1显示,奈杰尔在原始母语初期就具备以各种方式表意的能力,根据这一事实,我们知道他的主观现实一定包括某些概念性的非连续体:至少,(1)他把现实分成了"在那里(非自我)"和"不在那里"(自我);(2)他把非自我分成人和物;(3)他赋予人两种角色:(i)互动角色;(ii)控制角色。现实是主体间的现实,不仅是通过主体间的表意行为(会话)构建起来的,同时也是与其他具有重要意义的人们共同经历的。这是个共同构建过程;否则,就无法建立。因此,自我就处在中间位置,位于各种社会过程的交汇点上——关键是,这包括了符号过程或社会符号过程。

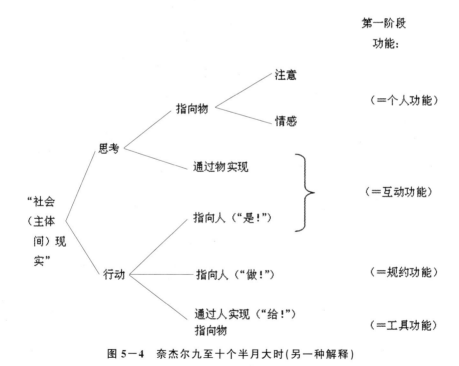

图5—4 奈杰尔九至十个半月大时(另一种解释)

如果我们回顾一下对奈杰尔十个月大时其现实模式的表述,就会发现它与本节开头部分一样,都在关注作为个体的儿童。通过重新解释奈杰尔从原始母语向语言发展并开始构建类似于成人的语义系统时主要采用了哪些过渡策略,我们可能会得出与图5—4非常类似的结论。该图示是从人和物角度对奈杰尔在十个月大时的意义潜势所做的另一种解释,它更好地表明了他向成人语言过渡的连续性(参见图5—2)。

  我勾勒了儿童和与其交流者之间所共有的现实的本质,格外关注九个月到两岁之间这一时期的情况。从对奈杰尔语言的研究中发现了一些事实,而且该研究结果已用于解释语言发展的过程。组织概念是一个共享意义概念。在任何时候,儿童都有意义潜势,即他本人和其他具有重要意义的人们所共有的语义系统。这个语义系统是在一个持续不断的过程中发展起来的。在该过程中,他人首先通过参与儿童的表意行为不断了解他,然后借助于他们自己反应性行为产生的效果,强化、扩展并完善儿童的意义系统。

(钱清　译)

第六章

对话的个体发生(1979)[①]

本章继续研究一位名叫奈杰尔的儿童发展其对话语言资源的过程。首先谈一谈概念框架:

A. 我们把对话理解为通过接受和分配言语角色而进行的意义交换。比如,一个说话者可能会承担起"我要信息"这一发起对话的角色;这样一来,他给听话者安排了"你要的信息,我给你"这样一个回应者的角色,要他也成为说话者。成人语言中这些角色所隐含的社会—语境系统涉及到给予和要求两种模式之一,每一模式又关系到两种符号产品,即物品—服务和信息。它们确定了如下四种语义言语功能:

  提供 （给予： 物品和服务）

  命令 （索取： 物品和服务）

  陈述 （给予： 信息）

  疑问 （索取： 信息）

[①] 本章内容首次发表于《第十二届国际语言学大会公报》中,由德莱斯勒（Wolfgang U. Dressler）主编,因斯布鲁克:Innsbrucker Beiträge zur Sprachwissenschaft,1979,539—544。

这是我们把所发现的语言事实和语言发展联系起来的理想化了的结构。

B. 语言系统被理解为一个表意资源,或意义潜势,可以用意义选项网络形式来表示。对话发展是一个逐步创造的过程:儿童具备了意义潜势的基础,再结合结构、词汇和语音资源(通过这些资源,各种表意方式得以实现),通过逐渐创造可以推进对话的发展。

C. 语言发展既没有理解为内在语法作用所致,也没有解释为对一系列外在刺激的模仿。此处,这两种观点都被视为个体论观而被摒弃了;它们视儿童为小岛,处于真空中的个体,视语言为某种现成的儿童必须要"获得"的"东西"。我认为语言发展是主体间创造性的过程,而儿童在与其他具有重要意义的人们(母亲、家人、同伴、老师)交往的过程中,自己创造了一个由意义、措辞和表达所构成的系统,我们称之为语言。

以下介绍了奈杰尔向对话发展的过程。

1. 刚出生几个月之内,奈杰尔区分了两种(前语言)行为:(a)与其他人相互关注:母亲唤他时做出回应,并对母亲说话;(b)作用于物体:比如,伸手去打挂在细绳上的球。大约六个月大的时候,他又往前迈出了重要的一步,把这两种模式合并成一个复杂行为,他不直接作用于物体,而是通过说话,让其他人来做。通过和妈妈说话,他可以让她去作用于那个物体(把那个东西给他,为他向空中抛物等等)。这种新行为是符号行为,该行为本身不能实现目的。我们称之为表意行为。

2. 八个月大的时候,奈杰尔已经发展出了一个具有五个明显表意行为的系统。和所有的表意行为相同,它们都是针对一个人,通常是他母亲;但其取向不同,两个是工具功能,其余的分别是规约功能、互动功能和人际功能。他们的表现方式也不同:三个用手势表达,另两个用语音表达。手势是相似性的;相似符号与其意义之间是非任意性关系。创建相似符号是儿童符号资源发展中一个重要的转折点。奈杰尔第一套语言系统中的元素如下:

1. 工具功能,肯定"我要那个":紧紧抓住物体,片刻之后松手。
2. 工具功能,否定"我不……":轻轻碰触物体,片刻之后松手。
3. 规约功能,"(再)做一次那个":一直用力碰触物体。

4. 互动功能,"咱们待在一起吧":半闭前圆唇元音,低降音。

5. 个人功能,"看!那多有意思":半闭前圆唇元音,高降音。

请注意,除了最后一项(在其他任何地方都没有说到),所有的说话对象都是人;甚至当指向为物品(比如,"你把那个兔子给我扔过来!"),表达方式包括碰触该物品时,奈杰尔也是在看着其表意行为所针对的那个人说话。

3. 在奈杰尔九到十个半月大的时候,他根据工具功能、规约功能、互动功能和个人功能("我要那个""做那个""咱们待在一起吧"和"我喜欢那个"或"我对那个很好奇")这四项功能,创造了原始母语;在此过程中,他停用了手势,改用语音来表达该系统中所有的意思。需要强调的是,这些意义都和信息交换没有关系;事实上,还要再过一年多,奈杰尔才会有信息的概念,也就是,告诉别人他们不知道的事情。奈杰尔原始母语中的所有元素都是服务于其他功能的语言,这些功能都能从非语言学角度形成概念。换一种方式来说,奈杰尔通过他的原始母语所表达的意图是独立存在于用来实现这些意图的表意行为中的。要东西,让别人做事情,与他人"共处",对事物感到高兴或好奇,所有这些都是奈杰尔决定在语言中进行编码的非语言行为或状态。它们确实体现了我们需要强调的一个区分,即:较为主动的模式(工具功能和规约功能)和较为反思性的模式(互动功能和个人功能)之间的区分,这种区分对于进入母语阶段至关重要。请注意在奈杰尔八个月大时,他最早的语言系统中就已经隐约有了这一区分,当时主动意义用手势表达,反思意义用语音表达。

4. 我们现在要谈的难点是,要辨识语言系统中那些促使对话发展的要素,并密切关注奈杰尔构建其对话概念框架的步骤,成人就是根据该框架进行对话的。这时他仍然处在通过与周边人互动而构建自己原始母语的阶段;直到将近十八个月大的时候,他才停用他的"儿童语言",转而选择他的母语。在原始母语中,他所使用的表达是诸如[ɛːɜ]、[ʌɕɤ]、[ʔɜ]和[ædædædæ]的发音。从最初视对话为意义交换的角度来看,对话有两方面需要解释:(i)交换模式——给予或要求,还有发起和回应;(ii)交换的意义种类—物品——服务或信息。我们将对它们分别进行探讨,不过,切记,上述这些过程都一直在同时发生着。

4.1. 如我们所见,在九个月大的时候,奈杰尔可以用四种不同的功能开始他的表意行为。他可以仅仅用其中一种功能,即互动功能来回应,他不仅有[ʕdˆ](短促、高声、喉塞音、气流最少)表示"你好!很高兴见到你——咱们看这个吧!",还有[ɛ::](长低音,气流最多),其意为"是的,我在这里!",以此对别人唤他"奈杰尔!"做出回应—[ɛ::]。他的其他意思才刚刚开始。到十二个月大的时候,他就能够同样以比较主动的方式做出回应:即,他不仅能开始提要求、下命令,比如[nànànànà]"我要那个",[â]或[ʔʒ](高音)'做那个',他也能对别人的提供行为做出回应,比如"你是要……吗?"—[yī]或[â]表示"是的,我要",用[yī]表示视线内的物品,[â]表示刚才提到的物品或服务;"我们做……好吗?"—[ʔʒ](低音,通常重复)表示"好的!"以及(他的第一个说出来的否定回答)[àà]表示"不,不行"。也就是说,如果回应的功能和他自己能发出的声音功能相同,奈杰尔就做出回应。至此,除去极个别情况外,他只能表达非常宽泛的意思:"我要(那里的那个东西,或是你刚才说过的那个服务)"。到一岁四个月时,他已开始区分所要的物品、服务和人,比如[dòᵘba]表示"我要一些烤面包"。不过,该系统还是属于早期语言:从成人的观点来看,[dòᵘba]是"我要一些烤面包"的合成意义——它还不是 *toast* 这个单词(词项)。

他自己想要的是什么样的回应呢?当然不是"问—答"式的语言回应。对话方应该要么采取行动(给物品—服务,或参与游戏),要么互动,去共同体验或只是相互关注也行。换言之,奈杰尔所分配的角色是给、做和在;但是,分配角色这一过程只有一个步骤:还没有出现真实对话中的动态角色交换。

在一岁四个月到一岁七个月期间,语言系统的特性发生了变化,它已不再是原始母语了。等到一岁半的时候,奈杰尔早已开始向母语过渡了。那些更为主动意义的功能已经发展成广义的实用性宏观功能,借助升调非常系统地进行编码,而升调总是明确表达"某人做某事!":也就是说,它要求有回应。起初,总要求用"给""做"和"在"三种模式其一给出非言语性的回应,这三种模式都来自原始母语的功能。第一个"给!"仍然是在要物品—服务,比如说,more bréad [mɔbɹɛm] 表示"我还要更多的面包",chuffa túck 表示"我的火车卡住了——把它给我取出来!"第二个"做!"现在有如下意思:(i)"我想让你(做)……"(ii)"我想咱们(做)……也就是说,咱们……吧"(iii)"我想自己(做)……即请允许我(做)……好吗?'——当然,并不总是分得那么清楚。比如说,(i) that sóng,表示"唱(你刚才唱的那首)歌",high wáll 表示"让我从这跳下去吧——你接住我!"(ii) play ráo 表示"咱们玩狮子吧",go Abbeywood on tráin 表示"咱们坐火车去阿比伍德吧"(iii) hit flóor 表示"我要用锤子敲地板,可以吗?"还有 make cross tíckmartick...in dada róom 表示"请允许在爸爸房间的打字机上打个叉"。这种"意图宣言"是实用言语向成人对话模式转换过程中很重要的一个组成部分;它还可能包含"提供"的意思。第三种是要求对"在!"做出回应,它包括问候、分享和各种各样的常规事务。到一岁十个月大时,奈杰尔马上就要进入学习母语阶段,其时,他的实用模式已经发展成一种广义的"我要"意义。正常情况下,仍然不要求言语回应,而是要得到某种"物品—服务",比如说,dada get knife take skin off apple(爸爸拿刀削苹果皮)。但现在,也可能要求言语回应了——奈杰尔正在开始要信息,比如说,that go thére(它去那里)表示"它是去那里吗—咱们看看去吧?"以及 that very hòt;thát very hot 表示"那个(锅)很烫;我想知道(另外)那个锅是不是也很烫?"(稍后我们将看到其他的话语资源。)请注意这些早期的"问题"还仍然是探索性的,需要奈杰尔自己去进行探索,而不是由其他人来回答;但是,它们很快就变成真正的问题了(这是因为告诉他锅是否真的很烫很重要,而不应由他自己去试一下看是不是真的很烫)。"我要"的意思还是用升调来编码的,所以说奈杰尔的语调系统还不是成人的语调系统,而在成人语调系统中,命令和 Wh-问题通常情况下是用降调表示的。

奈杰尔回应问题的能力与他发起问题的能力同步发展,也就是说,无论涉及什么功能,他都能发起问题,也能给出体现相同功能的适当回应,比如说(Do you want the black and the red brush? 你要那些黑色和红色的刷子吗?)—奈杰尔:Yés!("我要那些刷子");(Can I brush your hair, Nigel? 奈杰尔,我能给你梳头吗?—奈杰尔:Nó!("我不让你做那件事")。但是他回应问题的能力从来没有超过他的发起问题的能力;比如说,他学会开始提供信息之后才会回答索要信息的问题(也就是说,他不会在回应中提供信息)。我们已经看到,在语言作为一种行动方式的实用功能语境中,奈杰尔是如何学着开始提要求,并对别人的主动提供做出回应的,也就是,如何进行"物品—服务"类意义交换的。关于其他情况,我们必须回到开头,寻根溯源,找到对话中交换的其他类货物(即信息)的起源。这里,我们就必须关注语言非实用性功能模式:即把语言作为思考工具,而不是行动工具。

4.2. 奈杰尔刚开始使用原始母语的时候,大约九个月大,我们可以看到,他有两种非实用表意模式。一个"以他人为导向";起初,一个简单的[ò]表示"咱们待在一起吧",但很快,就发展到[dò],表示"咱们一起看这个吧"——通过共同经历获得亲密感。到一岁时,共有的经历开始变成一种主体间学习的模式:"咱们一起处理这个吧";对象是符号物,一幅画,所以模式现在变成了[á:::dà],意思是"看这张画——现在你来说出它的名字",对方就回答名字;说"好的——那是一个球"。这个名字总是奈杰尔自己知道且非常熟悉的,尽管他自己并不用。到原始母语的末期(也就是奈杰尔一岁五个月大的时候),其形式是[ádᵛdà],这是奈杰尔用来表达所有文化中所有儿童所熟悉的"那是什么?"的方式;现在要问的是一个新的、不知道的名字——这表明他在向真实索取信息类问题过渡,他是在一岁十一个月时最终发展出真实索取信息类问题的。另一个早期成分是以自我为导向,表明奈杰尔对自己所处环境的好奇。早在奈杰尔六个月大时就已经开始了,先是一个高音的"ˊ",之后变成[ò]以及各种其他表达,意思是"那很有意思——出什么事了?";表明奈杰尔对某一喧闹场面的关注(如鸟的飞行、狗的叫声、公共汽车发出的响声)——某个吸引人视觉或听觉的场面。以他人为导向和以自我为导向二者之间的区别不明显;在表意和表达方式上往往有重叠;但前者是互动性的,要求回应,而后者则是个人经历;不用人回应,也不需要他人在场。从一岁开始,个人功能开始变得具体了:不再是简单地说[ɛ̌a],表示"那很有意思",而是说[bà]表示"一辆汽车",[œ̌]表示"一架飞机"等等;换言之,用一小组事物名称来说

"那是一个……"或者"我能看见一个……'",到他一岁四个半月大时,这些词的数目已经达到了八个。到一岁半时,奈杰尔开始向母语过渡,该数目已经超过五十个;更重要的是,现在不仅仅是表达观察"我现在看见……",还能表达回忆"我看见过……"以及预测"(当我出去时)我将看见……",比如("奈杰尔,我们要出去散步了")—奈杰尔:[kàkàbàbàtik^U tik^U lòulòu]表示"会有小汽车、公共汽车,棍子和洞"。

  4.2.1 此时,三种情况同时开始发生。"我(现在)看见/看见过……"的意思很快发展到"我在告诉你我们两人刚才都看见的东西",这是对过去经历的一种叙述,比如(一岁八个月大时)说 *bird on wàll... wàlking...tiny bird flew awày*(鸟在墙上……走……小鸟飞走了)。这些话只对和他有共同经历的人说;它们不要求回应,并且使用降调。现在,奈杰尔可以把语言看成是用来表达共同经历的工具;但是,他还不能用语言替代他们的共同经历,无法告诉他人他们还不知道的事情。换言之,他还没有信息的概念,也不知道语言有信息功能。不过,大约一岁十个半月大时,他向前迈开了关键的一步,增加了信息功能——具体做法是,采用了一种特殊的成人语言中所没有的语义区别,即告诉别人他认为他们知道的事情和告诉别人他认为他们不知道的事情之间的区别。前者仍然是采用非实用性表达,且编码为陈述句:比如(一岁八个月到一岁十一个月时)说 *red egg hòt*(红蛋热);*tiny bird flew awày*(小鸟飞走了)("你刚才和我一起看见的"),*chuffa fell òver*(车倒了);*hole in toòthbrush*(牙刷上有洞);*have seen cello in párt*(在公园里看见大提琴了);*they've taken awày that train, it doesn't go any mòre*(他们已经把那个火车拿走了,火车再不走了)。后者标记性很强,且编码为疑问句——即用疑问句结构和升调:*did the train fell off the tráck*(火车脱轨了吗)("你刚才没有看见,所以我现在告诉你!"),*did you get síck*(你病了吗)("我病了";奈杰尔总是把自己称作你),*did the lamp fall òver*(灯倒了吗)("我把灯撞倒了!")。此时,他不仅使用是/非疑问句,他还同样使用 Wh-疑问句,比如:*what did Mummy dròp*(妈妈掉了什么)("妈妈掉了某样东西"),*where the cràne*(起重机在哪里)("那里有一台起重机——但是你没有看见");这些都用降调。换言之,奈杰尔是在使用英语中成人用来表达疑问的语法结构,用其正确的(成人)语调——是/非句用升调,Wh-句用降调,以此实现这一信息功能。请比较下面奈杰尔一岁十一个月大时的对话:

  N(奈杰尔):What did you dròp?(你掉了什么?)(表示"我掉了某个东西!")

  F(父亲):I don't know—what did you?(我不知道—你呢?)

  N(奈杰尔):Did you drop the green pén(你掉了绿钢笔吗?(表示"我掉了绿钢笔!")

只有此时我们才能说,奈杰尔把"信息功能"类别加入其功能潜势中了;他现在能"给信息",即符号的交换不是为了换到其他什么东西(物品或服务),而是为了真实构成或体现交换行为本身。

4.2.2 其他两方面也在同时但非常缓慢地开始发展了。[ádᵛdà]"这是什么?给我名字!"的意思逐渐发展成一个"真实的"Wh-问题"是谁?是什么?给我身份!"这一情况似乎是在实用功能意思还不确定的中期阶段发生的(前文提到过);在一岁九个月大时,我们发现了 *what élse put on* 的意义,如"let's put something else (another record) on"("咱们再放别的什么东西(另外一张唱片)吧"),而直到两岁时,我们才有了明显非仿性的 Wh-问句,如:*what did thát say*?(它说了什么?),*how did that gone in that little hole thére*?(它是怎么进到那个小洞里的?)。请注意,表示建议和提问这两种意思都要求有回应;因此此处都用升调,这与成人英语中 Wh-问句的标准正好相反,也与他自己用 Wh-问句表示陈述的做法正好相反。

4.2.3 最后,我们再回到先前提到过的一个功能发展过程;引用的例子是(奈杰尔一岁八个半月大时)*that very hòt*(那很热);*thát very hot*?(那很热吗?)。这些是"真实的"是/非问题的开始;之前就说过它们是随着"我要"这一实用功能的发展出现的,并且使用升调。我们当时把问题理解为"要求:信息";我们现在可以明确地指出,至少对于奈杰尔来说,是/非问题中的"要求"的成分源自实用功能模式,其"信息"成分来自以上4.2.1节和4.2.2节的共同内容:即"我们共有这个经历"和"我想知道些情况"这两层意思。下面这句话就发端于此:*that blue train might brèak*(那列蓝火车有可能停下)和 *réd train might break*?(红火车有可能停下吗?)表示"我知道一件事;让我看其他地方情况是否也一样";试比较,*blue pin got lòst*(蓝色大头针丢了);*white pin got lost*?(白色大头针丢了吗?),即使没说前提,早先实例中的语境已经表明该语境适合儿童进行尝试。再比较(一岁八个半月大时),*that go thére*?(它去那里了吗?)说着,同时把模块塞进孔里去。直到大约一岁十一个月大时,这些问题才成为广义意义上的问题;但是,当这些问题成为广义问题的时候,它们仍然被编码成陈述句形式(用升调),而不是疑问句形式——因为,正如我们所见,疑问句用于提供信息,而不是提出要求,比如:*did the man give a piece of meat to give to the lion to èat*!(那个人给了一块肉,给狮子吃了吗!)。所以,在一岁十一个月大时,我们就有了如下的句子:*we nearly thère, to the wàll*?(我们几乎在那里了,到墙边去吗?)表示"我们快到墙边了吗?";*Daddy green toothbrush did brèak*?(爸爸的绿牙刷坏了吗?),表示"它坏了吗?";*the lorry gó, in the hoúse*?(卡车走,进房子吗?),表示"卡车是在地板上走吗(像在公园里那样在木板上走)?"。

从我们最初提出的对话社会—语境系统的理想化模式来看,奈杰尔现在除了会"给"×"信息"和"要"×"物品—服务"以外,还会把"要求"与符号物品"信息"结合在一起。他还没有学会"给"×"物品—服务",这在语义意义上通常表示"提供";这一点他之后会掌握的。我始终在探寻对话的两个基本成分——交流的模式(给/要,包括在回应中给)和交换的货物(物品—服务/信息)——的来源及其个体发生。通过观察儿童如何构建该系统,我们可以更加深入地理解该系统的本质和发展过程。

(钱清 译)

第二部分
由婴幼儿话语向母语的过渡

编者的介绍

　　母语是婴幼儿话语的自然延伸。本部分各章节重点关注婴幼儿语言经由第二阶段的过渡及第三阶段完全掌握成人语言系统,向成人语言的演化。实用功能和理性功能的区别——"语言作为行为和语言作为反思"——随着话语同时具备了概念和人际两种意义而逐渐消失了。而词汇语法和语篇组织被添加到系统当中。在第七章"进入成人期语言"(1975)中,韩礼德教授解释道,儿童在接近两周岁时掌握成人语言,意味着儿童已经成功地"为自己构建了一个三层符号系统,而成人语言就是据此组织起来的"。当然,这并不是说婴幼儿已经完全掌握了成人语言,而是说他已经具备了掌握这种语言的扎实基础。

　　第七章还关注奈杰尔言语中那些篇章形成资源的发展。奈杰尔已掌握信息结构,这可以从"他通过确定主重音突显度来分配信息焦点的能力"中得到证实。他在约一岁半至两岁时开始使用某些具有衔接作用的语义模式。他的言语也表现出对叙述和对话模式相关的个别语类结构的敏感。

　　在第八章"发展语言学如何解释作为系统的语言"(1980)中,韩礼德教授写道,"婴幼儿语言研究具有强烈的从功能角度解读语言系统的指向性;藉此,这些研究可以为语言理论提供一个更广阔的语境。"如果我们沿着这一路径,即实用/理性这对简单的对比概念(它是奈杰尔从原始母语过渡到语言的功能情境)发展成为成人语义系统的元功能框架,我们就能够准确理解"语言所承担的功能性需求如何塑造了语言系统"。在第九章"从儿童语言向母语的过渡"(1983)中,韩礼德教授指出,"一个互动的、功能的、意义取向的或者符号学的研究角度"会使语言学和发育学视角的研究都更加充实。虽然韩礼德教授是儿童识解母语研究领域的先驱,但直到20世纪80年代早期——也即本章首次发表的时间——其他儿童语言的研究者们的详细论述问世,他才得以把自己的研究成果和其他人的比较。正如他在本章中提到的,"数据非常相似"。

　　韩礼德教授把对话视为"社会意义交流的一种形式……是一个符号过程,因此原则上可以由语言以外的其他系统实现"。第十章"对话的本质和对话的个体发生学的系统功能语言学解读"(1984)中给出了一些奈杰尔和父母对话的例子,并讨论了奈杰尔是如何发展他的对话系统的。第十一章"对话在儿童建构意义中的地位"(1991)进一步探讨了对话的个体发生学,阐明"语篇如何与其环境互动,使得意义在两种冲突的交叉点被创造出来;即经验意义产生于经验的物质模式和意识模式之间的冲突,人际意义产生于交谈双方的不同个人经历之间的冲突。"

第七章

进入成人期语言(1975)

1. 九个月时的现实(NL 1)

本章我们将要继续深入解读奈杰尔在第二阶段取得的进步,即从他自己的原始母语过渡到母语。在第一阶段,奈杰尔已经构建了一个符号体系,该体系的基础是他自己与自己以外的现实(人和物的环境)之间的原始区分。

这种模式在 NL 1 就已开始出现,并贯穿前几章中讨论的功能系统的始终。在那个阶段,奈杰尔的符号宇宙包括一个自我和一个非自我,即环境;环境包括人和物,而人则包括处在互动和控制两种语境中的人。

1. 自我。与自我("个人"功能)相关的意义表现出他自己的意识的状态和过程。取向可以是向内的(关注自身:"我想睡觉了")也可以是向外的;向外的取向分为情感功能(欢愉,一般意义上的,特别是味觉上的)和好奇功能(兴趣,一般意义上的,特别是对动作的)。

2. 环境:(a)人:(i)互动。环境中的人有两种符号角色。在互动情境("互动"功能)中,该意义是指与母亲或其他关键人物的融洽关系。第一步互动可能是孩子自己做出的(发起),也可能是对方做出的(回应);不论是两种情况中的哪一种,他们之间都有有意义的交流。

2. 环境:(a)人:(ii)控制。在控制情境("规约"功能)中,意义是另一方服从自己的意志,这是儿童的社会控制的早期模式。

2. 环境:(b)物体。与物体相关的意义("工具"功能)表达占有的欲求。只有一个普遍使用的要求,"我想要那个",除非他最喜欢的物品被挑出来另作特别要求。这件物品——对奈杰尔而言是一个玩具鸟,总是放在一个地点——代表着环境的稳定性;它是永久的一个标志物,并且它还有一个专属的特别要求形式,即"我想要我的鸟"。

在此阶段,奈杰尔与其他人的符号互动总是通过某种物品传递的,这个物品本身,一般来说,也是一种符号,是一幅画。这里存在着一种自然辩证,因为也可以认为这种利用物品的有效互动是通过与人的象征性互动发生的:他们给他东西,让东西给他弹跳,等等。由此环境中的"他人"进入了整个的非自我情境,只不过伪装成不同的样子:某种身份的人(互动性的)、做某种事情的人(规约性的)、给东西的人(工具性的)。儿童自己则扮演起了相应的对应角色,即某种身份的人、作为规约的起因、还有作为接受东西的人。有意思的是,这些预示着成年人语义的及物性系统中人的各种角色。

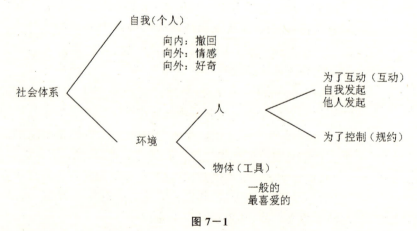

图 7—1

当我们研究奈杰尔的语义系统时,领悟到奈杰尔在 NL 1(九至十个半月)阶段对现实的模型,就处在这些线上的某个位置。

2. 九至十五个月(NL 1—5)

这个关于现实的模型是在社会关系中构建的。它是在与别人交流的过程中,通过奈杰尔与周围人的符号交流而建立起来的。

在接下来的六个月,直到 NL 5(十五至十六个半月),各个方面都得到扩展、变得更加完善。有了新东西,也添加了细节。但是本质上来说,它仍然是一个同类的模型。主要题目仍然没有变,虽然每一个的内容都有了很大的扩展。

NL 5 代表第一阶段系统的最高点,即奈杰尔即将开始进入向成人语言的过渡。到 NL 5 的时候情况如下:

1. 自我。自我的符号学投射仍然表现为对环境的反应和好奇。情感范畴,起初仅局限于表达高兴,至 NL 4 已经细分为几个不同的意义,如欢愉、兴奋、厌恶和急躁。在这一时期,好奇功能也突破了简单的动作,扩展到了具有明显听觉和视觉特点的某些物体——如飞机、狗、球、鸟和汽车。好奇的一般意义,即以对某物体的注意为表现形式的自我的向外聚焦,在这一时期仍然处于语义系统的前端,同时,它还与互动意义紧密联系,互动意义意味着自我与他人的关系通过对某一个物体的共同的注意而实现。这在奈杰尔来说,一般情况下这个物体是一幅画,而这幅画本身就是一个符号学意义的物体。

2. 环境:(a)人:(i)互动。从很早开始(NL 2,十个半月至十二个月),奈杰尔就开始对人赋予意义——即构成他一部分社会系统的三个人,安娜、爸爸和妈妈(三人按此排序);并且他用语调把对人的意义和其他所有意义区分开,即指人时他用一种带有明显标记的高平调,而其他意义都用降调表示。他会主动向人打招呼和回应招呼,并且他还学会了如何回应其他情况——召唤和责备。但是此时他的主要进步是互动的方向性,即出现了两个不同的重点。奈杰尔在第一阶段早期所说的所有话里面最常见的可能就是"很高兴见到你,我们一起来看看这个吧?"这种与人的互动受到对某物体的共同注意的引导。从 NL 2 开始,这种互动的重心可能向两个方向中的任一个倾斜。它可能更加关注人,人与自身的互动处于最前端,它也有可能更关注物体,而这随着时间推移愈加明显地变成了对物体名称的需求,有意义的名称,如"看这(幅画),现在你说说它的名称"(我们应理解,这幅画是一个熟悉的东西,而该物体的名称他也已经知道)。后者的意义不是那么纯粹的互动,而与一般兴趣或好奇的人的意义紧密联系,表示的意思是"看:那很有趣"——但是此刻他关注的物体不一定是画,并且也不一定需要回应。在这方面奈杰尔也表现出他对"语篇组织"的初次领悟,对处于其他意义环境中的意义的领悟:他渐渐可以区别"那是什么"第一次出现(中平+中降调、无跳起)和随后出现(中平+高降调、有跳起)的不同意义了。

Ⅰ. 环境:(a)人:(ii)控制。奈杰尔对通常的规约意义的基本体系在整个第一阶段仍然起作用,范围扩大了,包括了对邀请和给予做出回答,既有肯定回答也有否定回答(如"咱们要不要……?"——"好的/不行"),还包括了一两种特殊的要求动作的意义,或者,更经常是要求一起做动作,如"拉窗帘""咱们一起画画""咱们去散步"。但是,最常用的控制形式仍然是那些常用语,其意义依赖于情境,如"做那件事""再做一遍"。

Ⅱ. 环境:(b)物体。他对物体的要求仍然主要依靠情境,但是对一个喜爱物品的特殊要求仍然存在,并且扩展到了对一类物品的要求,这类物品对他自己或其他人来说具有象征意义("罐罐""粉末""钟表")。对于邀请和给予,奈杰尔新添了一种回应(你想(让我)……吗?——"是的"),像往常一样,他能够区别规约意义和工具意义,虽然一贯性不如以前了,规约意义是对一个具体的人的行为的要求,而工具意义是对一个特别的物品或服务的要求;而且,后者还被奈杰尔添加了另一种区分,即区分要求某个可见的东西(在场的东西)和要求某个不可见的东西(不在场的东西)。

3. 第一阶段结束时的图景(NL5)

现在到了 NL5,第一阶段的最末端,此时奈杰尔即将进入成人系统,

第七章 进入成人期语言(1975)

我们发现实用模式,包括工具意义和规约意义,已经达到了这样一个层次,即他们体现了很多不同种类的要求:典型例子有:工具意义如"给我""给我看""帮帮我",规约意义如"做这个""咱们做这个吧",而且还有一些可能是第三种类型的初步表现,如"让我做这个",意思就是"我想被允许做这个""我能……吗?"但是,每一类里面不同的具体要求的数量很少,因为在大多数实用话语的情况下,情境都起到很大作用,如"给我那个(那边的东西)""给我看那(你拿着的东西)""再做一次那个(你刚才做的事)",等等。那些被"用名称"来要求的具体物品有1)食物,2)日常物品。

与此相对比,互动模式和个人模式有了相当大的发展。就前者而言,我们发现1)普通的打招呼"hullo!"和回应"and hullo to you!";2)共同的注意力,这和以前一样,现在比较一下共同的后悔"看它打破了——咱们一起伤心吧";3)对于语言互动的三种回应,对"…在哪儿?""说说…""看…";4)个人化的招呼语,现在已经具有了复杂的系统,因为它交汇了两种意义,如"妈妈/爸爸/安娜""找(你在哪儿?)/找到了(你在这儿!)"。像前面说过的那样,这种招呼语是对简单语义类别的首次突破,代表语法的起源,即引入了一个介于情境和表达之间的编码层。

在个人功能方面,物名的数量现在已经增加到了八个:五个由突显度(运动或响声)来表示,三个是熟悉的物体(球、棍、泰迪熊)。这是词汇的起源,标志着一个观察、回忆、预测的阶段开始了,这个阶段我们可以认为具有启发功能——或者,用我们第二阶段的术语来说,是理性功能。但是与此同时,第一阶段系统里出现了一个突然的最终能量爆发,用不少于八个的不同"婴儿词汇"来表达不同种类的兴趣和感情。有趣的是,这个突然爆发发生在奈杰尔即将开始过渡到成人符号模式的时刻,就好像它是奈杰尔对符号意义的婴儿期的告别仪式。

在 NL5 我们终于发现了一些为数不多的其他要素,即那些游戏、假装和小儿歌之类,表现了作为一种玩耍形式的意义。这是正在形成的想象功能,而且在整个第二阶段,到进入成年人语言的过程中,它会一直是一个附属的但非常活跃的动机。玩耍的早期符号学,不管是语言的还是非语言的,在语言发展研究中都是一个被严重忽视的方面,我们在这里不做论述。但是这个领域早至前母语阶段就需要研究。

4. 进入第二阶段的连续性(NL6)

我们一直强调不连续性和连续性这一对主题:随着儿童转向成人语言的三层系统而发生的进化性的重要变化,语言系统中的不连续性与该系统的语音层和语义层的连续性相结合。虽然奈杰尔突然跃进第二阶段已经很让人惊讶了,可是更让人惊讶的是,我们发现有一个本质的语义连续性把这些新的意义模式同第一阶段的那些连接起来。然而,连续性是显而易见的。奈杰尔并没有把他在第一阶段学会的那些意义潜能扔掉,也没有抛弃、重新定义语言使用的社会情境。他实质上还在沿着与以前相同的路径继续前进,所以母语是作为婴幼儿语言的自然延伸而出现了。

正如我们所见,奈杰尔所做的事,就是从第一阶段的功能性情境中概括出来两种符号学模式,即实用的和理性的,它们是有区别的。实用模式中语言是行动,而理性模式中语言是反思。最初,不同的词语和结构倾向于与两种不同模式相联系,反映两种不同的意义。还有第三种,它是语言作为创造的附属概念,或想象模式中的意义。

奈杰尔通过降调和升调之间的语音对比,表现出他有系统地区分这两种主要模式:实用模式(需要回应)用升调,而理性模式(不需要回应)用降调。降调是第一阶段主要语调模式的直接延续,那期间所有声调都是降调,除了一个互动系统中,即个人化的招呼(个人的名字)中,是先高平调,然后是很有规律地要么中平调升到高平调("你在哪儿?"),或者高平调后跟低平调("你在这儿!")。升调在 NL7 中期十九个月时演化成一个非常惊人的方式,从降调,通过窄降调,变到平调,再变到升调:\⌐―/,整个过程仅用时一个星期。从那以后这两种声调就处在系统地对比之中,一直到第二阶段结束,进入第三阶段。有些时候奈杰尔用两种声调说了在其他方面"同样的话",先用一种再用另一种,意义就随之不同了;我们已经引用过这个例子:tell mummy take it òff... take it òff (我要去让妈妈把它拿掉……[跑向妈妈]拿掉!)。奈杰尔在这个交流过程上强加了一个形式信号,即他要求还是不要求做出回应,由此这个系统的语义被明确表示出来。后来所要求的回应越来越经常是语言形式的回应。

　　起初每一句话语都要么是实用的,要么是理性的;但是渐渐地,通过对"功能"的本质的重新解读,它的含义变化了,它不仅是一个概括化的使用情境,而且还是整个语义系统的最重要的组织原则,到第二阶段末期达到这样一个点,即每一句话语既是实用的又是理性的。但是在此过程中,实用—理性的对立本身消失了,这为成人语义系统中广泛的功能成分的产生创造了有效条件。在很大程度上,理性功能,即语言作为学习的功能,为概念意义的发展创造了条件,而概念意义表达说话者对周围现象和内心的经验(过程、性质和数量、时间等);而实用功能,即语言作为行动的功能,为人际意义的发展创造了条件,而人际意义表达说话者在交流过程中所扮演的角色和所持的角度立场(语气、情态、强度等)。第三个成分,构成篇章的成分或语篇成分,在第二阶段期间在儿童构建叙事和对话的过程中发展演进。第三阶段语言的每一句话(本质上来说已是成人系统了),都同时在这三个方面表达意义,并组织自身结构。

　　下面这一节将呈现一些奈杰尔在第二阶段语言进步的细节。

5. NL6－9:例子

5.1 NL6 和 NL7 期间的对话例子

4月24日

　　妈妈:你告诉爸爸你喝茶时吃什么了吗? 奈杰尔:(激动地对妈妈说) aʸì…aʸìː("鸡蛋,噢! 鸡蛋,鸡蛋!") gogtgogwa("cockadoodledoo";=玉米片,因为包装上的图片;还有教堂塔尖上的风标,即他散步回家以后,还在继续说路上看到的东西)tikə("还有木棍")。妈妈:你喝茶时没有吃玉米片啊! 奈杰尔:lɔ̌ˑ!("还有洞!")妈妈:你喝茶时没有吃木棍和洞! 奈杰尔:(回到当前的谈话)dòuba("还有烤面包片")

　　奈杰尔:(摸妈妈的鼻子)ⁿdòu("鼻子")妈妈:对,这是我的鼻子,你的鼻子在哪儿? 奈杰尔:(摸鼻子)dèə('这儿')

155

4月26日

爸爸：你昨天都看见什么了？奈杰尔：kˣà（"汽车"）爸爸：对，你坐汽车兜风了，是不是？那上面你看见什么了？（指着）奈杰尔：tˣà（"塔"）爸爸：对，你看见塔了。你在花园里摘什么了？奈杰尔：gɤà（"草"）爸爸：还有别的吗？奈杰尔：dèdɪ（"雏菊"）

4月27日

妈妈：把牙膏拿给爸爸，去拿你自己的围嘴。奈杰尔：dàda…nmɔ̀nmɔ̀…tɕɛ̀tɕɛ̀（"爸爸…noddy（牙膏）…（围嘴）火车（开）"）

4月28日

妈妈：你什么东西找不着了？是不是在那下面？奈杰尔：（向靠椅下面看）bà（"球"）

安娜：我们要出去走走，我们要去买点鱼。奈杰尔：tìkᵘ（"木棍"）安娜：不行，我们今天不要木棍。奈杰尔：（伤心地）lə̀ᵘ（"洞"，＝ 不要洞吗？我可以把什么放进洞里呢？）

4月30日

奈杰尔：ádẏdà（"那是什么？"）爸爸：是一块木头。奈杰尔：[m̀]（"我明白了！"）

奈杰尔：ádẏdà（"那是什么？"）妈妈：那是黄油。奈杰尔：tàbɛ

奈杰尔：GàːɒGàːɒ（"鸭鸭"）爸爸：你看见鸭子了。奈杰尔：tìkᵘ（"木棍"）爸爸：你还看见木棍了。奈杰尔：lə̀ᵘ（"洞"）爸爸：你看见洞了。你把木棍放进洞里了？奈杰尔：bà（公共汽车）爸爸：你看见一些公共汽车。奈杰尔：dòubā（？）爸爸：你看见烤面包片和黄油了？你看不见任何烤面包片和黄油啊！奈杰尔：dòubā（？）爸爸：（再次尝试）两辆公共汽车？奈杰尔：（非常清楚、慢慢地说）dōu bà（？）… dǒuɐ…（"塔"）爸爸：你看见一个塔？奈杰尔：dǒuɐ…bìˀ（"塔，大"）爸爸：你看见一个大塔。奈杰尔：bìˀ（"大！"）爸爸：是教堂吗？（奈杰尔：沉默：猜错了）你看见教堂了吗？奈杰尔：gɔ̄gtgɔ̄gtgɔ̀（"风标"）爸爸：你看见风标了。奈杰尔：（用音乐的手势）gɔ̄gtgɔ̄gtgɔ̀（"唱cockadoodledoo"）爸爸：唱"cockadoodledoo"？好吧。（爸爸唱）奈杰尔：（用音乐的手势）bà（"桥"）爸爸：那一个是哪个？"伦敦桥"？

我要唱"伦敦桥"吗？好吧。

安娜:你出去散步时会看见什么？奈杰尔:kàbà("汽车、公共汽车")

安娜:你散步时看见什么了？奈杰尔:ᵊbàᵊkàt'ə̀("汽车、公共汽车、火车")

5月5日

奈杰尔:ɜ̄ɛ̄ɛ̄ɛ̄ bòuwòu("嘿！狗！"＝我想跟你一起画（原来是＝"画狗")）爸爸:不行我正在工作。奈杰尔:dɑ̄:dɪkədɑ̀("你在玩小鼓")爸爸:不我不是在玩 dadikeda,我在写字。奈杰尔:bòuwòu("那你肯定是在画画！")

5月6日

奈杰尔:nēnōnēnò("没人牙膏")ɜ̄ɜ̄ɜ̄ɜ̄ɜ̄("我要那个")妈妈:你能把它（管子帽）放回到上面吗？奈杰尔:（轻声；高平调；向前移步）ɜ̄ɜ̄("我试试")

爸爸:你昨天坐火车了。奈杰尔:ᵊɕ̄ᵊɕ̄ … bā:bā("火车…再见！"＝当我下车时,火车走了,我向它挥手)爸爸:你跟火车说了"byebye"。奈杰尔:ɑ̄:ᵊn̄("另外一个！")爸爸:你看见另外的火车了？

奈杰尔:（说了他所看见的一长串东西,然后,）wlà("旗")妈妈:噢,你看见旗了？奈杰尔:（伸出手掌）gɣà("碎石子")妈妈:你还有一些碎石子。奈杰尔:（摸着手掌,撅着嘴唇,非常安静）o̜:＝("哦！")爸爸:你玩碎石子伤着手了？妈妈:不是,那是玩木棍的时候弄的,那根有刺。奈杰尔:blà("血")妈妈:上面还有血呢,是的。

5月7日

妈妈:（指着）那是谁？奈杰尔:nā("安娜")妈妈:（指着自己）那这是谁呢？奈杰尔:mā(妈妈)妈妈:（指着奈杰尔;）那这是谁？奈杰尔:nī.

5月8日

爸爸:你要出去走走吗？奈杰尔:dōubà…àiˇ("烤面包片,鸡蛋"；＝我们要去买面包和鸡蛋)

5月9日

奈杰尔:mā("妈妈！")妈妈:be:ta(＝儿子)奈杰尔:āmā 妈妈:be:ja 等等。

5.2 NL6 和 NL7 期间的结构发展

(NL2) ᵊdɔ̀ ɛ̀ʸa vɶ̀   "看,一幅画!它是什么?一个球!"

(NL5) dādā dòu   (爸爸,烤面包片)"爸爸带回来烤面包片"

(NL6)

(1) 并列词串

ᵊbàᵊkà ṭè ‛   "公共汽车、汽车、火车"

kʻàkʻàbàGōGò   "车、公共汽车、风标"

kàkàbàtikʷtikʷlòulòu   "汽车、公共汽车、木棍、洞洞"

tikᵘ tikʷlòulòutɇ̀tɇ̀ᶜ ɇ̀ᶜʻɇbòbòbàbà   "木棍、洞、石头、火车、球、公共汽车"

kʻàkʻàbàbàbàuwàgògɔ̀ètikʷ
　　tikʷlòulòu ‛   "汽车、公共汽车、狗、风标、木棍、洞洞"

(2) 发音＋手势

ɛ̄   (做那个！＋*抱我)"抱我"

ɛ̄   (星星＋*否定)"星星没了"

dā:bì   (德沃夏克＋*音乐)"我要听德沃夏克唱片"

(3) 同一个功能类别中的一般和具体因素

ʔə̄ʔ bɑ̀kᵊba   (我要！＋书)"我要那本书"

ɛ̀ lòu   (做那个！＋洞)"挖个洞"

ðaʸì: (激动＋鸡蛋)"噢！一个鸡蛋"

(4) 其他

dòbɪ nɔ̀cṇ   (牙刷,牙膏)"我要我的牙刷和牙膏"

dòɵ bàuwau   (画,狗)"我想画一个狗"

lèla dà   (字母,那里)"字母—他们在那里"

bʌ̀bʷɵn͡ɔ̃ᵐɔ̀   (泡泡,没有了)"泡泡没有了"

tikᵊlòuba   (木棍,洞)"我要把我的木棍放进洞里(?)"

(NL7)

(1) 并列词串:常用,例如

tikʷtikʷlòulòudèkˣàkʻà   "木棍、洞洞、火车、汽车、公共汽车、狗"

(2) 发音＋手势

lì Φǫ　　　　　　　　　　（树叶＋＊吹）"树叶在风中吹"

(3) 同一个功能类别中的一般和具体因素

nò:bəɴ:...ẽ...mã...əmmä　　（香蕉＋我要＋妈妈）"我要妈妈的香蕉"

5月28日至6月3日的结构

28v	1	ădz...p'a:o...à:ɐ	（安德鲁、钢琴、房子）
			"安德鲁在他的房子里弹钢琴"；
			或是"安德鲁弹钢琴；我也弹，在安娜的房子里"
	2	ăpí...dàda...ămä...ăn:à	（苹果、爸爸、妈妈、安娜）
			"我有一个苹果；爸爸也有；妈妈也有；安娜也有"
	3	dōbɪ...dà:dōbɪ	"牙签，小牙签"
29v	4	bĭkɛ̀:...ŏdò...mĩ⁷...dàda	（早饭、哦天啊！牛奶、爸爸）"我要我的早饭–我饿–牛奶！也给爸爸一点儿"
30v	5	tǫ̀ya...là...gʌ̃ĩ...lagʌ̃ĩ	（火车、灯、绿、灯绿）"火车走了，灯变绿了"
31v	6	gʌ̃ĩ:...gʌ̃ĩ:là	"绿、一个绿灯"
	7	dã...dà:dō:bɪ	"小–一个小牙签"
	8	gʌ̃ĩ:kà	"一辆绿汽车"
	9 ǎlŏʷ tĭko:		"喂茶壶套"
1 vi	10	gʌ̃ĩ:kà...bl:è:kà...a:ɪ̀ɲ:	（绿汽车、蓝汽车、还有一个）"我看见一辆绿汽车、还有一辆蓝汽车，还有很多"
	11	mò: mĩ⁷	"再多点肉！"
	12	mò: mĩ⁷ pli	"再多点肉，请你！"
	13	tūbŏkʷ	"两本书"
2 vi	14	tɐ̀èkĮ	"两架直升飞机"（也可以是二+多种其他东西）
	15	gʌ̃ĩ:là	"绿灯"（也可以是绿汽车）
3 vi	16	mò: ŏblè	"再多点煎蛋"
	17	gʌ̃ĩ: pè⁷	"绿灯"

5.3 NL7（十八至十九个半月）：实用功能和理性功能

实用功能

(=第一阶段：工具功能、规约功能、还有某些互动功能)；声调变为升调

'我要'：

dèbɪ 牙膏	ᴐgᴐ 棉线卷	
mᵇî 牛奶	vòba 鱼	至五月底：全部降调
bɑ̀ 骨头	gàːᴐbʷgaːᴐ 小豆蔻	

nõumɔ̀	"没有了"
ōdìːə	"唱'哦亲爱的出了什么事'"
bì... nò... dàlon	"别唱'伦敦桥'，唱'奶酪孤单'"

kēm	"跟我来"		
ˀɔ̃fvə	"脱掉它"	稍微降调(平调)	6月第一星期：过渡
dʸkā	"下来"		
	"坐下"		
õ̇ʷĩkēm	"我要我的橙子"		

bɔ̀ḷ	"(我要)球"		
báu	"(我要)跳"		
bɪ́kə	"(我要)早饭"		
mɔ̄bɪ́	"(我要)多点面包"	6月第二星期起：全部升调
kếm	"跟我来"		
āgǽi	"再做一次"		
₅dōu	"来这边"		
mēmī kám	"坐下"		
nó	"妈妈来"		
	"不(我不要)"		

bē tɛ̄ ʔɔn	"放上点黄油"	
kwī: ʔɔʳŋ	"榨橙汁"	
nōɑ ɹɑ́m	"现在(咱们去爸爸房间)"	
mɛ̄n tʃáva	"修火车"	6月第二星期起:全部升调
dā: vɔ́ja	"(画一个)星星给你(=给我)"	
ɛ pɪ̀…ɛpɪ̀ tɛ́	"帮…帮(我弄)果汁"	
kɛ̄m ðʷvᵉ déc	"来这边"	
bī:gᵒ bókɐwa	"我要我的大书"	

理性功能

(=第一阶段:某些互动功能;个人功能;启发功能);全部降调

观察和回忆/物品:

ɹɛ̄: kà	红汽车	blɛ̠ bɔ̀l	蓝皮球		
ɹɛ̄: bɹɛ́la	红雨伞	blɛ̠ kwɛ̀ə	蓝方块		
gɪ̄: tōwəl	绿毛巾	vā: tʃáva	快火车		
bīʔ tòn	大石头	bī: gᵒbɔ̀k	大书		
t'ɵ̄ àpa	两个苹果	mēmi bɑ̀kᵒ	妈妈的书		
gɹ ōl tʃáva	绿旧火车				
tɵ̄ va: tʃáva	两辆快火车				
dā: ɹʷɛ là	小红灯				

观察和回忆—过程:

bī: bī: làwa	"花上的蜜蜂"
vò tɛ̀ʔ	"脚卡住"
bē̄bᵂ nɑɹɑɹ	"泡泡圆又圆"
vòpa…ɔ̄pēn mɔ̄u	"鱼张嘴"

叙事:

tɔ̄ɑ tʃáva…lē ɹɑ̀ì	(我们去)镇上(坐着)火车,去伦敦桥
tɪ̀i…ʔɔ́…tɪkawɛ̀:	树断了,拿走,都没了,
…ōgɔ̀…bāʸ bāʸ	再见!
gɪ̄: tɪ̀k…lɔ̀t'ᵒ…gɔ̀n …bāʸ bāʸ	绿木棍,丢了,走了再见!

blaʔ miào … ˞wa dəˀ	黑猫,(它)跑进屋

带有引语的叙事:

qàɪ … qàɪ … māɪŋtɪ̀ŋ	(有一个)风筝;(爸爸说,"有一个风筝;当心线")

5.4 NL8(十九个半月至二十一个月):

(1) 实用功能

单因素和双因素结构:全部是升调,除非特别说明:

chuffa stúck	奈杰尔唤人帮他放玩具火车
find fóryou	"我丢了个东西,给我找到!"
throw úp	"扔到空中"
low wáll	奈杰尔即将从箱子上跳下,叫人接住他
high wáll	高墙(当从墙上跳下时首次使用),低墙高墙,在公园里
squeeze	"给我榨橙汁"
gláss	"我要我的牛奶装在玻璃杯里"
orange lèmon	"唱《橙子和柠檬》";同时做音乐手势,而这是实用功能的另一种实现方式;因此用降调
turn róund	奈杰尔重复说着做拼图游戏时别人给他的指导,"我必须这么做吗?"
play chúffa	"咱们来玩火车吧"
open fóryou	(他叫人打开盒子之类的东西的时候通常这么说)
back tóothpaste	"把牙膏放回到柜子里"
more grávy	还有:再多点煎蛋、生菜、西红柿、面包、小圆面包等等
bounce táble	"我要让橙子在桌子上跳"
cárry	"背我!"
háve it	("我想要它"的通常说法)

toast	"我想要烤面包片";还有早饭、西红柿等等
hit flóor	"我要用锤子敲地板"
that sóng	"唱你刚才唱的那首歌"
háve that	(跟上面的 háve it 同义)
hedgehog bóok	"我想要那本有刺猬图片的书"
play ráo	"我们玩狮子吧"

注:直到 7 月第一个星期(即 NL8 的中间,时间跨度从 6 月中旬至 7 月底)为止,双因素结构占突出地位;上述例子发生在整个 NL8 期间,但主要是在 NL8 前期。7 月第一个星期以后三因素或更多因素的结构突显;下面的例子是从 NL8 后期摘出来的。

三因素及更多因素的结构;全部是升调,除非特别说明:

toothpaste ón...red tóothbrush	"把牙膏挤到红色牙刷上";计划第二部分时停顿
train under túnnel...getit fóryou	前后两部分都是升调
dówn...table...sugar...spóon	"把糖放下,放到桌子上,好让我把小勺放进去";*down* 和 *spoon* 是升调
make cross tíckmatick...in dada róom	"我想用爸爸房间里的打字机打个叉";前后两部分都是升调
réd train might break	前面说"蓝火车可能坏";最早的可理解为是非疑问句的话语
get stick báll	"我想要木棍来够到皮球";也说:弄到皮球木棍
bounce big báll	
dada get off coathanger fóryou	"爸爸给我拿掉衣架"
dada dqueeze out toothpaste fóryou	
anna help greenpea	"安娜帮我吃青豌豆"
big bubbke góne...big búbble...móre big bubble	"大泡泡破了;我还要"

butter on knífe	"我想要……"
take marmite kítchen	"我能……?"
anna put record on fóryou	
that go thére	"那要去那儿吗?"
go abbeywood on tráin	"咱们坐火车去阿比伍德吧"
have tóothpowder...nila	
have tóoth powder	
play highwall mátchstick	"让我拿着火柴跳吧"
dada put alltogéther egg	"爸爸把鸡蛋放在一起(一个套一个)"
when new world finish song about bús	"当新世界唱完(降调),给我唱那首关于公共汽车的歌(升调)"

涉及实用话语的对话:

爸爸:你要这个黑刷子吗?

奈杰尔:nó(不)。

爸爸:你要这个黑刷子和这个红刷子吗?

奈杰尔:yés(要)

爸爸:妈妈去商店了。

奈杰尔:buy chócolate(买巧克力)

奈杰尔:把 bemax 放到桌子上。

妈妈:它在桌子上。

奈杰尔:nila table(奈杰尔的桌子)

奈杰尔:why that clóck stop(为什么那表停了)

爸爸:我不知道:你觉得是为什么?

奈杰尔:ménd it(修修它)

5.5 NL8 (十九个半月至二十一个月):

(2)理性功能

单因素和双因素结构;全部是降调:

molasses nòse   "我把糖浆弄鼻子上了"(同时表情很高兴)

big bàll	玩皮球时经常说；还说：*little ball*
mummy bòok	当拿起一本书,发现里面没有图画的时候经常说（这是妈妈的书）
red swèater	看见该物时；还说：*red jùmper*（同一件物品）
black brùsh	还有：*green*,*red*,*blue*,*yellow* 和 *stick*,*light*,*peg*,*car*,*train* 等一起用
bìg one	用在运货火车和泡泡上；重音在 *big* 上,这与成人语言形式一样
baby dùck	在图画里；还说：*mummy dùck*
too bìg	经常说；有时恰当,比如当试图把物体推过铁丝网时；有时不恰当,比如当用木棍够皮球的时候（＝太远）
that bròke	"那是破的"
loud mùsic	当一段很大声的乐章开始播放时经常这样评论
chuffa stòp	做游戏（父亲把奈杰尔：扔起来,奈杰尔：成了"快火车"；父亲停下）

注：在观察和回忆的情境中还有很多单个单词用作单词句,比如,火、巧克力、羽毛、犀牛、蜜蜂、樱桃。这种现象中不太经常用熟悉的词,而更经常用不熟悉的词。

单因素和双因素话语在这段时期的后半部分逐渐减少。下面的例子更典型地表现了 NL8 后期的更长一点的话语。

三因素和四因素的结构；全部是降调,除非特别说明：

two green pèg	
green stick fìnd	"那个绿木棍已经找到了"
old green tràin...	前后两部分均是降调；后半部分,虽然
old tràin	不太可能,但是在此情境中更加恰当
dada black brùsh	爸爸的黑刷子
no more wàter	
toothpaste...òn... tòothbrush	*on* 和牙刷降调；整体形式不是一个单独的结构

tree fall dòwn	随后：大树倒下
dada got bàll... nila got bàll	
ball go under car	对比"水跑到插孔"
one blúe train...	
one rèd train	语调和重音与成人语言一样（即，*blue* 升调重音，*red* 降调重音）
glass got hòle	看着印有泡泡图案的玻璃杯
that blue train might brèak	
dada come bàck...	
dada come on fast tràin	爸爸回来…爸爸坐快火车回来
man clean càr	有一个男人在擦车
very old trèe	
nila get dada tìn	"奈杰尔和爸爸将得到罐头"（原文如此）
anna got piano anna hòuse... very òld one...	（日常）"安娜家里弄了一个钢琴，一个很旧的，一个不好的"
(shaking head) very gòod one	（点头）一个很好的
anna make noise gràss	"安娜用草发出声音"
that not right kìnd grass	后半句模仿安娜说的话
strange man gòne	
red egg hòt	（塑料鸡蛋在一盆热水里）
clever boy fix roof on lòrry	
too dàrk... open cùrtain... light nòw	"太黑了；窗帘已经被拉开了，现在亮了"
have clare banàna	"克莱尔有香蕉"
letter fall out mummy bòok	

涉及理性话语的对话和词串：

奈杰尔：（拿着一个火车和一个公共汽车）two... two chùffa...

two...two(两个……两个火车……两个……两个)(困惑；放弃)

奈杰尔:two fast chùffa(两个快火车)

妈妈:你在哪里看到两个快火车? 奈杰尔:wàlk(走路)

路妈妈:你还看到什么?

奈杰尔:bòwwow 汪汪

奈杰尔:dada got scrambled ègg...mummy get fóryou scrambled egg(爸爸得到炒鸡蛋……妈妈给你炒鸡蛋)(后半句在给你上升调重音,标志着转变为实用功能"我想要",炒鸡蛋作为"已知"因素)

奈杰尔:(下了火车)train go cròss(=Charing Cross)...go tòwn...no more tràin...time go hòme...have òrange...squeeze òrange(火车去查令十字路……去镇上……没有火车了……回家时间……有橙子……榨橙汁)

奈杰尔:bird on wàll...wàlking...trny bird flew awày 鸟在墙上……走路……小鸟飞走了……

爸爸:飞走了吗?

奈杰尔:ōhyēs(噢是的)

奈杰尔:big nòise(大噪音)

妈妈:谁发出大噪音?

奈杰尔:drìll make big noise(钻发出大噪音)

奈杰尔:bùmblebee(大黄蜂)

妈妈:大黄蜂在哪里?

奈杰尔:bumblebee on tràin(大黄蜂火车上)

妈妈:妈妈做什么了?

奈杰尔:mummy open wìndow(妈妈打开窗户)

妈妈:大黄蜂去哪儿了?

奈杰尔:bumblebee flew awày(大黄蜂飞走了)

奈杰尔:(指着)got nòse...dada got nòse...mùmmy got nose...ànna got nose

(有鼻子……爸爸有鼻子……妈妈有鼻子……安娜有鼻子)

5.6 NL9(二十一至二十二个半月)

以下例子按时间排序：

奈杰尔:dear dèar … chuffa fall òver … big bàng(天啊天啊……火车翻了……大碰……撞)

奈杰尔:what élse put in(我可以把其他什么东西放进水里?)

安娜:咱们去散步吗? 奈杰尔:when E-I-O fiṅish(当 E-I-O 结束时)(唱片上的歌)

奈杰尔:why bróken that("那个为什么破了?")

奈杰尔:pauline went on two fast chùffa … one fast chuffa hère … one chuffa … one fast chuffa brìdge
(宝林坐两个快火车走了……一个快火车在这儿……一个火车……一个快火车桥)("一个在这儿,一个在伦敦桥")

奈杰尔:record back on ráck … new record back on ráck … what élse put on … what élse put on
(唱片回架上……新唱片回架上……其他什么放上……其他什么放上)(把新唱片放回架上,再放上些其他什么东西!)

奈杰尔:O deat dear dèar … lorry fell òver … on … thàt(噢天啊天啊……卡车翻了……上面……那)(一件他不知道名称的家具)

奈杰尔:flỳ…flỳ…climbing up tàble … climbing mummy chàir … fly clìmbing
(飞……飞……爬上桌子……爬妈妈椅子……飞爬)

妈妈:(在寻找丢失的玩具)我找不到司机的头。

奈杰尔:gone under bèd … háve it (3) … ooh dear dèar … háve it(到床下面了……有它……哦天啊天啊……有它)

奈杰尔:(在玩玩具牛)cow eat gráss(牛吃草)("让我喂牛吃草")

奈杰尔:dada get knife take skin ogg ápple("爸爸拿刀子弄掉苹果

皮")(请求)

奈杰尔:eat chúffa(吃火车)

爸爸:你不能吃火车!

奈杰尔:can't eat blue chùffa(不能吃蓝火车)

爸爸:对你不能吃蓝火车。

奈杰尔:can't eat rèd chuffá(不能吃红火车)

爸爸:对你不能吃红火车。

奈杰尔:(看着玩具车里面的木头人)can't eat màn(不能吃人)

爸爸:对你不能吃人。

奈杰尔:can't eat that bòok(不能吃那本书)

爸爸:对你不能吃那本书!你不能吃任何书。

奈杰尔:(看着宝林)can't eat Pàuline book(不能吃宝林书)

爸爸:对你不能吃宝林的书。

奈杰尔:Pauline got èar(宝林有耳朵)

爸爸:(把宝林的头发拨到旁边)是的,宝林有耳朵,虽然你通常看不见。

奈杰尔:dàda got ear … dada got nòse(爸爸有耳朵……爸爸有鼻子)

爸爸:对。

奈杰尔:(摸皮诺曹玩偶)pinocchio got funny nòse(皮诺曹有好玩的耳朵)

爸爸:对皮诺曹有一个好玩的耳朵,像个……

奈杰尔:càrrot(胡萝卜)

爸爸:对,像个胡萝卜。

奈杰尔:screwdriver … mend Pinocchio fòot(螺丝刀…修皮诺曹脚)(指爸爸前几天修理皮诺曹的脚的事)

奈杰尔:(对爸爸说,他刚刮完胡子,正在穿衬衫)put that ón(2) … dada ready nòw (4) … put that ón … dada ready nów (4)

(穿上那个……爸爸现在准备好了……穿上那……爸爸现在准备好了)

奈杰尔：（看着 Bemax 包装盒上面的开口，在外包装里面）hole in bemax...bèmax（有洞）（包上外包装，这样洞就遮住了）where hóle（洞哪里）

奈杰尔：（正在用筷子打拍子）condùctor 指挥家（"我在当指挥家"）

爸爸：（在站台上）站台上有人。奈杰尔：waiting chuffa còme（在等火车来）

奈杰尔：chuffa walk on ràilway line（2）...fast chùffa...one day might gò on fast chuffa（2）（火车走铁路线）……快火车……一天可能坐快火车走（2）

爸爸：对我们可能会。

奈杰尔：one day go on blue chùffa...next chuffa còming...go on thàt one（一天可能坐蓝嚓嚓走……下一个火车来了……上那个）

奈杰尔：（看着图画）umbrèlla...bòat...stìck...twèet-tweet...bòwwow（雨伞……小船……木棍……啾啾……汪汪）

安娜：我可以给你梳梳头吗，奈吉尔？

奈杰尔：nó...nó（不…不）

奈杰尔：lunch back on táble（午饭回桌子上）（"我不想再吃了"）

奈杰尔：（爸爸嘴里噙着大头钉）dada put pin in my mòuth（爸爸把大头钉放我嘴里）

爸爸：不，不放奈杰尔的嘴里；放爸爸嘴里。

奈杰尔：not in nìla mouth...dada put pin in mòuth（不放奈杰尔嘴里……爸爸把大头钉放嘴里）

奈杰尔：（大人正让他上床睡觉）didn't clean your tèeth（没刷你的牙）（"我没刷我的牙！"）

爸爸：你在站台上走了吗？

奈杰尔：walk on ràilway line（在铁路线上走）

爸爸：我觉得你没有！

奈杰尔：walk on plàtform...not walk on ràilway line（在站台上

走……没在铁路线上走)(常规)

妈妈:汽车在哪里走?

奈杰尔:on ròad(在路上)

妈妈:那火车在哪里走?

奈杰尔:on ràilway line(在铁路线上)

妈妈:那奈杰尔在哪里走?

奈杰尔:on ràilway line(在铁路线上)(常规)

奈杰尔:(敲爸爸的门;爸爸开了)téatime … lúnchtime … nila take lunch on táble(喝茶时间……午饭时间……奈杰尔把午饭拿到桌子上)("我要把午饭拿到桌子上吗?")

安娜:宝宝在婴儿车里有什么?

奈杰尔:blànket … not yòur blanket … bàby blanket(毯子……不是你的毯子……宝宝毯子……)(指着他的房间)your blanket thère(你的毯子那里)

奈杰尔:that very hòt(那很热)("那个平底锅很热")… thàt very hot(那很热)("那个把手很热吗?")

奈杰尔:(试图把爸爸的书立起来)look at dada bóok … stand up … stand úp(看爸爸的书立起来……立起来)

爸爸:不它立不起来。(书立起来了)

奈杰尔:clever bòy(聪明的男孩儿)

奈杰尔:dada brùsh … play dada brúsh … hôle … got hòle in it … hole in tòothbrush … hole in dada tòothbrush(爸爸的刷子……玩爸爸的刷子……洞……里面有洞)(重复)…牙刷里有洞…大大牙刷里有洞)(高兴)

奈杰尔:play rao bártok(玩狮子巴托克)("我想你跟我玩狮子,拿着巴托克唱片的封套")

奈杰尔:anna say go awày nila("安娜说'走开,奈杰尔'")

奈杰尔:when music finish then I sing you dùck song(当音乐完我给你唱鸭子歌)("当这段音乐放完,你会给我唱那首鸭子歌,是不是?")

爸爸:(玩狮子)这是一个吃火车的狮子。奈杰尔:(捡起引擎递给爸爸让它吃)

奈杰尔:I go shòpping(我购物)

安娜:你要去购物吗?你要买什么?

奈杰尔:ègg(鸡蛋)

安娜:你去哪里买鸡蛋?

奈杰尔:Madeline Mòore(玛德琳·摩尔)(他的回答是恰当的。不确定奈杰尔的第一句话是否是一种假装—玩耍;可能="你要去购物"。)

爸爸:早饭后我们要去哪儿,你知道吗?

奈杰尔:àbbeywood(阿比伍德)

爸爸:不,不是阿比伍德。

奈杰尔:ólly 奥利("我们要去看奥利吗?")

奈杰尔:(在车站)chuffa go in mòment … that chuffa go in mòment … another chuffa hère … that train gòing … that train staying hère … people want get òff that train(火车马上来……那火车马上来……还有火车在这儿……那火车在走……那火车停在这儿……人们想下火车)

妈妈:好多火车啊!

奈杰尔:two chùffa … can't see drìver … can't see drìver in that one(两个火车……看不见司机……看不见那个里面的司机)

奈杰尔:(这天早些时候摔倒了,摸着额头)ádydà("那是什么?")

爸爸:那是膏药。

奈杰尔:tell mummy take it òff(叫妈妈把它拿掉……)(跑向妈妈)take it òff(把它拿掉)

奈杰尔:that tree got no lèaf on … stìck …(那棵树没有叶子……木棍)("它全是木棍")thát tree got leaf on but thát tree go no lèaf on …(那棵树有叶子但是那棵树没有叶子)

奈杰尔:(找到妈妈的一绺头发,把它伸直)mummy hair like ràilway

line(妈妈头发像铁路线)

奈杰尔:have céllo(有大提琴)("我要那个有大提琴图画的唱片套")

祖母:他知道大提琴什么样子吗?

爸爸:我觉得他没见过大提琴。

奈杰尔:have seen cello in pàrk(在公园见过大提琴)(实际上他没见过,但是他经常看见铜管乐队在公园演奏)

奈杰尔:have blue pin all ríght(有蓝大头钉可以)("我可以,可以吗?")

妈妈:那蓝大头钉丢了。

奈杰尔:under béd(在床下)

妈妈:不它不在床下。

奈杰尔:blue pin got lòst ... whíte pin got lost(蓝大头钉丢了……白大头钉丢了)

妈妈:不,白大头钉没有丢。

奈杰尔:(把大头钉扎进背心)that white pin prick your tùmmy ... that white pin prick your knèe ...(那个白大头钉扎的肚肚……那个白大头钉扎你的膝盖……)(扎进床罩)make hòle(扎个洞)

奈杰尔:have Nellie élephant bib(有大象内莉围嘴)

妈妈:大象内莉围嘴正在洗;可能还没干呢。

奈杰尔:have chúffa bib(有火车围嘴)(出去找;拿回来猫围嘴)... that not chuffa bib that miào bib ... put miao bib ón(那不火车围嘴那猫咪围嘴……带上猫咪围嘴)

奈杰尔:(听见吸尘器响)r-r-r

妈妈:什么发出那种声音?

奈杰尔:chùffa(火车)

妈妈:不,不是火车。

奈杰尔:àeroplane(飞机)

妈妈:不,不是飞机。

奈杰尔:càr(汽车)

妈妈：不，不是汽车。

奈杰尔：clèaner（吸尘器）

妈妈：是的，对了。

（全部都很严肃——很显然这是真正的思索。）

6. 第二阶段的解读

6.1 实用

实用情境由第一阶段的工具功能和规约功能逐步发展而来。在第一阶段初期，工具功能的表现形式为要求食物、娱乐（音乐），以及作为符号的物品——也就是说，不是他自己所有的物品（这些他一般不明确要求，我们应该记得前面阶段中的一般要求形式，"给我那个！"，直到第二阶段他仍然在使用）。这些符号性物品是个人身份和例行互动的焦点——父亲的钥匙、妈妈的唇膏、某些书等等。随着奈杰尔的语义潜能不断增加，这些成分扩展到了一个"物品和服务"的综合领域。规约功能现在延伸至成人祈使句的三种模式：第一人称"让我"，即"我将要"，第二人称"你！"，以及第一和第二人称"咱们"。这些包括具体的要求，如要求帮忙、要求运动（地方和姿态）、要求物品被操作控制等等。所有这些都有一个紧密的功能关系，我们称之为"实用"，该意义奈杰尔很快就会用升调来表示。这种紧密的功能关系也存在于这些意义和由互动功能生发出来的某些意义之间——即那些关于寻找别人和要求他们做出回应的那些意义。

出现的重要特点是与实用性话语有关的内容稳步增加。儿童的要求不再仅仅局限于物品或动作，这些仅涉及"想要的物品"这种简单的语义关系。他的要求必须用复杂的形式、复杂的语义配置来表达，通过这种途径，想要的物品或服务得到了修饰，比如加上了"更多"（*more méat*）这个意思，或联系到某些关系或过程（*Bartok ón*, *squeeze órange* 放巴托克、榨橙汁），包括把该物品和他自己联系起来的那些过程（*help júice* 帮果汁）。如果他要求一个动作，那么动作的具体细节就会通过某种方式表达，可能是通过一个表示范围(range)的成分(*play tráin* 玩火车、*play líons* 玩狮子),或者是通过加上一个环境成分(*bounce táble* 跳桌子,意思是,"我想让我的橙子在桌子上跳"),还包括那些仅有环境而没有动作的情况(*now róom* 现在房间,意思是,"现在咱们去你的房间玩")。而且,要求还可能被表述为消除不喜欢的状态的陈述(*train stúck*,*tram under túnnel*,意为"火车卡了,堵在隧道下面")。这些成分很快就会综合起来使用,因此在 NL8 我们可见到复杂的要求形式,例如 *make cross tíckmatick... in dada róom*(意为"我想打一个叉,用爸爸房间里的打字机")、*when new world finish song about bús*(意为"当新世界结束,给我唱那首关于公共汽车的歌")。

上面这个请求第一次显示了这两种意义模式的真正结合;并且其中理性意义的作用是为实用意义提供环境条件。所以这句话的音调模式正好跟成人语言的相反,成人语言中前半部分一般是升调,表示它是从属句,而后半部分是降调,这是祈使句的典型形式特征。即,when the New World fínishes, sing me the song about a bùs。但是与实用话语相关的增加的内容之所以重要,是在于它的互动性;语义系统是在互动的过程中构建起来的。实用意义,即语言作为行动的意义,创造了对复杂语义配置的需求;而这些配置所表达的对有效回应的要求,则创造了条件,使之能够继续表达、扩展。

实用成分是成人语言中语气系统的来源。在此我们不仅可以发现上文提到的各种形式的祈使语气的原型,还可以找到疑问语气的起源,就奈杰尔而言,这主要出现在他反复尝试操控物品的时候,例如,*that go thére*,"那去那儿吗?",*that blue train might brèak... réd train might break*,"你告诉过我那个蓝火车可能坏;现在告诉我这个红火车可能坏"。语气系统是一个互动的系统;实际上,它是语言互动的语义学——疑问句需要回应,并且一旦该疑问句发展至包括了"真正的"问题,要搜寻信息,这与要求完全不同,那么回应通常就表现为陈述句——反过来,从实用/理性的对立来说,这在功能上是理性的,虽然它是从最初定义的理性功能延伸而来的,原本不包括提供信息。这类真正的疑问句出现在第二阶段的后半部分,为回应模式的转变提供了条件。直到此时,对实用话语的典型回应都是非言语的;是一种动作,即便是该动作伴随着某些对应该问题的言语信号。因此,当奈杰尔说,*play chúffa*,"咱们玩火车吧",可能会有一个言语回应来对应这句话语义中的人际成分(对应祈使语气),表现形式为"好的,咱们玩吧,可以"之类的话;但是对于奈杰尔语义中的概念成分(请求的内容)的回应则表现为行动——听话者做孩子请求的事。(当然,他也可以拒绝做,但是这不影响此处的论证)。但是如果这个疑问句旨在搜寻信息,回应就完全是言语的:不仅人际成分"好的,我会回答你的问题"是言语的(虽然此处人际成分并不需要用言语表达——因为回应行为是施为性的,但它的确经常表现为言语,典型表现是回答开头有"well"这个词);而且现在表现为信息的概念成分也是言语的——听话者告诉孩子他想知道。当然,从儿童的视角来看,这是把发育过程颠倒过来了。儿童所做的是从他的符号系统中导出其内在的信息的概念,而这个符号系统本来是他为别的目的而创造的——不仅是实用目的,这个我们已经强调过,而且还绝对不包含任何信息功能的概念。一个用于编码其他非符号意义的符号系统也可以创造它自己的符号意义,即那些"告知"和"发问"的意义。(毫无疑问这是后天习得的,其途径是对请求不予回应时的各种表达、各种类型的言语声明;例如,下列对话中的"它在桌子上":奈杰尔:put Bemax on táble(把麦芽糖放在桌子上)妈妈:它在桌子上。奈杰尔:nígel table(奈杰尔桌子)。通过这种形式,儿童逐渐掌握了最初的发展功能列表中的最后一项,即"信息"功能。正如我们反复强调,使用语言来告知是一个高度复杂的概念。其他所有功能,不管是行动性的还是反思性的——即不管是开发环境的还是理解环境的——都独立于语言而存在;语言是一种符号手段,要达到一个以非语言术语定义的目的。但是告知和发问本身也是符号行为。语言作为告知的用法有赖于这样的基于事实的理解,即一旦符号系统发展了,它就会创造自己的意义;符号交流本身就成为了一项功能。所有父母都熟悉这样的典型事件序列,即在第二阶段,儿童与母亲有了某些共同的有趣经历之后,她邀请他"告诉奶奶发生了什么事"。儿童张口结舌。他完全有能力把经历表述出来,并且也许还会对母亲表述一番;但是他还没有学到,语言不仅仅是对共同经历的表达,而且还是一种代替物,即把经历告诉别人的一种方法。

出于同样原因,当他初次学习回答一个特殊疑问句时,只有在当他知道提问的对方已经知道答案的情况下,他才能够回答。在第二阶段即将结束的时候,奈杰尔才领会了这个原则;而且在他领会以后接下来的几个月里,他继续在语义上明确区分告诉别人他们已知的(表述共同经历)和告诉别人他们不知道的(表述是一种分享经历的方法)。前者他用(非标记的)直陈语气,后者他用(标记的)疑问语气。

6.2 理性

同时奈杰尔已经学会了很高程度的语言的理性功能,即语言符号系统的使用不是对现实做出行动,而是了解现实。这是成人语言中概念系统发展的首要情境:物品的种类、质量和数量、及物性和其他。这些系统发展的情境是观察事物的情境。奈杰尔对事物的体验是,它可以被表现为过程、参与这些过程的人和物,以及伴随环境。现实并不是仅有这一种表现形式,它只是一种可能的语义理解;奈杰尔之所以采取这种表现形式而非其他形式,是因为他听到的周围的语言就是这样的。我们很容易认为,社会互动的符号学——语义系统的人际成分——是在互动的过程中构建起来的;但是同样,对现实的符号学构建——概念成分——也是一个互动的过程。奈杰尔很快开始以对话的方法构建复杂的表达了;例如,(NL9)爸爸:站台上有人。奈杰尔:Waiting chuffa còme(在等火车来)。(比较通过问答来构建描述和叙述的众多例子。)

进入第二阶段时,奈杰尔已经有一些表示物名的词汇了,在观察、回忆和预测中都有使用;伴随这些词的还有一个否定形式,意思是"不再有了",它通过姿势来表达(摇头——在他学会理性模式的语言的否定形式以前很长一段时间都这么用)。物品的种类起初是图画里的东西、墙上的东西、小的家用器具、人体部分和食物(后者与实用情境中的那些物品非常不同,因为不是他自己消费的)。然后他的视野开始扩宽,先是引入了一些伴随物品名称的属性的说法;首先出现的是颜色和数字二(green càr、two pèg)。随后环境因素也引入了,典型的是地方的表达(与其他结构一样,这些也是一步一步建立起来的,起初是作为语义结构,后来语法化了:先有 toothpaste òn . . . tòothbrush,后有 ball go under càr)。然后出现了包含除过程本身以外的两个因素的复杂过程：要么是两个参与者，要么是一个参与者和一个环境。到 NL8 奈杰尔的世界扩展至复杂现象，例如 *dada come on fast tràin, anna make noise gràss*。

　　正如我们预料，所有这些因素以及他们的组合，一般都先出现于理性语境，后出现于实用语境。但是有一个例外，它不仅有趣，而且正处于这个系统的中心。这些过程本身——那些将会变成动词的词——经常先出现在实用语境中；而且，语义系统中那些引入作格（因果）因素的词尤其如此。渐渐地，奈杰尔的早期过程—参与者组合——即那些将会变成动词＋名词的组合，开始把参与者作为中介——以成人语言的术语来讲就是不及物的动作者或者及物的目标。这些可能出现在这两种语境中的任何一种："事情发生"或者"我想让事情发生"。但是，不久他又引入了施事结构；此时中介功能似乎是实用功能，意思是"让我使事情发生"（look at dada bóok... stand úp... stand úp"我要把它立起来"）。无需多说——证据不是很多——我们可以认为，也许实用功能有助于及物性的发展，特别是通过为过程结构中使役因素的表达创造条件这一方式。这里可对照第一阶段的规约意义，其中"再做一次那个！"意思是"让它跳"，在第二阶段早期诸如"跳"这样的要求意思是"让皮球跳"或者"让我跳"。

　　如果是这样，那么一般模式似乎是这样：第二阶段的实用功能为成人语义系统中人际成分的发展创造条件，而理性功能为概念成分的发展创造条件。本质上，这就是成人语言之所以如此进化的原因：它满足了人对环境施加行动和反思的双重需求（后一个需求在发育情境中可理解为认识环境）。我们要探讨这种平行发展的原因在于对儿童语言的解读上有两个主流传统，每一个都仅重视一种功能而排除另外一种功能。一个传统来自于认知心理学，认为语言的唯一功能是概念功能：如果儿童学会说话，那仅仅是为了表达想法，而想法是关于事物及其关系的。另一个传统来自于社会人类学，认为语言的真正功能是人际功能：儿童学说话是为了得到他想要的东西或服务，即让其他人把物品给他，或者为他做某事。很显然，这些都是这幅图景中的关键部分。（而且我们也许还可以补充第三种次要的传统，可能来自于美学，认为儿童学语言是为了唱歌和玩耍）。真正的意义在于观察这些功能如何决定语言系统的个体发育，以及他们在此发育过程中各个关键点上如何互相渗透。

6.3 实用/理性系统的崩溃

我们认为,每一种功能都携带有另一种功能的强烈次动机。实用话语也可以是有关事物、事物之间关系,及其某些方面——例如(如果我们所说的是正确的),过程中的使役成分也可以在实用语境中表述。同理,理性话语也可以涉及某种与环境相对比的立场;这类强化和评价,例如 *old trèe*、*loud nòise*、*big bàng*,以及带有 *too* 的表达——*too* 非常复杂,因为它作为一个评价因素,只有与某个参照点相比较时才可以理解,并且这个参照点可能是说话者的观点。所有这些最初都出现在理性语境中。

但是此论点必须以更为概括的方式表述。当我们说理性功能为语义系统中概念成分的产生创造了条件,而实用功能为人际成分创造了条件,我们的意思是,概念系统——及物性(各种过程、参与者、环境)、词汇分类(物品名称的等级结构)、质量、属性等等——首先是在理性语境中演化,而人际系统——语气(陈述、直陈和疑问、祈使)、情态、人称、强度、评论等等——首先是在实用语境中演化。当然,我们说的这些系统是就儿童正在发育的语义学而言的;儿童的语气系统与成人语言的非常不一样,而且儿童要学会成人语言的系统或者是语法表现形式还需要很长时间。我们在此描述的是功能这个概念的进化,从第二阶段"语言使用的概括化语境"的意义进化到第三阶段"语义系统的成分"的意义。

但是如果我们从第三阶段系统的组织的角度回过头看第二阶段,那么我们可以看到这个组织从一开始就以原型的形式存在了。以第二阶段来说,每一句话要么是实用的,要么是理性的;这可以从奈杰尔的音系学特征中得到证明,即所有的话都必须要么是升调,要么是降调;这是从他第一阶段系统的功能意义那里连续下来的,在第一阶段中每一种功能意义都是具体和简单的——一个功能每次只有一个意义。但是,在第三阶段中,所有话语都同时即是概念的又是人际的;并且,这种特点自从儿童建立了一套词汇语法系统的那个时刻起就无可避免地形成了。只要话语是由有序组合的词语构成,它就既有概念意义也有人际意义,前者是内容,与儿童经验有关,而后者指言语情况中的互动角色。(理性和实用之间的选择本身就是一个人际系统,因为它编码了儿童自己承担的和赋予听话人的符号角色。)这就是我们所说的第二阶段是过渡阶段的意思。它本身不是一个介于婴幼儿语言和成人语言之间的系统,而是这两者之间的一个交叉时期。"第二阶段的功能"的解读,即解读理性和实用这对语言发展研究中经常以不同名称出现的对立功能,是解释这种交叉的本质的一种方法;但是它的意义不止于此——它实际上是奈杰尔完成过渡的重要手段,其证据是他清楚地把每一句话分配给一种模式或另外一种模式。

随着这对对立功能所表达的意义的演进,直至最终融入到成人语言的语气系统,这对对立概念也最终崩溃,这可以从大约第二阶段中期开始的两个不同但是相关的过程中看到。理性和实用的结合有两种方式,一种是线性的,另一种是同步的。一方面,一句话中理性成分和实用成分互相接替的情况越来越常见;二者的先后顺序时有变化,并且二者同时存在的情况还要再过很长时间才出现。这最先是通过话语语境的改变而发生的,例如,奈杰尔(对爸爸):*tell mummy take it òff*("我将要……")……(跑向妈妈)*take it óff*。但是不久以后,这种用法就延伸了,他开始从一种意义直接变换到另一种:*dada got scrambled ègg… mummy get fór you scramble egg*("爸爸已经有了一些,现在也给我一些");从这里开始再有一小步,就发展到了复杂话语,其中一个变成了另一个的条件,如上文所述例子:*when new world finish song about bús*。到 NL9 结束时,这些话的语调开始变化:*when music fínish then I sing you dùck song*。这是升调/降调对立崩溃的最早迹象,此处可能是受到成人系统的强大影响(在此例中成人系统跟他自己的正好相反),虽然升调/降调继续控制接下来的几个月的语言系统。

另一方面,越来越明显的是,当任何给定话语或其一部分继续被标明为实用的或是理性的时候,所表达的含义是占主导地位的模式而不是排除性的模式。把话语理解为仅仅发挥一种功能、具有一个意义的观点,是没有意义的;实际上,(由语调)分配的功能是关键信号,或者是占优势的解读模式(对比成人系统中的"语气")。所以,奈杰尔走进他父亲的书房时说 *téatime… lúnchtime*,此话意义中明显有一个观察的("理性的")因素:"现在是喝茶时间—我是说现在是午饭时间";实用成分所做的就是把这个意义嵌入一个行动语境之中,标明它的真正意义是指令"那么来吧!"——该意义由随后的一句话表达得清楚无疑:*nìla take lunch on táble*。同理,下面这句话的意义里有一个实用成分,*dada ready nòw*("爸爸准备好现在一起吗我想让他这样",事实是,当他发现爸爸实际上没有准备好的时候,就用升调重复了一遍这句话:dada ready nów("请你!")

因此,到实用/理性的语调系统确实崩溃的时候,如在第三阶段为了使升降调的对比承载成人系统中的意义而不得不崩溃一样,它已不再适应奈杰尔的语义潜能了。它不是必需的,因为它的作用已经被语气系统接管;而且,它也是不恰当的,因为它把优势地位强加于两个模式中的一个。人类语言的最高属性是每一个符号行为都是行动和反思的综合体。这就是我们说的"所有话语都是同时围绕概念维度和人际维度而组织"的意思。为了达到这个目标,儿童在逐渐积累能力把二者结合起来的过程中,必须经过一个"或者"阶段,即在此阶段内,每句话都仅有一个维度的意义。而作为支架的功能性框架,现在成了障碍,要被拆除。

6.4 语篇组织

同时在第二阶段进程中,作为同一个综合过程的一部分,奈杰尔已经把语篇组织引入到系统中。就成人语言而言,这代表第三种意义成分,"构成篇章的"成分:它是该系统在语境中可操作性的潜在因素——没有语篇组织,"意义"就是一个无意义的活动。语篇组织隐含语类,它是一种意义组织模式,把功能(此处功能这个概念是另外一个意思,跟我们所指的元功能要区分开)与使用联系起来:即将功能与社会语境,或情景类型联系起来。语篇的语篇组织不仅有赖于恰当组织语篇部分并把它们结合到一起,而且在此过程中还结合了语境——不管是叙事、对话、还是任何语类模式。

在第二阶段奈杰尔认识了两种语类结构:叙事和对话。叙事包含完全理性的序列;对话则是混合的,但经常带有很大的实用成分。这两个概念当然不是纯粹的分类;叙事可发生在对话场景中,并且对话也可用作构建叙事的一种方法。但是二者都具有各自独特的组织形式。例如，问答是属于对话的一种语篇组织形式，而观察序列则一般发生在叙事中。正如我们在第四章看到过的，奈杰尔早在第二阶段就开始形成具有语义结构但还没有语法结构的序列，像"tree, broken, take-away, all-gone, byebye(树，破了，拿走，都走了，再见)"；这些是早期叙事。随着时间推移，他学会了用合乎语法结构的形式表达这样的序列；但同时他的语义结构也愈加复杂，结果是超出了语法结构的范围，具有了体裁意义上的结构——他们具有了叙事的语篇组织。

这种序列的一个有趣特点是它们是通过对话建立起来的。下面是一个例子。奈杰尔二十个月大的时候，被带去动物园，他在儿童区捡起一个塑料盖子攥在手里，另一只手在抚摸一头山羊。这山羊过了一会儿开始吃那个盖子。饲养员来干涉，温和但坚定地说山羊不可以吃那个盖子——对它不好。下面是奈杰尔几个小时以后回到家后回忆这件事的话：

奈杰尔：try eat lìd(想吃盖子)

爸爸：什么想吃那个盖子？

奈杰尔：try eat lìd(想吃盖子)

爸爸：什么想吃那个盖子？

奈杰尔：gòat... man said nò... goat try eat lìd.. man said nò(山羊……人说不行……山羊想吃盖子……人说不行)

然后，在一段间隔以后，当大人叫他睡觉的时候：

奈杰尔：goat try eat lìd... man said nò(山羊想吃盖子……人说不行)

妈妈：那人为什么说不行？

奈杰尔：goat shòuldn't eat lid(山羊不应该吃盖子)(摇头)... gòodfor it(对它好)

妈妈：那只山羊不应该吃那个盖子；那对它不好。

奈杰尔：goat try eat lìd... man said nò... goat shòuldn't eat lid... gòodfor it(山羊想吃盖子……人说不行……山羊不

应该吃盖子……(摇头)对它好)

　　在随后的几个月里，这个故事被经常重复提起，成了一整个熟段子。

　　这段对话的结果是一个典型的叙事序列，叙事的各个部分联系起来构成了一个话语集合。但是除了具有这种"语类"结构，它们还在内部结构和衔接的意义上表现出语篇组织：有重复的词，如 *goat* 和 *lid*，照应词 *it*，以及 *shouldn't* 上的标记重读，表明下面的 *eat lid* 应理解为"已知"，可从前文复原。换句话说，奈杰尔正在开始建立成人语义系统中的第三种成分，语篇成分或篇章构成成分。它在成人语言中有两个部分：一部分基于结构，另一部分基于衔接。前者包括小句的主题和信息系统，以及通过主重音或主要重音的位置、由语调实现的、已知和新信息的分配。后者包括各种指称的照应关系、替代、省略、连词、搭配。这两类语篇组织的形式在第二阶段初期就开始在奈杰尔的语言中出现了。

　　早在第一阶段，当他区分 a::dà（中降）"那是什么？"和 a::dà（高降）"那又是什么？"的时候，他就已经把语调用作一种篇章形成手段了。也许最清楚的例子来自于"起名游戏"，是奈杰尔大约十五个月的时候开始的，用一个符号表示"看这幅画，咱们一起给它起名字"——要知道的是他非常清楚地知道这个名字，并且也在这种语境中听过。他打开它的小纸板书，指着一幅彩色图画，说：

　　adỹdà【中平＋中降，无跳起】

　　这将在下个阶段发展成"那是什么"的意义，询问一个未知事物的名称；但是在这个阶段它仅仅表示"你说说那名字"。所以他妈妈说"那是皮球"。然后奈杰尔翻到下一页，说：

　　adỹdà［中平＋(跳起至)高降］

　　"那又是什么？"此处有一个清晰的信号表示这是第二个话步；跳起和高降调表示这是对上一轮问答的继续。这已经是一个具有语篇组织的互动形式了；这句话与前面话语的关系因一个特殊的语调模式凸显出来。

　　从某种特殊意义上说，即使儿童的一次意义行为失败，他所做的准备性行为中也有语篇组织存在。当我们看到儿童很早就可以意识到他的意思没有被理解、交流过程失败的时候，不应该感到惊讶。有趣的是儿童为了补救这种失败而采取的策略。奈杰尔在早期（一岁六个月）就已经学会了一个策略，在以后的人生中他都拿来应对此种情况：他学会了缓慢而清晰地重复刚才没有被理解的话。在他满十八个月之后的那天，他出去散步，回家以后在演习他所看到的东西：

  Gà:ɒGə̀:ɒ … tìk" … lòu … bà …

"（我看见）鸭子、木棍、洞、公共汽车"。这个清单中的下一项是：

  dòubā

他父亲在他散步时就一直跟他回应，到这里，被难住了。这个表达的通常意思是"烤面包片和黄油"，但是奈杰尔不可能在散步路上看到面包片和黄油。他尝试猜了好几次，但都不对，最后奈杰尔重复了一遍，声音缓慢而慎重：

  dōubà

就像他正在跟一个不太熟悉这种语言的人说话那样。但是事实是，这个策略没有奏效，他父亲根本没有理解。但是这个模式建立起来了，它迈出了言语互动的语篇组织发展中的重要一步。

  现在我来解释一下奈杰尔建立起母语中初级篇章构建资源的具体步骤。某些语义模式有助于语篇的衔接：照应、替代、连词、重复。奈杰尔学会这些是在原始母语往母语的过渡时期，大致是一岁半至两岁时。首先出现的是指示性照应词 that，它第一次用在一个指示（外指）语境中，指情景（如一岁七个月时）：

  that bròke

意思是"那边的那个东西"。同时，奈杰尔开始有规律地使用下面的表达：

  háve it 或 háve that [avit, avdát]

同时伴随指点动作，意思是"我想要那边的那个东西"。在此时期，十九个半月至二十一个月时，that 和 it 是外指的，指环境中的东西；但在一岁八个月时有一个有趣的例子，是外指照应和前指照应的中间物，即

that sóng

意思是"唱你刚才唱的那首歌"。逐渐发展至完全前指照应；在一岁八个月我们有

train under túnnel ... getit fóryou（火车在隧道下……把它拿给你）

当火车刚刚驶出他的视线，他又说

why that clóck stop ... ménd it（那钟表为什么停了…修修它）

此处的钟表是从几个小时前的情境中回忆起来的，这句话可能是从他父亲当时说的原话照搬过来的。真正的前指照应直到一岁十一个月才出现。

但是，同时，奈杰尔在这个阶段有另外一个具有部分前指功能的成分，它本身不是一个指称词，而是一个替代词。即 one 这个词，比如英语里 give me another one（给我另外一个）这句话中，one 代替某个名词，该名词听话者可从之前的语境中获知：他一定可以知道是另外一个什么。奈杰尔起初把这个替代词 one 用于所有外指和前指兼有的语境中。他正在吹泡泡，一个特别好的泡泡出现了，他说：

big òne

（重音落在 one 上，而成人语言中会落在 big 上）。在此之前，泡泡这个词已经被使用，包括奈杰尔自己：

bæb" nɑuəu

"泡泡转啊转"。所以当他说 big one 的时候，泡泡此前已经被注意到了，并且也处在当下语境中。同样的表达他还在看火车过车站，来的第二辆火车比第一辆长的时候说过，这次重音落在 big 上：

bìg one

这次同样，照应物就在当下语境中；这个替代词 one 的意义中既有情景成分也有语篇成分。

十九个半月至二十一个月这段时期，对奈杰尔的语篇结构的发展来

185

说,是非常关键的。下面是他和妈妈之间的一个小对话。奈杰尔正坐在他的高椅子上,耐心等待他的早饭;他说:

Put bemax down on táble

"把 bemax 放下,放在桌子上"。但是 bemax 已经在那里了,在大桌子上;他妈妈说"它在桌子上"。奈杰尔说:

níla table.

"奈杰尔的桌子",也就是说,"把它放在我的桌子上"。这个话语序列如下:

奈杰尔:Put Bemax down on *table*.（把 Bemax 放下,放在桌子上）
妈妈:It *is* on the table.（它就在桌子上。）
奈杰尔:*Nigel* table.（奈杰尔桌子。）

注意语调模式,重音从最初的句末词的非标记位置回到了前面那个词,因此清楚地表示第二个 *table* 与第一个形成对比,就像成人话语那样。而且同样的,和成人语言一样,升调没有受影响,仍然是升调,奈杰尔这段时期的所有实用(要求回应的)话语都是用升调。此后不久,在家人警告了奈杰尔把火车乱撞的后果后,他说:

that blue train might brèak . . . réd train might break.

"那个蓝火车可能会坏;红火车可能会坏?"——换句话说,这规律对红火车也适用吗？此例中主重音移至句首,句子的其他部分都在主重音后面。

这些例子说明奈杰尔已经学会区别不同的信息结构,方法是通过一个标记形式,即把主重音放在句子末尾之前的位置上,这样把他要说的和前面的语境联系起来。同样的模式在下面的会话中再次出现:奈杰尔跟他妈妈出去散步,回来后他看着她,说(一岁九个月):

big nòise.

他妈妈问"谁发出大噪音?"奈杰尔回答:

drìll make big noise.

"钻发出大声响"。主重音落在钻上表示后面说的内容都是"已知"材料。

奈杰尔学习列清单的时候,有规律地放置主重音也发挥了作用,例如(一岁九个月):

> one blúe chuffa . . . one rèd chuffa

"一个蓝火车,一个红火车"。这不仅涉及到猜测前面过去的,还涉及到预期后面要来的;这个清单一定是事先就作为一个整体计划好的。

我们一直在关注语言发展的一个关键阶段,因为从语言学的角度来说它代表着过渡。这个阶段对应到奈杰尔身上,就是一岁半至两岁这段时期,期间奈杰尔从原始母语转化到母语;作为此过程中的一部分,在他学习建立意义的其他成分及其表达结构的同时,他也在学习建立语篇成分或篇章构成成分。

但是只有到语言具有结构时,主重音突显的位置对比才呈现出来;这些例子在大约 NL7 时期开始出现。如下面这些例子:

奈杰尔:put bemax down on **táble**(把 bemax 放到桌子上)

妈妈:它就在桌子上。

奈杰尔:**níla** table("我的桌子上!")

奈杰尔:**dada** got scrambled **ègg** . . . mummy get **fóryou**(爸爸有炒鸡蛋⋯妈妈给你炒鸡蛋)("给我一些!")

奈杰尔:big **nòise**

妈妈:什么发出这么大噪音?

奈杰尔:**drìll** make big noise(钻发出大噪音)

大约与此同时,最早的衔接模式开始出现:首先是替代(*one*),然后是照应(*it*、*that*),最后是连词(*but*)。照应词 *it* 和 *that* 最初出现的也是它们的主要意思,即照应情境:*have it！*，*Have that！*，*why broken that？*(要它!要那个! 为什么打破那个?);他们在语篇照应中的用法晚些时候才出现。另一方面,替代词 *one* 从一开始就用在那些与情境和语篇都相关的情境中——即该物体在场,并且 *one* 代替的那个词已经出现过,例如,*big one* "大泡泡"的情境是,一边吹泡泡,一边谈论泡泡。连词出现得更晚,第一次出现是在 NL9:*that tree got no lèafon...thát tree got leaf on but that tree got no lèaf on*(那个树上没有叶子⋯那个树上有叶子但是那个树上没有叶子),标记主重音落在 *but* 前面小句里的 *that* 上。这个 *but* 是奈杰尔语言中首次使用的连词;它的功能,如成人语言一样,是把第二个小句与第一个小句从意义上连接起来。它表达少量语义关系中的一种——这些语义关系包括附加、转折、因果和时间——这些综合起来,可以解释语篇中的每一步是如何与前面相联系的。下面这个例子是多个这种模式一起使用的例子,这是从 NL9 摘取的一个典型对话样本:

> N. chuffa walk on ràilway line (2)... fast chùffa... one day might gò on fast chuffa (2)F. Yes we might. N. one day go on blue chùffa... next chuffa còming... go on thàt one.

(奈杰尔:火车在铁路线上走……快火车……有一天可能去坐快火车 爸爸:对的,我们可能去坐。奈杰尔:有一天去坐蓝火车……下一个火车来了……去坐那个。)

6.5 想象功能

上面的例子出现在想象场景中;这段对话实际上发生在家里。它表现了第三种符号模式,想象模式,它作为意义发展的一个次主题一直存在。语言的想象用法一般有自己的语音特点;我们看到第一阶段中语言游戏的形式通常在语调和其他方面都不一样——当然,因为语言游戏包括语音游戏,如押韵、谐音以及其他类型的声音模式。(最丰富的语音游戏当然是歌曲,它是随着语调和韵律唱的。)但是该系统可以在各个层次上发挥作用,也由此产生了语义创新,即用意义潜势创造一个虚构的环境,这是在第二阶段的特征。回忆功能在此发挥关键作用;当奈杰尔自己想象"下一个火车来了……去坐那个"的时候,他也是在回忆过去的事件,在那些事件中这句话是恰当的,并且可能真的说过。与此同理,儿童讲的大部分故事是把一串回忆连接起来,这些回忆要么是过去的事情,要么是他听过的故事。因此,语言的这种想象功能的驱动力是理性功能,语类形式是叙事。这些显而易见，因此我们倾向于在普通语篇中使用"叙事"这个术语来指虚构的叙事。但是我们应该记得，叙事最初是作为一种学习策略发展起来的，只有到了概念潜势和想象功能（想象功能是独立发展起来的）相结合的时候，虚构叙事才产生。

  但是，即使当奈杰尔开始把意义用作一种玩耍的方式以后，占主导地位的是游戏玩耍，而非假装玩耍。的确，首例语义假装似乎是一个误解的结果：奈杰尔说 *I go shòpping*（我去买东西），这句话在他的个人系统的那个演化阶段，意思是"(我看见)你去买东西"，对方的回应是"是吗？你要买什么？"奈杰尔顺势进入场景，说到"鸡蛋"。如果奈杰尔的原话是假装玩耍，那么它是唯一的，并且一段时间内仅有这一个。更典型的想象情境是如上文 NL9 例子中的一段对话，由 *eat chùffa* 开始，奈杰尔在这段话中围绕 *can't eat chuffa*, *can't eat man*, *can't eat book* 这个主题玩了一个很长的语言游戏，这个游戏牵涉各个层面，语音的、词汇语法的、语义的。不久以后，这种事情会让他发笑；对意义发笑（不同于对事物发笑，如爸爸牙刷上的洞）的能力似乎是第二阶段的成果，这有赖于语义系统的充分发育，但是用意义玩耍是过渡阶段的一个明显特征。

  下面的图表总结了本节所论述的发展情况，按理性和实用两个标题编排。所有引用的例子都列在第 5 节所给的清单里。希望这个相当粗略的总结可以说明一个儿童从他创造的最初的"婴幼儿"语言过渡到掌握成人语言过程的进步。应该再次强调，当他快两岁时，进入我们所说的第三阶段，并不意味着他已经掌握了英语。这意味着他已经构建了一个三层符号系统，其组织方式与成人语言一样。该系统是英语的，而非其他任何语言的，就像一朵郁金香花蕾是郁金香，而不是菊花或者玫瑰。但是到它完全绽放，还有一段很长的路要走。

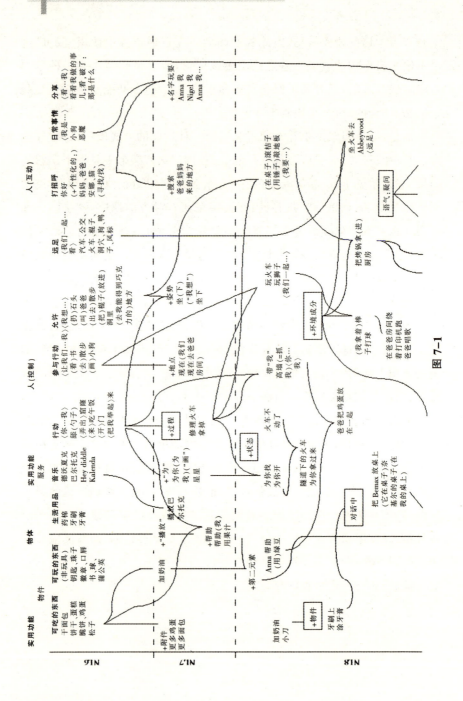

图 7-1

第七章 进入成人期语言(1975)

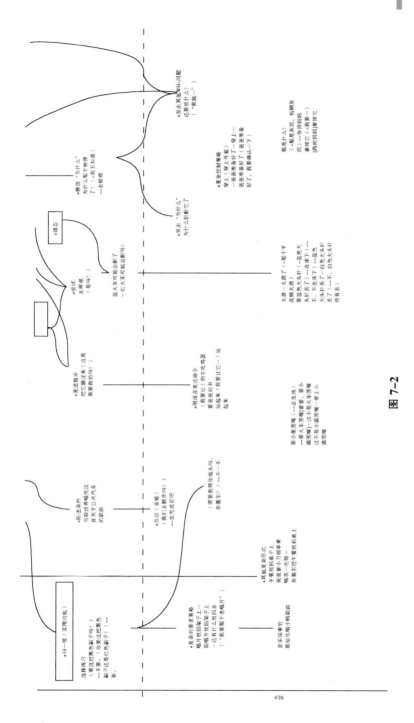

图 7-2

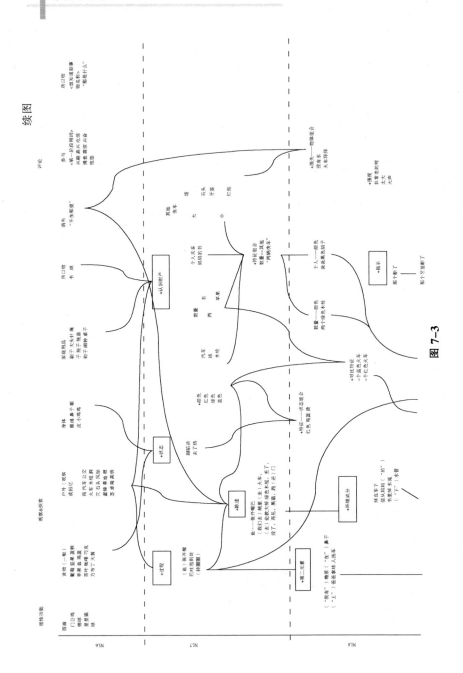

图 7-3

第七章 进入成人期语言(1975)

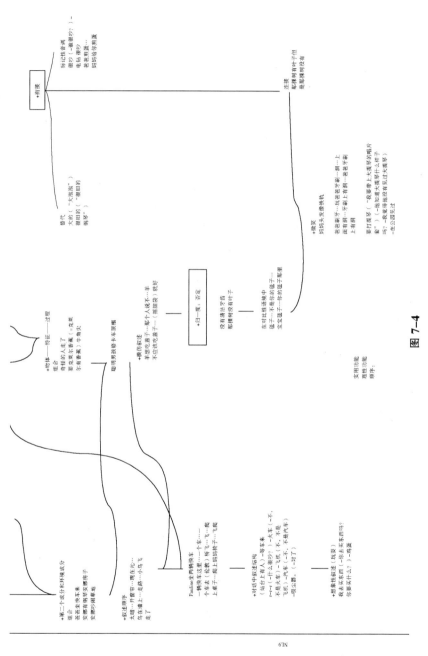

图 7-4

(孟艳丽 译)

第八章

发展语言学如何解释作为系统的语言(1980)[①]

1. 引 言

在我们认真开始研究儿童发育以前,而且在这些研究可以对思想趋势产生重要影响以前,我们必须改变对童年概念本身的理解,从社会的角度看儿童意味着什么。布雷泽尔顿(Brazelton 1979:79)回忆说,不久以前人们还认为婴幼儿"在反射或半脑水平上活动"。玛格丽特·布卢瓦也写到(1979b:27):"当我还是个医学学生的时候,老师告诉我,婴儿生来是既盲又聋的——即使大一点的婴儿也没有

[①] 本章内容最初发表在《北欧语言与现代语言学——第四届北欧语与普通语言学国际研讨会论文集》。奥斯陆:大学出版社,1980,1—18页。

第八章　发展语言学如何解释作为系统的语言(1980)

多少感知周围世界的能力。不仅儿科医生,还有心理学家,都把他们打发到了一个迷迷糊糊的世界。"

如果儿童被看做成人的不完美的版本,这是西方和一些其他文化(对比美术中的儿童,都被表现为长着成人的脸和身体比例的侏儒)的传统观点,那么儿童的发展,包括语言发展,会被看做从不完美到完美的进步;而儿童的行为,包括语言行为,也会被看作从有缺陷的逐渐接近成人标准的尝试。在这种情况下,行为和发育过程对于解释不管是成人语言还是一般性成年人的完成状态,都没有任何内在意义,也没有任何哲学意义。

发展研究只有在以下情况下才会受到应有的重视:当童年不被看作一种不完美,甚至是消极意义上的不成熟(缺乏成熟),而是看作人类状况的一个特殊方面;而且成长被看作一种生命的形式,具有它自己的积极特点。

我们需要付出心智努力才可以理解,儿童在识解一个系统的任何时刻,他自己的系统也在被识解。并且,当我们做出这种努力的时候我们很可能会走向另一个极端,即不仅认识到儿童有一个系统,而且很看重该系统的完美以致于我们没有办法解释它如何,更别说为什么,一直不断演化,变为别的东西。如果我们记得成人系统也不是完美的,也是变化的、持续演化的,这一点就比较好理解了。个体发育仅仅是这个创造系统过程的一个维度,而且所有的行为系统,包括语言,本质上都是相对稳定的,只有通过适应和改变才可以持续。

儿童的语言系统在其发展的任何阶段都是一个系统,就如成人语言是一个系统一样。但是在这个系统中,我们不仅可以看到它过去的痕迹(就如以系统发育学的角度看,我们今天所知的语言也带有它发展演变的历史痕迹一样),而且既然我们知道儿童语言的发展方向,那么我们还知道它的将来。发展语言学的一个目标是解释儿童系统为什么按照它现在的方式发展;而且为了弄清楚这一点,我们首先试图认定儿童要识解的东西是什么,然后再问为什么是这样,同时我们要记住语言在人类年幼者和成年者的生活中发挥着哪些功能。

本章试图列举语言发展中的一些重要步骤,以足够抽象的术语解释他们为什么重要;这是一个分析练习——这些步骤并不是相互孤立地呈现给我们的,也不能在语言使用形式中被直接辨认出来。上一节总结了我们对语言的系统本质的理解所带来的影响。应该强调一下,在下文所有的讨论中,所考虑的对象是语言。我们不是在以语言为工具来说明儿童发育(或者其他任何对象,比如认知或者理解的本质);而是在以儿童发育为工具来说明我们叫做语言的那个东西的本质。

2. 语言的基础:交际意图和符号行为

　　人们对童年态度的改变的一个标志是,对婴幼儿和新生儿的行为正在加以关注。通过观察他们与护理者的互动方式,我们可以肯定儿童从一出生就开始交流;他们有一种天生的本性去与人说话,并且,能够察觉别人对他说话。这种观点我们经常听到以各种笼统的文化措辞表达:"任何父母都知道,……"。

　　我们还可以推测(虽然不能确定),儿童生来就具有以符号意义行事、使用和识别符号的能力。既然他们似乎是沿着一条路径,从非符号行为经由半符号行为,即图标符号,到达完全符号行为,那么也许这是他们必须学会的。但是证据却可以有不同的解释。

　　这些——交际意图和以符号行事的能力("表意")——是构建语言的两个先决条件(参看 Bullowa 1979b)。

　　有一段时间,人们假设儿童"生来就具有一套语法",即一种专门针对语言、不同于其他学习形式的习得机制。但是既然语法不是语言的前提(婴儿语言系统就没有语法),那么这个假设就很难成立;并且在任何情况下它都不是必需的。

　　不论以符号行事的能力是不是与生俱来的,它都必须通过互动才能得以发展。创造语言的过程是儿童和护理者互动的过程;护理者不仅与儿童交流意义,而且他们还与儿童一起识解该系统。康顿(Condon 1979:136)几年前注意到成人话语环境中听者对说话者的"追踪",认为这是"互动同步";后来他还观察婴幼儿追踪成人话语(康顿和桑德 Condon and Sander 1974)。同样,成年听者也追踪说话的儿童;儿童和成人共同创造语篇。现在,当我们开始研究婴幼儿的语言发展时,发现在这里追踪也是一个根本性的概念。护理者不仅追踪过程,他们还追踪系统。儿童和成人共同创造语言。母亲知道孩子想说什么意思(在潜意识里;她通常不知道自己有这种知识),因为她一直在和孩子一起识解这个系统;她接受性地使之发挥作用,并把它与自己更加完善的系统储存在一起,而她完善的系统当初也是以相似的方式形成的。

3. 语言的本质:语法前(原始母语的)和语法化了的(语言学的)系统

婴幼儿一开始是识解原始母语(第一部分已有论述;参见卡特 Carter 1978a)。令人惊讶的是这方面的研究还很少;但是一个一般模式是(比较纽森 Newson1979:252):"到第一年的最后三分之一的时候,正常的婴儿都学会了一些带语调的声音信号,它们表示一种特定信息。"

婴幼儿原始母语的一个特征是它是双层系统,具有语义和音系(或其他表达方式),但没有语法。他们的元素是单个的符号,内容—表达的配对。意义直接编码为声音或姿势。

在生命的第二年,儿童识解了一个三层系统,有了一套语法(即一套词汇语法,表现为词语和结构),语法是作为意义和声音的对接层出现的。我已经详细讨论过这一步在某个特定儿童身上如何发生(参见第七章);毫无疑问,有很多可能的路径,但大体策略可能只是有限的几个。

三层系统是意义潜势扩展的先决条件。只有有了语法,即意义和声音之间的完全抽象的编码层,才有可能同时表达多于一个意思:把意义在两个层面之间谱画,由此,多种选择(虽然每一种本身都很简单)现在可以结合起来形成丰富而复杂的语义配置的聚合体。

下面是奈杰尔在一岁八个月时报告街上发生的一件事的话:

blā mià... ɹʷ āɒ̄eɔə

"黑猫;跑进门"

这些词表达的概念意义是"(有)一只黑猫,(它)跑进门"。语调表示这句话是理性的而非实用的——即对世界的反映,而非对行动的请求。这在此阶段很典型(一生都很典型!),儿童的语义潜能领先于他的语法潜能;这是一个单独的消息,一个语义结构,但他还不能够将之编码为一个具有单独声调曲线的语法结构。

虽然已经有很多人尝试证明相反的观点,甚至以人为手段促其成立,但是除人类以外的其他物种似乎都没有经历创建语法这一关键步骤,以使原始母语转化为语言。在我看来,这是人类(成人)和动物交流系统的根本区别:人类语言是三层系统,具有词汇语法层,即意义和表达的中间层的语言"形式"。婴幼儿原始母语与其他物种的交流模式相似,而其他物种的交流模式缺少这个中间层。

3. 语言的内容:物品及服务和信息

交流过程是一个交换模式,其间两种东西中的一种被交换:要么是物品及服务,要么是信息。语言在这两种模式上运行。

儿童最初使用语言——原始母语——以交换物品及服务。直到有了语言,他们才得以表达信息交流的概念。原始母语在交换物品及服务方面是相当有效的:儿童可以借此得到他想得到的或是他想让人为他做的,可以让某人以他想要的方式行动,或者给某人什么东西;诸如以下的意义"我想要那个物品""我想别人为我做这个服务""我想让你跟我玩""我把这个给你",都可以有效编码为简单的符号。但是在交换信息上,原始母语就不能胜任了。

以这两种模式互动的能力是对话的先决条件,也是通过语言经历"社会化"的先决条件。迈向信息模式的最初几步从一开始就有了,与提出物品及服务的要求是同时的;它们通常表达快乐和兴趣("我喜欢那个""我对那个好奇"),以及分享经验的符号("咱们一起看这个吧")。但是从此处到信息模式的路还很长,也很复杂。

告诉某人一件你知道而他不知道的事情这种行为——信息交换的示例形式,语言以此发挥共同经验的代用品的功能——是一个在发育过程中形成得相当晚的功能。但是它并不是凭空产生的。如刚才提过的,有一些先行的步骤;而且还有一个从原始母语到语言的整体功能连续性(格里菲斯 Griffiths 1979）。表 8－1 显示了"我有件事告诉你"这个功能在奈杰尔身上逐步发展的路径。

表 8－1 交换信息能力的发展：可能的路径

可能年龄（非常多变）	儿童话语的功能	儿童话语的意义	阶段
八个月	互动	"喂！"	原始母语
十个月	通过共同的注意而互动（例如，注意图画）	"喂！——咱们一起看这个"	原始母语
一岁	对物体（例如图画）的共同注意	"咱们一起看这个"	原始母语
一岁两个月	共同注意＋别人说名称	"咱们一起看这个；你说它的名字！"	原始母语
一岁四个月	共同注意＋儿童说名称	"我们俩正在看……"	过渡
一岁六个月	共同的回忆＋儿童说名称	"我们俩看见一个……"	过渡
一岁八个月	共同的回忆＋儿童描述	"……发生了（我们俩都看见了）"	过渡
一岁十个月	回忆＋儿童描述别人未参与的事件	"……发生了（你当时不在那里，没看见）"	语言

5. 语言的创建：文本（"过程"）与系统

儿童从周围听到的表达中识解语言的时候，似乎采取了一种两股策略。

一方面，他们把这些表达作为证据，从众多实例中识解语言系统；这些例子不仅有丰富的意义、用词和声音，而且还有语境——与环境有紧密关系。因此一个儿童可能从周围听到一些例子，包含诸如...bus!，...bus?...car! 等等的语音表达；这些为语调和发音的音系系统的识解提供了证据，该系统中的一小类他当时已经能够通过自己的表达富有成效地实现，这些表达包括诸如 bà，bá，kà 等形式（参见克里斯托 Crystal 1979）。

另一方面，他们把这些表达作为语篇，认为它们是拼零为整，用于会话。儿童可能听见"看,有个男人在洗车。"他加工这句话,把它表达为mæ kli꞉kɑ̀,并且当他叙述回忆中的事情时会重复说很多遍。

有了这两个平行的推动力,他跳跃式前进,时而这个领先时而另外一个领先。一个语篇被恰当地识解、使用,它包含词汇语法特点和音系特点,这两个特点尚未进入系统。然后系统就奋起直追,并且超越,把仍旧以老样子表达的语篇甩在后面,直到该语篇被重新处理,自然死亡。

以此方式处理实际话语的能力,把它们识解为既是系统又是语篇,是掌握所有表现系统的前提条件,这些系统包括语言,但不局限于语言。

我们已经表达过以下观点,即儿童从周围听到的语言实例不足以作为识解系统的证据。这似乎忽视了两个事实。第一,儿童周围的语言通常是流利的、高度结构化的、具有丰富的语境;根本不像那种具有智力讨论特点的语言,即自知的、严密监控的、缺乏情境的语言,而这样的观点正是基于对后一类语言的观察。第二,沿着上文说过的某些路径从观察到的表达中识解系统,是儿童面对文化中所有符号系统都必须解决的一个一般性学习问题;他们解决该问题的能力来自于他们的表意能力——即辨识符号和处理符号的能力。

6. 由语言构建现实:行动和反思

这似乎是从原始母语转向语言的一个主要策略,即一些儿童——也许是大部分儿童——都系统地区分,如上文所述,实用话语和理性话语:前者是对世界施加影响的方法,后者是了解世界的方法。当然,前者是行动于人,因为说话不能直接行动于世界;这来自于物品及服务模式①。后者是通往信息模式途中的一个阶段(这些阶段见表8-1中的"过渡")。

---

① 这并不是否认多年前由马利诺夫斯基提出、最近由斯特伦奎斯特(Stromqvist 1980)在儿童语言研究中采纳的观点,即,儿童语言功能中有一个重要的魔力成分。斯特伦奎斯特在对假装玩耍的研究中发现,儿童用语言"通过代替(行使)一个非语言行动或事件以创造现实",以此让"事态……符合儿童对事情的设想"(1980:59)。但是这似乎是一个语言现象,而不是一个原始母语现象。我还从未见过一个婴幼儿用原始母语对一个物体说话——虽然在此阶段他们经常这样对动物说话。

第八章　发展语言学如何解释作为系统的语言(1980)

儿童区分这二者的方式多种多样：典型的是通过语调或音质的某些韵律特征，因为它是话语整体的一个特征。但是在初期，这个区分还没有与系统结合；每句话要么是行动要么是反思，所以这些功能是这句话的功能。但是在成人语言中，每句话都同时具有两个功能。是"物品及服务"还是"信息"，这个选择是植根于语法中的；它们成为行动的两种主要模式，表现为小句的语气系统。此处它们可以被自由地交叠于反思类型的意义之上，表现为小句的及物性系统。通过这种方式行动和反思就成为了语言系统的功能成分。

对行动和反思这两种功能的系统化是用语言构建现实的前提。构建现实是一个主体间的过程，而要使语言具有模仿世界的能力，话语就必须在两种系统中选择，既有概念内容又有修辞或人际力量（参见威尔斯Wells 1974）。

与此同时，儿童还识解情景语境，既考虑正在发生的事情，也考虑在此之前说过的话，并以此为据为他们的话语赋予语篇组织。这提供了语篇的功能构造中的第三个组成部分。

这第三个成分是关联的来源，也是连续性话语成功的前提。在发展语言研究中尚缺乏这方面的研究。但是正如在其他很多方面一样，一直以来我们惊讶地发现，儿童多么早就已经在语言中建立语篇组织了。下面是奈杰尔一岁九个月大时的一个例子：

奈杰尔：big nòise.
妈妈：什么发出大声响？
奈杰尔：drill make big noise.

奈杰尔的回答表明，他已经建立了信息焦点原则。他用恰当的标记形式，把 drill 标记为新信息，而其他都标记为已知信息。而且他还把该原则置于语言情境之中：就情境而言，既然他和他妈妈都看到了钻在响，那么所有信息都是"已知"的。但是就语篇组织而言，钻是新信息，是对什么的回答；并且此处，正如成人语言那样，他还通过主调核心的位置做了标记。如果没有组篇结构这个成分，语言就不能成为儿童构建现实的有效工具。

7. 语言作为系统的启示

在语言的个体发育中，意义和声音的出现先于词汇。有组织结构的语义和音系比有组织结构的词汇语法要早，一般来说，早半年或更多。因此在语言系统从双层向三层形式发展进化的过程中有一个根本的断续性。但是意义本身并没有这样的断续性(参见格里夫和霍艮拉德 Grieve and Hoegenraad 1979)。到语法开始形成时，它的功能已经参考"外界的"水平明确规定好了：它的任务是帮助表达声音里的意义。语法就是带着这个任务诞生的。

因此，我们自然应该认为语法是一个衍生系统，它整体取决于意义和声音的要求。语法之所以是现在的样子，是因为它要履行的任务：它必须实现的各类意义、它实现意义所借助的媒介，以及这两者之间的可能的系统关系。

但是，依据原始母语的连续性，我们不仅可以解释语法的功能构造，还可以阐释语法的形式。既然意义是最初就有的——虽然公认是胚胎状态，但是为了清楚展示该系统可以产生不同种类的意义，具有行动和反思两种双生模式——语法为了适应意义的需求而形成。这是"自然的"语法，其中行动意义和人际意义通过小句的韵律特征而联系起来，而反思意义、概念意义被分割成小句成分。例如：

奈杰尔(进入父亲的书房)：dada ready nòw("爸爸准备好了")(但是他父亲明显还没有准备好)

奈杰尔：dada ready nów("爸爸必须准备好！")

奈杰尔的语言已经展现了一个自然语法的关键特征。概念意义表达为一个修饰语 *ready*、此属性的载体 *dada* 和一个时间指示词 *now*。人际意义由一个标记语气的声调曲线表达：理性的(后来进化为直陈语气)表现为降调，实用的(后来进化为祈使语气)表现为升调。语篇意义在边界处自然也有标记：*dada* 是主位，*now* 是信息焦点(新信息)。

此处形式和意义之间的关系是非任意的，这非常明确；语法居于语义和音系之间,但是听命于语义。毫无疑问,成人语法的这种自然性是使儿童得以轻松学会语法的因素之一——而且也是成人与婴儿可以进行语言交流的一个原因,尽管原始母语和语言之间有本质区别(凯伊 Kaye 1979)。母亲可以识解原始母语系统;而且可以对原始母语的语篇做出回应,就好像它是语言语篇一样。与此呼应,婴幼儿也能够处理成人话语,就好像这些是原始母语的符号一样。

有人猜测原始母语的某些形式存在于护理者自己的个体发育的记忆中。很可能它也被珍藏于系统发育的"记忆"中,表现形式是成人语言系统的痕迹:成人语言包含一些曾经有过的符号,这些符号绕过语法,就像语调曲线那样,其中的一些甚至是单功能的、不系统的,其典型例子是各种各样的感叹词。这些代表着人类语言进化的早期阶段;尤其当成人跟儿童说话时也会突出这些。这种相当难以捉摸的"简单"是对婴儿说话时所用语言的特点,它的一个方面是原始母语的简单;它的某些话,虽然不是儿童自己原始母语的一部分,但可能是一个同类系统的产物。

但是,更重要的是成人具有"简单化"的能力,在此意义上,这种简单并不处在话语之中,而是在它所要求的回答之中。成人对婴儿说的语言中有很多话,婴幼儿用原始母语中的一个符号对它们进行恰当回应,就像下面奈杰尔在一岁一个月时的对话:

妈妈:你想要橙汁吗?
奈杰尔:Yi!("(是的)我想要(那个)")

语篇,即语言过程,是儿童和别人共同创造的;他们都和对方互动,并且双方都和情境语境互动(Dore 1979)。儿童的学习材料不是产生出来的产品,而是这个互动过程,通过该过程儿童自己的资源也在语篇的创造中发挥作用。不光实用模式在起源上和发展中是互动的;理性模式也是如此。下面是奈杰尔在一岁一个月时,每天出现几十遍的一类对话:

奈杰尔(看着图画书):dèə("看——现在你说它的名字")
妈妈:(和他一起看图画书):那是一个小鼓;是的。

后来理性模式进化为叙事,此时叙事的创造仍然是一个互动过程。

随着语法的发展,各种语言功能也与各自的语法形式一起进化。实用模式扩展至一个包含要求、建议和提议的系统:"我想让你……""我想让我们……""我想(让自己)……"。理性模式变成了一个陈述;但该陈述是一个表示共同经验的符号——信息功能,它有一个陈述和疑问的系统,其中陈述取代共同经验,它的形成需要更长时间。换句话说,在构成成人对话基础的两类交流中,物品和服务代表语言的早期因素。用符号来表现那些非符号性质的意义行为(具体指要求、建议和提议),先于用符号来创造符号性质的意义行为(陈述和疑问)。后者有一个复杂的进化过程;但是它们一开始似乎是互动意义和人际意义的混合体,有点类似于"咱们一起对此感兴趣"。

在成人语法中,信息和物品服务被语气系统有规律地区分开:祈使语气用于物品服务,直陈语气用于信息。但是既然信息只有被编码为语言才能成为信息,那么它必须具有一套"真正的"、有规则的实现形式的语法——直陈:陈述/疑问。另一方面,物品和服务独立于语言而存在,并且他们的交换在某种程度上可以无需借助语言。因此,虽然祈使语气在语言发展中出现很早,却一直是一个未完全进化的边缘类型。

我们已经强调过,原始母语是一个符号仓库;它不承认系统和过程之间有区别。只有当儿童开始由原始母语向语言过渡时,区分这两者才有意义,而且还只是在分析中有意义。当儿童识解这两者的时候,没有系统就不可能有过程,同样没有过程也不可能有系统。语篇的意义就在于语篇与其背后的,以及其示例的意义潜势之间的关系。因此从个体发育学的角度看,很难找到理由来区分"语言理论"和"语篇理论"。在儿童语言中(我还会论证在成人语言中也一样),理解语篇的唯一途径是分析它如何来源于系统;而理解系统的唯一途径是分析它如何产生语篇。

但是语言个体发育学研究中出现的最显著特点是对系统进行功能—语义阐释的支柱作用。我们认为,实用与理性的功能对比是原始母语向语言过渡的一个策略。通过观察它怎样进化为包含人际和概念两种成分的成人语言的语义系统,就可以理解对语言的功能需求到底是如何塑造了语言系统。从原始母语的最初话语一直延伸至成年,有一个清晰的功能连续性,若考虑到在该系统进化过程中发生的变化,那么此连续性就显得更加突出了。

第八章　发展语言学如何解释作为系统的语言(1980)

关于儿童如何识解语言的研究表明以下观点是有效的:语言的功能理论不是一个关于话语类型的理论,而是一个关于语言系统本质的理论。更有趣的是,发育语言学研究说明了功能如何被系统所吸纳。原始母语不区分系统和过程,因此话语的功能本身还是系统的功能因素或成分。随着系统和过程逐渐分离,儿童开始给每一句话分配两个基本功能中的一个,要么是思考,要么是行事;然后,经过一个中间阶段(其中每句话都有一个占优势地位的功能),儿童借助语法重新理解两者是语义系统中的不同成分。此后两者都存在于所有话语的结构中:前者是概念成分,详细说明一个成分结构的过程、参与者和环境;后者是人际成分,详细说明语气、情态和说者—听者互动的修辞学的其他方面。

所以儿童语言研究有力地指向语言系统的功能阐释;并且这种角度的研究有助于为语言理论提供一个更宽广的语境。20年来的发展语言学研究的一个有趣的副产品是,在阐释儿童发育的过程中促使语言学结束了自身孤立状态,与众多学科建立了新的联系,包括社会化理论、知识的社会学、发育心理学、认知心理学,以及与何谓儿童这个论题相关的其他学科。

(孟艳丽　译)

第九章

从儿童语言向母语的过渡（1983）[①]

在最近几十年里，关于儿童的专业见解、关于童年的本质，我们的文化经历了一场革命。这种说法或许不算太异想天开。玛格丽特·布卢瓦在回忆她20世纪30年代在医学院读书的经历时写到(1979b:17—18)：

> 当时我还是一个医学院的学生，我们学到的是婴儿生下来是既盲又聋的……即便大一点的婴儿也不具备多少感知周围世界的能力。不仅儿科医生，而且还有心理学家，都把他们交付给一个模糊困惑的世界……不久之前，人们不认为婴儿还有思想，至少大多数美国学院派心理学也是这样认为。

[①] 本章内容最初发表在《澳大利亚语言学》，澳大利亚语言学会，1983，第3(2)期，201—216页。

第九章 从儿童语言向母语的过渡(1983)

浏览一下她这本书里的章节标题,就会发现现在的观点是多么不同。

这在多大程度上反映了人们的态度变化,尤其是父母对待儿童和新生儿方面,还不太好说。研究童年的历史学家,例如菲利普·阿里埃斯(Philippe Ariès1962)和劳埃德·狄莫斯(Lloyd de Mause1974)记录过我们自己的时代和中世纪世界之间的社会距离;而且,至少狄莫斯认为成年人关于儿童的认知方面的一些关键变化是新近才出现的。另一方面,教养行为,尤其是父母与孩子的交流互动,很大程度上是无意识的,因此经常与所报告的有很大不同;当我问一位母亲她一岁大的儿子在对她说什么的时候,她惊讶地说,"噢—他还不会说话呢!",实际上她正在跟他进行一个很长的、活泼的对话——她用她的语言,他用他的原始母语——双方轮流作为听者和说者,都积极参与其中。重建过去几代人家庭生活的事实并不容易。

据说达尔文曾评论过,一个人在生命的头三年中学到的东西比随后任何差不多时期学到的东西都多;而且,他自己对儿童语言的简短观察表明他是一个细心、富有同情心的观察者。在一段写于 1877 年(但却是基于三十多年前的记录)的著名文章中,达尔文写到(巴·阿登和利奥波德 Bar-Ardon and Leopold 1971:28—9):

> 婴儿的需求最初是通过本能的哭喊让人知道的,一段时间以后,这些哭喊通过以下方式被改进为交流手段:通过这些特点的无意识表达;通过姿势以及不同语调的标记方式;最后通过他自己发明的一般性质的词;然后是他从听到的语言中模仿来的具有更加精确性质的词。这些改进可能是无意识进行的,也可能是主动自发的。

虽然流传下来的达尔文自己的记录极其稀少,但这个描述很有见地,很准确,在概念上与发展语言学的日记传统类似。而且,交流行为在生命的很早阶段就开始了,这一认知是从日记研究得来的,而不是从科学学科中得来的,日记研究中大量观察是基于单个儿童在家庭内部的行为,是自然的、而非诱发的。现在我们可以说,交流在出生时就开始了,甚至更早。

这一点语言学家们领会得较晚,因为他们受限于自己学科的范式,就像心理学家受限于他们的范式一样。发展语言学一般遵循普通语言学研究所开拓的理论道路；开篇就强调音系学，以雅各布森1941年发表的（译稿1968）著名作品为代表；随后是乔姆斯基，然后是句法学。20世纪60年代是句法学的时代，在语言学里，或至少在美国及其联盟的老牌语言学，暂且叫做北约语言学里，情况是如此，发源于语言学的发展语言学的情况也是如此。根据乔姆斯基的生成语法理论，语言发展被看做句法结构的习得；由此引出了语言习得的黑匣子观点，它的设计目的是解决该理论本身制造的一个问题——儿童如何在那些被认为是不合语法的、匮乏的数据（非常错误，参见卡米洛夫－史密斯 Karmiloff-Smith 1979:5）基础上构建起语法。这种纯粹主义的观点认为自然语言是杂乱的、无定形的、无系统的，此观点本身就是这种纯粹主义思想的产物，该思想把个体说话者理想化了，明确否认社会语境的重要性，缺乏深层语义系统的概念——而自然语言的句法正是来源于此，是非任意性的。

母语前的交流没有句法；所以，如果语言发展等同于句法的习得，那么母语之前发生的所有事情都将被忽视。罗杰·布朗1973年有关研究现状的著作题目叫做"最早的语言"；虽然布朗提倡对语言发展过程进行语义学阐释，这必然使人们的注意力转向更早的阶段，但是他题目中所说的"最早的语言"仍然是指母语。这可能引发了一种语言学的理解，即一句话的平均长度要长于一个成分；也就是说，儿童有至少两个词汇语法成分（词或词素，这两者尚未区分），并且已经说出至少一个这样成分的结构，这通常发生在一岁半前后（确切的时间不仅对每个儿童不同，对每个语言学家而言也不同，取决于认定结构的标准）。既然一句话不可能少于一个成分，那么儿童一旦说出了一个结构，此后话语的平均长度就大于一。

现在，母语是儿童的"最早的语言"有一个很重要的意义。它是第一个儿童自己识解的完全分层的系统：它有语义层，词汇语法层和音系层，这三层由实现（表现、实施、说明、投射——在后索绪尔语言学中有很多名称）这个至关重要的关系连接起来。但是如果你关注的是儿童进行系统性意义行为的能力，那么母语就根本不是儿童最早的符号系统。20世纪70年代早期，众多因素聚集起来，使人们非常关注母语之前的交流：第一，该领域内的应用性研究的压力，尤其是教师需要一个现实的、有用的阐释(比如艾德和威廉森 Ede and Williamson 1980 提供的);第二,对现有的来自于语言学和心理学的解释不满意,这些解释只关注个体,而且不认可语言是一种社会现象、学习是一个社会过程;第三,对自然语篇、对家庭中的语言、对作为一种基础研究方法的日记再度感兴趣;第四,人类行为中的"主体间性"概念;第五,对人类和其他物种的界限,抑或缺乏界限的兴趣;第六,无法衡量但同样真实的一个因素是转向承认文化"他者"的意识形态变化,即儿童是"他者"人群的一个例子,所以人们愿意承认(每一个父母都知道,并且在日常互动中也如此表现,虽然他们没有意识到)儿童也是一个可以表达意义的个体。所有这些因素汇聚成了一个共识:婴儿时期已经有意义的意识了。因此 20 世纪 80 年代打开了一幅符号学个体发展的迥异画面,显示了母语在整个语言发展过程中的作用。

语言发展的阐释一方面受限于儿童发育的一般理论,另一方面受限于普通语言学理论(语言学方面的论述请参见克鲁特登 Cruttenden 1979)。过去十年里,发育学和语言学这两者的意识形态和学科语境一直有些差异;大多数关于婴幼儿交流,以及母语前语言的研究,都是从发育学理论出发研究这些问题的,而很少关注它们对语言学理论的启示。但是实际上,启示是相当大的。在洛克的《行动、姿势和符号》(Lock 1978)一书中,有很多重要论文提出了对早期语言发展的解读,含有对语言学来说非常积极的信息;特别参考纽森、肖特(Shotter)、爱德华兹(Edwards),以及特瓦森和赫布利(Hubley)的论文。从这些论文中产生了很多一般性的意识形态原则,可以总结如下:"婴儿生来就是人";而且同样重要的是,从一开始护理者就是把他们作为人类对待的(肖特 1978:55;参见纽森 1979)。"在一个完全的社会——互动语境中"(爱德华兹 1978:468)有一个意义的交流,其中"一个人类婴儿和他的固定护理者之间的对话代表着一种'文化构建',这对婴儿未来的整个心智发育来说至关重要"(Newson 1978:41)。语言的构建是一个主体间的过程(纽森 1978:35—7),并且要经过一个特瓦森和赫布利称作"第二主体间性"(1978:随处可见;这对应于原始母语的发展——参见韩礼德 1975)的显著时期。理解这些过程需要"解释学的方法"——"从内部"解读。此方法认为,在人类行为的研究中,"观察者和参与者角色没有也不能有清楚的区分",因此我们的任务是"把我们已有的知情人角度的模糊的、也许是错误的对人类现象的理解转变为更加精确、有效的理解"(肖特 1978:50—5)。

这些观点很有价值,似乎与我所说的理解人类发育的"社会符号学方法"很一致(参见罗杰斯 Rogers 1975,这是一篇优秀的历史视角的论文)。同时他们并不寻求把语言发展与任何语言学的连贯的总体理论联系起来。我们也许认可洛克的简洁陈述:"儿童通过一个成人指导的重新发明的过程发现语言"(1978:4)——虽然我认为"发现"这个比喻有点误导:儿童识解语言,而不是发现语言,而且我不太确定"重新发明"中的"重新"是什么意思——但是无论如何它不是说一个语言系统如何被发现或被重新发明。我们在寻找另外一种解释——试图理解以语言本身为语境的、同时还是语言本身的一部分的语言发展的时候,我们仍然需要问很多问题。

让我们沿着通向母语识解的路径,从语言学视角考察这些问题;或者更确切地说,是从符号学视角,因为表意能力的发展最终导致了严格意义的语言识解,即我们自己很了解并且正在说的成人语言的识解。

在生命的最初两个月,儿童的符号学行为有两类,都是符号前行为,或者至少普遍这么认为。一类是儿童在跟他妈妈或其他护理者交换注意力的时候所做的身体动作。这些包括胳膊、手腕和手的"伸手前"姿势,这是大约从四个月时开始的有方向的伸手动作的前奏;还有口部姿势——舌头和嘴唇的动作——被定名为"说话前",因为同理,它们是发音的前奏(特瓦森 1979:327)。从功能上讲,这些行为被叫做"原型—对话"(贝特森 1979:65)。它们可以说体现了意义交流,因为互动双方之间有共同的、往复的注意力;但是还不是真正的意义交流——也就是说,这些表达还没有任何内容与之匹配。

另一类符号学行为,可以说与上述行为相反;他们不是无内容的自主行为,而是有内容的无意识行为——典型的例子如喊叫、叹气等形式。后来儿童把这两个因素结合为一个单个复杂行为,我称之为意义行为。儿童可能在婴儿时期就已经沿此方向走出了第一步,这一点至少是可以论证的。例如,奈杰尔八个月时,他父亲每天下班回家,他用活泼的笑声和挥动手臂的方式来向父亲打招呼。有一天他正像往常一样愉快地与母亲交流,但是一看见父亲进来,他就马上伤心地大哭起来。父亲说:他今天

第九章　从儿童语言向母语的过渡(1983)

怎么了？母亲说：他头一次打针。父亲表示了适当的同情，他就不哭了。父亲和母亲都把奈杰尔的突然大哭理解为一种交际行为——他们也如此理解那些更常见的快乐信号，对这些快乐信号，父亲通常会如此回应：噢，你今天很高兴，是不是？如果说这类行为不实现任何"交际意图"，是毫无道理的。

下一个符号学阶段通常发生在五至六个月左右，此时儿童建立构建和使用符号的原则。此现象最初在1787年由迪得曼(Tiedemann)提到，他描述说 ach！在五个半月的时候被用来表达赞赏（他错误地把这理解为模仿；而且在他的记录中，一直到十四个月之前，这个 ach 一直都是一个孤立的因素）。奈杰尔在快满六个月时，也用一个短的高升调的、口腔关闭、鼻腔释放的[m̩]音来表示"看，那是什么？出了什么事？"；他发这个音的时候通常抬起头向四周看。有三个星期他经常使用这个符号，然后就再也听不到了。现在文献中有很多研究都报告了此类初步符号行为；它们没有被早点发现的原因可能在于对此年龄儿童的观察太过关注婴儿发出的呀哑声，这是说话前阶段的继续，但是没有语境功能——相当于一种练习形式。但是，这个单个的行为很重要，因为它是最早的真正的符号；也就是说，它是有相匹配的内容的表达方式。一个符号还不是一个符号系统；但却是关键的第一步。而且，重要的是护理者也承认它们是符号，认为这些是儿童对他们说的，并且对此作出回答。

第三个符号学阶段，通常是在一定间隔以后开始，在护理者看来，此间隔期内儿童停留在他所取得的成绩上没有前进。然后，七至十个月期间的某个时间点上，儿童又继续开始一个符号一个符号地创建他的第一个符号系统。这就是达尔文所说的"发明词语"、特瓦森和赫布利所说的"第二主体间性"；而且，也是我已经论述过(1975)的"原始母语"。至此儿童已经掌握了创造可理解的符号的原则。而且，虽然有关原始母语本身的记录越来越完整，但是其发展过程仍然没有得到彻底广泛的描述。必要的前提条件有：一、儿童此时能够掌握一套发音动作和姿势动作，也就是说，他已经具备创造表达的潜力；二、他已经识别了一些意义行为的人际语境，在这些语境中他的表达可以被识别、被解码，也就是说，他已经具备创造内容的潜力；三、他已经学会把内容和表达匹配成一个单个的复杂符号;四、他已经被别人认可是一个交际者、一个人,可以表达意义。

奈杰尔用了以下策略来创造符号系统。

一、在七个月二十七天时(第一次可以自己向前移动的四天后),他创造了一个自然的符号,作为一种回应。他母亲叫:奈杰尔!—奈杰尔:[ò],—母亲;奈杰尔!—奈杰尔:[ò],等等。这个[ò]是从一个短的中低调降到一个低的前圆唇元音;它是在模仿他自己的叹气,表示释放压力。他听到过自己自然地发出这个声音,然后自己把它变成了一个符号表达。

二、在八个月零三天时(第一次故意把东西扔到地上的第二天),他创造了一个像似符号,这一次是发起一个意思,但是语境非常清晰确定。他父亲正在抛起并接一个玩具猫,奈杰尔坐在他腿上;他停住了。奈杰尔看着他父亲;向前伸手,稳稳地抚摸那个猫一秒钟左右,既没有推它也没有抓它,然后放开手。父亲说:你想让我再把它扔起来吗?好啊!然后一星期之内又出现了另外两个图像符号:1)奈杰尔牢牢抓住一个物体,但不向他自己身上拉,然后放开手,意思是"我想(抓住)那个";2)他轻轻抚摸一个物体,但是同样并不推开,意思是"我不想要那个"。这些动作都是符号性动作;是做给别人看的,并且明显区别于抓住东西和扔掉东西这样的非符号动作。但是这些符号自身也是像似的;表达方式和内容之间有非任意的关系。并且它们被清楚地理解了;看孩子这些动作的护理者也给出了适当的回应,例如,是的,你可以拿着它——或者,不,你不能:否定的回答可能会引起争吵,但是它至少说明孩子的符号被理解了;并且它也可以作为一种回答。

因此出生后不久就可以认定的两种最早的符号能力现在合在一起,创造了一个语言符号。一种是表意的能力,表现在孩子出生起就开始的注意力的交流;这提供了"我能(和一个人)交流"的输入。另一种是行动的能力,在最初几个月里发展的动作控制:这提供了"我能通过和一个人交流而行动(于某物体)"的输入。例如,我对母亲说话(看着她),我指的是(摸)她拿着的那件东西;然后她为我对这东西做出某动作(把它给了我,或者用它逗我玩)。这种模式一旦建立起来,表达方式就自由演变:它可以是任何任意性的动作,只要孩子能够做出来、母亲可以察觉、并且双方都能理解。

第九章 从儿童语言向母语的过渡(1983)

奈杰尔成功使用自然的像似动作表达意义,产生了四种不同的符号,一种是有声的,三种是姿势的,此后,他继续前进,到了第三个策略,这个策略使真正的原始母语系统成为可能。所以:

三、在八个月十八天时,他创造了一个任意性的符号。原则上任意符号可以是有声的也可以是姿势的;奈杰尔采用了有声模式,他初次使用它是要重新表示"看那个! 真有趣!"这个意思,这一次用了一个新的表达方法ò或者[bò](后者可能是加入了对 bird 这个词的模仿,但是奈杰尔随后很长时间的原始母语符号里面没有一个是基于模仿的)。他现在正处在识解一个系统的、有功能的原始母语的当口。

这个过程在奈杰尔九个半月的时候一本正经地进行着,此时他已经学会站立;到十个半月的时候他已经建起了一个原始母语系统,包含 10 至 12 个不同的符号。这些符号中除了一个以外都是有声的,比如[nà]、[ɜ̀]、[dò]、[ənɨnɨ]和[ǧ˜ˇǧ˜ˇɤ̌τ];这些内容也许可以翻译为"给我那个!""再次做那个!""很高兴见到你""你终于来了"和"我想睡觉"。我已经描述过这些;但是为了现在的讨论,有三点需要明确说明。

第一,非常有可能,如原始母语之类的符号系统的发展是一个人类普遍的潜力,不管它有没有被积极地了解。是否得到积极理解有赖于很多外部条件。毫无疑问,原始母语的潜力被了解的具体方式是多种多样的,随文化、亚文化、家庭类型和家庭的不同而不同,要看哪些功能以及哪些意思更容易被护理者及这个儿童"意义人群"里的其他人所领会。由此看来,重要的一点是意义潜力存在于儿童,而且意义是由儿童的符号实现的;而不是由儿童周围的成年人给他的。洛克(1978:12)写到,"动作在互动中转变为姿势",如果他的意思是说一个本身并不是符号的动作因看护者的回应而具有了符号性质,那么这并不是一般规律。儿童可以清楚区分符号动作和非符号动作。如果他的意思是说儿童的符号动作成功与否必须依靠成人的回应,那么这确实是真的。而且,成人的回应有选择地起着决定作用:在儿童意义中,只有某些潜在的特点或方面会在成人的理解中产生共鸣,而这些儿童保持下来并继续发展,其余的被过滤掉了,在这方面会因文化、亚文化、家庭而有差别。但是如果成人努力去植入一个不符合儿童意图的意义,成人有时候的确会这么做,这意义不是儿童头脑中想的,那么儿童就会拒绝它;他绝不会跟它有任何关系。你不可能告诉一个孩子他应该表达什么意义。

第二,原始母语是一个系统,而不只是一串毫无联系的符号。它是一个符号系统,只要依照特定的基本发展功能、依照儿童与周围人互动的情境,其内容是可以理解的。它是儿童语言,而不是母语:它是由儿童出于自己的符号目的构建出来的,或者说识解出来的。但是它是一个共享的系统,这不仅是说所有符号都是主体间的——意义只有在交流过程中才得以产生——而且还是说,儿童自己的亲人,即构成他的意义人群的那些人,在这个心智构建过程中都发挥了作用。作为听者(还是观者,如果儿童的表达方式包含姿势的话),他们了解那种语言,虽然自己不说:他们与它一起前进,理解新的东西,忘掉已经被丢弃的东西;而且他们自己认为一个意义动作可能表达什么内容,借此解读每一个实例,由此他们也帮助形成了这种语言。通过这种方式,他们帮助确保儿童语言与随后儿童要学的母语之间的连续性。

第三,原始母语是一个符号系统;而不是成人意义上的语言。它只有两层:一个内容层、一个表达层;每一个符号都是两者的配对。在这方面,它就像非人类的交流系统;尤其像我们那些驯养的远亲猫狗,因为婴儿像猫一样,用原始母语来与看护者说话,而不是与彼此说话。与此相对比,一个成年人类的语言是一个三层系统:在内容层(语义)和表达层(语音)之间还有一个完全抽象的编码层,我们称之为语法——完整叫法是词汇语法:一个介于意义和声音之间的措辞层。原始母语符号不是词,甚至也不是那些模仿成人词汇的表达;现在文献中仍然有称之为词的,这造成一些混淆(虽然这混淆也许没有称之为"感知运动发音"造成的混淆那么大)。由于缺乏语法,这个符号系统称为原始母语,而不是语言,因为人们通常认为拥有一套词汇语法是认定"语言"的标准。

在儿童舍弃原始母语而转向母语之前,原始母语到底发展到了何种程度呢?奈杰尔十个半月时有 10—12 个符号;十六个半月时,他处于母语过渡的门槛上,有约五十个符号。有一段时间我没有其他可以比较的描述;然后诸如安妮·卡特(Anne Carter,1978b)和罗纳德·斯考伦(Ronald Scollon,1976b)的研究开始提供一些来自对其他儿童观察的可

第九章　从儿童语言向母语的过渡(1983)

以比较的材料。悉尼大学语言学系参与观察者们所做的研究详细记录了其他儿童的语言发展，可以做精确的对比；数据非常相似。如克莱尔·佩因特在对她儿子黑尔的研究(1982)中发现，九个月时有5个符号，十个半月时有9个，一岁四个半月时增加到38个。简·奥登堡－特尔报告她女儿安妮在十个半月大时有11个符号，一岁四个半月大时有35个。与奈杰尔一样，黑尔和安妮都是在一岁半(十八个月)大时开始向母语过渡，因此此时真正意义上的词已经开始出现。

也许我应该强调，原始母语是儿童符号发展过程中一个自然、自发的阶段。它不是被教出来的；也不可能从外部产生(这很明显，特别是我们看到成人试图这样做的时候)；并且它的实例绝不是被诱发出来的。要全面地观察它，就必须处在家庭当中，既是参与者也是观察者(但是这两个角色不一定同时担任)；第一，因为只有参与者才能理解这种语言，第二，因为儿童通常不会当着非参与者的面说这种语言。在这个方面，原始母语与一般的语言并没有很大不同。即便是成年人，也只有在非诱发的自然随性的话语中，语义系统的丰富性才能完全展开；在研究儿童迈向母语阶段的语言发展时，诱发的话语只能提供一个关于他真正的意义潜能的粗劣的证据。

原始母语是一个非常有效的符号工具；但是同时它也有一些局限。

1) 它可以被用来指涉环境，比如，[ā]"那真有趣"；但不能用来解读经验。因为这需要有一个命名功能，独立于其他功能如"我要"。也就是说，必须要有词，如 *ball* 这种表示物体名称的词，而不是一个原始母语的符号，如[bɔ̀]可能表示"我要我的球"；而且还必须要有语法把功能不同的因素有机组合起来，比如 *red ball*、*ball lost*、*ball under chair*。

2) 原始母语可以用来与人互动、对人行动、而且还可通过人对环境行动，比如[nɛ̀ː]表示"啊？我在这儿"，[nà]表示"给我那个"；但是它不能进行对话。对话需要一套话语功能，说话者自己扮演一个角色，给听者分配另一个角色，例如，*where ball?*、*ball lost*、*find ball*，分别表示"你回答！""你承认！""你去做！"。

3) 原始母语中，人要么指涉环境，要么作用于环境，但不能同时做这两件事。必须有了词汇语法，才有可能交流话语角色，把现实表示为一个单独的复杂语义结构。前面给出的例子实际上同时做这两件事;所以 *find ball* 既是一个行动的要求命令,同时又是对行动的描述。

如果儿童要扩大他意义潜势的功能范围,就必须从儿童语言前进至母语。成人符号——自然语言——正是严格按照这些"元功能"规则而组织的,是同时指称和行动的工具;加上把意义组织为篇章的第三种成分,组成系统理论的基本术语——概念元功能、人际元功能、语篇元功能。那么儿童是如何在两种形式不同的符号系统之间,即从原始母语到语言之间,实现成功过渡呢?

在这方面,奈杰尔的第一个策略包括:1)区分表达中的两个成分,即发音和语调;2)把命名(原型—概念)功能分配给一个,把呼叫(原型—人际)功能分配给另一个。这个系统产生了六个话语类型,每一个都同时具有两种意义:一个概念的(名称)、一个人际的(语言功能)。由此奈杰尔向语法迈出了关键的一步。但是,他这一步之后有一段空缺,就像他六个月时发出的[m̄]这个孤立符号一样;而且当他真的继续迈进的时候,却走了另外一条路。

我在其他原始母语的文献中找不到与奈杰尔的命名和呼叫系统相类似的例子。向语法的发展是否还有其他途径仍然有待考查。但是奈杰尔的下一步却可以提供一定的证据,说明它是向母语过渡过程中的根本策略之一。

从原始母语向母语的过渡时期大致发生在儿童生命第二年的后半年;一岁半到两岁。我们来分别看看黑尔、安妮和奈杰尔在十九个月时的语言系统。黑尔此时已经有了大量的要求话语;例如他问的食物和家用物品的名称,还有对服务的要求,如 up, light, tower, outside。他还有很多表示人、物体和动作的词,用以对他周围的环境进行评论:人名、衣服、身体部位、评价及其他形容词、玩具以及零件、位置等等。这两个情境之间几乎没有重叠:一组物体要么被他所要求(即与要求相关),要么被评价,但两个不会同时出现。因此 *apple* 属于要求情境;所以当他奶奶指着书里的一幅画说 *apple* 的时候,黑尔以为是给他苹果,就摇摇晃晃地走到厨房去找苹果。当他慢慢形成语法结构的时候,这些通常也变成了一种具体的普通功能。

第九章 从儿童语言向母语的过渡(1983)

此处有两个原则在起作用。一个原则是每一个示例(话语)只有两个功能中的一个;另一个原则是每一类型(词或结构)只有两个功能中的一个。这些只是大致的趋势而不是绝对的限制;但是就黑尔来说他们有清晰的标记,奈杰尔也一样。然后他们受到第三个原则的支持,即这两个功能中的每一个都有了各自不同的表达方式。这种不同可能并没有一开始就表现出来;奈杰尔是在一岁七个月时突然引入的,但是随后他严格地坚持了好几个月。在那之前奈杰尔的所有话语都是以低音调结尾,除了上面提到过的寻求多样化的"呼叫"话语,还有一个特别的"游戏"(想象)功能的话语。但是,有一个星期,他的所有"要求"话语都变了:经由高降和中降及高平,变为以高音结尾的升调。因此 mummy come 这个意思从 māmī kām,先变成 māmī kām 和 māmī kām,最后变成 māmī kám,而且所有其他的要求话语都是这样变化的:būttēr ón、mēnd chúffa("修我的火车")、nōw róom("现在咱们去你的房间吧")等等。但是评论性的话语像以前一样还是降调:grēen tòwel、twō àpple、bēe flòwer(花上有一只蜜蜂)等等。

黑尔从一开始就可以在语音上区分这两种功能,虽然他的区分没有奈杰尔那样清晰分明;黑尔的要求话语一般是高平调,这在评论功能的话语里从来没有听到过。安妮的过渡系统还没有完成,因为撰写论文的时候她仍然处在过渡阶段中;但是她的要求话语更长、声调更拉伸、元音更饱满——所以,当她看见她母亲购物篮里的面包时,说[bè … bè:ə]"那是面包,我想吃点!"。关于母语过渡的功能基础,仍有很多问题需要调查。但是要求功能和评论功能的系统区分,即我曾分别叫做"实用功能"和"理性功能"的区分(前者比要求更宽泛,而后者其实是通过语言认识环境),似乎是一个很普遍的策略;而且儿童不仅通过表达的形式,而且还通过他自己的成功标准对二者进行明确区分。因此就一个实用(要求)话语来说,他要表现出他期望得到一个回应(开始要求用行动回应,后来逐渐可以用语言回应),并且他得不到就不会满意;而就理性(评论)话语来说,他不在乎有没有回应。他还可能通过语音或副语音特征来明确标识这个区分的方式,加强这种符号策略;如果他这么做了,那么实用、要求功能就成了这两个相对功能中的有标记的一方。奈杰尔所做的标记非常明确:有时候当他用手势表示实用意义时（例如，打节拍表示"唱歌"或"放唱片"），他说话的声调就变成降调，表明降调是标记选择。

随着过渡的逐渐深化，儿童建立了母语的语法和词汇系统，功能的坐标就 90 度旋转：词和结构变成了及物性系统的资源，而对功能的选择则变成了语气系统的基础。并不是所有的及物性结构最初都表现为理性功能；与此相反，很明显这两个功能都提供了不可或缺的情境，使儿童构建用于表征的语法和组织现实世界经验所需的语言系统和结构。但是，这两个基本的功能情境，即以语言行事和以语言学习，也许是互补的，因为他们产生了及物性系统的不同方面或子域。克莱尔·佩因特的发现使她做出了一个暂时的但极其有趣的假设，即实用功能演化成动作者——目标或及物化的表现形式，而理性话语则演化为施动者——中介或作格表现形式。这可以解释这两者如何共存于成人语言系统。

随着过渡的逐渐深化，功能的分化变成了语法本身的根本组织原则。每一句话语示例不再仅仅是一个要求，或者一个评论；每句话语都同时既是行动也是表达，在所有的词汇语法序列里面这两个成分都是结合起来的。现在的单位是小句；小句既是用以解读经验的及物性系统的场域，也是用以维持对话的语气系统的场域。这些是成人语言即母语的特征，而不是儿童语言的特征。我下面解释一下这种转变是如何发生的。

在一岁十个月时，黑尔和奈杰尔都把任何词语改换成两种功能中的一种，如下面例子所示。一天的早些时候奈杰尔摔倒受伤了；他感觉到自己额头上有异物，就摸，然后问他父亲[adʰdà]"那是什么？"——那是膏药，贴的膏药。——*Tell mummy take it òff*（叫妈妈拿掉它），他一边语气坚定地说着，一边跑向母亲；随后，当他看见母亲时，说，*Take it óff*。第一个拿掉它是降调；它不是一个要求，而仅仅是表达意图。但是第二个是一个请求；因此是升调。注意这里的语调模式与成人语言的不同，成人语言里祈使句通常是降调。直到过渡的最末期，奈杰尔才开始转用成人语言的语调模式。

这一步代表了奈杰尔八个月前的提名/呼叫系统所预示的过程的顶点。降调升调的对比演化成了一套语气特征系统，每次说话都从中独立选择一些特征；所以同样的话可以从一种语气转换到另一种语气，如上面

第九章　从儿童语言向母语的过渡(1983)

的例子所示。对比奈杰尔的 *Dada ready nòw*（陈述，"爸爸现在准备好了"）——不，我还没准备好；你得等一会儿。——*Dada ready nów*！（要求，"那么准备好！"）。这些系统本身还不是成人语言的系统；奈杰尔直到第三年初，才开始发展陈述和疑问的语言功能，以及它们得以实现的明确定义的语法类型——直陈语气，这可以认为是过渡结束的标志。但是基本的功能框架在那里，实际上可以说，它从原始母语发展的最开始就一直在那里。

在以上论述中，我试图保持双重注意焦点，一方面用语言发展的证据来说明语言系统，另一方面用语言系统的证据来说明语言发展。从语言的功能组织的角度理解，我们可以解释儿童语言到母语的过渡；并且通过理解儿童如何识解语言，我们可以更深入理解它的核心本质和结构（第八章）。这两个视角是互补的，从某种意义上说也是不可分割的。

我认为，要使语言研究和发育研究相互促进需要采取一种互动的、功能的、意义导向的或符号学的立场，就像很多近期的研究所表现出来的那样。如戈登·威尔斯（Gordon Wells）主持的布里斯托项目，该项目是对早期语言发展研究的一个重要贡献，它是在广义的教育情境中展开的，贯穿该项目的重点在于会话互动过程中的语言学习（威尔斯 1981：第一章）。卡米洛夫－史密斯关于名词限定词和照应的研究（1979）通过对所涉及的语言选择做"多功能"分析，填补了（皮亚杰的）认知—心理和语言学解读之间的鸿沟。而且来自语言学内部的一个关键贡献是篇章理论和话语语法的发展，他们把注意焦点从孤立的句子转向了有联系的、连贯的篇章，因此更加令人信服地说明了幼儿的基本语言经历、家庭成员谈话（而且随后还有街坊里的同伴谈话）如何为倾听并参与的儿童提供了丰富的符号材料资源，并为他提供了符号和互动潜能，使之参与到世界之中。

儿童正在发展的语言系统可以表述为一套系统语法，其中有互相联系的意义选择及其实现方式。就奈杰尔、黑尔和安妮的原始母语而言这一过程已经完成了，意义以功能视角解读，系统每六周就被重新定义一次，以最清晰地记述它的成长。对于黑尔，克莱尔·佩因特已经把系统解读延续至母语过渡期的末端，说明了基于理性和实用（或曰评论和要求）这对功能对立术语的过渡系统如何逐渐被成人语言中的元功能系统取代。我跟踪研究了奈杰尔的一个特殊系统——语气的发展,遍及一系列12个网络,时间跨度从九个月到两岁。系统语法基于选择的概念之上,为儿童不断提高的表意能力提供了一个理论解释。既然成年人英语的系统语法已经被实施到电脑上(在南加州大学的信息科学研究所;参见麦西逊(Matthiessen 1981)),那么很自然下一步可能就是利用程序来做出语言发展的模型。在还比较遥远的未来,如果给定儿童的原始母语为初始状态,就有可能通过把对儿童说的话以及当着儿童的面说的话用作输入,来模仿语言发展过程中的母语过渡,电脑的任务是从这些输入中识解系统。同时更加现实的是,有可能用现有资源来做出一个儿童的发展语法模型(或者,如果任何一个日记研究的数据都不充分,那么基于多个儿童记录的一套复合语法),以便认识它如何——即通过什么路线、经过什么干预状态——越来越接近一般的成人语法,就像现在本章所表述的那样。但是为了不造成以下印象,即语言发展研究现在仅仅是人工智能的一个专门分支,我要强调:最急迫的需求是还需要大量的对于原始母语和母语过渡的直接观察证据;而且在这方面,连录音机、甚至电脑都不能取代实地调查语言学家的传统设备,即笔记本和铅笔。

(孟艳丽 译)

第十章

对话的本质和对话的个体发生学的系统功能语言学解读(1984)[①]

1. 对话模式

用最笼统的话来说,在社会语境的层面上,对话可以被解读成一个交换的过程。这是一个涉及了两个变量的过程:(1)所交换物品的性质;(2)交换过程所定义的角色。

1. 物品既可以是(a)物品及服务,也可以是(b)信息(比较欧文·特里普 Ervin-Tripp 1964 年)。在 *Give me a Herald*,

---

[①] 本章内容最初发表在福塞特、韩礼德、兰姆和麦凯(R. P. Fawcett, M. A. K. Halliday, S. M. Lamb and A. Makkai)主编的论文集《文化和语言的符号学研究》第一卷《作为社会符号的语言》。伦敦:弗朗斯·品特出版,1984 年。第 3—35 页。

please！（请给我一份《先驱报》！）或 Let me fix it for you！（让我帮你修吧！）中，所交换的是物品及服务，而语言只是简单地被用作一种推动交换的方式。另一方面，在 Is it cold inside？（里面冷吗？）或 I met Colin today（我今天遇见科林了）中，所交换的是信息，语言既是交换的方式也是所交换物品的表现形式。

从理论上讲，区分信息以及物品及服务是十分基本的，尽管在现实中会有许多介于两者之间或具有复杂形式的实例，即实际的言语事件。和物品及服务不同，信息是非言语的，它是一种只能通过语言（也可能是其他符号系统）形成的"物品"。就物品及服务来说，符号的交换能够促成交换的发生；但是这两者是不同的过程，一个是实现另一个的手段。另一方面，就信息来说，符号的交换实际上构成了该交换；这里只有一个过程，并且我们可以简单地从它的两个方面来看——目的和表现形式。

2. 说话人在交换中扮演的角色可能是以下之一：(a)给予或(b)索取。他可能在给予信息（I met Colin today 我今天遇见科林了），或者提供物品及服务（Let me fix it for you！让我帮你修吧！）；他也可能在查询信息（Is it cold inside？外面冷吗？），或者请求物品及服务（Give me a Herald, please！请给我一份《先驱报》！）。

当说话人扮演给予或索取的角色的时候，他同时也把一个互补的角色分配给了他说话的对象。如果我正在给予，我期待你能接受；如果我正在索取，则期待你能给予。这里由(a)发起角色，这个角色将由说话人自己来扮演，以及(b)回应角色，这个角色将由说话人分配给听话人，当轮到听话人说话时，则听话人担当此角色。考虑到这一点，我们可以在图10-1中把这个系统表示为一步行动。

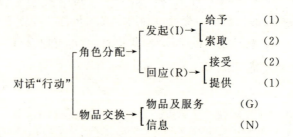

图10-1 对话系统(a)：社会语境层面—行动

第十章　对话的本质和对话的个体发生学的系统功能语言学解读(1984)

在图 10－1 中，对话在一个"高于"语言编码的层面上展现出来：我们将它解读为一个社会语境的系统。该系统网络体现了在个人交流的动态系统中每一步行动所固有的潜势。当我们像这样把对话看作社会意义交换的一种形式时，我们会认为它是一个符号过程，因此原则上我们认为它能够通过除语言之外的系统实现。只要在某种程度上其他的符号系统能够把该过程的两个要素（交换中的角色分配和交换自身的性质）编码，那么它们就能够在这种程度上替换语言成为对话的"载体"。如果没有其他的符号系统能够体现这两种特征，这将是一例社会过程特别要求语言来实现的情况。当然，这并不意味着我们因此不应该从社会语境的方面解读它：即使某项特定的功能只能通过语言实现，我们依然可以从社会符号角度来解释这种功能，并以这种方式展示该功能如何与其他符号过程相联系。在这些其他过程中，确实有除语言之外的其他形式在运作，如问候的交换。

解读的下一步是进入到语言系统的"最高"层面，即语义层面；然后将语义选项的网络展现出来，该网络能够将交换过程中的选项编码成语言中的意义。这将会成为兰姆所说的"语义"层。在这个层面上将采用传统意义上称作"言语功能"的概念：陈述、提问以及其他类似的概念。但是，在语法书中通常都能找到像言语功能这样的一组概念，即陈述句、疑问句、命令句和感叹句，这组概念完全是从语法系统中衍生出来的，通过语法中的语气系统被定义为编码过程中的"下"一个层面。换句话说，解读只面向了一边。但是，如果语义系统被看成是一个介于语法和社会语境之间的独立的编码层面，解读就是面向两边的。从这个角度来看，言语功能的范畴既是(a)让角色分配和所交换物品的社会语境选项得以实现的范畴；也是(b)通过语气的语法选项被实现的范畴；同时还(c)凭借它们自己的力量形成了一个连贯的系统。图 10－2 可以展示对话语义的基本系统。

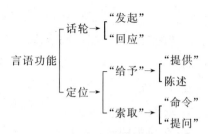

图10—2　对话系统(b):语义层面—言语功能

现在让我们试着去展示这些语义选项是如何对对话中动态的角色扮演进行编码的。展示这个过程就和展示所有陈述的体现一样,我们需要一致式这个概念。一致式的体现可以被看做是典型的,在没有充分理由去选择其他形式时,它将会被选择。在符号系统的相互结合中能够广泛发现这种"充分理由"类型的默认原则。当一种语言的非本族学习者初次接触到尚有疑问的特征时,只要有一个一致式的变体,那么这个变体很可能会被当成一条"规则"教给他们。在现实生活中,我们极少会很长时间使用一致式的体现;这不仅仅是因为由此产生的语篇会容易变得乏味,而且更重要的是,因为在任何一个系统中许多更加细微的区别首先依赖不一致的形式得到表达。然而,作为一种语言的说话者,我们知道对任何一个特征进行编码的一致式形式,而且我们把这个当做某种基线;例如,在给予命令时,实际上不论我们可能使用祈使句的概率多么小,我们都感觉到在某种意义上祈使句是给予命令的一种无标记的方式。虽说不是所有的语言特征都展现了一整套不同的体现,它们其中的一种体现能够明确突出为一致式;但是很多都是这样。表10—1展现的是对话中行动的社会语境系统和言语功能的语义系统之间的一致式类型。

表10—1　社会语境范畴的语义表现(一致模式)

对话行动	据此典型编码的言语功能
(Ⅰ 1 G)	"发起:提供"
(Ⅰ 1 N)	"发起:陈述"
(Ⅰ 2 G)	"发起:命令"
(Ⅰ 2 N)	"发起:提问"

第十章 对话的本质和对话的个体发生学的系统功能语言学解读(1984)

续表

对话行动	据此典型编码的言语功能
(R 2 G)	"回应(对提供):接受(用命令回应)"
(R 2 N)	"回应(对陈述):认可(用提问回应)"
(R 1 G)	"回应(对命令):服从(用提供回应)"
(R 1 N)	"回应(对提问):回答(用陈述回应)"

我们要注意到,回答的相互性并不只是回应索取时的典型特征——其中提供回应了命令、陈述回应了提问,而且也是回应给予时的典型特征:我们经常通过给予命令来答谢提供,并且通过询问问题来承认陈述。例如:

1. 请给我一份《先驱报》!——拿着!"命令 + 服从"
2. 让我帮你修吧!——好的,做吧!"提供 + 接受"
3. 外面冷吗?——是的。"提问 + 回答"
4. 我今天遇见科林了。——是吗?"陈述 + 认可"

需要再次强调的是,上述只是一致式类型的例子。对表达对话中的角色转换来说,它们是典型的方式,但绝不是必需的。

意义接着被编码为措辞;换言之,成为词汇语法系统中对于选项的选择(兰姆的"词汇逻辑(lexological)"层)。我们可以把这个层面也表示为一个网络,并且仍然限于表现这个系统的最普遍特征(见图10-3)。

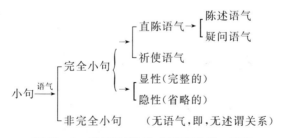

图10-3 对话系统(C):词汇语法层—情态

表10-2展示了这些语法特征是如何表现为语义选项的(一致式的)体现的。表10-3则总结了主要的范畴:情景范畴、语义范畴以及词汇语

法范畴。

表 10-2 语义范畴的词汇语法体现(一致式类型)

言语功能	据此典型编码的语气
"发起"	完整句
"回应"	省略句(或非完全小句)
"提供"	(多种多样;没有一致式的形式)
"陈述"	陈述式
"命令"	命令式
"提问"	疑问式

表 10-3 主要范畴的总结

角色分配		所交换物品	
		物品及服务	信息
发起	给予	"提供"[多种多样]	"陈述"完整的陈述式
	索取	"命令"完整的命令式	"提问"完整的疑问式
发起	提供	"服从(回应提供)"[多种多样]	"回答(回应陈述)"省略的陈述句;非完全小句
	接受	"接受(回应命令)"省略的命令式;非完全小句	"认可(回应提问)"省略的疑问句;非完全小句

2. 父母和孩子间对话的例子

现在我们根据一致式原则已经建立了对对话的三个层面的解读,并且展现了意义角色的交换,这些角色最先被编码为言语功能(人际类型的语言意义),然后又重新编码为语法特征,就像语气系统中的术语展现的那样。接下来的一步是要问:在现实生活的对话中我们可以找到哪些一致式类型的延伸呢?

第十章 对话的本质和对话的个体发生学的系统功能语言学解读(1984)

当然,这些系统网络是理想化的结构;它们是一部分编码的表征。不过,通过编码和一致式的概念将它们建立起来,并且使它们相互联系的过程中,我们并没有把它们看做是"纯粹的"范畴,就像在某些言语能力——言语行为的模型中那样,将真实言语中与这些范畴不同的实例看做偏离。之所以说理想化,是因为迄今为止该网络(a)仅仅提出了最普遍的(最不细微的)区别;(b)并且网络之间的相互联系只是通过它们最典型的(最一致式的)体现展示出来。当这些网络被用来解读语言行为时,它们需要被填充、被扩展,以便能够展现关系的非一致式模式,并引入更细致的选择。

现在让我们来思考一些来自真实生活的例子。片段 A 是奈杰尔一岁十个月时和他母亲的对话:

片段 A

奈杰尔:Have blue pin all ríght!(1)
 (要蓝别针好不好!)
母亲:蓝别针已经丢了。(2)
奈杰尔:Under béd?(3)
 (床底下?)
母亲:不,它不在床底下。(4)
奈杰尔:Blue pin got lòst. White pin got lóst?(5)
 (蓝别针丢了。白别针丢了?)
母亲:没有,白别针没有丢。(6)

对话(3—4)和(5—6)在两个维度上都非常接近一致式的意义交换:在意义承接的维度上以及在每一个意义如何体现的维度上。奈杰尔需要信息而他的母亲通过给予信息回应。这个交换在语义上被编码为:奈杰尔提问而他的母亲以陈述的方式回应。在语法上,一旦我们知道那时他的系统是怎样的,我们就会发现奈杰尔的编码最终证明是一致式的。在这个阶段上,奈杰尔的主要对立在于"需要回答"和"不需要回答"。而这个系统是通过语调来体现的:降调体现"不需要回答",升调体现"需要回答"。因此,成人言语中的提问和回答在这儿归于一个单一的语义范畴,该范畴的实用表达通过升调的升降曲线来体现。他母亲的回应在语法上也是一致的,前提是在这两个实例中她使用的是完整小句而不是省略的形式。

对话(1—2)则情况不同。在这里奈杰尔索取的是物品及服务;而这个再一次通过升调被编码为一致式的实用表达,并通过 have(要)加上 all right(好不好)来和索取信息加以区分(在他的语言中命令和提问的语法区别还没有系统化)。但是,他的母亲给予了不一致形式的回应:回应是陈述而不是提供,并且作为一个补充的回应来暗示回答——"所以你没法有蓝别针了"。因此,这里的回应网络需要将图10—4中的那些特征包括进来(比较韩礼德和韩如凯 1976:207)。

图10—4 间接回应的类型

奈杰尔母亲话轮(2)中的回应显示出到目前为止所考虑的回应都属于"直接"类型。然而,在现实生活中,回应经常是间接的;对提问的回答并没有要求一定是直接的。在奈杰尔四岁十一个月大时和他父亲的交谈是一个关于拒绝的很好的例子(片段B):

片段 B

奈杰尔:Why does plasticine gets longer it get thìnner?
(为什么橡皮泥变得越长的时候就越薄呢?)

父亲:这是一个很好的问题;为什么会这样呢?

奈杰尔:Because more of it is getting used ùp.
(因为更多的部分被用完了。)

父亲:好吧……

奈杰尔:Because more of it is getting used up to make it lònger, thàt's why, and so it goes thìnner.
(因为要变得更长就要用更多的橡皮泥,这就是原因,所以它就变薄了。)

他父亲的回应仅仅是躲避了提问,奈杰尔自己继续提供了一个答案——碰巧的是,一个非常合适的答案。

片段 C 展现了物品及服务(提供和命令)的交换大部分出现在非完全小句中(奈杰尔三岁两个月大时):

片段 C

父亲:[正在玩名为"哎呀"的游戏]还有一个哎呀。

奈杰尔:No, thrèe more.(不,还有三个。)

父亲:好吧。[他们发出了一个哎呀]现在还有两个。

奈杰尔:[感觉自己被骗了]No—thrèe more.(不,还有三个。)

父亲:没错,但是我们已经有了三个中的一个,所以现在还有两个。
[奈杰尔同意了,但并不服气。]

把这个和片段 D 对比一下,在片段 D 中物品及服务的交换采取的是陈述式的完全小句形式(奈杰尔三岁三个月大时):

片段 D

奈杰尔:You can have the box car.(你可以拿走这辆厢式车。)

父亲:但是我不想要这辆厢式车;我想要这个柴油机。

奈杰尔:I'm not going to give you the diesel engine.(我不会给你这个柴油机的。)

父亲:那么我就要这辆厢式车吧。

奈杰尔:But I'm not going to give you one you don't want.
(但是我不会把你不想要的东西给你。)

在片段 E 中(奈杰尔三岁三个月大时),所有的实例自始至终都是一致式的:

片段 E

母亲:去告诉爸爸午饭准备好了!

奈杰尔:[敲书房的门]Lunch rèady.(午饭好了。)

父亲:谢谢!——我就来了。

奈杰尔:Mummy, is it reády, or is it stàrting to get ready?
(妈妈,是已经准备好了,还是将要准备好了?)

母亲:已经准备好了。

奈杰尔:But it's not on the table.(但是午饭没有在桌子上。)

　　片段 D 和 E 诠释了不同的一点。两者都可以从我们刚开始讨论的普通概念着手解读,而且不需要更详尽的阐述;但是片段 E 中的体现是一致式的(并且对于我们是有用的提醒:即一致模式确实频繁出现!),片段 D 在许多方面都涉及了不一致的体现。值得指出的是,从两者之间这样的联系来看,语言的一个普遍特征就是:信息交换比物品及服务交换更多使用一致式表达。这并不令人惊讶。因为信息是一种只能依靠符号系统来定义和形成的物品,由语言来引导,因此发现语法中存在着清晰界定的陈述式和疑问式范畴并不令人惊讶,而且它们被典型地用作给予和索取信息的模式也是如此。但就交换物品及服务来说,这个过程能够独立于编码它的符号而存在;而且语言在语法中并不展现出与提供和命令相一致的清晰的范畴。祈使式充其量只是一个边缘范畴,在定式和非定式(在区分两者的语言中)之间摇摆不定,既没有能够清晰识别的小句和动词形式也没有其他能够起到最低区分程度的特征;即使存在着一个明确的祈使式的形式,在其他非一致式接替命令功能的时候,这种形式可能也很少使用。这种情况在提供上更加明显:在语言中似乎并没有一个能够清楚分辨出来专门用于表达提供的语法形式,最接近的形式也许是直陈式的特殊类型比如英语中的 *Shall I*…?(我可以……吗?)

　　但这并不是说提供和命令通常意义上不用言语表达出来。相反,它们经常要用言语表达。信息与物品及服务之间的不同在于,由于信息是一个符号物品,因此它只有可能通过符号过程进行交换——实际上,一个符号过程可以被定义为信息交换的过程;所以当我们交换信息时,有着显性而常规的语法模式,即陈述和疑问语气的形式,并且这些是典型的形式。在另一方面,物品及服务可以不需要任何符号行为的介入就能得到交换。成人适应于言语模式,他们的确通常会用语言来表达提供和命令;例如,*here you are*!(给你!),*would you like a newspaper*?(你需要一份报纸吗?),*shall I hold the door open for you*?(我能帮你把门扶着吗?),*come on—follow me*!(来吧——跟着我!)。但是英语的语法系统在体现提供和命令时,并没

第十章 对话的本质和对话的个体发生学的系统功能语言学解读(1984)

有展现出任何对有关一致类型的清晰定义;而且许多其他语言也是这样,也许所有语言都是如此。因为物品及服务的交换更少依赖语言,因此并没有像信息交换那样演变出表达的特殊模式。我们可以在下一部分看到,在形成成人模式的言语功能的过程中,奈杰尔确实经过了这么一个阶段,他对"让我"(提供)、"让你"(命令)、"让你和我"(建议)有一个相对清晰明确的语义系统。但是成人语言中已经丢失了这种规律性。

片段 F(奈杰尔六岁五个月大时)诠释了提问—回答的序列,回应是直接的(不像 B 和 C 中的那些回应)但包含了情态:

片段 F

奈杰尔:[看着报纸的房地产版]Look at that very, very small prìnt! ...Do they always print as small as that in very bìg bóoks?
(看,那个印刷得太小了! …… 很大的书总是印得这么小吗?)

父亲:不总是,不……

奈杰尔:[打断;看着父亲的打字机,那是一台老式的办公机器,搬家之后还没有从包裹中取出来]
Wè've got a printing machine in òur house, hàven't we.
(我们家里有一台打印的机器,是吗。)

父亲:我们有一台打字机,没错。

在这里,奈杰尔父亲的第二次回应是间接的;通过暗示回答了问题。另一方面他的第一次回应是直接的;但是回应中伴随的情态 *not always*(不总是),回应了奈杰尔提问中的 *always*(总是)。要对这点有所考虑,我们需要回到提问的概念上来,即体现对信息的索取,并且考虑对听到这样索取的人的选项的开放性。目前,我们已经讨论了对话是说话者对于角色的指派:说话者自己选定一个角色,并把另一个互补的角色强加给听话者。但实际上,他指派给听话者的并不是一个角色而是一系列角色的选择。听话者十分慎重地选择如何扮演指派给他的角色。我们可以在图 10-5 中展示"回应提问"的选择。需要注意的是,在决定过程的逻辑结构中,简单回答"是"或"不是"已经包含了若干步骤或选择点。

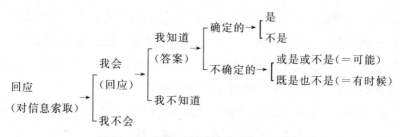

图 10-5　回应者面对信息索取时的选择

片段 F 中的回应 *not always* 有"不确定的"特征。不确定的回应是经过说话者对其信度进行评估之后"贴上标签"的：在某种可能情况下或只在某个时间段为真。这种信度评估在语义上体现为情态系统；有两个维度：(1)"可能"，即否定概率；和 (2)"有时"，我们可以称之为"频率"(图 10-6)。

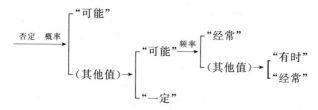

图 10-6　情态的语义系统

有许多理由可以表明这两个系统在语义上是同形的。首先，两者都有一个中间值，当否定它时，对情态或命题都不会带来意义上的改变；与此形成对比的是两个外部值，对其中一个情态的否定相当于在另外一个情态下对其命题的否定(表 10-4)。

表 10-4　情态的中间值和外部值

否定概率	频率
也许(不是如此)＝(也许不)如此 但是	经常(不如此)＝(不经常)如此 但是
可能(不是如此)＝(一定不是)如此 并且	有时(不如此)＝(不总是)如此 并且
一定(不是如此)＝(不可能)如此	总是(不如此)＝(不是有时)如此

其次，情态动词如 *will*（将）、*may*（可能）、*must*（必须）等既表达否定概率也表达频率；例如，*that may happen*（那件事可能会发生）的意思或者是"那件事的发生是可能的"或是"那件事有时候会发生"。实际上，情态动词经常中和了这两者之间的区别，这表明两者之下存在着一个单一的系统来表示说话者对于他所做出陈述的信度的保证程度（图 10-7）。更细微的是，"高"值进一步区分了"相对高"（*should* 应该：*almost certainly* 几乎确定/ *nearly always* 几乎总是）和"绝对高"（*must* 必须：*certainly* 确定/ *always* 总是），这种区分对于解释否定副词如 *hardly*（几乎不）（*hardly ever* 几乎不曾/ *hardly likely* 几乎不可能＝*nearly always not* 几乎总是不是/*almost certainly not* 几乎确定不是）有帮助。这一点在当前说明中没有用图表表示出来。

情态可以被解读成对"不确定"范畴的说明。图 10-8 所示的网络包含了情态。

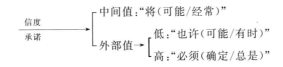

图 7　概括化的信度承诺系统（情态）

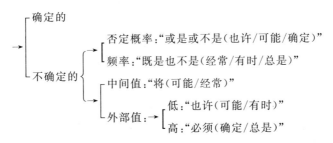

图 10-8　作为"不确定"回应的情态

当然，尽管可以说情态词内在地是与回应相关联，而不是与发起相关联的，但情态词也会出现在不是作为回应的陈述和提问中。在片段 F 中，奈杰尔的提问已经包括了频率术语 *always*（总是）（"这个适用于所有实例吗？我知道它起码对一个实例适用"），而回应既是一致的也是合适的。

严格来说，在该语境中回应不是不确定的，因为考虑到提问是"is this always so（这个总是这样吗）？"，回应"not always（不总是）"相当于一个确定的"no（不）"；但回应者似乎经常在上述这样的实例中重复情态，也许是因为他们觉得仅仅一个 No（不）可能被解读成"it is never so（从不这样）"。

3. 对话的起源

在这个部分，我们会简要说明奈杰尔是如何发展对话系统的，这一阶段从最早的原始母语阶段即八个月大时开始。

在八个月大的时候，奈杰尔首次开始参与意义的系统行为，言语功能的选择（"给我那个""做那个"等）组成了他仅有的语义选择范围：言语功能的标记占据了话语的全部意义。到第三年开始的时候，在他向成人系统转变的最后阶段，言语功能的选择才能够与概念意义的全部选择进行自由组合（原则上——不是所有的组合都有意义）。经过一系列的发展阶段，奈杰尔来到了一个高度复杂的阶段，例如，在此阶段"吃＋烤面包"的概念意义能够被映射到任何一个人际意义上——"索取＋物品及服务"（"我想吃烤面包"）、"给予＋信息"（"我正在吃烤面包"）以及初期的"索取＋信息"（"我正在吃烤面包吗？"）；并且还包括各种更精密的下级范畴。那么他是沿着怎么的路线达到这一阶段的呢？

（1）在八个月大时，原始母语刚刚出现。奈杰尔建立了一套系统，这套系统能够提供对一个成人语言的最基本特征的十分精准的预演，奈杰尔有一天会掌握这门成人语言（图 9）。现阶段他发展了五个标志，其中三个是手势的另外两个是声音。他通过手势表达的意义属于行动范围："给我那个"和"为我做那个"。他通过声音表达的意义属于思考范围："让我们一起吧"和"那个真有趣"。奈杰尔很快就会几乎完全弃用手势模式；同时，大约五或六个星期的时间，他就已经预感到了成人语言中的最主要的功能区别：即一般通过韵律和非音段结构表达的人际意义——语言即行为;和一般通过音段和成分类结构(在结构描述中树形结构能够很好地将这种结构表示出来)表达的概念意义——语言即思考。

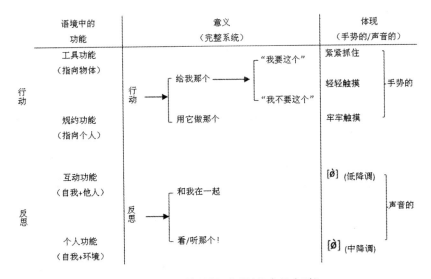

图 10-9　原始母语,前期(八个月大时)

(2)从这时起直到两岁,奈杰尔在身边大人(因为他们能理解他并且用他们自己的意义来回应)的帮助下开始建构一套原始母语来满足他的四种基本功能需求:工具的、规约的、互动的和个人的功能(图 10-10)。这些功能中的最后一个功能是指向"自我"的;它是奈杰尔自身对所在环境的认知和情感回应的表达。而前三种功能都指向"他人"的:在这个阶段奈杰尔几乎从一开始区分了自己发起意义交换和对一个指向他的意义交换做出回应,比如,区分"给我那个!"和"是的,我要那个!"。行动功能和反思功能的区别并不再显著了:这两种意义都存在,但它们之间的系统区别已经(暂时)丢失了。

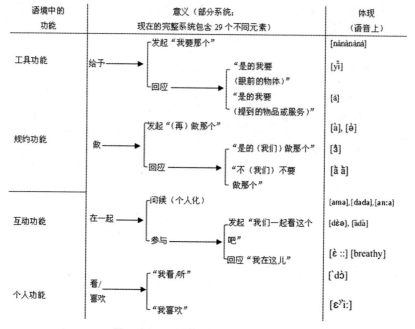

图 10-10　原始母语，中期(一岁时)

(3) 接下来，在十五到十六个月大时，奈杰尔开始向这些概括化的意义添加内容(图 10-11)。意义不再仅是"我要那个""那个很有趣"，而是"我要那个闹钟""那个很有趣——一辆车"等等。他在使用这些新形式的同时也使用概括化的原始母语表达；尤其是，当他已经开始使用词语和结构的时候，表达情感的婴儿符号仍然存留着。

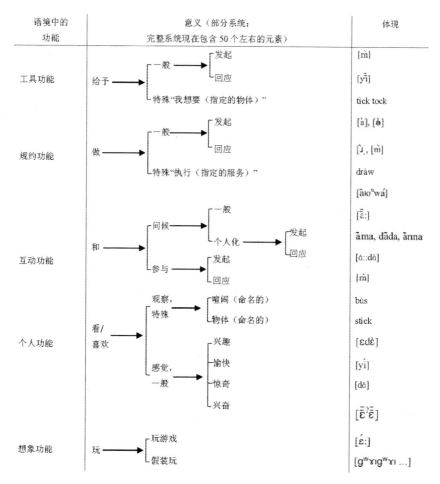

图 10－11　原始母语,后期(一岁四个月大时)

注:普遍元素仍然是原始母语的,在语音上体现为发音和语调的复合体;特殊元素现在是名称,并通过词汇语法系统的媒介来编码。用正字法给出的体现是尚有疑问的范畴的例子。

(4)在十九个月大时,奈杰尔在一个新的形式中重新引入行动/反思的区别;并且他将此当做从原始母语向母语转变中的主要策略(图 10－12)。该区别现在在语义上被编码:升调意味着"需要回应",并且将话语和实用功能标记出来,例如,*play chúffa* "我们玩火车吧",*more grávy* "我要更多肉汁",而降调意味着"不需要回应"——话语有理性(认识,或现实建构)功能,例如,*red sweàter*"那是我的红毛衣",*loud mùsic*"那是一首喧闹的歌曲"。理性功能的话语是自给自足的;不需要行动。另一方面实用功能话语带有"做某事"这样的一般意义——听话者被要求给予特定的物品或服务,参与某项活动("让你""让我",或者"让我们")或者是以某种特定的方式交流。

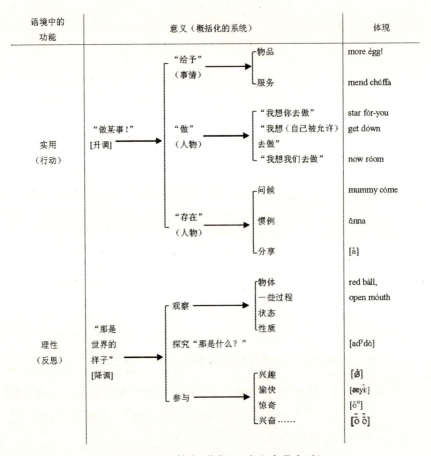

图 10-12 转变,前期(一岁七个月大时)

注:"参与"功能仍然体现为原始母语。其他的意义在词汇语法上体现为单词,并且现在开始出现结构。例如,*Mummy come!*(妈妈来!)*Red ball*(红色球);实用为升调,理性为降调。用正字法给出的体现是尚有疑问的范畴的例子。

(5)到二十二个月大时,实用范畴已经扩展到需要言语回应的话语;

即扩展到提问(图 10－13)。实用特征"做某事"现在意味着要么"提供物品及服务"要么"提供信息"。因此奈杰尔的所有提问,包括特殊疑问句,都是升调。但是它们并不采取疑问式的形式。奈杰尔现阶段引入到他的系统中的疑问式,起到的是在理性功能中编码新区分的作用。理性功能的意义现在朝着"我在给予信息"这个方向演变;并且奈杰尔形成了系统的区分,这在成人系统中找不到相对应的部分:这是在"我在告诉你你已经知道的某件事"(即,你和我分享了我正在谈论的经历——陈述式)和"我在告诉你你不知道的某件事"(即,我谈论这件事是另外一种分享信息的方式——疑问式)之间的区分。因此,严格来说只有疑问式才"给予信息",从成人预期的感觉来说即是听话者所不知道的某件事。当然,成人在大部分的时间里都是给予已经知道的信息;但是他们并没有将它看做一个系统的范畴。

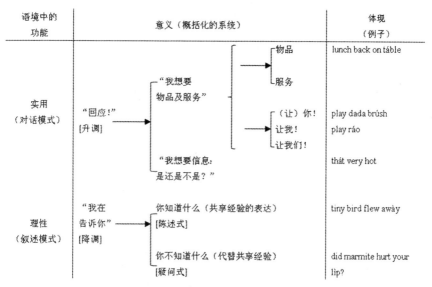

图 10－13　转变,后期(一岁十个月大时)

注:所有的意义现在都在词汇语法上体现为结构中的单词;理性体现为直陈式(陈述式="你已经知道这个了",疑问式="你还不知道这个"),实用体现为各种命令式和非完全小句结构。

（6）在两岁快结束时，当奈杰尔正好即将进入到成人语言时，即开始能够采用母语中的功能语义模式时，他已经引入了更加精密的区分；但他此时最主要的区分开始接近成人语言中的言语功能（图 10-14）。从前面第一部分所谈的内容我们可以很容易地看到这一区分如何向成人系统演进的过程，这一区分的基础是我们确认的两大类意义交换：物品及服务的交换和信息的交换。在物品及服务的交换过程中，语言附属于一个独立于语言的（非符号）过程；而信息的交换本身就是一个符号过程——所交换的"物品"是语言，更恰当地说是一个体现在语言形式中的符号。从这个角度观察，对于信息的概念和交换信息的能力发展相对较晚这一事实就不会感到惊奇了。到九个月大时，奈杰尔已经清晰地认识到意义是一个中介过程：通过对另外一个人说话，并且和此人交换符号，他能达到不同的目的——但是意义行为绝不是这些意图体现的组成部分。直到两岁快结束的时候他才将意义的交换看成是一个目标、一个独特的过程，这样的话意义行为自身就是目的的体现。我们已经知道这种交换信息的意思是如何演变而来的，即通过两种发展方式的结合，从原始母语的两个基本功能开始：

（i）互动的：(a)"让我们在一起吧"；(b)把对外部物体的共同关注作为"在一起"的一种形式；(c)"命名游戏"（"看这幅图；现在你说出它的名称"）；(d)"这个叫什么？"（询问一个新的名称）；(e)特殊疑问句（"把叙述中的空白补充完整"）；

（ii）个人的：(a)对突出的关注（"那里有喧闹？"）；(b)对环境的关注（"那很有趣"）；(c)观察、回想和预测（"我看见/看见了/会看见……"）；(d)说出共享的经验（"我告诉你我们都看见的/听见的"）；(e)交流独享的经验（"我告诉你我看/听见的而你没有看/听见的"）。

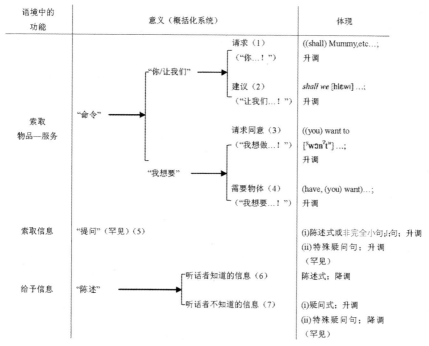

图 10-14　早期成人(两岁时)：奈杰尔刚发展到对话的成人系统

注：(3)和(4)之间的系统区别正在消失。

在后面的阶段中还有一个第三级的次要组成部分,即在提问的发展过程中起作用的类似"让我们探索这个——会发生什么呢？"这样的部分。该过程可以由表格的形式表示出来(表10-5)。这儿还有一些奈杰尔从一岁十一个月到两岁之间话语的例子。数字对应着图10-14中的范畴。

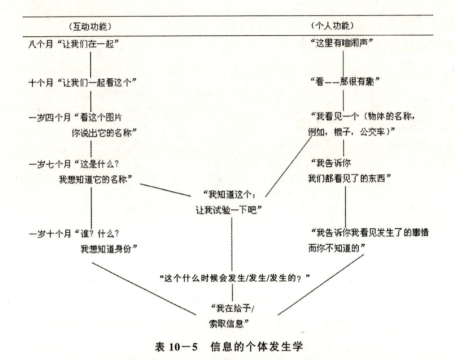

表 10-5 信息的个体发生学

(1) Daddy carry you on shóulder（爸爸扛你到肩膀上。）

Ménd it... Mummy ménd it（修它……妈妈修它。）

Shall Daddy tell you the chùffa rhýme（爸爸会告诉你 chúffa 的押韵吗？）

Want Daddy to cut the séllotape（想要爸爸切开透明胶带）

Don't wànt the peel taken òff（不想要剥皮）

(2) Shall we go and get the toást（我们可以去拿烤面包吗？）

Shall we look at our fast dièsel train bóok（我们可以看我们的高速柴油机车的书吗？）

(3) Walk on wall by yoursélf.（自己在墙上走。）

want to go into the bathroom and put a little bit of toothpaste on these two tóothbrushes

（想去浴室把这两个牙刷上抹上一点牙膏）

(4) y'want a drink of mílk（想要牛奶喝。）

Want some móre sellotape（想要更多透明胶带。）

Have your púzzle(拿着你的拼图。)

(5) (a) We nearly thére ⋯ to the wáll.(我们差不多在那儿了⋯⋯快到墙了)("是吗?")

Daddy's green toothbrush did breák.(爸爸的绿色牙刷真的坏了)("是吗?")

Gó ⋯ the garbage lorry gó.(走⋯⋯垃圾车走了)("是吗?")

(b) What does thát say.(那个说了什么)

How did that gone in the little hole thére?(那个怎么进到那儿的洞里面的?)

(6) The machine was making a lot of nòise.(这个机器发出了很大的噪音。)

The little bird with the long beak sitting on the wire flown awày.(这只坐在电线上的长喙的小鸟飞走了。)

James had a tràin.(詹姆士曾经有一辆火车。)

We went in an aèroplane this morning.(我们今早乘了飞机。)

Mummy put a little bit of bùtter on your arm to feel it bètter.①(妈妈放一点黄油在你胳膊上然后就会好了。)

(7) (a) did the train fall off the tráck(火车从铁轨上掉下来了吗?)("火车掉下来了⋯⋯")

Have you eaten that toast and bútter?(你吃完那个烤面包和黄油了吗?)("我吃完了⋯⋯")

Did you get síck(你生病了吗?)("我生病了。")

(b) What did Mummy dròp(妈妈掉了什么?)("妈妈掉了某件东西。")

4. 结论

到第二年的最后阶段,奈杰尔已经为对话的成人系统打下了基础。从这时起,他的意义潜势将会沿着成人的方式发展。

---

① (6)中所有的陈述都是说给同样目击了事件发生的人听的;(7)中所有提问都是说给没有目击事件的人的。

当然,第一部分概述的只是这个系统的基本要点,即最一般形式的语义选项。从这里衍生出来的是意义潜势的发达网络,它隐藏在该语言的一名成熟说话者的对话修辞背后,对于该说话者来说,给予和索取信息以及物品及服务最多不过是对话的粗糙原材料。对于那些出发点是理想化的句子或哲学语言学中孤立的言语行为的人来说,成人间的对话过程展现了一种顽皮的多样性,非常令人迷惑地显现出了无限性和无结构性。对于那些有着人种学传统的人(他们总是和"真实"数据打交道,而且从不会持有如对话就像语法学家的规则手册这类的错觉(但是有人会这样吗?)),如果你把这个像新闻一样告诉他们,他们仅仅会觉得乏味。但是为了理解对话过程背后的系统,只探寻"对话规则"是不够的;我们必须尝试着去理解对话和语言系统的联系。谈话的神奇力量来自于这样一个事实,即每一个实例中都是一种系统资源的表征,这种资源最初通过对话行为建立起来,随后在我们一生的谈论中逐渐得到修改。

作为最后一个例子,让我们看看成人交流的一个十分简短的实例;这个例子同样也是来自真实生活。A 和 B 在一辆通勤火车上遇见了;他们经常遇见,但这一次他们已经好几天没见到对方了(片段 G):

片段 G

  A:I see yòu're back in circulátion.(我看见你又重新开始参加社交活动了。)

  B:Actually I've never been òut.(实际上我从来没有不参加。)

  A:I haven't sĕen you for ages.(我已经好久没看见你了。)

在这次碰面中,A 的策略是:"我们有一段时间没见面了;这是你的过错,因为你未能在我在的地方"。这个策略十分明显,于是 B 质疑了它;不过他仅仅是防御地否定了暗示,于是这就使 A 有机会反击,并且这次是直接控诉"I haven't seen you(所以这一定是你的过错)"。作为第一步最不精密的分析,我们可以看到这些都是陈述;说话者正在给予信息,而在它们的意义中识别出这一部分十分重要,因为没有这一部分它们就无法起作用。(注意到把它们解读成陈述既不比其他解读步骤"更深刻"也不"更浅薄"。只是没有那么精密,焦点没有那么集中。)但是它们同样是一

第十章　对话的本质和对话的个体发生学的系统功能语言学解读(1984)

场游戏中的走棋,有着进攻和防御策略;并且这是社会情境的另一个方面,典型通过赞扬和责怪的语义来体现的方面——换句话说,通过说话者附加在意义行为上的值来体现。这些值又通过在人际成分中的词汇语法特征得到体现;例如,在这个例子中表示轻微反对的修饰成分 Actually,以及在 A 第二个话轮中通过先降后升的语调实现的"保留",意思是"你宣称你一直在参加社交活动,但是我没有见过你,所以你一定有要解释的事情"。

像抗议和保留这样的人际意义和概念意义一样仅仅是语言系统的一部分。人际意义往往有着和概念意义不同的表达模式,它是有韵律而不是超音质的,在范围上类似"场"而不是"颗粒",因此不适宜用成分分析框架来表征。也许这就是为什么人们经常认为它们不够系统的原因之一。我们更应该表明的是这也是我们拒绝把成分结构当成语言学中首要组织概念的一个理由,同时也是我们采用系统功能角度来诠释语言的理由。在解释对话的时候,不论我们关注的是最普遍的范畴还是最细微的区别,不论焦点在于成人的成熟系统还是在儿童身上的个体发生,我们关注的都是人际类型的意义。固守那些将人际意义看作次要的外围的意义的语言学理论是错误的,因为它们将所有语言组织都简化为一种类型的结构,这种结构通常只与概念意义相关联。

对话的组织是语言的一个系统特征;它是语言编码的行为。儿童把它建构为自己全部符号潜势的一部分。无论是这个系统或是它的演变都不能在语言能力——语言行为的两分法中得到满意的解释。因为在两分法中,编码是高度理想化的,所以不能用来解释人们的行为。对话不仅仅是"语言行为"(不管这个词组是什么意思)。它也不是一种特殊的语言能力("交际能力")——不过,这种能力与建构概念上符合语法规则的句子的能力不同。参与对话是一个在人际意义相关网络的全部范围内进行动态选择的过程。人际意义不是概念意义的"使用",也不是作为回想附加在概念意义之上的可供选择的附属。概念意义和人际意义是语义系统中既相互区别又平行存在的两个部分,每一个意义行为都是在两者当中进行选择的产物。

(李宇婷　译)

第十一章

对话在儿童建构意义中的地位(1991)[①]

1. 作为社会现象的意义

在 20 世纪最后二十五年中,很多对儿童语言发展的讨论,特别是在教育领域中的讨论,都被一种特定的童年意识形态结构所影响。这种看法结合了个人主义、浪漫主义和马丁所说的"儿童主义":在媒体和某种"儿童文学"中被建构起来的迪斯尼化的儿童形象[②]。每一个儿童被表征为一个独立自主的存在;

[①] 本章内容最初发表在斯塔提、韦根和汉斯诺奇(Sorin Stati, Edda Weigand and Franz Hundsnurscher)主编的《对话分析 III》,图宾根:麦克斯·尼麦耶出版社。1991 年,第 417—430 页。

[②] 这种意识形态是被叫做"操纵资本主义"社会的典型特征(见马丁 1989;尤其是第四章)。

而且学习存在于处于萌芽状态的潜意识的觉醒和成熟中。这种观点在詹姆斯·布里顿(James Britton)、约翰·迪克逊(John Dixon)和大卫·霍尔布鲁克(David Holbrook)的"创造性"和"个人发展"的教育模型中有所体现;最近,又有另一种观点出现,美国的唐纳德·格拉夫(Donald Graves)把儿童的写作看成过程并把他们的文章看成个人拥有的特征[①]。这一点在理论上首先得到了乔姆斯基天赋论的支持,后来又得到认知科学模型的支持,两者都把学习诠释成通过一些独立处理机制对现成信息的习得(比较金什 Kintsch 1988 年)。

这些不同讨论的共同点在于它们在本质上都是反社会的——更确切地说,或者可能是"无社会的"。在这点上,它们与参考了维果斯基、伯恩斯坦对发展和学习观点的诠释相反;在语言学上,与欧洲传统的学术观点,特别是布拉格和伦敦学派以及语符学和美国人类语言学家的功能和社会语义传统相反[②]。这种观点认为意义是一种社会和文化现象,并且所有的意义建构都是一个社会过程。我们可以用术语"主体间的"来称呼它,不过我们并不暗指"主体"先形成进而与其他主体产生交流。主体直到通过社会意义建构的实践才得以识解(见蒂博 1991 年)。

2. 发展阶段

20 年前我在研究儿童语言发展时,有一点令我感到吃惊:只要你观察儿童是怎样开始交流的,这种社会语义观就会清楚明了地显现出来——特别是你从出生起就开始观察,并且采取一种自然的形式,不去诱导和试验也不用太多的技术手段。这些技术手段容易使符号发展的社会性质变得模糊,而传统的用日记来记录儿童语言的方法则使之更加明晰。在这种背景下,我发现一些相当清晰的发展阶段开始浮现出来[③]:

[①] 参见例如迪克逊(1967)、格拉夫(1983)。参见罗瑟里(即将出版)的极佳的评论文章。
[②] 在当代语言学家中,对该传统的发展做出了卓越贡献的是克劳德·海然热(Claude Hagège)(见海然热 1985 等)。
[③] 对于我的观察的初步诠释包含在韩礼德(1975)。到两岁七个月的数据在韩礼德(1984)可得。参见布卢瓦(1979a)。

(1) 前符号的("首要主体间的")典型地	出生—五个月
(1/2)过渡到　　　　　　　　　"	五个月—八个月
(2)符号的:原始语言的 ("次要主体间的")　　　　　　　"	八个月——岁四个月
(2/3)过渡到　　　　　　　　　"	一岁四个月—两岁
(3)符号的:语言的　　　　　　　"	两岁—

因为我当时具体关注的是语言发展,所以我集中精力在最后三个时期,并把它们称作为"阶段":

(2)符号的:原始语言的	=第一阶段,	原始母语
(2/3)过渡	=第二阶段,	过渡
(3)符号的:语言的	=第三阶段,	母语

从这时起,克莱尔·佩因特和简·奥登堡－特尔开始从对比的角度开展对早期语言发展的详尽研究,将研究建立在对处于家庭环境中儿童的细致观察之上;而裘世谨在短期内观察了不同年龄阶段居住在上海的儿童。所有这些研究都使用了同样的理论框架来进行诠释(见登堡－特尔 1990 年;佩因特 1984 年;裘世谨 1985 年)。

从生命一开始,儿童的意义行为就是联合建构的,在对话上展现为他自己和一些"重要的他人"之间的联合建构,通过这些人他能够获得一个个人的身份。特瓦森多年以前就记录了前符号阶段的这个过程,他阐明一个新生儿在出生两到三周内便开始参与注意力的交换[①]。这种注意力的交换是语言的开始。在成人看来,这种交换没有"内容";但是它是有意义的。对于儿童来说,意义就是"我们一起,我们在交流;有'你'和'我'"。"你"和"我"当然是相互定义的;任何一个都无法脱离另一个而存在。在这儿我不准备详述这个阶段;但是我认为对这个阶段的讨论是很吸引人的,而且我对这些早期微观接触的语义发生潜势感到惊奇。实际上,它们并不是完全没有内容的;但是它们的确没有对经验的系统识解。

[①] 科尔温·特瓦森在该领域的重要作品可见于他的多篇论文;特别是 1979 和 1980 两篇。他讨论原始母语的作品见特瓦森和赫布利(1978)。布鲁纳的作品从心理学角度提供了有价值的普遍理论基础;比较 1977。

第十一章 对话在儿童建构意义中的地位(1991)

通常是在四到五个月左右,当儿童开始控制自己的物质环境时,他开始了向系统符号建构的过渡。他能伸手抓住视野中的一个物体;而这符合他和环境的第一次符号接触,这种接触采用了意义行为的形式像"那很有趣!—这是什么?"。这会把一个"第三人称"引入到原始对话中和"你"与"我"并存。这种行为本身可能会采用任何可使用的形式(我自己的观察对象——奈杰尔采用了短促的尖叫声)——任何能够将儿童和他人的注意力吸引到某个第三方上面的形式。这个第三方,被识解为"既不是你也不是我",实际上通常并不是一个物体而是一件事件——某种喧闹(例如一阵突然的噪音)或者是儿童忽然注意到的一片亮光。但是这种意义行为是清晰表达的;意义被共同建构,并且物质环境只有通过交换符号的共同行为才被识解为经验。当然,母亲或者任何共同参与该行为的人会用自己的语言来回应;她说"是的,那些是鸽子",或者"那是一辆公交车",或者"看,他们把灯打开了"。但是这种语义发生的过程从不同的两方面来说是对话式的:从人际方面来说,是因为这两种行为将对方定义为提问和回答;从经验方面来说,则是因为环境中的某种扰动在对话上被识解成一种经验现象。换句话说,正是通过语言,这个"第三方"才取得了现实的地位。

同时儿童也在识解自己的身体;首次对自身相对环境的符号建构几乎和物质词语中这种相同对立的首次建构一致。什么"在那里"就是能够被抓到的东西,"抓"在这儿既是一个物质过程也是一个意识过程。但是在这点上还需要从两个层面上进行更有效的探索;向系统符号阶段即向原始母语的过渡,只有在儿童已经意识到(通过翻滚)他能够把自己从环境中剥离出来时,才会发生。然后通常在七个月到十个月之间,通过他和环境对话的两种形式的改变,就到达了原始母语即次要主体间的阶段。一方面,在他的身体活动中,儿童学会了如何通过爬行的方式,驱使自己从一个地方到另一个地方。他现在有了空间—时间的自由;而且同时他得到了把意义识解成系统符号的自由——即,在两个层面上他都取得了聚合选择。这种意义的选择就是原始母语的本质特征。

原始母语是一种我们人类作为"高等"哺乳动物分享思想的语言形式:"高等"哺乳动物主要指灵长目动物和鲸类,但是原始母语也会出现在两种我们最偏爱的宠物上,猫和狗,至少在它们和我们交流的时候。所有的这些当然都是不同的语言;但是作为简单符号的系统,它们都有相同的形式结构。在符号活动过程中,儿童将意义识解为系统;并且系统在不同的语境下有不同功能——在我的分析中我将这些功能称为微观功能。这个过程当然是对话的;其他人共同参与到识解意义潜势中来。在原始母语阶段,我们能很清楚地看到在物质和意识的影响下,在这两个经验领域的辩证的结合中,意义是怎样被创造出来的。考虑一下下面这段典型原始母语的对话:

　　[母亲正把孩子抱在膝上,把他的兔子玩偶丢到空中再接住。孩子聚精会神地看着。]
　　孩子:[ə ə]
　　母亲:他飞起来了!
　　孩子:[ə ə ə]
　　母亲:噢,你想让我把他再抛上去一次,是吗?——好吧。
　　孩子:[大声地][m̄ng]
　　母亲:不,这还不够。让我们找些其他事做。

在这里,发生在空间—时间中的(母亲向上丢兔子再接住)物质过程影响了意识过程,而双方都参与其中,并且既对于另一方也对于第三方——兔子的扰动来说有着共同的肯定情感。正是这两者的相互渗透产生了意义,例如"那很有趣;我想要你再做一次";也有对立的意义"我坚持要你再做一次!"在不同的微观情境下这些在对话上演变为一个共享意义系统的一部分,包括了另外一些例如"我想要/不想要那个物体""让我们(你和我)一起吧/让我们一起关注这个(第三方)""我喜欢那个/对那个好奇"等等。

　　随后,正是在原始母语中,意义活动在系统形式中被识解,这样在系统和实例之间会有一种不断发展的辩证关系。系统是产生实例的潜势;

同样的,每一个新的实例会扰乱系统①。系统是一个动态开放的系统,性质相对稳定,并且始终只会通过和环境的交流而不断改变;每一个新的实例构成了从环境而来的侵入,因为产生它的物质条件从不完全相同。(我们可能注意到这种对物质的意识影响发生在符号过程的两"端"——语义和语音;因此系统是在内容建构和表达建构这两个界面演变。在表达方面,物质条件是儿童自己的身体条件,他的生理潜能当然也在不断改变。)

第二个主要过渡是从原始母语过渡成母语——过渡成与众不同的人类符号。这一点,就我们所知,不被其他物种所共享。在这个过渡过程中,制造意义的资源进一步改变了,而这次改变成了另一类截然不同的系统。从发展的全景来看,原始母语伴随着爬行,母语则伴随着行走;并且这两类活动都由专门的器官执行——口和腿——这使得臂和手为其他目的而空闲出来。但是原始母语和母语之间标准性、关键性的不同在于母语是分层的,即它有语法。语法(严格来说,词汇语法:句法、词汇、形态(如果有的话))是一个介入在内容和表达之间的纯粹的符号系统;即,它是一个不同的符号组织层面,处于两个物质界面之间。与原始母语不同,母语不能描述为符号系统;它是建立在更复杂的体现原则基础上的系统,而这不能简化为成对的"能指/所指"。因此语法并不直接和任何一个物质环境结合。但是同时它并不在两者之间保持中立;它偏向于内容层面。语法是一种"自然"语法,它已经演变为识解经验和展现社会过程的首要手段——当然,还是在对话情境下。

只有具有这样分层的系统才能以"信息"形式识解意义——信息作为可以交换的特殊的语言物品,而这建立在随着原始母语演变的物品及服务交换的模型之上。没有语法就没有信息。语法演变一旦完成,我就可以告诉你事情而且我们可以议论事情。通向信息共同建构的关键的最后一步是复杂的议论步骤:将语气和及物性在语法中结合起来。但是儿童不可能一步飞跃到这一点上。下面我们试着阐明他的发展中的几个主要

---

① 对比由基因传递的交流系统(如蜜蜂的舞蹈),其中的实例不会扰乱系统。符号系统的这个基本特征在成人语言中被它引起的大量效应所模糊(比较韩礼德1987);但是在语言发展的原始母语阶段,我们可以十分清楚地看到这一点。语言是动态开放系统一点,见莱姆克的三篇文章"论一种指导过程的模型""指导的形式分析"和"行为、语境和意义",载莱姆克(1984)。

步骤。

3. 意义的对话建构

为了达到从儿童语言向母语的过渡,儿童似乎有最偏爱的策略。这种策略可能是普遍的,也可能它的一些方面是普遍的,而且它很可能是语言演变所遵循的道路。通过及物系统和它相对的词汇命名,语法使语言能够识解经验①。但同时,因为距物质交界面仅一步之遥的语法是一个完全抽象的系统,它同时也使得识解两个对立的对话模式成为可能(当它们语法化时,我们是作为"语气"来了解它们的):祈使式,或实用模式,意味着"事情应该这样;你就这么做!",陈述式,或理性模式,意味着"事情是这样的;不管同不同意你都可以核实"。在我的记录中实用言语的早期例子是:

  1 water òn"把水打开!" squeeze órange"榨橙汁!"
   get dòwn"我想下来!" play tráin"我们玩火车吧"

这些都有升调,并且要求回答。把这些和下面的理性表达对比,下面都是降调:

  2 big bàll"那是一个大球" new rècord"这是新唱片"
   red sweàter"我有一件红毛衣" two hàmmer"我拿着两个锤子"

这些都来自于一岁七个月的时候。另一个稍晚时候的例子在组合序列中展现了这两种模式(一岁九个月大):

  3 no room walk on wàll ... walk on òther wall "(这个)墙上没有地方可以走,我想到别的墙上去走!"

通过自然语言日记细致记录的三个说英语的儿童都系统地将这种区别看作原始母语向母语过渡中的首要语义选项。三个儿童都通过语调

---

  ① 命名(词汇化指示)和及物性是识解经验(系统理论的专有名词为经验元功能)的语言潜势的基础。它们首次以这种方式明确相联得益于马泰修斯(Mathesius)(例如见 1936)。关于会话发展中的命名,见第十章。

第十一章　对话在儿童建构意义中的地位(1991)

和/或音质在韵律上表达了这点；并且在这三个儿童身上都显示出实用模式是标记的选项。说中文的儿童也区分了这两者，并且也在韵律上将之表达出来；但是，并没有充足的语料来建立起这种标记模型①。

实用模式是对物品及服务的需求；它需要回应，用行动的形式回应，而参与对话的"他人"也把它辨识和识解为行动（当然是潜意识的）。这并不是说他们总是同意请求；但是他们会显示出他们已经收到了信息，而且在这方面上"不"和"是"一样有效。在过渡过程中，实用模式逐渐演变成为对信息的需求；因此个体发生学上（也许也是系统发生学上）疑问句来源于对祈使句的拆分，虽然在成人语法中它和陈述句配对——从对行动的需求变为对言语行为的需求。而另一方面，理性模式并不要求任何行动。它所做的是请求证实："是的，那是一个大球""那不是一个大球；那是一个小球""那不是一个球；那是一个瓜"等。这里就出现一个重要的问题了：什么是进入这样一类对话的基本条件，在此类对话中一个反应者阐述或者质疑另外一人刚才说过的话。这个条件是经验必须得到分享。你不能阐述或者质疑刚才发生的事情除非你也在那儿看见了事情的发生。

因此信息的基本形式是把共享的经验转化为意义；即，告诉某人他们已经知道的某事。我可以通过符号识解一次经历，假如我知道你分享了这次经历，我便将此结构提供给你；随后你也来参与识解过程。因此结构也是对话性的：意义通过一个物质现象和现象参与者的意识共享过程之间的影响被创造出来。

每一个父母亲都熟悉这样一个场景：某人向他们的孩子寻求有关那人没有共享的经历的信息，而孩子却无法给予该信息。母亲曾把孩子带

---

① 可能令人感到惊奇的是，当儿童学习一种音调语言时，像这样的一个重大区分也可以通过语调来实现。实际上，汉语当然既利用了语调（语法音调）也利用了词汇音调；但是这并不相关。原始母语是"儿童语言"，不是母语；儿童在说原始母语的时候，你不能辨别他的母语将发展成什么样子。到儿童能够区分的时候，他们已经进入了母语，这个特殊的对比仍然只是他们自己的发明。

实际上在某些实例中，儿童的系统和母语模式相反。在奈杰尔的语法中，原始祈使式是实用模式，采取升调，然而在英语中，不正式的祈使式通常是降调。当他首次使用没有宏观功能的独立小句时，他采取了无标记的（降）调。在一岁九个月之前，当他说"当新大陆放完，唱车的歌！"时（"当新大陆［交响曲］放完以后，给我唱有关公交车的歌"），第一个小句是降调，第二个是升调；但是在成人英语中，音调本应该是反过来的。

去动物园;回到家以后她说"告诉爸爸今天你在动物园看见了什么"。爸爸全神贯注地倾听;但是孩子却无法照做——他要么保持沉默,要么转向妈妈然后告诉她(自己看到的东西)。为什么?因为她是那个和他共享了这次经历的人。爸爸不在那儿,他怎么能告诉爸爸这些呢?

然后对话演变为对共享经历的共同识解,借此双方意识都可及的现象——两者都能看见的事情,两者都体验过的事件——在对话上过渡为意义。对话就是这样开始的;并且它随儿童成长一直延续,直到他从原始母语向母语过渡。毫无疑问在人类历史上对话就是以这种方式持续的直到获取它更深的潜势。但是一旦意义系统到位了,潜势也就出现了:这一点使听话人能够识解只有说话人实际见过的现象。经过一定时间,儿童做出了同样的发现:语言能够创造信息——它能取代共享经历。对于听话人来说,曾在那儿并且看到那件事也并不是必需的;经历可以被语言重新识解。这是一个重大的发现,奈杰尔至少有一段时间一直使用了不同的语法来表达这两种情况:他对"我告诉你我们共享的某事"有一种形式,这是他原本给予信息的情景;而对"我来告诉你刚才发生的某事,即使你没在那儿看见它"有另外一种形式。在成人语言中并没有这种语法区分,因此几个月后奈杰尔不再使用了。我们不区分告诉人们(我们认为)他们知道的事情和告诉他们(我们认为)他们不知道的事情;陈述句包括了这两者。但是同时,我们并没有停止以早期的方式使用语言。在交流模型中,信息的概念经常用来暗示知识从一个知者传达到一个非知者:"我知道你不知道的某事;我把它'表达'出来了,所以你现在知道了"。当这种情形发生时,语言作为共享经历的替代品在运作着:一种以符号形式分享那些在物质过程中没有共享的事物的方式。这是典型独白式的,因为只有知者参与了将事件转换为意义的过程。但是这种方式主要存在于比较专业的语言使用中,比如一次学术讲座,信息通过独白的方式得到建构和传授。大多数时间当我们使用直陈语气时,我们是在共享经历基础上以互动方式识解意义。这个过程的典型形式是对话,在对话中结构通过讨论来推动。议论是经验意义的共享结构;它存在于一致与冲突之间,当对

第十一章　对话在儿童建构意义中的地位(1991)

话参与者将对话扩展为会话时,他们会在这两者之间移动①。

在第七章中我举了一个例子,是奈杰尔(二十个月大)和他父母之间的对话,这个对话体现了对山羊吃塑料盖这一陈述的共同构建(参见第七章)。

我们倾向于把陈述和对话看作语篇的对立形式。但是这种类型的文本显示:在早期发展中陈述自身也是对话式的。物质经历在儿童和父母间得到共享;然后儿童积极主动地将它表述出来,因此它能变成对现实的共同建构中的一部分。轮到父母加入时,他们采取提问的形式;但是这些并不仅仅是人际上的提醒——因为它们是特殊疑问句形式的提问,他们包含了经验信息:

"什么东西试图去吃那个盖子?"——在这里有一个行为者(语法上一个动作者);你识别它。

"为什么那个人说不?"——这儿有原因(语法上表现为起因的一些表达);你识别它。

因此在对该经历的识解中有着共同的参与。

我们可以将这个与下面补充的排序文本(A1—A9)进行对比,这些文本来自于大约八个月的对话记录,在奈杰尔两岁十个月到三岁六个月之间。这些不是对事件的叙述,而是一个普遍概念的持续建构,在这里建构的是"猫"。儿童现在已经长大,在这些实例中他正在问问题;许多都是一般疑问句,但也有特殊疑问句"怎样?"和"为什么?"。在这两类问题中,儿童当然也是在贡献信息:

"猫喜欢肉/骨头/骨髓吗?"——建构并且测验可能食物的分类法。

"猫的爪子是怎样伸出来的?"——它们伸出来然后再缩回去。

"它用它的爪子走(=行走)吗?"——它们会在不同的情景和功能中伸出和缩回。

---

① 通过对成人群体的长会话的研究,苏珊娜·埃金斯(Suzanne Eggins)假定:实际上,一致和冲突的周期性正是使会话发展的主要因素(见埃金斯,即将出版)。

但是这些对话得到的不仅仅是那些。比如,在经验上,对话建构了植物和动物的一般分类系统("生长的东西"相对"行走的东西");三岁六个月时的复杂讨论在四个不同方面比较了猫、木偶、人和火车。在人际上,它演变成提问、回答、挑战、矛盾以及相类似的动态模型,而这是所有对话建构资源的基本构成成分。

我在别处已经提供了许多来自我自己记录中的例子(这一卷的第一部分);其他更多的例子将会在奥登堡－特尔和佩因特的作品里找到,也可以在现存的有关儿童语言的大量文献中找到(但是需要注意,这些文献中几乎没有提到原始母语)。检查单个实例和长时间追踪对话主题这两者都具有指导作用,就像刚才引用的猫的选录一样。比如,在考虑奈杰尔怎样识解有关时间和空间的经历时,我可以把延续了好几年的对话片段拼起来,而乔伊·菲利普斯通过对早期数据的透彻研究展现了他是如何发展出比较和对比的基本语义策略的。并且韩茹凯收集的在母亲和她们三到四岁大的孩子之间大量丰富自然的对话为我们对对话发展的理解又增添了一个重要的新维度。在所有这些早期的语篇中,我们可以很清楚地看到文本是如何和它的环境交流的,意义就在两个矛盾的交界处被创造出来:(1)经验的矛盾——在经验的物质模式和意识模式之间;(2)人际矛盾——在对话参与者不同的个人历史之间。因此从会话的个体发生学中我们可以深入了解人类学习和人类理解。

"猫"的建构(奈杰尔两岁十个月到三岁六个月)来自韩礼德(1984)

文本 A1:奈杰尔两岁十个月二十二天

奈杰尔:And you saw a cat in Chania Falls.
(你(="我")在干尼亚瀑布看见了一只猫。)

母亲:是的,你在干尼亚瀑布看见了一只猫。

奈杰尔:And you picked the cat up. Mummy, do cats like meat?
(你把这只猫拎起来。妈咪,猫喜欢肉吗?)

母亲:是的,它们喜欢。

奈杰尔:Do cats like bones? Do cats like marrow?
(猫喜欢骨头吗?猫喜欢骨髓吗?)

第十一章　对话在儿童建构意义中的地位(1991)

文本 A2：奈杰尔两岁十个月二十六天

奈杰尔：Can I stroke the cat? You want to stroke the cat... you want to scratch it... it's drinking its milk... it's moving its tail out... it's moving its tail outside... it's scratching... it's putting its tail up... what's this?

（我可以摸那只猫吗？你（＝"我"）想摸那只猫……你想抓它……它正在喝奶……它正摇着尾巴出来……它在外面摇尾巴……它正在抓……它把尾巴竖起来……这是什么？）

母亲：我不知道；我猜这是它的肘部。

奈杰尔：It's wagging its tail... it's lapping it with its tongue... you can go near its elbow... you can go near its elbow... but you can't go too near its face... because it thinks you might take away its milk... it was just a bit frightened... it thinked that you might take away its milk... has it finished its milk?

（它在摇尾巴……它在用舌头舔尾巴……你可以走近它的肘部……你可以走近它的肘部……但是你不能太靠近它的脸……因为它会认为你可能要拿走它的牛奶……它刚才有一点害怕……他觉了你可能会拿走它的牛奶……它吃完牛奶了吗？）

文本 A3：奈杰尔两岁十一个月五天

奈杰尔：(正在思考"杰克建的房子")What is a rat?（什么是耗子？）

父亲：是一种大老鼠。

奈杰尔：Does the rat go when the cat has killed it?
（猫杀死它以后耗子还能走吗？）

父亲：不，它不会再走了。

奈杰尔：Why did the cat kill the rat?（为什么猫要杀死耗子？）

父亲：猫就是杀耗子的。

奈杰尔：Why do they?（那为什么呢？）

父亲：(程式化的)你要等到长大一些才能明白。

奈杰尔:No, I can understand it now.(不,我现在就能明白。)

父亲:好吧,猫就喜欢吃耗子和老鼠。

奈杰尔:Why do they like to eat them?(为什么它们喜欢吃?)

父亲:它们就喜欢吃。

文本 A4:奈杰尔两岁十一个月十五天

奈杰尔:Why did the cat go out? Mummy, why did the cat go out?(为什么猫出去了? 妈咪,为什么猫出去了?)

母亲:别人给它喂食了,尾巴夹着的。

文本 A5:奈杰尔三岁二十六天

奈杰尔:How do the cat's claws come out?(猫的爪子是怎么伸出来的?)

父亲:它们从掌里面伸出来。看,我做给你看。

奈杰尔:Does it go with its claws?(它会用爪子走路吗?)

父亲:如果它沿着地面走的话就不会。

奈杰尔:And not if it's climbing up a tree.(如果它爬树的时候也不会。)

父亲:不是,如果它爬树,它就会用爪子走了。

文本 A6:奈杰尔三岁两个月七天

奈杰尔:Will the cat eat the grape?(猫会吃葡萄吗?)

父亲:我觉得不会。猫喜欢能够走的东西,不喜欢生长的东西。

文本 A7:奈杰尔三岁五个月十二天

奈杰尔:Cats have no else to stop you from trossing them … cats have no other way to stop children from hitting them … so they bite. Cat, don't go away! When I come back I'll tell you a story.

(猫没有办法不让你惹它们生气……猫没有办法阻止小孩打它们……所以它们会咬人。猫,不要逃走! 我回来的时候我会给你讲一个故事。)(他这么做了。)

文本 A8:奈杰尔三岁六个月十二天

奈杰尔:Can I give the cat some artichoke? (我可以给猫一些洋蓟吗?)

母亲:但是她不会喜欢的。

奈杰尔:Cats like things that go; they don't like things that grow. (猫喜欢会走的东西;她们不喜欢生长的东西。)

文本 A9:奈杰尔三岁六个月十四天

奈杰尔:I wish I was a puppet so that I could go out into the snow in the night. Do puppets like going out in the snow? (我希望我是一个木偶那样的话我就可以晚上在雪天里出去了。木偶喜欢雪天里出去吗?)

父亲:我不知道。我觉得它们不会介意的。

奈杰尔:Do cats like going out in the snow? (猫喜欢雪天里出去吗?)

父亲:猫不喜欢雪。

奈杰尔:Do they die? (它们会死掉吗?)(他知道一些植物会死掉。)

父亲:不会它们不会死掉;它们只是不喜欢雪。

奈杰尔:Why don't puppets mind snow? (为什么木偶不介意雪呢?)

父亲:这个(犹豫)……木偶不是人。

奈杰尔:Yes but … cats also aren't people. (是的但是……猫也不是人。)

父亲:是的,但是猫是活的;它们可以走。木偶不能走。

奈杰尔:Puppets do go. (木偶可以走。)

父亲:是的,但是你必须让它们走;就像火车一样。

奈杰尔:Trains have wheels. Puppets have legs. (火车有轮子。木偶有腿。)

父亲:是的,它们有腿;但是腿自己并不走。你必须让它们走。

(李宇婷 译)

第三部分
早期语言与学习

编者的介绍

第十二章"语言的相关模型"(1969)的话题是从与教育相关的角度提供对语言的解释。韩礼德教授描述了与教育相关的研究语言的方法。这一方法可以分成两部分：一是"将儿童自己的语言经验考虑在内，按照其自身的丰富潜势来界定经验，关注其中的差距，对于某些儿童而言这些差距可能对教育和发展有害"。另一个部分"与儿童之后的生活经历相关：如社会最终对他提出的语言能力要求，以及在此之前由学校提出的、也是他若要在班里取得好成绩必须达到的语言能力要求"。这里所说的与教育相关的模型不是语言习得模型，而是语言使用者实现意图时所用的语言的"印象"。语言就是它的实际用途。涉及的儿童语言模型包括工具型（"我想要"）、规约型（"按我说的做"）、互动型（"我和他"）、个人型（"我来了"）、启发型（"我想知道为什么"）、想象型（"我们假装"）和表征型（"我有事情想告诉你"）。

随着语言使用意识的发展，儿童逐渐成为"社会人"或"社会符号人"，即"社会意义储存者"这个群体中的一员。儿童周围的那些与他互动的人——不管是父母、看护人还是老师——则是儿童自己在构建语言与社会符号过程中的积极参与者。在第十三章"语言发展的社会语境"(1975),韩礼德教授描述了儿童在学习社会符号——文化的同时,如何学习作为文化学习工具的语言。学习的一个基本条件是将表达意义的各个部分——"意义表达者表达意义能力的不同方面"——同情景的符号属性之间建立有机联系。以奈杰尔与妈妈的互动为例以展示语篇的语言特点是如何由包括语场("正在进行的活动")、语旨("相关角色关系")和语势("符号或修辞渠道")在内的情景特征来决定的。

恰逢1977年澳大利亚启动"语言发展项目",韩礼德教授提出采用以下视角,这一视角包括三部分:学习语言、通过语言学习其他知识和学习语言本身。他的想法是语言发展是一个学会表达意义的连续过程,其连续性包括两个方面:"不仅有发展的连续性,从一出生直到成年,在家庭、社区、小学、中学和工作的地方使用的语言;并且也有结构的连续性,贯穿学习的各个方面和环节"。从降生开始,儿童某种无意识的认识就在发展,即"他可以用语言做什么"。教育如果要在加强和扩展儿童语言发展方面取得成功,就需要以这种认识为基础。第十四章"儿童语言发展的三个方面:学习语言、通过语言学习其他知识、学习语言本身"(1980),建议"将课堂的语言学习同儿童通过自身经历了解到的语言结合起来"。第十五章"以语言为基础的学习理论"(1993),提出将学习理论植根于对"学习语言"的理解。通过对儿童在家里和在学校语言使用情况的直接观察,韩礼德教授发现了儿童语言发展的21个特点,这些特点"对于以语言为基础的学习理论至关重要"。教师和学生都将受益于从对语言发展过程的研究中获得的启发——例如这一部分的最后一章"语法和教育知识的构建"(1999)中所提到的——这些研究涉及"儿童究竟在多大程度上是在学习语言,或者更准确地说,他们是如何通过语言学习其他知识的;即,他们如何在学习语言的同时使用语言去掌握与他们的世界相关的其他知识"。

第十二章

语言的相关模型(1969)[①]

英语教师寻求对于语言的一个充分的定义以指导自己的教育工作,却得到一个谨慎的回答"嗯,这取决于你怎么看它"。这时,他很有可能会像任何一个无法就"一个明确的问题得到一个明确的答复"的人那样自然而然地感到不耐烦。然而这种抱怨的频率之高似乎说明,问题也许很少像它们看上去地那么明确。"语言是什么"的问题,无论怎么提问,都是漫无边际、甚至有时是虚伪的,就像其他与之类似的问题如"文学是什么"一样。人们明智地将这种问题排除在考试之外,它们需要专门有一个上乘的也许是间接的回答。

从某种意义上讲,唯一令人满意的回答是"你为什么想知道?",因为除非我们知道问题背后的动机,否则无法指望能给提问者一个合适的答案。他感兴趣的是什么?多语社区的语言规划?失语症和语言障碍?词语和它们的演变?方言和方言使用

[①] 本章内容最初发表在《语言现状,教育评论》第 22 期第 1 卷,第 26—37 页。

者？一种语言与另一种语言的差别？语言系统的形式特征？语言的功能和我们对语言的要求？语言作为一种艺术的媒介？书写系统包含的信息和冗余现象？以上的每个问题和其他类似的问题都为语言的定义提供了一个可能的语境。语境不同,语言就"是"不同的事物。

标准是相关性;我们想了解并强调语言与眼下的工作和研究相关的那些方面。放到教育这一语境中,语言学要解决的问题是发展一套与英语教师教学工作相关的语言理论。在英语教师看来,哪些方面构成相关的语言理论？决断的标准是什么？在教育界,很多与语言有关的态度和方法遭到反对和批评不是因为它们是错误的而是因为它们与教育不相干。比如,《语言学科学和语言教学》(韩礼德等,1964)的作者们曾经指出,教给一个语言学得不好的儿童语法规则就像是在教一个快要饿死的人怎么用刀叉一样。这样说的同时,作者并不否认语言的使用有一些范式可循,有一些人人应该遵照的规则,他们只是认为把语言主要视为体现教养的这一观点与教育的需要没多大关系。也许很少有人很明确地持有这一观点,但它潜藏于很多教学实践之中。如果现在大多数人已经放弃了这种看法,这是因为它与教育的风马牛不相及在一些学习者十分不快的学习经历中变得显而易见。

然而没有必要牺牲一代儿童或是一个教室的儿童去证明有些对语言的看法是不足的或是无关的。要替代这种消极的、多少有些随意的方法,一个更有效的步骤是寻求拟定一套普适的、积极的相关性标准。这些最终会与我们在生活中对语言的要求息息相关。因此,我们要对这些要求的特点有所了解,其实我们需要探寻儿童对语言的印象是什么:儿童由于自身经历而内化的语言模型是什么？这将有助于我们确定哪些方面与教师相关,因为教师自己的语言观至少一定要涵括儿童所有的语言知识。

儿童知道语言是什么是因为他知道语言是干什么用的。儿童经历的关键因素是他自己成功地对语言提出要求,语言帮他实现了那些需要。他在很多方面使用语言——满足物质和精神需求,调节人际关系,表达情感等等。发挥语言的不同用途成为他自己的亲身经历的一部分,因此他从潜意识认识到语言有很多作用能影响到他自身。对儿童而言,语言是一个多功能的、可调适的工具,可以用来实现他的意图,他能用语言来做的事情几乎是无限的。

结果,儿童的内在语言模型成为一个高度复杂的模型,很多成人的语言概念都无法与之相比。成人的语言观可以外化,可以有意识地表述,但它们几乎总是过于简单。其实,讲到这里,也许用复数形式——儿童的各种语言模型来强调其语言经历的多面性更好些。我们将努力去发现一个正常儿童在他五岁开始上学的时候已具备的各种语言模型;假设教师自己已有的语言概念在一些方面不够丰富多样的话,这一语言概念则与教育任务无关。

我们常低估语言在儿童的生活中使用范围有多广,功能有多丰富。在他很小的时候语言已经渗透到他生活的方方面面,渐渐为他从一出生就与他人开始的交流赋予形式。语言并不仅在儿童要去改变或了解他的生活环境时才发挥作用,从一开始他得到他人的亲近、他表达自己的个性时语言就已经在起作用了。儿歌童谣抑扬顿挫的背诵也是语言,不同语言的儿歌童谣是有差异的。这一事实使我们注意到这样一点:英语的胡说八道与法语截然不同,因为一个是英语,另一个是法语。这一切都有助于儿童完整理解"运行中"的语言。

通过这些经历,儿童累积起对于语言是什么和语言的用途的积极印象——虽然无法言表,却是真实存在的。他在学校里语言学习遇到困难,是因为学校要求儿童接受一种语言的程式,而这一程式是和他从自己经历中获得的启发格格不入的。传统的初级"读写"练习就是一个例子,因为这种练习同儿童深信的语言本质和语言功用是不同的。

★ ★ ★

也许儿童各个语言模型中最简单、属于最早发展之列的是我们所谓的工具模型。儿童开始认识到语言可以用作办事的手段。大约二三十年前,动物学家逐渐发现黑猩猩高度发达的脑力;记录下的观察之一是黑猩猩用三个短棍子做成了一个长棍子,然后用它够着了放在笼子顶上的一把香蕉。面对同样的难题,儿童创造句子。他说"我想要香蕉";这个句子的效果更神奇,因为它不依赖于必须有香蕉在周围。语言被用来发挥"我想要"的功能,满足物质需要。要使语言成功地实现这一功能并不取决于组织出合乎规范的、成人用的句子;在语境中恰到好处地发出的一声喊叫也许会在本质上取得同样的效果,虽然不能被视为语言,但是用命令的声调发出的声音和正宗的祈使句之间并没有非常清晰的界线。

　　传统的 See Spot run. Run, Spot, run! 之类的初级儿童读物同语言的工具功能毫不相关。单纯这一点还不至于使这类读物一无是处,因为语言除了利用、控制环境外还有许多其他的功用。但是这类读物与语言的任何功用表面看来都联系不大,至少与儿童熟悉的语言的各种功用联系不大。从儿童的意图来看,这不能被看做是语言,不是他想表达和理解的意义的语言。儿童除了对莫名其妙的任务具有超常的忍耐力,对语言的意义也有很宽泛的认识;但是他们不习惯接触用他们的功能标准来看毫无意义的语言,传统的读物在他们看来不能算作语言。它和使用中的语言毫无关系。

　　作为控制工具的语言还有另一面,因为儿童清楚地认识到语言也是一个他人控制自己的方式。因此,与工具功能关系紧密的是语言的规约功能。这指的是使用语言去规范他人的行为。伯恩斯坦和他的同事们(1970)研究了在儿童社会化过程中家长规约行为的不同类型,他们的研究为回答"儿童能从经历中获得什么以构建自己的语言模型"这一问题提供了重要的线索。特纳(1969)记述了伯恩斯坦举过的一个例子,当妈妈发现自己的孩子趁自己和收银员都没注意把没付钱的商品带出超市的时候,妈妈可以用不同方式发挥语言的力量,其中的任何一种都会在这个孩子的记忆中留下多少有些不同的有关这种语言功能的印迹。比如,妈妈可以说"不许你把不属于自己的东西带走(从特定社会制度即所有权的角度出发对物品进行分类,在此基础上通过有条件的制止实现控制);"那样做真没规矩"(通过把行为分为被允许的和被禁止的相反的两类进行控制);"再那样就打你了"(通过威胁——若类似的行为再犯将带来惩罚——进行控制);"你那样做会让妈妈很不开心"(通过情感胁迫实现控制);"那样做是不允许的"(按规范对行为进行分类实现控制),等等。诸如此类的单个事件本身无足轻重,但是通过重复和强化,这类规约行为的普遍类型决定着孩子将语言视为行为控制方式的特定认识。

　　孩子将这种认识用于自己影响同伴和兄弟姐妹的努力之中;这反过来为他的语言技能一个基本的组成部分——规则和指令的语言——提供

了发展基础。虽然一开始,他只能做出简单、无序的要求,随着时间的推移他学会给出条理清晰的指令,然后进步到更高的阶段,能够将一组组的要求转化为规则,包括条件性的规则,如解释某个游戏的规则。就这样,他的语言的规约模型不断得到发展,他对语言规约用法的潜力的个人经验使得这个模型变得更有价值。

与语言的规约功能紧密相关的是语言在社会交际中的功能,我们假设的构成儿童语言印象的第三个模型是互动模型。这指的是在自我与他人的互动过程中语言的使用。即使是儿童和自己妈妈之间这一最亲密的人际关系,也部分地、并且最终主要通过语言维系;儿童与其他人的互动,不管是跟大人还是小孩,也显然靠语言维持。(最有可能不需要语言就能建立起人际关系的人,很显然,是双胞胎。)

然而,儿童除了通过亲身经历感受到语言可以维系持久的人际关系之外,邻里生活和同伴们的各种活动也为复杂多变的互动模式提供了语境,这些模式对于个人的语言资源提出了大量的、细致的要求。人们用语言来定义和巩固集体,标明谁是自己人谁不是以吸纳成员排除异己;用语言去界定尊卑、角逐地位;幽默,嘲笑,欺骗,劝诱,各种论辩、戏剧性的语言艺术悉数上阵。并且,大体上还处于学习阶段的儿童,在这些场合能做到成人难以做到的事:他能够在听说的过程中将语言内化。实际上,他是参与者同时也是观察者,因此他自己对这一复杂的互动活动的关键性的参与并不妨碍他的语言从中获益。

这里又跟语言的另一个用途有着自然的联系,从这一用途中儿童获得了我们所说的个人模型。这指的是儿童认识到语言是自己个性的一种形式。在儿童认识自己的过程中,尤其是在这一过程的更高阶段,即性格的发展阶段,语言扮演了不可或缺的角色。我们这里讲的不仅仅是"表达式的"语言——用于直接表达感受和态度的语言——而且还包括语言互动功能中的个人因素,因为通过与他人的互动塑造自己这一过程在很大程度上有赖语言。儿童能够向别人展示自己的独特之处,展现个性;这样做又能反过来强化和创造个性。正常的孩子,他的自我意识同口头表达紧密相关;和听到自己讲话相关,也和拥有可供自己调遣的构成语言的行为选择相关。把自我理解为一个有行事能力的人,有辨别力和选择的自由,"自我是一个发言者"是一个很重要的组成部分。

因此,对儿童来说,语言是构成自我的很大的一部分,个人模型即是他对这一点、以及对自己个性如何通过语言确认和实现的直觉的认识。这一过程的另一方面,是儿童对于自己周围环境的理解不断增长,因为环境首先是"非自我"的,是在建立自我的边界时被分离出去的。所以,第五,儿童有一个语言的启发模型,源自于他对语言如何使他能够探索环境的认识。

启发模型是指语言是探索现实的一种手段,了解事物的一种方式。这一点毋庸多说,因为每个孩子问个不停的习惯已经把语言的这一功用展示得淋漓尽致了。他在提问的时候,不只是在寻求事实,更是在寻求对事实的解释,寻求对可以用语言去探索的现实的概括。同样,伯恩斯坦(1970)展现了亲子交流情境中问答习惯的重要性,尤其是问答环节对于孩子在学校优异表现之间的联系:他的研究显示母亲用语言形式表现出对孩子的关注与老师评定孩子第一学年在校表现是否优秀之间有显著相关关系。

孩子非常清楚怎样使用语言去学习,也许在上学之前他对语言的这一方面已经很了解了;很多孩子已经掌握了发挥语言启发功能的元语言,因为他们知道什么是"提问",什么是"回答","了解"和"理解"是什么意思,他们能轻而易举地地谈论这些话题。麦凯和汤普森(Mackay and Thompson)(1968)展示了帮助正在学习读写的孩子建立一套用来谈论语言的语言的重要性;启发功能正好为这一目的提供了一个基础,因为孩子能轻而易举地理解和表达启发模型的基本范畴。具体来说,一个正常的五岁的孩子应该已经能正确使用"问题""回答"这些词语,如果暂时还不能的话,他有能力学会这么做。

儿童"关于语言的语言"的另一个基础在于语言的想象功能。这一功能以一种截然不同的方式将儿童与他的环境联系起来。这里,儿童使用语言去创造他自己的环境;不是去了解事物的情况而是按照自己的意愿创造它们。儿童通过语言去创造自己的世界,从这种能力中他获得了语言的想象模型;这为元语言提供了更多的元素,如"故事""编造""假装"等词语。

第十二章 语言的相关模型（1969）

发挥想象功能的语言并不一定是"关于"什么事物的：儿童用语言创造出的环境不必是经验世界的一个虚幻的版本，有人物和事件。它可以是一个纯声音的世界，由押韵、和谐的音节组成的有节奏的序列；或是用词语构建的一个大厦，语义在这里不起作用，就像用扑克牌垒的房子，表面价值无关紧要。诗歌、童谣、谜语和绝大部分儿童自己的语言游戏强化了语言的这一模型，在这里言说的意义并不主要是内容的问题。在故事和表演游戏中，想象功能在很大程度上建立在内容的基础上；但是表达这些内容的能力对孩子而言仍然仅是语言有趣的一面，对很多目的而言仅是一个附加的选择。

终于轮到了表征模型。语言除了它所有的其他功用之外，还是就某事进行交流、表达命题的手段。儿童认识到他可以用语言传达信息，这则信息对于他周围世界中的过程、人物、物体、总结、特征、状态和关系均有具体的指称。

这是很多成人具有的唯一的语言模型；不过在儿童看来，这是一个很不充足的模型。没有必要非说内容的传达对儿童来说是语言最无关紧要的功能；我们无法比较、评价语言的不同功能。但是表征功能一定不是最早表现出重要性的功能之一；直到儿童发育成熟的较晚阶段它才成为一个最重要的功能。也许它永远不会成为任何真正意义上的最重要的功能；但是它的确在后来几年容易变为最重要的模型。成人在努力认识语言本质的时候，很容易忽略语言在很大程度上对儿童意味着什么；这不是因为成人不再像儿童一样要用到语言的不同功能（一两个也许萎缩了，但不是全部），但是由于总体来说，这些功能仅有一个会受到关注，因此与之相对的模型也是唯一一个被外化的。但是这样描述的语言让儿童看来是非常不真实的，因为它仅仅说明了儿童对语言本质的全部理解的一小部分。

表征模型至少和儿童的经历是一致的。它跟儿童经历的一个重要的部分相关；一开始这部分微不足道，但是真实的。在这点上它与另一种语言观（可以称为是语言的仪式模型）形成鲜明的对比。我们没有提到后者，因为它在儿童的经历中毫无用处。这是一种某些将语言视为展现个人教养的人内化的语言形象；它将语言降格为和饭桌礼仪一样。语言使用中的礼仪因素很可能源于互动活动,因为发挥礼仪功用的语言也在定义和划定一个社会群体;但它并不具备影响儿童语言互动过程的积极因素,因此非常片面。将语言视为礼仪的观点是把语言毫无意义地复杂化,因为这一功用在儿童的经历中没有对应的部分。

我们对语言的认识若要能符合儿童的需要就必须是穷尽性的。它必须包括所有儿童自己的各种模型,把他自己对语言的各种要求考虑在内。儿童对语言本质的理解来自他对语言使用的体会。因此它蕴含了我们描述过的所有的印象:工具的、规约的、互动的、个人的、启发的、想象的和表征的。每一个都是他对自己所熟悉的语言功能的阐释。道提(1969)在一篇很容易让人浮想联翩的文章中,展示了对英语老师角色的不同理解常常会使人去结合、强调上文提及的各种功能的某几个或某几组功能。

★ ★ ★

我们从儿童的目的出发来总结语言模型吧,因为语言的不同用法可以看做是实现不同的目的。发挥工具功能时,人们用语言来满足物质需求;这是"我需要"功能。规约功能是"按我说的做",是发挥"我和他"(包括"我和我的妈妈")这一作用的语言。与个人功能相关的包括:身份表达、自我表达,这很大程度上也是通过语言互动发展起来的;或许是"我来了"的功能。启发功能是用语言去学习、探索现实:"告诉我为什么"。想象功能是"让我们装作",现实靠它创造,正在被探索的是儿童自己的思维,包括语言自身。表征功能是"我有些事情要告诉你",是内容的交流。

我们所谓的"模型"是从这些功能中产生的我们对语言的印象。通过功用为儿童定义语言;语言是为这些需要服务的东西。这些不是语言习得的模型;它们不是儿童学习语言的步骤,也没有限定在学习过程中不同的语言活动所发挥的作用。因此没有提及儿童用来练习语言的诵读、重复和背诵。掌握语言的技巧不构成"使用",也不参与语言印象的形成;儿童至少不是为了做一个学习者的乐趣而学习的。在儿童看来,全部的语言就是做某件事情:换言之,它有意义。这种意义是很宽泛的,这里包括成年人通常认为没有意义的一系列功能,如个人功能、互动功能、或许包括前面列出的大部分功能——最后一个除外。但正是因为与儿童的语言概念相关,重新定义我们的意义观才最重要;不是要将它局限于表征意义的范围内(即"内容"),而是要将语言作为一种有目的的、非随意的、情境化的活动的所有功能涵盖在表征意义之中。

伯恩斯坦(1970)曾指出,教育的失败从总体和深刻的层面来讲通常就是语言教育的失败。在学校教育体系中表现不好的儿童是没有掌握语言能力的某些重要方面。从表面来理解,就是指儿童不会读写或是无法充分地口头表达自己的想法这一简单事实。然而这些,在某种意义上只是语言学习成功的外在表现,未能掌握这些语言技能的背后很有可能是更深刻更广泛的语言学习的失败,是儿童语言能力的一些基础性的缺失。

不是词汇量不够;机会加上动机,单词似乎很容易就能学会。大体而言也不是语法学得不好:没有真正的证据表明学习不好的孩子使用或具备的句法选择范围要窄。(我希望没有必要加上一句也与方言或发音无关。)更确切地说,用伯恩斯坦的术语来描述,只有"限定编码"的儿童在我们之前列出的那些语言模型方面有欠缺,因为他接触不到部分语言功能。"限定"是语言不同用法方面的限定。尤其是,他很有可能没有学会运用对于他在学校的成功来说关键性的两种语言功能:个人功能和启发功能。

要想学有所成,必须知道怎样用语言去学习,以及个人怎样用语言参与学习环境。这些要求很可能不是某个学校教育体系的特色,而是教育这一理念的内在要求。但是,个人和启发模式下驾轻就熟的能力是必须学习的;不是通过对母语语法和词汇的习得而能自然掌握。也就是说,它不是儿童知道或是使用哪个词或结构的问题,而是有关它们的功能意义和理解的问题。照伯恩斯坦的说法,儿童也许没有关注由语言的个人功能和启发功能实现的意义。其实像韩茹凯(1969)提出的那样,局限编码和复杂编码是语言功能的不同类型,决定着儿童听到的或使用的句法结构和词汇的意义。

将教育的失败归为语言教育的失败只是迈出了解释它的第一步;意思是说教育失败最好找到的原因应该在语言之中。此外,语言教育失败的背后是一系列复杂的社会和家庭因素,伯恩斯坦的研究已经揭示过它们的重要性。虽然儿童有限的语言经历可以最终(虽然不能简单、直接地)归结到社会环境因素,老师面临的基本上是语言的问题。儿童不能熟练使用语言，不会调整用语以满足某些基本的需要。这是语言的问题还是语言使用上的问题这一点并不重要；掌握语言和掌握怎样使用语言的区别只是一个术语的不同。做出判断都不容易；解决起来则更难。我们在此尝试从儿童需求的角度，将这一问题同语言可以实现的功能联系起来以期对它有更多的认识。

老师从中获得的启示是他自己的语言模型应该至少和儿童的一样丰富。如果老师的语言形象范围更窄或是不如其学生脑海中已有的形象（或是应当存在的形象，如果他们要成功的话）丰富，就无益于他的教师职业了。对与教育相关的语言研究方法的最低要求是它应当将儿童自己的语言经验考虑在内，从一切可能的角度来界定这一经验，发现哪些孩子哪里存在漏洞，这些漏洞有可能对他们的教育和发展不利。这是其一。另外是要与儿童今后的人生经历相关：社会最终对他提出的语言要求，在此之前，学校对语言的要求和他要想在班上出类拔萃必须符合的要求。

我们对于语言在生活中的作用很多方面还不是很清楚。但有一点是毋庸置疑的，语言是用来满足人类的广泛需求的，语言自身的本质和它的系统组织体现了语言功能的丰富多样性：在某种语言的语法结构里，某些部分主要与启发和表征功能相关，另一些则与个人和互动功能相关。系统的不同部分似乎各司其职；这反过来有助于我们阐释和更准确地定义语言的功用。语言使用的共同之处是它是有意义的、情景化的、并且从最广义上来讲是社会性的；儿童在他的日常生活中很了解这一点。儿童被语言包围，不是以语法和词典的形式，抑或是随意选出的词句、不着边际的独白。他接触到的是"文本"，或是语言用法：与自身和语境相关联的语言序列。这样的序列虽然千差万别，但目的明确，并且有很鲜明的社会意义。儿童对语言的认识不能和他的语言功能观割裂开来，这点共识为我们提供了一个从与教育相关的角度去观察语言的有用的视角。

（和媛媛　译）

第十三章

语言发展的社会语境(1975)[①]

1. 学习语言和学习文化

在这一章我们将注意力集中在儿童如何学习文化的问题上。儿童怎样构建出一套社会体系,一个有关自己身在其中的周遭环境的解释模型? 换言之,他如何构建现实?

我们都知道儿童对现实的构建大部分是以语言为媒介实现的。但是这种说法并没有解开谜团:总之,它使问题更加迷雾重重。没有任何人教给孩子社会体系的秘密——社会结构、知识体系、价值体系等等。但是在他上学之前,他已经积累了有关这些现象的大量信息;这一切不仅是他在没有任何指导的情况下

[①] 本章内容最初发表在《学会如何表达意义:语言发育探究》。伦敦:爱德华·阿诺德,1975,第120—145页。

独立完成的，而且连作为他学习对象的那些人自己都没有对上述现象有清晰的认识。他对社会的了解大部分是通过语言得来的：通过日常闲聊，在家里、在街上和社区里不经意的语言交流。

语言学习和文化学习显然是两件不同的事情。同时，它们又关系密切。不仅是因为儿童在很大程度上通过语言为自己构建现实，而且从更根本的角度出发，语言本身就是现实的一部分。语言系统是社会系统的一部分。顾此失彼是不可能的。

我们在第四章提出了将社会体系和语言体系概念化的途径，以便在发展的语境中将二者联系起来。我们认为社会系统是符号系统，是通过（但不止）语言系统来实现的意义体系。语言符号——即语义——是社会符号实现的一种形式。文化意义还可以通过很多其他的象征系统去表现：艺术形式、社会结构和社会制度、教育和法律体系等等。但在发展过程中语言是最主要的。儿童同时进行语义系统和社会系统的构建，这是一个整体过程的两个方面。

在积累文化意义网络即社会符号的过程中，儿童逐渐成为"社会人"种群的一员。这同我们将社会系统看作具有符号特征而得出的推论是一样的。社会人实际上就是"社会符号人"，人作为社会意义的集合。儿童构建由系统生成交流意义的潜势（因而最终成为改变这个系统的潜势——因为社会系统是意义的系统，它由塑造和决定系统的无数意义行为构成）。我们能在儿童语言发育的所有阶段目睹这一过程的发生。

试想以下这些例子，全部取自两岁十一个月大的奈杰尔和妈妈的对话：

1. 妈妈[已经把奈杰尔从学校接回了家]：你到底怎么弄得头发里净是沙子？

   奈杰尔：I was just standing up and I threw the sand to it and it got in my hair.（我只是站起来，朝它扔沙子[="向它"；对象未指明]然后弄到头发里了。）

   妈妈：老师说什么了？

   奈杰尔：No … because it was time to go home and have your

piece of meat.（没说什么……因为该回家吃为你做的［＝"为我做的"］肉。）

2. 奈杰尔［从儿童游乐室］:Mummy where are the ones with green in?（妈妈里面有绿色的那些呢?）

妈妈:什么东西?

奈杰尔:The all green ones.（全部是绿色的那些。）

妈妈:但我不知道你是指什么?

奈杰尔［耐心地］:The ones I had in Nairobi.（我在内罗毕玩的那些。）［妈妈放弃猜测了。］

3. 奈杰尔［在喝茶的时间］:What day is it today?（今天星期几?）

妈妈:星期四

奈杰尔:There's no school on Thursday.（星期四不上学。）

妈妈:上学啊——你已经去过学校了。

奈杰尔:I mean … what comes after Thursday?（我是说……周四之后是星期几?）

妈妈:星期五。星期五也要上学。

奈杰尔:But you can't go to school on Friday yet.（但是你［＝"我"］还不能在星期五上学。）

妈妈:对,还没到星期五呢。

一眼看上去诸如此类的例子展现了儿童的意义世界和成人的意义世界之间的巨大差异。奈杰尔对事件关系的概念和成人是不同的。沙子弄进了头发里是因为事情就应当那样发生,不是按你的计划安排来发生;别人不让他扔沙子是因为到吃午饭的时间了("该回家吃为你做的肉")。他对时间划分的理解远不完整:他知道日复一日而且每一天都有不同的名字,但是不太清楚这种更替究竟什么时候出现("但是你还不能在星期五上学"——也就是说,星期五,我接下来要去上学的那天,还没有到吗?)。他不明白别人搞不清楚他自己注意力范围内的东西("妈妈里面有绿色的那些呢?",代词"那些"指的是什么他只字未提;比较"冲它扔沙子"的"它")。与此同时,再仔细观察一下,这些例子说明儿童参与的语言交际虽然展现了符号各方面的冲突,同时也为他提供了学习成人文化符号的途径。奈杰尔很清楚在例2中妈妈没有听懂他;在例3中他自己很显然在探寻意义。即便在例1中,也有理性行为的文化概念,实际上奈杰尔自己也强调了这一点,虽然他自己的努力和成人的符号规范还有些距离。

如果我们留意小孩讲的话、大人对小孩讲的话和在有孩子在场时讲的话,我们总能发现孩子如何在最司空见惯的语言交际过程中,不断地学习自己成长环境的结构,它的方方面面——物质的、逻辑的、制度的和社会的。同时,他也在培养他自己独特的个性,这种个性形成于许多不同角色关系的节点,这些角色关系自身同样是他的符号宇宙结构的一部分。当然,认识到这一切正在发生、而且是通过语言媒介发生的是一回事;解释它发生的原因和语言系统如何具备使这一切发生的潜能又是另外一回事。

原则上来讲,儿童在学习一种符号系统即文化的同时,他也在学习学习文化的方式——第二种符号系统即语言。文化通过语言被编码。这是一个非常复杂的情况。为了把它梳理清楚,我们首先要找到语言作为社会交际、作为社会符号的表达方式这一整幅画卷的各个组成部分。依次考察每个组成部分之后,我们再尝试将他们整合为某种复合模式。

2. 文本和意义

我们首先考察人们使用和回应的语言,他们在日常生活中听说读写的那些东西。我们将其称为文本。任何一次语言应用,不同于语言引用(例如语法书中的例句,或者词典中列出的单词),都是文本。这个定义涵盖口语和书面语,而且无关风格和内容:它可以是下述场合用到的语言:行动、对话、电话交谈、辩论、戏剧对白、叙事小说、诗歌、祈祷、铭文、公示、诉讼、和宠物一起玩、独白或任何其他活动。

从出生起,儿童就被文本包围着。他的身边不断有意义交换,自己以一种或另一种方式参与其中。在这儿要记住,他听到了大量对话形式的文本,虽然他自己并不是参与者。在三岁一个月时奈杰尔开始注意到交谈者和旁听者的不同;他曾经在几周之内经常问道"你刚才是在跟我说那

第十三章 语言发展的社会语境(1975)

个吗？"，直到他搞清楚规则才心满意足。在儿童作为参与者的情况下，当然，他是文本的共同创作者。

文本的基本特征是什么？它是意义，是选择。首先，文本是意义。我们起初将文本看做词汇和句子；它当然由词句编码而成——就像词句进一步由语音和字母构成一模一样。但是文本不是由语音和字母组成的；同样它也不是由单词、短语、小句和句子构成的。它是由意义组成的，由措辞、发音和拼写编码而成。换言之，我们把文本置于语义的层面。文本是语义单位，由词汇语法单位实现(编码)，后者又进一步被语音或书写单位实现(再次编码)。

其次，文本是选择。文本表示了在不计其数的选项集中的一次选择；所说的一切预设着那些有可能被说但没说出来的背景。用语言学的术语讲，发话人的每一个决定(在某种意义上讲是每一个微观语言行为)都预设着纵聚合的环境，一组在给定的情况下有可能被选中的选项。这是可能性的背景。但是因为我们已经从语义角度对文本做了定义，我们应该用"意味"代替"言说"。文本是"意味的内容"——预设一个可以被意味但是没有实现的背景。发话人的这些微观语言行为，或是在交际过程中难以计数的微小的抉择，其实都是微观语义行为；发话者在做的事情是意味。因此文本是语义结构，形成于不断从不可胜数的相互联系的语义选项集中做出选择的过程。

我们把这些语义选项的全部集合称为意义潜势。意义潜势就是能被意味的东西——语义系统的潜力。我们在之前章节中一直关注着它的早期阶段，想要弄明白奈杰尔是怎样开始积蓄意义潜势，在发展过程的不同时期它是什么样子的。文本代表着意义潜势的实现。因此儿童所说的一切都被(不只是被语言学家，而且被那些在日常生活中和儿童打交道的人)理解为在当时构成他语义体系的各个意义之中进行选择的模式。这就是我们把文本称为语义选择的意思；它解释了为什么妈妈明白儿童说的一切，其中有很多是他生活圈子之外的人听不懂的。他们不了解儿童的意义潜势。

考察意义潜势的方式有两种。我们可以从情景语境来解读它，或是从文化语境来解读它(用的还是马林诺夫斯基这一非常重要的分类)。

279

我们可以把意义潜势当做语言的整个语义体系;或者可以把它理解成是某特定子系统的形式,每个子系统(或每组子系统)和特定情景相关。前者是个幻想;我们无法描写整个语义系统。后者当然也是个幻想;但它也许更可行些。用不同情景类型不同选项组的形式去描述意义潜势或许是可能的。

实际上我们一开始就一直在这样做。"工具的""规约的"等等标题是和特定社会语境相关的语义系统的标题、入口。通过积累特定语境的微观范式,组成他应付各个情景的选项组资源(这些情景对他来说是符号行为的环境),就这样,儿童构建起他的意义潜势。刚开始,像我们指出的,这些是彼此孤立的;系统一次只允许一个意义。但是后来他们逐渐被结合起来;像我们看到的,正是来自不同功能的意义的结合才使得"功能"这个概念本身有了新的解释,一开始是作为广义的使用语言(实用和理性的"宏观功能")后来作为系统的一个抽象组成部分(概念和人际的"元功能")。

3. 社会符号的其他构成部分

同时,儿童周围的意义一直是语境中的意义。它们和环境相关,并且要结合环境去解读——换言之,要结合情景语境。情景是文本生存和呼吸的媒介。这就是(正像我们已知道的)弗斯阐明和修正过的马林诺夫斯基提出的"情景语境"的意思。弗斯指出,我们不应将情景语境视为具体的时空事件的集合,某种景象和声音的修饰性的背景,而应视其为与文本相关的环境的一种抽象体现。用时下的流行语来讲,它是文本的生态系统。成人语言系统生成的文本并不拘泥于以当下的场景作为相关环境,这是成人语言系统的一个特点。文本的情景语境可以同说话或写作时周围发生的一切在时空上相距甚远。

试想在睡前妈妈讲给孩子听的传统故事。这里的情景语境有两个层面。一方面是当时的环境,在亲密、轻松的氛围中妈妈和孩子的互动。另一方面是文本本身唤起的虚构环境,想象中故事发生的那个狼群和樵夫的世界。仅在非常严格意义上的实用语境中(所谓的行动中的语言,即文

第十三章 语言发展的社会语境(1975)

本不过是人们参与的某种活动的附属品),情景语境才能等同于围绕文本的看得见摸得着的现象;即使在这里,这些现象也很有可能被赋予社会价值。

因此,我们是在更抽象的层面阐释"情景"的概念,它是源自构成社会系统的全部意义关系的符号结构。因此,我们可以不去过多谈论特定文本存在的现实的情景语境中这样那样的细节,而应去探讨特定情景类型的普遍特征的集合。广义的情景语境或情景类型如何由符号结构来表征将在下一节讨论。

所以,最早的两个可以联系起来的概念是文本和情景:作为语义选择的文本和作为文本符号环境的情景。第三个要加上的是语域概念。语域是文本作为实例的特定语义类型。

可以将语域定义为和某种情景类型相关的特定的意义组合。在任何社会语境下,特定语义资源的典型用法;某些选项集,在一定程度上,在特定的符号环境里"处境危险"。这些界定着语域。从意义潜势的概念出发来考虑,语域就是被情景的符号特性激活的意义潜势的范围。

回到同样的例子,在讲给儿童听的传统故事里一般有特定类型的意义与之联系。这些不单单是事物意义,即常在这类故事中出现的人物的名字、动物、物体或事件——虽然这些是画面的一部分,此外还有典型的角色关系、事件链条、对话模式和 *and she was so (frightened , etc.) that she (ran and ran , etc.) ; but the third time he tried , he (managed to reach , etc.)* (她这么(害怕,等等)所以她(跑啊跑,等等);但是他第三次试的时候,他(终于够着了,等等))等表达方式表现的复杂语义结构的特殊类型。像这样的典型意义和意义组合的集合构成了很多文化和亚文化中传统儿童故事的语域。

社会语言宇宙的第四个重要组成部分是语言系统本身。"文本"和"情景"等概念的难解之处很大程度上不在于对它们的定义和阐释,而是怎样把它们和语言系统整体联系起来。特定文本怎样运用语言系统的资源?我们怎样才能了解儿童根据意义背后的潜势在特定场合编码的意义?如果人们只是关注文本或一个孩子实际上说了什么或别人对他说了什么,这个视角则容易被忽视。但是这一点对于我们理解发展图景非常重要。我们感兴趣的是系统的潜势,是儿童怎样构建系统。这意味着不仅能分析单个文本以揭示其背后的结构,而且还要能够展现这些结构表达出的选择是什么,和儿童在他的那部分语义系统中可以动用的全部选择又是什么。例如,我们或许可以从儿童的言谈中认识到他能够组成由"动作者+过程+目标"构成的结构,如奈杰尔在一岁八个月时提到的"人擦车"。但是我们需要知道这意味着哪种语义选择,即他以这种方式编码的是什么类型的过程;而且他能识别出其他什么类型的过程——换言之,他在该阶段表征进入他经验世界的动作、思维、感觉时所运用的语义系统是什么?随着系统的扩充,语域的概念在这里变得尤其重要,因为它在系统和文本之间架起了桥梁。

目前,我们最关注的是语言系统内的语义系统。我们不是从认知概念的角度而是从功能的角度来考虑语义系统,把它作为某些符号用法的潜势;我们格外留意它的基本功能构成。在儿童的语言中,这些组成部分随社会语境或情景类型而不同:它们是第一阶段系统中的工具型、规约型和其他组成部分。但在成人的语言中,语义的功能组成部分不再因语境而不同;它们适用于所有语境。不管是怎样的情景类型,表达的意义有三类,就是我们所说的概念、人际和语篇。

不同情景千变万化的特征、活动类型、角色关系、象征渠道,都是通过在意义潜势的这三个领域中选择实现的。概念意义代表了语言使用者作为观察者的系统潜势:它是语言的内容功能,是关于某事某物的语言。人际意义是语言使用者作为参与者的系统潜势:它是语言的参与功能,是行事的语言。语篇意义是生成文本的系统潜势:它是语言的关联功能,通过它源自其他功能的意义与环境相联并因而得以表达。

这些是成人语义系统的功能部分;除了个别例外情况(如打招呼的 *Hi!*,也许在它的构成中没有概念因素),任何成人间的意义交流都包含以上三个部分。不管在不同场合语言的具体用途是什么,无论怎样的主题、语域和交际目的,都涉及内容的选择、交际形式的选择和语篇特征的选择。这些是系统意义潜势的不同类型。但它们也是词汇语法系统可以从形式上定义的部分;这些语义的不同方面在形式层面表现为界限分明、彼此独立的选择项。正是如此儿童才能够并愿意学习词汇语法:因为系统是按照功能标准组织起来的,这与儿童在观察自己身边的语言使用时能够悟出的语言的功用密切相关。

社会语言宇宙的第五个也是最后一个成分是社会结构。这个术语在这里的用法不同于"社会体系"。社会体系是更广义的概念;它涵盖构成社会画卷的所有成分,甚至更多——约与"文化"的意思相同。社会结构特指社会的组织。它渗透到社会成员各种形式的交际和意义交流之中;它跃入我们在这里描绘的画面有两个重要的原因。首先,它是环境的一部分;因此通过语言传承给孩子。其次它是传承过程的决定性因素,因为它决定"首要社会化主体"的角色关系类型,"首要社会化主体"是儿童赖以获得自己在文化中的成员身份的某些社会群体——家庭、同伴群体和学校——他们营造着儿童生活和学习的条件。我们对这一过程的理解在很大程度上要归功于伯恩斯坦。他的研究告诉我们,社会结构并不像语言学家常常认为的那样是语言交际活动的偶然附属品,而是包含在这些活动中的更深层次上的有机组成部分。

如果像现实情况那样,儿童从日常语言交际中学习文化,我们必须假设他不仅以同情景语境特别相关的方式正确解码他听到的内容,而且他还以同文化语境总体相关的方式正确解读这一内容。换言之,如果妈妈斥责他,他不仅知道他受到了斥责,同时在这个过程中对他所在的文化价值体系有了了解。这预设出语言系统不仅自身要连贯同时也要和文化保持一致;构成意义潜势的语义选择在词汇语法部分得到明确的实现——它们自身也在实现社会符号系统更高层的意义。以上提到的所有部分在整个发展图景中都在发挥一定的作用。

4. 社会语境的结构

从社会学角度来看,文本之所以有意义,与其说(如描述交际过程的数学模型指出的那样)是因为我们不知道讲话人要说什么,不如说我们其实知道。有了某些事实,我们能够预测将要获得的信息,而且正确的概率很高。当然,这并不是在否定语言和文本具有创造性的一面。讲话人总能让我们发现自己是错的;而且不管怎么说,即使我们的预测很准,他的行为依然是创造性的。

这些"某些事实"是什么？它们是情景的普遍特征，这里用的是术语抽象层面的意思。本质上来说，我们需要知道的是情景的符号结构。

许多语言学家，特别是弗斯、派克(Pike)和海默斯(Hymes)都提出了描绘情景语境的有趣方法。海默斯列出的一系列范畴可以总结如下：信息的形式和内容、场景、参与者、目标(意图和效果)、基调、载体、语类和交际规范。但问题是应该赋予这样的一个理论框架什么样的地位和效度。这些是马林诺夫斯基认为的为特定情景下文本的解释提供框架的描述性的范畴吗？还是为普遍情景类型文本的判断提供方法的预测性的概念？

二者之中的任何一个都很有意义；但在目前语境里，我们在努力理解儿童怎样从文本实例中建构社会体系，因此关注的是将文本、情景和语言系统联系起来，我们需要采纳的是这两个视角当中的第二个。我们考虑的不是这个或那个情景而是情景类型，制造文本的普遍的社会语境；和不仅用以描述文本的更是文本组成部分的情景因素。情景的符号特点确定了语域，即描述与那种情景类型相关联的文本的语义组合——讲话人通常使用的意义潜势。

所以如果我们要为情景类型的表征设计一个概念框架，那么我们这样做的目的就是为了让我们使用的范畴能够预测文本特征。但这还不够。这些范畴是双面的；它们不仅"向下"与文本联系还"向上"与某些更高层面的抽象事物联系——在这种情况下，有两个这样的更高层面，社会和语言。换言之，我们用来描述情景类型或社会语境的概念，不管它们是什么，必须用文化和语言系统都能解释。

第二个要求尤其严格，因为像场景、参与者的地位和角色之类的情景因素怎样能够与语言范畴相联系不是一下子就能看清楚的。但是这种要求可以让我们从现有的、可能的方案中挑选出一个；我们将回到韩礼德，麦金托什和斯特雷文思(McIntosh and Strevens)(1964)提出的用语场、语旨和语式的概念进行分析的方法。当时并不完全清楚为什么这个方案更合适，只是感觉它似乎比大多数其他方法更简单。但现在可以看出来，它提供了一种在语言系统和文本之间建立了关键性连接的方法。

后来不少研究相关问题的学者讨论了这个包罗万象的框架；例如，斯

第十三章 语言发展的社会语境(1975)

宾塞和格里高利(Spencer and Gregory)的《语言学和文体》(1964)。道提、皮尔斯和桑顿(Doughty, Pearce and Thornton)的《语言探究》(1971),韩礼德的《语言与社会人》和尤尔与埃利斯(Ure and Ellis)的《描述语言学与描述社会学的语域》(1972)。我们可以把语场、语旨、语式的广义概念同上文总结过的海默斯在"语言和社会环境的互动模型"中提出的各个范畴结合起来。情景类型,或我们理解的社会语境,具有特定符号结构的特点,是一个特征综合体,这使它与其他情景类型区别开来。这种结构可以从三个维度来阐释:按照正在发生的活动(语场)、涉及的角色关系(语旨)和象征或修辞渠道(语式)。其中的第一个,语场,大体上对应海默斯的"场景"和"目标";它是行为(包括象征行为)的领域,文本因此具有意义。所以它包括我们通常所说的"主题",这不是一个独立的特征而是这种活动类型的功能。第二个,语旨,大体上可对应海默斯提出的"参与者"和"基调",指的是情景中体现出的角色关系,这决定了正式程度和话语风格还有很多其他的东西。第三个即语式大体上是海默斯的"工具性"和"类型";这指的是选择的象征渠道或波长,实际上是符号功能或情景中的语言被赋予的各种功能。因此这包括作为特例的口语和书面语的区别。

语场、语旨和语式不是语言用法的种类;更不是语言变体。但它们也不单单是言语情景概括化的组成部分。更确切地说,它们是文本的环境决定因素。有了对情景基于语场、语旨和语式的充分描述,我们应该能对与该情景相关的文本的语言特征做出一定的推测;即推测语域——在该环境中经常用到的语义选择组合,并进而推测实现这些语义选择的语法和词汇。处在情景中的参与者他们自己所做的也是这样的预测。社会系统作为符号系统的特征之一,是成员可以而且的确对交流的意义做出了不起的预测,这些预测是基于他们对自己所在的情景符号系统的阐释。这是该系统潜能的一个重要方面,也是我们努力去描述的部分。

之所以有做出这些预测的可能,是因为我们用来描述情景符号系统的语场、语旨和语式反过来同语义系统的功能部分有机相连。这当然不是巧合。我们猜想语义系统是以社会语境中某种象征互动的形式动态发展的;所以它应该在自己的内部构成中反映这些语境的结构。

婴幼儿的语言

我们在前文提到成人语义系统的三个功能构成，概念、人际和语篇成分。也提过这个结构不是从外部获得的；这种组织显然存在于词汇语法系统——例如在英语小句中见到的基于及物性（概念）、语气（人际）和主位（语篇）的三部分构成。这些意义的每个不同成分似乎经常由情景符号结构相应的部分激活。因此，语场与概念成分相连，语旨与人际功能相连，语式与语篇功能相连。

我们以奈杰尔和妈妈交流的另一个例子来看一下这一切是怎么进行的，这次在奈杰尔一岁十一个月。

文本——一岁十一个月大的奈杰尔

妈妈［在卫生间，奈杰尔坐在椅子上］：你等着我给你拿毛巾。坐着别动。［但奈杰尔已经站在椅子上了。］

奈杰尔［完全模仿妈妈的语调模式，而不是纠正的语调］：keep standing thére. Put mug on the flóor.（在那儿站着别动。把杯子放在地上。）

妈妈：把杯子放在地上？你想要什么？

奈杰尔：Daddy tòothbrush.（爸爸牙刷。）

妈妈：哦，你想要爸爸的牙刷是不是？

奈杰尔：Yés … you want to put the fròg in the múg.（是的…你（＝"我"）想把青蛙放到杯子里。）

妈妈：我觉得青蛙太大了放不进去。

奈杰尔：Yes you can put dùck in the múg … make búbble … make búbble.（你能把鸭子放到杯子里……弄泡泡……弄泡泡。）

妈妈：明天。所有的水差不多流光了。

奈杰尔：You want Mummy red tóothbrush … yes you can have Mummy old red tóothbrush.（你想要妈妈的红牙刷……你能拿妈妈的旧红牙刷。）

情景特点：

语场：个人卫生，由他人帮助（妈妈帮孩子洗漱）；同时（孩子）探索(i)容器原则（也就是，把一些东西放到别的东西里）和(ii)所有权和财产的获得(也就是,拿到属于别人的东西)。

语旨:妈妈和孩子的交流;妈妈决定采取什么行动;孩子做自己想做的事情,寻求许可;妈妈给予许可并分享孩子的兴趣,但没有中断进行自己的事情。

语式:口语对话;妈妈指导下的实用言语("行动中的语言"),孩子接着进行(伴随或紧跟前面)合适的动作;合作的、没有目标冲突。

由情景特征决定的语言特点:

● 语场决定:
— 及物性模式 – 过程类型,例如,关系型小句,属有(*get*, *have*)和环境:处所(*put*);
— 物质过程小句,空间:姿势(*sit*, *stand*);
— 非完全过程,例如,环境:处所(*in*);
— 也许还有各种时态(一般现在时);
— 词汇的内容层面,例如,点名要什么什么东西。

这些都属于语义系统的概念成分。

● 语旨决定:语气类型,例如,[妈妈]祈使句(*you wait*, *keep sitting*);
— 情态类型,例如[孩子]允许(*want to*, *can*);
— 非限定形式如"*make bubble*"意思是"想让你允许我…");
— 人称类型,比如[妈妈]"第二人称"(*you*),[孩子]"第一人称"(*you*你="我"),和由语调系统体现出的基调类型(音调变化,比如,孩子有规律的声调对比:需要得到回答时用的升调;不需要回答时用的降调)。

所有这些属于语义系统的人际成分。

● 语式决定:衔接形式,如,提问—回答和相应的省略(*What do you want? —Daddy toothbrush* 想要什么?—爸爸的牙刷);
— 语态和主位的模式,例如,儿童作主语/主位时的主动语态;
— 指示语的形式,例如,外指(情景—指示)*the* 那个(*the mug* 那个杯

子,等等);
— 词汇接续性,例如,*mug*, *toothbrush*, *put in* 杯子、牙刷和放进去的重复。

所有这些属于语义系统的语篇成分。

5. 符号策略

上述例子展示了一个一般性趋势:情景语境的不同要素要求语义的不同成分——意义表达者意义表达能力的不同方面。该情景是个符号结构,本质上包括行为部分和存在部分:社会过程(发生的事情)和相关的角色关系以及角色互动(参与者)。这个社会过程的本质常通过概念意义来表达,角色关系的本质通过人际意义。第三种意义,语篇意义,表达的是人们采取的特定的符号模式。意义又以词汇语法系统为中介得以表达;故而语法结构和社会语境之间存在着系统的、尽管是间接的联系。这是儿童语言习得环境的首要特点。因为他听到的都是文本——在情景语境中使用的语言——文本与情景的有机联系证明了其对于学习过程的重要性,正是如此语言才能够被掌握。

在下面最后的讨论部分我们还会简要地再次提到这点。同时,我们应该记住在儿童看来学习怎样表达意义就像学习任何一种形式的活动,需要他熟练掌握,而且要学习的东西已被切分成易于处理的任务。切分的过程既是认知的也是社会的。我们从皮亚杰(Piaget)(1926,1957)和辛克莱·德·兹瓦特(Sinclair de Zwart)(1969)的著作中了解到意义潜势是有认知序列的;某些意义比其他意义先被掌握,这是生物成熟过程的一个方面。但是其中也有环境的因素。在特定时刻,儿童使用的功能系统对语义输入进行过滤,因此他处理的只是同他当时的符号潜势一致的或共鸣的因素。

这一点只有通过大量的语料分析才能说明白,语料囊括对儿童说的话、在儿童周围说的话,以及相关的情景信息。但下面这个简短的例子也许能说明问题。二十一个月大的(NL 8)奈杰尔和爸爸在格林威治公园散步;他们像往常一样停下来看装在天文台墙上的子午线时钟。与以往不同的是,钟已经停了。

爸爸:I wonder why that clòck's stopped? I've never known it stopped befŏre. Perhaps they're clèaning it, or mènding it.
(不明白那个钟怎么停了?从不知道它之前停过。他们也许是在对它进行擦洗或是修理吧。)

他们回到家。过了几小时,在同一天,奈杰尔又回到了这个话题:

奈杰尔:why that clóck stop(为什么那个钟停了?)
爸爸:不知道啊。你觉得是什么原因呢?
奈杰尔:ménd it(修理它)

奈杰尔的两句话都是使用升调。这里,爸爸的第一句话构成了情景中的文本,它的许多特点可视为潜在输入:*I wonder* 的语气,*perhaps* 的情态,*before* 的时间关系,*clean* + *clock* 的固定搭配等等。看一下奈杰尔后来的话,我们明白他实际上是在中间阶段进行处理。*I wonder* 的语气已被转换成实用的、需要回答的模式(注意到父亲的话中没有一句用了升调)——其结果就是,这成为奈杰尔的话语中所记录到的第一个特殊疑问句。"需要回答"的意义具有被细化为"需要用语言回答"的潜能,这个细化过程也许被表示"提供'是'或'否'"的 *perhaps* 开放性情态向前推进了。当然他还不能回答为什么的问题;但是他留存了在爸爸的话中出现的 *why*,因为它与某个可辨识的符号功能一致。在 *meng it* 中,修理已经依据实用功能被重新解释了,这是奈杰尔知道的 *mend* 的唯一语境("我想让这个被修一下"):但擦洗已经被当做不相关而过滤掉了,可能是因为虽然他知道这个词——几天前他说过 man clean car(人擦车)——它仅出现在理性语境中,因此在功能上和修理不相容。结果就是这么一句话,用他之前的系统可以解释为"我想让这个表被修",但是也可以表达"他们会修它吗?"这个意思,甚至是"他们在修它吗?"。关键不在于我们需要断定它到底表达的是这几种当中的哪个意思;那无法确定,因为那些不是奈杰尔系统中的不同意思。关键在于这个简短的对话为新意义的产生提供了条件,发挥了作用,在这一点上,一般疑问句成为寻求回答的符号行为的一个可能形式。

这些延迟的回应经常是把意义选择性地加工至系统的标志。输入是有明显功能限制的;虽然不应把它看成是制约,但应当把它看做是阐释工具,是将接收到的东西吸纳进已经存在的东西中且使前者可以改变后者的一种方式。已有的意义潜势的功能组合发挥某种语义共鸣器的作用,仅仅捕捉输入中那些与它自身的频率相近因此能进一步修饰或扩展的成分。

对儿童来说总体的语境是生存,他发展出可以使意义潜势的构建和使用并举的符号策略。这些是在发育过程中发挥显著作用的十分重要的意义模式。在系统的各个层面都可以发现它们。前文提到的奈杰尔的很多普遍模式可以被归为此类;以下是在第一和第二阶段中较为重要的一些模式的小结:

(1) 音系策略。这里最明显的策略是升降调的对比,即理性/实用对比的实现(它本身是第二阶段的关键语义策略)。升降调的对比是成人语调系统的关键;所有复杂的音调和音调的所有意义都能在这个简单系统的基础上得以解释,其中降调意思是"决断"(确信,完整,等等),升调意思是"犹豫"。当然,奈杰尔的第二阶段系统不同于成人的语言系统,因为他还未学会表达特定意义的各种语法系统(例如,他还没有语气系统,因此无法像成人那样使用升降调来表达直陈语气的子类(陈述和疑问)和祈使语气。但奈杰尔的用法的确反映出英语升降调对比传达的基本意义:降调意为完整(无需回答),声调意为不完整。此外,像在成人语言中一样,升调是标记性形式。

(2) 语法策略。基本的语法策略是结构,即变量的组合。在第二阶段一开始,奈杰尔知道了不同要素的组合产生新意义。他也知道了这些组合有两种形式:

(i) 单变元结构:在生成的组合中具有相同值的变量组合。成人语言中有不少这种类型的组合(如并列、同位和细分类);在该阶段奈杰尔只有并列,如"轿车、汽车、火车、石头、棍子和洞"。值得注意的是,在一段时间内,有一个次要的截然不同的音系策略与这些组合相关:并列结构中的每一个成分必须是双音节(因此 *bus*,通常是 ba,变成了 baba;*dog*,通常是

bauwau,保持不变）。

（ii）多变元结构：在生成的组合中具有不同值的变量的组合。第二阶段早期的例子有：添加＋想要的东西（*more meat* 再来点肉），属性＋物品属类（*green car* 绿色的小汽车），过程＋过程媒介（*open mouth* 张开嘴）。这些是组成成人语言中名词性词组和小句的多变量结构的原型。

（3）语义策略。第二阶段语义策略是理性和实用模式特定的功能意义。一个例子是从第一阶段规约功能来的实用策略：要求许可、要求行动、建议一起行动（"我能吗？""你会这样做吗？""我们一起吗？"）。但实际上我们对奈杰尔语言发展情况的所有功能解释不过是在解释他的语义策略，这些策略对于他学会怎样去表达意义十分关键。

（4）符号策略。其实以上列出的全部是符号策略，因为这个术语涵括意义构成的所有方面。但还有更多使用语言系统的普遍策略，调用意义潜势的不同方式——有时带有不同的或伴随的非语言形式的实现模式。儿童的目标是熟练地表达意义，从一开始他就置身于象征语境中，在那里符号表达的成功有很大风险。他的意义表达有可能会失败，但是成功的话通常会受到奖励。举例如下：

（i）修复策略。意义表达失败的话怎么办。儿童很早就发展出在别人没听懂时需采取大声、慢速的重复这一根本符号策略，包括识认别人在哪儿没听懂、不解可能是表达导致的，以及可以通过突出表达来解决这一问题。第七章 5.1 部分有个很清楚的例子，NL7 刚开始，奈杰尔刚刚满 18 个月那时。语境为在散步时看到的一系列事物，奈杰尔说 *douba*，通常意思是"烤面包"，爸爸试着那样理解，但奈杰尔不高兴，非常慢、非常清楚地重复了那个词。情况是爸爸当时没有明白什么意思，永远也明白不了；但规则是确立了的，并且奈杰尔没有放弃这个规则。

（ii）交际策略。通过对事物的共同关注与他人进行符号交流。这种策略出现在系统形成的初期，在 NL1；不过它是第二阶段的理性功能发展的主要动机。之前章节已讨论过，此处不再赘述。

（iii）工具形式的发展。得到自己想要的东西这一符号策略经过许多重要环节：第一阶段的 nànànànà "我想要那个"；第二阶段，具体的，例如 more meat（再来点肉）；宽泛的，háve it, háve that（要它，要那个）；第三阶段，语气系统的引入，如 *you want your meant* "我想要我的肉"。第二和第三阶段的表达也许伴有礼貌用语，如，第二阶段的 *plimeyaya* "请问我可以要？"，这使得它们的功能更加明确。

（iv）明喻和暗喻的发展。一个根本的符号策略是将近似用为一种意义形式，本质不同的事物之间的类似。认出一幅画——认出它是一个表现形式——说明了这种策略的接收形式。从 NL7 以来才出现它的创造性形式；例如"叔叔的烟斗像火车一样冒烟"（请注意这本身有赖于对火车的象征性表征，因为奈杰尔除了图片之外还没有见过蒸汽火车）和 *Mummy hair like railway line*（妈妈的头发像铁轨）（NL9；见第七章，5.6 部分）。这些隐喻意义常与高级编码的经验领域相关——在奈杰尔的情况下，是火车。

这些和其他符号策略的有趣之处不仅在于它们对于语言和文化的学习做出的贡献，还在于它们预测成人交际风格的方式。在不同语域（常与特定社会语境相关的语义组成），尤其是在进行大多数日常符号活动的那些熟悉的社会语境中，成人常采取各种多少有些程式化的符号策略。这些策略有一部分是特定话语的规则，另一部分则是社会符号交际网络的单个通道。说得极端一点，这些是"人们玩的游戏"，是个人和社会现实之间的维系机制。但是所有的意义交换都涉及符号策略。萨克斯（Sacks）（1973）和谢格罗夫（Schegloff）（1968）的研究使我们对于这些策略的本质和它们在社会过程中的地位有了深刻的认识。研究它们在发展语境中的不断变化很有意思，目前研究要解决的一个重要问题是：它们在多大程度上和以哪些特定的方式成为学习的一个必要组成部分。

6. 作为交际过程的语言发展

我们在第二章提到 20 世纪 60 年代中期以来，学者对语言发展研究重燃兴趣，采取的视角各有侧重，尤其在语言和语言学习这两个概念之间人为地进行区分，一个是天生和现成的，另一个受环境制约且不断进化。语言发展研究在 20 世纪 70 年代不再囿于这一无谓的辩论，开始转向整体性和相关性语言研究视角，这一发展令人耳目一新。语言不再被视为

第十三章 语言发展的社会语境(1975)

是一个孤立的存在;语言发展也不再被看做是一种自然的、一劳永逸的事件,有赖于先天的生物基础,只有通过一定的成熟阶段才能获得。当然这不是在否定语言有生物基础的事实;而只是肯定语言发展是更广义的渐进发展过程的一个方面和伴随现象。正如洛伊斯·布鲁姆(Lois Bloom)(1975)所说,"20世纪70年代初标志着语言发展研究的一个巨大转变,从基于语言学理论对儿童语言的描述,转向用认知理论对语言发展的解释";她的研究就是一个很有说服力的例子。

换言之,研究的方向已经跨越了语言系统的各个层面直至顶峰。研究重点由音系系统,转向词汇语法系统(句法),再到语义系统,现在正朝着认知系统前进。在最新的研究分析中,学习过程是认知发展的过程,母语的学习是认知发展的一个环节且受到认知发展的制约。

目前学界的讨论赞同对语言持非自主的观点。应当认为语言系统本身和儿童的语言学习有赖于更高层次的符号组织,否则无法充分理解这一切。但我们换了个角度(和认知相辅相成而不是背道而驰的角度),不是将更高级的符号定位于认知系统而是定位于社会系统。社会符号是对文化进行定义并组成文化的意义系统;语言系统是这些意义的一种实现模式。儿童的任务是建构表现他自己社会现实模型的意义体系。建构过程发生在他自己的头脑里;是一个认知过程。但它发生且只能发生在社会交际的语境中。母语的习得既是一个认知过程也是一个交际过程。它的形式是自我和他人之间意义的不断交换。意义行为是社会行为。

因此,社会语境与其说是意义学习的外在条件,不如说是需要学习的意义的生产器。社会语境的一部分是交际者使用的语言——儿童听到的他周围的语言。贝沃(Bever)(1970),奥斯古德(Osgood)(1971),鲍尔曼(Bowerman)(1973)和其他学者的研究从对语言发展的意义阐释中得出结论:儿童学习反映周围世界的概念意义;例如,一方面是事物间的区别,另一方面是事物之间的关系。一种理论认为全部及物性功能都可以从言外环境中找到;如格林菲尔德和史密斯(Greenfield and Smith)(即将出版)巧妙地将菲尔墨(Fillmore)的"格理论"用于分析第二阶段的由单个词组成的话语。但是儿童理解的环境结构是编码在母语中的。即使在第一阶段,母语的语义系统决定了哪些意义会得到妈妈和其他人的回应,这样有助于塑造孩子的社会现实。到第二阶段,儿童在构建词汇语法系统,事物和它们之间的关系完全通过母语来理解;这是拥有词汇语法不可避免的结果——儿童不能再随心所欲地编码了。(这听起来像是沃尔夫(Whorf)的说法,其实就是——但是要按照沃尔夫本人的说法,而不是人们经常认为他说了些什么。我们不是文化符号的囚徒;我们都能学着走出去。但这要求积极行动起来重建符号。我们在符号之中社会化,我们的意义潜势来自于符号。)能够进行学习是因为母语同感知、理解环境的可能模式一一对应。按照系统运作的方式,绿色的汽车可以从经验角度分析为绿色特质修饰的汽车特质。

这一点虽然重要,但它不过是我们在第三部分说过的语言和社会系统的一个方面。学习的根本条件是语义范畴和情景符号特征的有机联系。儿童能学会表达意义是因为从某种意义上语言特征和环境特征相联系。但环境是一个社会建构。它不包括事物,甚至过程和关系;它包括事物从中获得意义的人类交际活动。汽车可以移动这一点和它的大小、光泽或者它发出的声音比起来,绝不是它唯一甚至最明显的知觉特征;但这是它最重要的符号特征,是在社会体系中获得的意义,而且这一点决定了它在英语中的语义地位。应该在社会语境中去理解事物。更重要的也许是应该按它们的社会比例去理解它们;也就是说和互动过程自身相比,它们不是那么重要。

当然,这是在故意夸大事实。要点是意义产生的现实是社会现实,外在的环境因素通过它们对交际活动的重要作用进入社会现实,同时社会现实又植根于评价、争论、利用和其他社会行为的语境中。这不是说儿童自己没有对现实的理解,或没有调整语言系统使之适应现实;他的确是这样做的。以奈杰尔为例,和许多其他孩子一样,在第二阶段掌握了像"可以自己移动"的某些意义,将 go 这一形式当作一个普遍的提问方式"它是活的吗?"(早些阶段也用于对交通工具的提问);"动物,蔬菜或矿物质?"的某种形式似乎常被用作学习策略。但事物的语义只是整个语义系统的一部分;大多数时间我们谈论事物时会将它们和自身联系起来;不管我们是否这样做,它们已被以一种能表现其与社会过程的关系和价值的方式编码进了系统。

所以当我们强调语言发生在情景语境中、儿童能从他听到的东西中学习是因为他听到的和周围发生的事件之间有着系统性联系的时候,这主要不是因为我们多数在谈论外部世界的事物和事件。大部分时间不是这样;即使有时如此,它也并非未经加工或"客观"地反映事物的结构,结构已被文化处理过。谈话和环境之间的关系在于交际过程的整体符号结构:进行中的重要活动("事物"只有这样才以十分间接的方式进入画面),以及交流中的意义所在的社会网络。组成话语的"情景"就由这两种因素加上被采用的符号模式构成——换句话说,就是前文第四部分提到的语场、语旨和语式。

洛伊斯·布鲁姆曾提到过这一点,人们只有依据情景语境才能明白儿童的话,语言发展包括将系统逐渐地从对情景因素的依赖中解放出来。但我们发现奈杰尔在第二阶段一开始就已经采取了这个重要策略,他由观察转向回忆(从"我看到小汽车、公交车……"到它们不在视野范围内时他说的"我看见过小汽车、公交车……"),从"我想要面前的东西"到"我想要(不在我视野范围内的什么东西,比如)面包干"。一旦他将第三个层次——词汇和结构组成的词汇语法层面——引入自己的体系,言语就不再依赖于知觉环境,因为这给他提供了介于内容(基于情景的层面)和输出之间的抽象("形式")层面的编码。从儿童开始转向成人模式的那一刻起,他自己的言语行为将不再受到周遭情景特征的制约。但另一方面,这并不是说儿童表达的意义和意义表达行为发生的环境之间毫无关系,二者是有联系的——在成人的系统中也是一样的。语言发展作为从"此地此时"的限制中解放出来的意义潜势这一概念,只有当我们不是从绝对的角度而是把它视为是意义和环境关系本质的改变的时候才是站得住脚的。我们其实已经指出了这种改变发生的条件,即我们指出"功能"的概念从一个阶段(第一阶段)和"用法"同义因此意义直接和周遭情景相关,逐渐发展到另一个阶段(第三阶段)和"语义系统的构成"同义,意义仅通过社会符号——社会建构的现实和语言在其中的位置——间接地同情景相关。请注意前者是第一阶段的特征,在儿童开始学习我们认为的语言——成人化的系统——之前。第二阶段一开始,"功能"变得更概括,传统的语言形式——词汇和结构——开始显现,情景的"制约"或对情景的依赖已经采用了更抽象的形式,即将意义同赋予环境的不同的社会价值有选择地联系起来,作为需要探究的领域(理性的)或是作为可以挖掘的矿藏(实用的)。词汇和结构只能用于指称视野范围内的事物这一限制没有了;有的只是我们已清楚的每个词、每个结构只用于一个功能的倾向——有的词汇和结构用于实用功能,其他的词汇和结构用于理性功能。到了第三阶段,需在更抽象的层面再去理解意义对于语境的依赖,尽管还是同样的普遍规则在起作用。在第三阶段语言和一般的成人语言中有一个倾向,即语言潜势中的每个功能部分只能被情景语境中相应的成分激活。在任何阶段,意义都不是完全受制于语境,同样也不会与语境毫不相干;但是"语境"在不同阶段含义不同。第一阶段的功能标题不区分意义和语境:像"工具型"这样的术语将两者都包括在其中。第三阶段的"功能"是意义的方式,我们必须用其他的参照系来描述作为社会建构的情景。值得留意的是即使在第一阶段,情景语境也是社会建构,它的成分由社会价值确定:某个物品很受喜爱,某人是位妈妈。任何时候,语言发生的环境都不能只包括"道具",即物质世界中未经理解的景象和声音。儿童即使在九个月大的时候,与其意义相关的"事物"实现的也是他的社会体系的价值。

意义既是社会行为的组成部分也是社会行为结构的象征表现。环境的符号结构——正在进行的社会活动、角色和地位、交际渠道——既决定了交流的意义同时也由交流意义塑造。这就是我们为什么明白别人说的话,能够将浓缩的东西展开,剖析层层的投射。这也是为什么系统有渗透力、意义表达过程要受制于来自社会结构的压力的原因。常和社会语境的不同类型联系起来的意义的特定模式和规范,通过伯恩斯坦所说的编码过程,由文化决定。儿童建构的现实具有文化和亚文化的特点,他学习表达意义的方法和建构语域——意义同社会语境特征的组合——的方式也具有同样特点。在同家人、伙伴以及在学校的交际活动中(也在许多其他微观符号接触中),儿童构建起自己社会的符号体系,虽然这些微观符号接触不是帮助儿童社会化的主要力量,但也许正因如此它们的作用显得更加突出。但到这儿我们必须先把这个故事放在一边了,会在其他地方用别的视角再去审视它。最后一部分讲一讲奈杰尔在他两岁生日前

第十三章　语言发展的社会语境(1975)

夕,一醒来就忙着表达意义,以此来结束本章。

7.　新起点：NL10末的奈杰尔

` 降调(成人声调1)

´ 升调(成人声调2或3)

ˇ 先降后升调(成人声调4)(清晨。奈杰尔来到爸爸的书房)

奈杰尔：Where the little chùffa... you want the little green chuffa that you found on the pàvement(小火车在哪儿……你想要你在道边找到的绿色的小火车)

(垃圾车在外面开过来了)

爸爸：你想去看垃圾车吗？

奈杰尔：Find the little green chuffa(找到绿色的小火车。)(奈杰尔跑出去找妈妈)

奈杰尔：Have your big chúffa（要你的大火车）(妈妈把它给了他)... it got bènt... it not bent now... it was broken yèsterday but Daddy had to mend it with a screwdriver... We must rèady to go on a train.（它弯了……现在不弯……昨天坏了,但是爸爸用改锥修好了它……我们必须准备好上火车)(重复)

妈妈：不,我们今天不坐火车,今天不坐。我们去克莱蒙时,先坐火车然后坐飞机。

奈杰尔：Not going on tràin...（不坐火车)……(开始翻书)... That was a big tràin... that was an òld train... they've taken awày that train... it doesn't go any mòre... it got a tall chìmney... that was a very òld train... might go and see that tràin one dáy... and we might go and see that old train one dáy... we will walk on the ràilway line(2)... look at the train with the tiny tiny stàr on... now that is the light shining out of the train on to the plàtform... now that is a very fast tràin and it say whòosh... if that train coming past and it say whòosh... that a fast whòosh train... the train say whòosh(2)……那是一辆大火车……那是一辆旧火车……他们已经把那辆火车弄走了……它不能再动了……它有一个高烟囱……是辆很旧的火车……可能哪天过去看那辆火车……我们可能哪天过去看那辆旧火车(重复)……我们在铁轨上走(2)……看有颗小小星星的火车……现在是灯光从火车里照到月台上……现在那是一辆很快的火车它说呜 ——……如果那辆火车开过来(小声地)它说呜 ——……那个快的呜呜火车……火车叫着呜（2）……（翻完了书）... But first on to the tráin... first on to the blue tráin... and then on an àeroplane... but we don't go thàt way(但是先坐火车……先坐蓝色的火车……然后坐飞机……但我们不那么走)

（奈杰尔回到爸爸的书房）

奈杰尔:Gárbage lorry(4)(垃圾车)(4)(看着窗外)

爸爸:它开走了吗？

奈杰尔:Want your green pén(2)(想要你的绿钢笔)(2)... when Daddy finished writing with that pen and thèn you can have Daddy green pén... Daddy wòrking... make cross on týpewriter... we have to put some pàper ín it(等爸爸用那个笔写完了然后你就可以要爸爸的绿钢笔……爸爸工作……在打字机上画十字……我们得往它里面放些纸。)

（爸爸在打字机里放了纸。奈杰尔按键）

爸爸:你弄的是什么？

奈杰尔:A dòt...(一个点)……(几个字一起打上去了贴在一起)... Put that dówn……yes you will put that dówn(放下那个……对,你放下那个)

(奈杰尔按下去,手指弄上了墨;被带去擦手,回到打字机旁)

奈杰尔:(敲键;指着纸上的符号)What thàt(那个什么)

爸爸:那叫插入符。

奈杰尔:'m putting them all dòwn...that one make a tìkuwa... a ràilway line...want to have your green pén(我把它们都放下……那个是小棍……铁轨……想要你的绿钢笔)。

(奈杰尔又敲键了;两个字靠在一起)

奈杰尔:That twò(3)(那个两个)(3)

(奈杰尔听爸爸的手表)

奈杰尔:Daddy clock going ticktockticktòck...shall we-...shall we make a church spíre(2)...with a goglgò ón it...have you màde a church spíre(2)...thère the gogogogó...have the red pén(2)...have Daddy red pén...what did you dròp?(爸爸的钟走着滴答滴答……我们一起……一起弄个教堂尖顶(2)……上面带着风向标……你弄好教堂尖顶了吗(2)("看我画好了教堂尖顶!")……那儿咯咯咯……要红笔(2)……要爸爸的红笔……(丢下绿笔)你丢了什么?)

爸爸:我不知道;你呢?

奈杰尔:Did you drop the green pén(你丢下了绿笔)("我丢下了绿笔")(爸爸把它捡起来)...chúffa...draw a chúffa...put it báck...shall we make a railway line with the red pén...shall we make a railway line with the chùffa ón it(火车……画个火车……把它放回去……我们用红笔画铁轨吧……我们要不要画一个上面有个火车的铁轨。)

爸爸:好吧,我们来画铁轨。

奈杰尔:Shall we make a fast train which say whóosh,sháll we...(我们画个呜呜叫的快火车好吧,好不好)……(爸爸和奈杰尔画)...Daddy said I wonder that penguin will dive in the wàter... shall we make a pénguin...（爸爸说我想企鹅会跳进水里……我们画个企鹅吧）……（爸爸画企鹅）...it gó... gó... gó（它……动……动……动）（"它活着吗？"）……?we drawn a? fast weel tràin（我们画了个？快轮子火车）（"柴油快车"）

爸爸：不，它是电车；它有导电架

奈杰尔：It an elèctric train... it got a pàntograph（它电车……它有导电架）

(和媛媛　译)

第十四章

儿童语言发展的三个方面：学习语言、通过语言学习其他知识、学习语言本身（1980）[①]

本章想和大家分享一下我对语言发展的一些看法。我的出发点是：对每个儿童来说语言发展都是自然进行的，而且早在接受正规教育之前就已经开始。

我认为语言发展有三个方面：学习语言、通过语言学习其他知识、学习语言本身。在某种意义上，或者从儿童的角度来看，这三方面是同一回事。但是要正确理解它们，我们需要分别考虑；这将使我们得以看到这三方面分别是在儿童整体发展和成

[①] 本章内容最初发表在古德曼、豪斯勒和斯特里克兰（Yetta M. Goodman，Myna M. Haussler 和 Dorothy Strickland）主编的论文集《口语和书面语发展：对学校的影响》。特拉华，纽瓦克：国际阅读协会。1980年出版，第7—19页。

长过程的哪个阶段开始的。

首先来看第一方面,即"学习语言"。婴儿从一出生就开始了语言学习;新生儿会很专心地听。事实上,婴儿甚至在出生之前就已经开始学习语言——获取来自母亲隔膜的言语节奏,这是毋庸置疑的。但是从出生开始,他就积极参与交流,即和周围的人交换信号。为此,他必须构建一种语言;现在就让我们看一下他是如何做到的。

20世纪60年代,我在伦敦为英国学校委员会指导一个母语教学研究项目。研究团队由小学、中学和大学老师组成。我们合作开发了教学资料,如《识字突破》和《语言应用》。在这期间,经常有参与的老师让我谈一些儿童上学之前的语言经历。他们学了多少语言?是怎么学的?所以我想综述一下这方面的情况。

那是20世纪60年代,当时语言学的主流是句法:一切都从句法结构的角度分析,儿童语言发展也不例外。儿童语言学习主要被视为或当做句法习得。现在我发现这些术语都有误导性;我既不喜欢"习得"这个词也不喜欢"句法"这个词。在我看来,语言发展本质上是一个建构的过程而不是习得,是基于语义而不是句法的。

当时就语言"习得"存在两种流行的观点,这两种观点看似截然相反实际上有许多相同的特征和假定,就像许多看起来相互冲突的理论之间的关系那样。一种观点被称为"行为主义",有时也被称为"环境论"(这两个词被其反对者当做同义词混用);另一种观点被称为"先天论"。前者强调通过外在模仿学习,后者强调通过内在天赋学习。

这两种观点都把语言学习过程中的儿童当做孤立体。一方面是儿童,孤立的个体;另一方面是语言,现成的自在之物;儿童的任务就是通过外在或内在习得语言。"行为主义"认为,语言是"外在现成的",语言的结构必须通过听到的言语推断出来;"先天论"认为,尽管语言的实例是外在现成的,语言结构却有内在固定的蓝图——一种儿童与生俱来的语言程序。这两种观点本质上都基于同一种比喻,即把儿童比作单个的处理器,把语言比作需要处理的产品。

我认为儿童不是孤立的个体,语言学习也不是获得某种既成产品的过程,而是建构的过程。或者更准确地说,我们应该用一个表示心理建构

第十四章
儿童语言发展的三个方面:学习语言、通过语言学习其他知识、学习语言本身(1980)

的术语,比如"识解"或"解释";这样还可以避免另一种比喻的缺陷,即把语言喻为一种静态的产品,把语言学习喻为一种个体内部的过程。心理建构不是也不能是个体的过程。儿童必须构建语言,但是他并不是自己一个人在做——而是通过和其他人的互动;而且其他人并不仅仅是提供范例——他们和儿童一起积极参与了建构的过程。

语言学习是一种主体间的、本质上社会性的现象。这就是语言学习的"学习"方面;但是怎样理解其中的"语言"方面呢?此处我们又面临两种不尽如人意的解读(这两种观点相互漠视,而非主动竞争),一种观点来自心理学,另一种观点来自语言学。在心理学研究中,通常认为语言由表达和意义组成,形式和意义分别以感知运动和认知图式的形式存在。在语言学的框架中,语言被视为由表达和结构或语音和句法组成。两种观点都认为有两个组成部分,但是这两个组成部分是不同的:心理学家没有考虑用于意义和声音之间相互转换的(至少在成人的语言中)抽象的语法系统;而语言学家没有考虑抽象系统之外的语义范围。两者都不足以解释儿童的语言创造过程。

要理解这一过程我们必须同时从两方面进行考虑,从而提出语言分为三个层次的构想模型;也就是说,编码过程分三个阶段而不是两个阶段。语言本质上由意义组成:人说话是因为有话要说而不是因为人有灵活的舌头和机智的大脑。但是要实现交流,意义必须被编码;这里开始了其他步骤。意义"首先"被编码为措辞(即词汇语法结构,或结构中的词汇)(传统术语中的语法和词汇),措辞进一步被编码为能传递的表达。表达是能被另一个人识别的任何东西;但是主要有三类表达——手势、声音和文字。手势用于婴儿阶段,在人的一生中用途有限;对于失聪儿童,手势得以发展为完全的表达系统(具有系统的措辞和意义的手势语的外在表现)。对于正常儿童,声音成为主要的表达手段;一段时间以后,在一些文化如我们的文化中,声音得到第三种手段,即文字的补充,文字反过来又影响着编码中间层次的组织——书面语的措辞和口语措辞有很大不同。

在学习语言的过程中,儿童的根本任务是构建这样一种具有三个层次的系统。他通过一些阶段自然建构,但是我要提醒你们的是,这种建构总是在和其他人的互动中进行的。他首先构建我所称的"原始母语"。如果我的观察和我所知道的一些其他观察完全典型,那么它的发展模式如下。在五到七个月大的时候,婴儿已经学着构建符号,即对另一个人有意发出或做出这个人会进行解码的声音或手势。他反复试用这种符号,这个阶段持续一到两个月,然后在大概九个月大的时候,婴儿开始构建一个表达他想表达的数量有限的不同功能和意义的符号系统。你们应该知道我想说的是什么。或许你正陪他玩,把他放在你的腿上不断地颠上颠下,然后你停下休息。他和你对视并且发出"Uh! Uh!"的声音。这意思是"继续!再颠一会儿!"。或者你在他醒来的时候走进他的房间,他指向墙上的画,看着你说"Doh! Doh! Doh!"。这意思似乎是"这段时间你去哪了?——现在让我们一起看画吧"。这是在请求通过分享共同的经历来进行互动。这些符号属于儿童原始母语的一部分。

对于刚才提到的术语,原始母语仅由两个层面组成,即意义和表达——每个符号都是一个意义/表达复合体,即索绪尔所说的符号——但是原始母语没有措辞,即没有语法和词汇。原始母语可以有效地表达儿童最初的目的但功能有限,因为它无法连接各种不同的意义。在构建起原始母语之后,儿童的下一个任务是把原始母语转变成像成人语言那样的语言,即意义首先被编码为措辞然后措辞进一步被编码为语音的三层面系统。

要观察儿童如何做到这点,一种方法是结构观察和抽样技术,用录音机和摄像机每周拍摄同一个儿童一段时间,或者拍摄在特定实验环境中的许多儿童。这些技术对我们的研究起着至关重要的作用。但是这还不够。我们还需要详细记录自然互动,这种记录最好用儿童语言发展学中最传统的记录方式,即语言日记方法。我们可以从父母对孩子语言发展的记录中获得许多信息,特别是如果父母在语言学方面训练有素、掌握了自然语言观察和记录的技巧。但是对儿童从一出生就开始的、详细的、信息丰富的个案研究非常缺乏。过去人们常常认为儿童在掌握或开始学母语之前没有语言;也就是说,在他能说出词,即英语或他周围的其他语言中的词,甚至这些词出现的一两个初期结构之前,儿童没有语言。这通常是在婴儿十二到二十一个月大的时候。我的系统观察开始于我儿子大概

第十四章
儿童语言发展的三个方面:学习语言、通过语言学习其他知识、学习语言本身(1980)

七个月的时候;那时似乎早得有点可笑,不过我随后就认识到我本应该更早就开始观察。当然,婴儿最初几个月的互动还算不上语言;甚至连原始母语都算不上,因为他还没有交换符号。但是婴儿参与了互动,尽管这些互动不是符号性的;调查这种"前原始母语"交流、理解它是如何逐步发展为语言交流的非常重要。

个案研究和个案研究获得的自然数据的重要性在于只有这样我们才能完全了解儿童是怎样学习"如何表达意义"的——即作为语义或者语义生成过程的语言发展。儿童构建起一个资源,一个语义资源:语义潜势,和可以表达这些意义的措辞和声音。当然,这个资源是双向的,因为其中也包括解码其他人的意义的潜势;意义是互动的过程而不是只在于一个人。这反过来表明了意义形成的环境;意义发生在社会环境之中,这个环境由儿童和"重要的其他人"组成,这些人是儿童意义群体的一部分。他们和儿童的关系密切;通常是很小的一群人,父亲、母亲,可能还有一两个哥哥姐姐,如果祖父母住在一起还有祖父母——也就是那些儿童醒着的时候经常出现在他身边的人。他们"在那里"和儿童一起创造语言。

现在重要的是弄清楚他们在儿童语言建构过程中的参与意味着什么。这并不意味着他们用儿童的表达回应他,而是用他们自己的语言,即母语对儿童说话。但是可以说他们走入了儿童的内心;不但知道儿童想说什么而且知道他理解了什么。他们和儿童一起创建这个系统。但是有些令人吃惊的是这种对儿童语言发展的跟踪完全是无意识的。一个母亲在积极专注地和一个十二个月大的普通婴儿说话,这时你如果问她婴儿能说什么或能听懂什么,她会答不出来;如果你三个月以后再让她回忆这时她和孩子之间的交流,她已经完全忘记了——因为随着孩子的进步她也已经进入了一个新的更高的发展阶段。

儿童自己认识到(当然也是无意识地)他在和其他人一起构建语言;在很早的阶段他就学着去推动这一过程(参见第十三章)。在我的孩子刚刚十八个月大的时候,有一次我们出去散步,回来以后他对我说在外面看到的东西:"*ba*"(公共汽车)、"*tiku*"(棍子)、"*gaaugaau*"(鸭子)等等。接着他说"*douba*",这个词通常意思是涂黄油的烤面包片。我问,"你是说涂黄油的烤面包片吗?但是我们没见到涂黄油的烤面包片啊!"他看着我的眼睛好像我极其愚蠢一样,然后非常缓慢、一字一顿地说,"d-o-u-b-a"。结果是,他的策略没起作用;我终究没搞明白他说的是什么意思。但是他知道我没听明白,而且他知道自己该怎么办。

　　随着儿童走出家门进入街道或学校等更大的社会群体,他的语言资源需要满足新的更多的要求;语言资源随之扩大。没有人专门教他怎样聆听和说话;他学是因为他只有学习才能成功。在我们的文化环境中,他的语言发展被一个专门的机构,即学校承担起来;儿童突然被要求要对语言有所了解——首先,因为他必须掌握一种新的交流手段,即文字,要调整自己现有的潜能来适应文字的需求;其次,因为从这时开始语言本身将会被当成一种教育知识,而不再仅仅是常识知识,学校担负着拓展其语言资源的责任。发生这些变化的原因在于"通过语言学习其他知识"现在对他的能力提出了要求。"通过语言学习其他知识"是我们要谈的第二个方面,我稍后将会谈到。从语言方面来说,老师现在处于父母的地位;他(通常来说是她,而且是刚刚开始教学的女性)现在要负责记录儿童的语言发展。但是记录全班三十个孩子的语言发展和在家里记录一个孩子的语言发展显然是不同的;这不但是因为用同样的方法是完全不可行的,而且因为对于老师(同样对于孩子)来说,语言发展现在已经成为有意识的关注对象。这与语言处理过程无意识的本质存在内在的冲突,许多人始终没有完全解决这一冲突。

　　当然,在大多数情况下,即使一个孩子上学了,其语言发展的更大部分还是在学校之外、无意识地进行的,如在家里或在小朋友们当中。其意义潜势的发展主要还是在非正式的、自然的、自己无意识的话语中进行的。但是学校担负着其中很特殊却很重要的一部分,这一部分只能在教育情境中进行。从现在起,语言必须成为孩子们在学校里学习所有其他东西的途径。除阅读和写作外,所有相关的语言成就,包括字母拼写、标点符号的运用和数学、社会科学及其他课程中的证明、讲故事等,都要求掌握必需的语言资源。这不仅仅包括新的词汇,还包括新的话语组织方式和测试建造中新的表达意义的方法。

　　详细阐述这点需要很长时间。但是这对孩子提出的最基本要求是能根据语境选用适当的语言;所以作为本部分的结尾,我将引述三个有关九

第十四章
儿童语言发展的三个方面:学习语言、通过语言学习其他知识、学习语言本身(1980)

岁儿童口语的例子,从中我们可以看出这个年龄的孩子掌握的语言意义和机构有多复杂,以及他们的语言在从有组织的采访向更自然、自发的对话过渡时是如何变化的。这些选段取自一个大型的儿童语言记录语料库。该语料库是20世纪60年代中期由纳菲尔德(Nuffield)外语教学材料项目在英国创建的。纳菲尔德外语教学材料项目是我当时主持的项目的一个姊妹工程。在A段中,孩子在对一位成年采访者说话,而且边说还边认真听自己说了什么;这是相当自觉的、自我监督的话语。在B段中,孩子还是在对采访者说话;但是她开始讲述自己的事迹而且越讲越投入也越自然。在C段中,孩子们相互交谈,有一位采访者在场,但孩子们忘记了采访者的存在,他们的交谈非常自然。

例1①

文本A

>成人:现在,嗯……你假期里做什么了?我希望没有再次看见盗窃事件或者什么?
>
>孩子:不!去年假期我们去了马恩岛。嗯……我们坐船去的,一艘叫"曼岛少女"的船;而且,嗯……我们……住在一个叫圣玛丽港口的地方,嗯……住在一个公寓里,公寓就在,嗯……悬崖上方,悬崖在我们前方,然后就是海。在卧室里我们可以看到美丽的港湾。那里好极了;不是很拥挤。我们没有什么特殊的事情;就是每天晒日光浴,然后回去吃午饭,然后去海滩晒日光浴。我们去了很多地方:拉克西水车,还有记得叫女巫的城堡。
>
>成人:女巫的城堡是什么?
>
>孩子:嗯,……哦,就是一个古老的城堡,它就是叫这个名,而且那里……在它旁边那里,嗯……有一个小茶叶铺,楼上有很多东西,很多装饰。
>
>成人:没有女巫吗?
>
>孩子:没有;那里……那里有女巫的饰品和东西,玻璃上有一个圈,

---

① 译者注:这里选取的例子分别来自语料库(例1)和韩礼德自己的观察(例2),转录方式采用的是成人语言,没有特殊语调标记。因此原文省略,只保留译文。

说，说是巫婆圈。

文本 B

孩子：嗯，去年我爸爸妈妈去看露天戏剧了，而且是在深夜；回来的时候妈妈觉得肚子疼，疼得睡不着觉，所以她就在厨房里走来走去。反正，大概——唔，大概晚上12点45的时候，差不多那个时候，她听见有人一直在走上走下，而且……他们还在过道里走，有时候还推推门……幸好门锁着。反正大概1点的时候我听到了巨大的撞击声，醒了过来，不知道发生了什么。我吓得一动不动……你可以想象自己被吓傻的时候是什么样子吧，所以我想有人在床底下。幸好奶奶和我住一个房间；她去看了看窗外，但是我们看不到任何东西。然后妈妈和爸爸进来了，他们说他们也听到了响声但是也不知道是怎么回事。我说会不会是强盗，但是他们说，说——你知道："不是"。反正，接着他们就和住在楼里的其他人下去了——反正，就是盗窃，而且有人丢了相机，椅子也都……

文本 C

成人：你……当家里有一个小婴儿的时候，你叫它"它（it）"还是叫它"她（she）"或"他（he）"呢？

孩子1：嗯，如果它只是——如果你不知道它是男是女，我觉得应该叫它"它（it）"，因为你不知道它是男孩还是女孩啊，但是如果你叫它"她（she）"，后来却发现是个男孩，你就改不过来了，因为你已经习惯用"她（she）"来指它了。

孩子2：嗯……西顿斯夫人说……如果隔壁邻居刚生了孩子，而你不知道是男是女，就用"它（it）"来指它，那么邻居会非常生气的。

孩子1：嗯，我想如果是在你家里，你应该用"他（he）"或"她（she）"，否则等它长大了就分不清自己是男是女了。

成人：如果你邻居家刚有了一个孩子而你不知道是男孩还是女孩，西顿斯夫人建议你怎么做？

第十四章
儿童语言发展的三个方面:学习语言、通过语言学习其他知识、学习语言本身(1980)

孩子2:她没说过。我想她也不知道。

孩子1:叫它"这个(the)"。

孩子2:你好,"这个(the)"!

孩子1:哦,我知道了,叫它"小宝宝(baby)"。

（由韩茹凯为纳菲尔德外语教学材料项目记录,英国利兹、约克）

第一个例子,自觉性最强,和这个年龄的孩子的书面语最相似。第二个例子相似性要差一些;而第三个例子和书面语差距最大。首先,第三段选文的语法结构太复杂,很难用于书面语,而在日常口语中,听话人听到说话人的话,但很少注意到极其复杂的结构。这里我要强调的一点是儿童开始用各种变化使自己的语言适用于需要处理的各种功能。

这就引入了第二个方面,即通过语言学习其他知识。事实上我们已经在谈这个问题了;对此我们无需惊讶,因为这恰好是语言发展基本现象的另一方面。

"通过语言学习其他知识"是指用于构建现实的语言:我们如何使用语言构建我们生活于其中的世界的图景。这既包括我们周围的世界,又包括我们内心的世界,我们意识中和想象的世界。20世纪上半叶美国伟大的人类语言学家,博阿斯(Boas)、萨丕尔(Sapir)和沃尔夫(Whorf),对语言在塑造和传递每个文明的世界观中所起的作用做了深入剖析。

从一开始,语言就是我们理解和组织经验的主要工具。并非我们感知到的一切都会被语言处理,但是绝大部分会;语言无疑是我们构建我们的世界和我们在世界中的位置的模型的最重要工具。

在儿童发展着的语言系统中,这一过程的开端是什么？我们对这一点的了解仍然是暂时的、不完整的;但是似乎,随着儿童开始从原始母语转向语言——从儿童语言转向母语——他们开始对语言的两种基本功能作出相当系统的区分,我称之为"实用"功能和"理性"功能,或"做事"功能和"学习"功能。在前面的章节中我已对此做过论述,指出我自己的孩子是如何通过语调类型进行区分的:用升调表示实用功能,用降调表示理性功能。令人震惊的是,他不但在十九个月大的时候大约一夜之间就向他的话语中引入了一种基本的语义区分,而且他的母亲和他周围的人立即就能明白这种对立表示什么意思。当然，这不是有意识的；他们没有意识到发生了什么，而且直到在分析中发现这点之前我自己也没有意识到。但是他们立即回应了孩子表达的不同意义。下面是事情的经过。

当奈杰尔把语言用于实用目的时，例如用"我要"，表示"再来点肉！"，"抹上黄油！"（给我的面包上抹上黄油），或"火车被卡住了！"（给我拿出来），他用升调。这一语调类型的意义是"某人做某事！"；而重要的观察发现是，总有人去做。他们并非立即站起来去做他让他们去做的事或给他他要的任何东西；回答经常是"你不能再吃了"，或者"我正忙着呢；你自己想办法拿出来"。但是他们回答了——因此无意中认同了意思是请求做什么，而且向孩子表明他们明白了。

当他把语言用于理性目的时，例如说"绿灯"（那里有一盏绿灯），"妈妈书"（那是妈妈的书）或"两辆车"，语调是降调。而且我注意到在这些情况下没人会觉得有必要说或做些什么。有时候他们表示认同，会说"是的，那是绿灯"，或者纠正他，说"不，那是蓝的，不是绿的"；但是他们经常什么也不说。如果奈杰尔做了实用功能的表达而没有得到回应，他会明显感到不满而且会继续说，直到得到回应为止；而如果他的理性功能的表达得不到回应，他一点也不在乎：他并没有期待要得到什么回应。意思是：事情就是这样的；如果你愿意，你可以表示同意或反对，但是我实际上只是在给自己澄清事实。奈杰尔的这种对语言的实用功能和学习功能的区分持续了大概六个月，直到成人语言的语言功能语法牢固地在他的语言系统中建立起来为止。随后，他才放弃了这种区分。

没人特意教他什么。奈杰尔的学习，他对现实的构建，都是通过这些小的偶然事件进行的，其中他自己决定想说什么。通常（开始的时候，总是）他用语言表达的都是他正在和别人分享或曾经和别人分享过的经历；而且那个人如果觉得他说的不对，会纠正他。但是他存储的知识是日常常识性的知识，这是其他人无法有意识地教给他的，因为他们没有意识到自己具备这种知识。

通过语言学习通常是在（用我最喜欢的一个本杰明——沃尔夫用过的表达来说）这些"无数的小的契机"中进行的；正因如此对语言发展的记录和阐明总是不尽如人意。我决定用一组围绕一个主题的例子来进行阐

第十四章
儿童语言发展的三个方面:学习语言、通过语言学习其他知识、学习语言本身(1980)

述;我选择的主题是"时间和空间的相对性",因为这可以清晰地向我们表明孩子眼中的现实和我们眼中的有何不同。我们从中可以看出要达到能像我们成年人这样看待我们生活于其中的连续的时空,儿童要在多大程度上调整自己的思维,以及要积累多少经验。

例 2

十岁六个月

奈杰尔:(看着镜子)有时候我会想我在镜子的哪一边呢——他们是映像还是我是映像呢。

十岁

奈杰尔:(看着一个飘了很久的泡泡)你觉得在细菌的时间概念里这持续了多长时间呢?

九岁八个月

奈杰尔:爸爸,如果有一个东西一米长半米宽,你不会说它很长。但是如果它一米长一厘米宽,你就会说它很长。

八岁四个月

奈杰尔:(在和朋友争执)睡觉的时候你什么也看不到。

朋友:我看得到。昨天夜里我还做梦了;我在梦中看到了。

奈杰尔:嗯,你用向后看的眼睛看到的,向后看的眼睛,可以看到梦境,说,在梦里。

七岁十个月

奈杰尔:(在做一个复杂的航天器)将来我会发明这种东西,然后在将来的将来它们会被当成垃圾扔掉。

七岁

奈杰尔:你是怎么知道很久很久以前发生的事的,在你出生以前发生的事?

爸爸:通过看书?

奈杰尔:不对。用显微镜朝后看就行了。

爸爸:这要怎么做呢?

奈杰尔:嗯。如果你坐在车里或是观光大巴里向后看,你会看到之前发生了什么。你需要一个显微镜去看很久很久以前发生的事,因为那离你很远了。

六岁四个月

奈杰尔:你多少岁了?

爸爸:五十了。

奈杰尔:那黑石南山轨道被占领的时候你还没出生。你八十岁的时候我就多少岁了?

爸爸:三十六。

奈杰尔:三十六岁啊!喔!你八十岁的时候,你就会在轨道被占领之前出生了。

五岁五个月

奈杰尔:如果你从芝加哥出发而不是从格伦维尤出发,那么你会晚一些才能到明尼阿波利斯(美国明尼苏达州南部城市)吗?因为这更远。

爸爸:不,你会在同一个时间到那儿的。只要早点出发就行了。

奈杰尔:不,你不能……但是……(无法理解)

四岁四个月

奈杰尔:爸爸妈妈都是从哪里来的?

爸爸:嗯他们都是从婴儿大小长起来的。

奈杰尔:但周围没别人他们怎么能长大成人呢?当我和你们一样大的时候,你们怎么会有大的生日呢?那时候我又怎么会有自己的生日呢?

三岁五个月

奈杰尔:星期三 星期二 星期四 星期五 星期一…… 星期一 星期二 星期三 星期四 星期五……为什么星期五在星期六前面呢?

爸爸:嗯,我不知道;我想是人放在那里的。

奈杰尔:是的,但是我要把它放在星期三的中间。

爸爸:你把星期五放在那里吗?

奈杰尔:是的……(看着天空)它会跑到云彩里去吗?

第十四章
儿童语言发展的三个方面:学习语言、通过语言学习其他知识、学习语言本身(1980)

爸爸:你是说这些星期日期在那里? 好主意。

奈杰尔:是的,但是他们会飞到云彩里去吗?

两岁六个月

奈杰尔:(在找橡皮泥):早饭之前爸爸为什么把棕色的橡皮泥拿走了呢?

爸爸:我没拿。

奈杰尔:它不容易碎……旧的橡皮泥才容易碎……我们必须等一下,等到旧的橡皮泥变新,然后我们就可以用来做小火车了。

从最近的一段开始看,我们发现奈杰尔在十岁半的时候看着镜子会想到底哪个是映像:是他们还是我们? 十岁的时候他观察一个在空中飘了很久才爆炸的泡泡,问如果从微生物的视角来观察,那么泡泡应该持续了多少年。九岁八个月大的时候他在想如果一个维度上的大小在变化那么另一个维度上的相对值会怎样:两个长度相同但宽度不同的物体,一个被称为很长另一个则不会。八岁四个月大的时候他在描述内心体验到底是怎么回事:梦中所见。七岁十个月大的时候是时间的相对性:未来的新东西在未来的未来也会过时。七岁的时候,他在想穿越时空;等等。

从一个角度来看,这是在尝试构建成人世界上的失败。但是在这个建构过程中每个阶段都代表了一种独立的世界观,而且对他来说有意义,就像这个世界在每个人看来都有意义一样。语言本身的建构也是一样,这也是一个互动的过程——不过方式有些不同。儿童对现实的建构同样也是通过和他人的互动进行的;但是他人似乎不能像他们无意识地跟踪他早期语言学习那样跟踪他构建现实的过程。换句话说,尽管母亲天天在孩子身边可以准确地(尽管是无意识地)理解孩子的语言,她却很可能无法同样准确地理解孩子的世界观。共享的只是意义潜势,即语言。儿童如何用意义潜势组织经验是无法共享的,因为这无异于分享他所有的经验,包括其思想、情感和感知等内心经验。

当然各种各样的现实之间会有冲突;学习也正是从这里开始的:当儿童的世界和成人的世界之间,或者儿童自己的世界观的不同方面之间存在冲突时,他会尝试去解决冲突。语言和用语言构建的现实之间也存在冲突。我注意到这发生在非常早的阶段,当时我的孩子十九个月大,刚刚在学着表达"二"的意义。一天他坐在地板上玩玩具,一手举起公共汽车一手举起火车。"two chuffa(两辆火车)",他说(chuffa 是他对火车的叫法)。然后他又看着这两个玩具,有些迷惑和犹豫地说:"两……两……"。最后他放弃了,显得困惑而沮丧;他没能解决这个问题。然而,我要说的是很明显他认识到自己做不到;他知道自己的语言系统无法处理这个情景。事实上,日常英语也无法解决这一问题;我们学会了用"带轮子的交通工具"这类的统称来表达我们的意思。此处就是语言和现实的不一致;或者说是(因为语言也是现实的一部分)儿童的经验与编码这一经验的符号系统之间的不一致。这种冲突绝不是破坏性的,事实上它可以促进儿童对双方的理解。

我的第三方面是"学习语言本身";换言之,理解语言本身的本质和功能。在某种意义上,每个人了解语言仅仅是因为他说话和聆听。但这种理解是无意识的,就像我们有关语言的知识是无意识的那样。可以说,这是储存在心中的知识(很多文化中认为对真理的理解存在于心中),而不是储存在脑中的知识。

我们如何得知这种知识切实存在呢?或许最明显的表现在于文字的发展。长期以来,文字通过无数小的进步在非常缓慢地发展。其背后并没有对语言的有意识的分析。然而每个文字系统都深刻洞悉了语言的本质,语言的意义、词汇语法和语音。要表达出这种洞悉是非常困难的;语言学史的很大部分就在于寻求对文字发展必不可少的语言理解。而具有讽刺意味的是,达到语言理解的主要障碍在于已经存在的文字,因为文字一旦产生就开始阻碍人类看透其背后的语言。(文字的本质以及文字和语言的关系至今仍然是语言学中探索和记录最少的部分。)

然而重要的是,要区分这种很难被意识到的对语言的理解和社会里或课堂上的明确的民俗语言学。就像大部分民间智慧那样,民俗语言学也是学术见解和古老传说的混合。(在其他知识领域也存在同样的区分。例如,在医学上有关于区分对人有益或有害的东西的无意识的直觉。这无疑始于那个我们只是闻一下就能知道一个东西的分子结构的进化阶

第十四章
儿童语言发展的三个方面：学习语言、通过语言学习其他知识、学习语言本身(1980)

段；明确的"民间医学"，同样是由事实和神话合成的。）最终进入我们课堂的中世纪语法传统是学术性的而且具有洞察力；然而不幸的是它代表了西方语言思想哲学的而非修辞的方面，这就削减了它和教育及日常生活的相关性。因此，其影响通常很小，而且造成人们对琐碎的语言现象的误解，而其更重要的深刻见解（如对句法从属性的本质的见解）却被忽视了。我有一个朋友是做财产公证的，有一次他拿着一封信去找部门领导签字，信的最后一句话是"as soon as the lease has been drawn up we will send you a copy of it（租约一签署我们就给您寄去副本）"。等他拿回信时发现"it"被圈了出来，整句话被改为"we will send you a copy of same（我们就给您寄去副本）"。我的朋友对这种无礼的举动感到很生气就去找上司抱怨，上司对此有些震惊，还谴责我朋友说，"但是你不能在句子的末尾用代词啊！"

  这种无稽之举常常是学校语言教育的结果，原因在于其中有关语言的知识和教育的需要关系不大。这并不是说在语言发展中不需要这第三个方面：需要。除了其本身内在的价值，这还是另外两方面必需的支持。但是对此有两点需要说明。首先，和教育相关的很多有关语言的学习不涉及语法，而是涉及其他方面，如语域的变化、语言和社会、语言表达的不同媒介等等。在适用于中等教育的《语言应用》的 110 个单元中，没有一个是关于语法的；当然这有些过度了，但是做出这种决定的原因正是此处要强调的第二点，即教师所熟知的语法是错误的语法。为了教育的目的，我们需要的语法是功能的而不是形式的，其重点在于语义而不是句法，以话语而不是句子为导向，把语言看作灵活的表达方式而不是一套僵硬的规则。

  儿童最初认识到语言本身就是他们生活于其中的世界的一部分、可以像其他东西那样被当做谈论对象的时候，他们用到的元语言词汇有"*say*""*call*"和"*mean*"。（注意这些词都是动词而不是名词；对很小的孩子来说语言是一个过程而不是一个成品。）实际上儿童甚至在学会用"说"这个词之前就能表达某种东西被说了出来。奈杰尔十九个月大的时候我和他一起穿过一片空旷的场地，那里有一些男孩在放风筝；风筝掉在了地上，线落到了我们前面的路上。"There's a kite there,"（有只风筝），我说,"Mind the string！"（小心地上的线！）我们回家之后过了一会儿,奈杰尔对我说"Kite.'Kite. Mind string'"（风筝。'风筝。小心线'）。他说第一个"风筝"和第二个的声调和音质有显著变化；我想是这点使我不假思索地把他的话理解为包括叙述我说过的话的意思："有只风筝。爸爸说过,'有只风筝。小心地上的线！'"

我们对于儿童是如何构建起这种无意识的对语言的意识,所知道的仍然相对很少。这开始于意识到事物有名称；从很早的阶段开始——原始母语末期——儿童就能问名称,"那是什么？"很快他就意识到这是一个双向的关系；一旦"那个东西叫什么？"的观念在儿童的语义系统中建立起来,很快"那个词是什么意思？"的观念也会建立起来。奈杰尔在二十个月的时候会玩一种意义游戏,即说一串无意义的音节然后问"什么意思！"（但他并没想让别人回答）

很长时间以后——四岁的时候——奈杰尔开始用名词探索语言。这时他能玩押韵的游戏了,"我想找一个词和……押韵",word（词）这个词是准则的一部分；当我开始猜的时候他试着给我提示,他说"不,爸爸,那不是词,那是个东西"。他做的这种有关词和事物的区分,实际上是语法项（虚词）和词项（实词）的区分；如果我猜是"她（she）"而正确答案是"树（tree）",他会提示说"不是词,是东西"。词汇中实词和虚词的区分是我们对语言无意识的意识的基本组成部分；这也贯穿在英语文字系统中,即实词至少由三个字母组成而虚词可以只由两个字母组成（因此有 by the bye（顺便说一下）, he is in the inn（他在客栈）等等）。

儿童对语言无意识的意识在很大程度上是由功能方面的考虑决定的；他的理解的核心是"这就是我用语言可以做的事"。从出生起他就开始构建语言用途的图景；这是他和那些与他互动的其他人交流的重要途径,通过这种互动,语言成为做事和学习的一种方式。当我们通过教育加强和拓展他的语言发展时,要以这种意识为基础,把课堂上的语言和他通过已有经验了解到的有关语言的知识联系起来。而许多时候两者之间几乎没什么关联,结果就是儿童从来没有认识到老师讲的内容就是他已知的、已做的一些事情的延伸。不需要人为地把儿童学习的经验分割成断续的部分,像我所谈论的语言发展的三个方面。

第十四章
儿童语言发展的三个方面:学习语言、通过语言学习其他知识、学习语言本身(1980)

语言发展是一个连续的过程。甚至开始学书面语言也仅仅是每个儿童都参与的同一个巨大工程——即发展表达意义的能力——的一部分,尽管学习书面语看起来似乎是和儿童已经学过的东西完全不相关的一种全新的经历。这并不是在说书面语不过是写下来的口语而已;如我在前面已经指出的那样,这两种媒介的不同导致了它们在表达方式上的迥异。但是两者本质上的关系是功能性的。在人类发展史上,人对语言提出了某些新的更广泛的要求,于是文字应运而生。语言需要在之前不存在的环境中发挥作用;而这些新的环境——商业的、宗教的、科学的——需要新的交流形式来交流意义。从逻辑上讲,新的符号系统没有必要映射到语言上,一开始似乎也没有映射;但是不久之后映射就开始了,因为其背后的文化现实没有改变。我们让孩子开始上学的年龄是我们认为在这个年龄他也对自己的语言提出了新的功能上的要求——或者至少在这个年龄他已经懂得别人为什么要写字。他还必须知道文字是对词汇和结构的映射,而这些词汇和结构这时已经深深印刻在他对这个世界的无意识的知识中了。

我希望这三方面——学习语言、通过语言学习其他知识、学习语言本身——有助于阐明构成儿童在学校里语言发展的背景的一些早期学习经验。当谈论语言发展时,我想,把它看成一个包括这些方面的综合过程是很有帮助的。正如我在本章开头强调的那样,三者不是相互分离的;而是同一个综合过程的三个方面。但是我们如果三个方面都认识到了,或许就能更好地理解这一过程从而以更丰富的方式参与其中。

(刘玲 译)

第十五章

以语言为基础的学习理论(1993)[①]

儿童学习语言时并非仅仅是在从事多种学习中的一种;而是在掌握学习基础本身。人类学习的最突出的特色在于这是一个构建意义的过程——一个符号过程;而人类符号的原型形式就是语言。因此语言的个体发生同时就是学习的个体发生。

无论儿童出生在怎样的文化背景之下,学说话时他们就在学习经过了至少上万代进化的符号系统。但是在过去大约一百代中,一些文化(包括欧亚文化带中的文化)中这种符号系统的本质一直在发生变化:一种新的表达形式逐渐形成,即我们所说的文字,一种新的有组织的学习形式随之形成,即我们所说的教育。现在儿童不但在家里和附近学习语言而且在学校里学;新

---

① 本章内容最初发表在《语言学与教育》,伦敦:艾尔塞维尔科学出版公司,1993年第5(2)期,第93—116页。

第十五章 以语言为基础的学习理论(1993)

的语言发展方式带来了新的知识形式,即区别于我们所说的常识的教育知识。同时,语言发展过程仍然是一个连续的学习过程,从出生开始,持续到婴儿时期和童年时期,然后经过青春期一直延续到成年时期。

大多数学习理论,包括那些考虑到语言学习的学习理论,都来自于语言学习之外。它们常常要么忽视语言发展,要么把语言发展仅仅视为学习的一个方面;有时它们对语言的本质和历史持有与事实非常不符的先入之见。如果我们把这些理论付诸实践,运用到那些涉及语言的活动(而所有的教育活动都是如此)中去,那么我们可能无法达到目的。语言不是人类知识的一个方面(除了在语言学这个特殊的环境中外,语言在语言学中是科学研究的对象);语言是认知的基本条件,经验通过认知过程转化为知识。

考虑到这点,我想提出另外一种选择:我们或许可以寻找一种基于对语言的考虑的学习理论。换言之,我们可以把学习的本质看做一个符号过程。在我看来,这就提出了某些约束条件。其中之一就是这一理论应该以自然数据而不是实验数据为基础(即基于无意识的而不是自我监督的语言);以语境中的语言而不是像在真空中的语言为基础;以自然观察到的语言而不是诱导出的语言为基础。这样做的原因是在人类的各种活动中,语言或许是受说话人注意力影响最大的活动——这一点不足为奇,因为所有其他学习都取决于学习者,而这些学习者不必一再关注经验是如何被解释的。另外一个约束条件是该理论不能将系统和实例分离开来;不能将语言和文本分离、将语言和言语分离、将语言能力和语言行为分离、或者是将其他相关联的对立项分离开来。

我并不打算提出一种一般理论,而是想指出这样一种理论的几点注意事项。这些注意事项是从对儿童语言发展的研究中得出的。为了清晰起见,我将把这些注意事项一一列出;在本章接下来的部分中,我总共给出了 21 个特征,这是我认为儿童语言发展中对以语言为基础的学习理论至关重要的一些方面(本章结尾总结了这些专题)。它们来源于我的研究以及该领域中的同事的研究,大多来自于直接观察:(1)儿童在家里和周围自发说出的语言;(2)他们用语言识解常识性知识、建立人际关系;(3)他们开始上小学,开始识字、向教育性知识过渡;(4)他们随后开始上中学、学习各门学科的专业知识。我尽可能地给出了具体的参考书目;但是提出的很多观点是对参考书目中一些观点的总结,特别是韩礼德、韩茹凯、马丁(Martin)、奥登堡－特尔和佩因特的观点。

儿童语言发展的特征

特征 1

婴儿参与象征行动,即我所说的意义行为。从出生起,儿童就倾向于(a)对别人说话或让别人对他说话(即进行交流性的互动);(b)识解他们的经验(即通过把经验组织为意义来解释经验)。符号就是在这两种活动的交叉中创建的。符号的发展是通过(a)沟通——或者更确切地说——引发和他人的交流;(b)把经验解释为意义;尤其是,探寻内在经验和外在经验之间的矛盾(儿童意识中那些被视为外在进行和内在进行的东西之间的矛盾)来进行的(参照特瓦森 1980)。

因此,通常三个月到五个月大的时候婴儿会"伸出手去抓东西",想抓住外在的物体使之与内在的意识相调和(他们能看见物体)。这种努力激起对符号的运用,被成年看护人或更大一些的孩子视为对解释的要求;于是以意义行为回应。之前已经有过"交谈",但这是另一种的交谈,其中双方的行为都是象征性的。以下是我自己的数据中的一个典型的例子,当时孩子只有六个月大(参见第五章):

> 鸽子突然飞散发出巨大响声。
> 孩子[抬起头,向四周看了看,发出尖叫声]
> 母亲:是的,那是小鸟。鸽子。它们多吵啊!

特征 2

通常在六到十个月大的时候,记号开始被确立下来形成有规律的符号,它们具有典型的像似性:体现了表达和意义之间的自然关系。这种记号是儿童在互动的环境中创建的。以下是我自己的数据中的例子(韩礼德 1979:173)

> [抓住物体然后松开]"我想要(抓住)这个东西"
> [轻轻地触摸物体,只摸一会儿]"我不想要这个东西"
> [牢牢地触摸物体很长时间]"接着做(你刚才用那个物体做的)

事（如把它抛向空中）"。

这些行为似乎和非象征性行为（如，抓、拉或扔到一边）有明显不同；而且象征性行为明显是对别人做的，而看护人也会尽力去追踪并做出回应："啊，你想自己抓住这个东西，是吗？""是让我再做一次吗？好嘞！"。

这些特定的符号用手势表达；其他的可以用声音表达，如高音调表示"好奇"（识解经验），低音调表示"一起"（建立人际关系）。出现的是一个不断变化的符号库，其意义和表达都是在变动的，但绝不是在随意变动，因此看护人继续记录并做出回答。儿童创造了记号，用声音或手势的方式扮演了学习者的角色，而且用相同的记号使"其他人"扮演了老师的角色（奥登堡－特尔 1990；特瓦森 1987）。

特征3

这一系列的象征行为发展成系统。意义行为意味着某种选择：如果有"我想要"的意义，作为选择就会有"我不想要"的意义，或许还会有"我想要很多"。如果有"我满意"的意义，这可以和其他存在状态形成对比："我生气""我兴奋"等等。这种一组一组的可以相互替代的意义形成了符号聚合体，即系统；系统中的每一项都排斥、因此预先假定了其他项。

在这一阶段儿童将自己的符号识解为符号系统，即原始母语，这一阶段通常从八个月大持续到一岁四个月大的时候，时间也可能有变动。从语义上讲，这些系统围绕着某些可以辨识的功能发展（我称作微观功能）：工具功能和规约功能，其中符号调解其他非象征性行为。例如，"把那个给我！""给我唱首歌！"）；互动功能，其中符号建立并维持密切的关系（"我们一起吧"）；个人功能，其中符号表达儿童自己的认知和情感状态（如"我喜欢那个"，"我对这感到好奇"）。想象功能（或称游戏功能）可能也开始形成了，这是一个表示"让我们假装"的符号，常常伴随着笑声。

尽管一些原始母语符号可能模仿了成人语言，但是原始母语还不是母语；我曾将之称为"儿童语言"（第九章；奥登堡－特尔 1987）。听到原始母语，人们还无法辨别母语会是什么样子（参见裘世瑾 1985 有关中国儿童的原始母语部分）。佩因特（1984）和奥登堡－特尔（1987）的研究表明原始母语作为人类学习的一个阶段非常重要。同时，他们也揭示了原始母语的局限：原始母语不能创造信息，也不能构建语篇。要做到这些，原始母语必须转化成其他东西。

特征4

现在整个系统被解构并重构为一个分层的符号系统，即在意义和表达之间出现了作为中介的语法（或者说词汇语法更好，因为这个概念包括词汇）。语法一端和语义相连，一端和语音或音位相连。换言之，原始母语变成了一种语言，一种原型的、成人语言意义上的语言。

毋庸置疑，在语言发展的进程中，这一过程经历了几百甚至几千代人。但是儿童进步很快，儿童周围的人因此认为这一过程不连贯；他们说"现在他开始说话了！"。其实他们已经和儿童详尽交谈六个月甚至更长时间了，但是他们认为用原始母语算不上"说话"。

变化极其复杂，需要分解成许多分析成分。语法为命名和指称打开了通道，因此可以作为人类经验理论。它允许说话人和听话人之间不断交换角色，因此可以作为人际关系的体现。它使语篇创建成为可能（语篇是指在语境中运作的文本），因此使我们所说的"信息"得以形成。它开启了一个意义宇宙，一个可以被无限扩展和投射的多维度的语义空间。换言之，语法使一个在学习中可能被无限运用的符号系统得以形成。以下六项特征与这种"爆炸式的语法发展"有关。我们从一两个小范围的（但仍然是一般的）原则和策略开始。

特征5

符号现在开始具有约定性，或者是"任意性"；通常表达（声音）和意义之间不会再有天然联系。采取这一步骤需要两个条件：(a)象征行为（意义行为）的原则应该已经建立起来；(b)在意义和表达之间现在有一个完全抽象的编码层——语法——作为调解。只有通过这一步才有可能把指称和类比区别开来（例如，*quack*（嘎嘎）不再是对鸭子叫声的模仿，而是指鸭子的叫声，所以我们说 *it quacked*（它（鸭子）叫了），由此把经验识解为意义。当然语言中会继续存在像似记号（手语作为一种视觉符号系统，在识解经验时充分利用了这种资源）。重要的是，约定性的基本原则已经确立。

特征 6

在学语言时儿童似乎会采取的一种策略——预告片策略：对即将发生的事情进行预演。儿童前进一步，可以说是留一个脚印，表示他们已经到过这一阶段了；但是在强化这一步骤使它成为整个学习过程的一部分之前会暂时后退。似乎他们是在满足于自己在需要的时候能够应对这种对他们的符号能力的新要求。

在特征 1 中所指的那种最初的意义行为和原始母语本身开始的阶段之间常常有这种间隔。更引人注目的是，在原始母语阶段中期，儿童会突然把一个表达用在似乎明显具有指称性的语境中；然而还要再过两到三个月该儿童才开始构建基于指称意义的系统。这种例子在整个早期语言发展阶段持续存在（参看特征 7 中所举例子）。

我们把这种现象称为"侥幸的一击"，意思是这纯属偶然事件。这种"侥幸的一击"是毫无疑问存在的，而且可能发生在学习过程中。但"预告片"似乎是更为一致的特征，或许尤其与符号系统的建构有关。

特征 7

"预告片"或许也与另一种学习策略——即我所说的神奇关口——有关。这是发现特殊路径进入不同意义世界的策略，是通往这一世界的神奇关口。从某种意义上讲，"神奇关口"是对"预告片"的补充：学习者可能知道自己接下来必须去哪儿，但是必须找到一条通道。

在我已谈过的部分中可能有一个例子；即像似符号，这是非象征性和象征性行为模式之间的"神奇关口"。现在我将给出另一个更具体的来自于当前语境的例子，即向语法的发展，来展示通往语法的"神奇关口"在哪里？这也取自我自己的数据，当时奈杰尔一岁三个月大。他渐渐开始在他的原始母语中加入名称（妈妈，爸爸，安娜），但这些名称还不是指称性的；还仍然是微观功能符号，意思是"和我玩"，"我在给你这个"等等。随后连续三天内他构建了表 15—1 所示的系统。奈杰尔通过区别表达中的发音特征和韵律解构了符号；如此一来，他得以成功变换一个意义维度（即专业意义上的一个系统）而使另一个维度保持不变，在这个过程中将两个意义系统中的一个划分为指称系统。如此一来，"专有名称"（妈妈，爸爸，安娜）和语气或原始语气（寻找/发现）的联合提供了进入这种新的词汇语法层面的"神奇关口";这使他得以同时表达两个意思,以便使其中一种意义成为名称。然后(根据预告片原则)他对此感到满足,直到又过了十周他才采取下一步。

表 15-1 原始母语中的意义维度

发音表达	韵律表达	
	你在哪?(Where are you?) (中平+高平)	你在那!(There you are!) (高降+低平)
Mummy[ama](妈妈)	[ā m ā]	[à m ā]
Daddy[dada](爸爸)	[d ā d ā]	[d à d ā]
Anna[an;a](安娜)	[ā n: ā]	[à n: ā]

特征 8

下一步是概括化,命名原则由此从"专有名称"(专有名称还不是语法的充分条件)发展为"普通名称"(普通名称是类的名称):对实体、过程和性质的概括(在向英语母语过渡的典型早期阶段中的名词、动词或形容词)。这是词(word)的起源,这里用的是词的专业意思,即词项(lexical item)或词素(lexeme)。"普通"(即命名类的)词首先具有注解经验的作用;儿童使用普通词时常常会被"另一个"作为顾问的人阻止。例如,儿童看见一个大型的物体用轮子在沿着马路滚动,说"bus(公共汽车)"。看护人回应说"是的,那是公共汽车";或者"不对,那不是公共汽车,是货车(van)"。第二种回答表明注解也包括分类。

问题在于经验常常具有聚合上的无限性;类与类之间没有明显的区分。(它们可能也具有无限的结构,因为它们的起点和终点并不清楚,尽管这点不适用于像公共汽车这样的物体!)"小汽车……公共汽车……货车……卡车"之间的界限并不比"紫色……蓝色……绿色……黄色"之间的界限清晰多少。确实存在中间类或混合类的物体,如介于货车和卡车之间;但是名称必须要么用这个要么用另一个;因为符号具有约定性,我们不能造一个介于 van(货车)和 lorry(卡车)之间的表达。(就像跳跳虎被指责跳来跳去(bounce)时做的那样。跳跳虎说,"All I did was I coughed(我不过是在咳嗽)"。屹耳说,"He bounced(他跳来跳去了)。"跳跳虎说，"Well, I sort of boffed（嗯，我是有那么一点儿跳着咳来着）。"（选自 A. A. 米尔恩的《小熊维尼的小屋》）。当然，我们确实会像 A. A. 米尔恩这样把玩语言系统，用一个混合的表达作为对一个混合内容的比喻。但是即使将两个表达混合产生一个新词，像"烟雾"（smog）（烟（smoke）＋雾（fog）），这仍是在分类；只是分类更细致了。

因此类名称和原始母语符号相差了几个步骤。在原始母语中，*mamamama*…可能表示"我想要（那个东西）"，然后表示"我想让妈妈（给我/给我做那个东西）"，然后表示"我想要妈妈！"。然后通过某个类似以上描述的关口，变成了"妈妈"；现在它具有了指称作用，因此开始从原始母语向语言过渡。但是因为"妈妈"是一个类别中的特殊成员，这个"专有名称"可以注解但还不能分类。只有当"普通名称"（像"公共汽车""跑""绿色"这样的词）出现时，注解才开始包含分类；出于同样的原因，这也意味着类外划分（outclassifying），如下面句子"那不是公共汽车，是货车""那不是绿色，是蓝色""走，不要跑！"。

系统现在具有了创造信息的潜势；因为一类可以包括几个其他的类，从而创造一个分类系统，这种潜势更加强大。水果是一种食物；浆果是一种水果；覆盆子是一种浆果。语言发展的早期研究常常突出分类问题；当然幼儿区分细节需要很长时间，但是他们在分类原则上没有问题。词不是像字典中列出的那样一个一个地学的，而是像在一个分类词汇汇编中那样，每个词都是通过参考其他分类学上相关的词而逐渐在拓扑空间中建立起来的。（然而，或许应该明确的一点是：自然语言词汇并没有形成一个严格的分类系统。而是一个词来自不同选择体系或系统的特征的交集；这些系统形成了一个网络，在这个网络中词是各种特征联合的具体体现。这些特征可以包括人际特征和经验特征；儿童很快认识到"dawdle（磨蹭）"的意思是"走"＋"慢"＋"我希望你能快点！"。）

特征9

从原始母语向母语发展的步骤中，最重要的一个原则或许是元功能原则：意义同时既是做事又是理解。这种过渡以作为行为的话语（做事）和作为反思的话语（理解）之间的对立开始。我把这叫做两种宏观功能的对立，即"实用的/学习的"。在过渡的过程中，这种对立转变成一种联合体,由此每次说话都既包含对言语功能的选择(即对不同做事的选择)和对内容的选择(即对不同理解范围的选择)。在母语语法中,每个小句都是一个"做事"成分(人际元功能)和一个"理解"成分(经验元功能)的映射。(见第九章;奥登堡-特尔,1987 和佩因特 1984,1989)。

我们将上述内容总结为表 15-2。在第一阶段,内容$_x$和内容$_y$不重叠,韵律$_a$和内容$_x$或韵律$_b$和内容$_y$不联合。第二阶段表示小句和词组结构的开始,即语法对过程和实体的构建。在第三阶段,语气也被语法化了,非陈述语气发展为祈使语气和疑问语气。

表 15-2 元功能原则发展的阶段

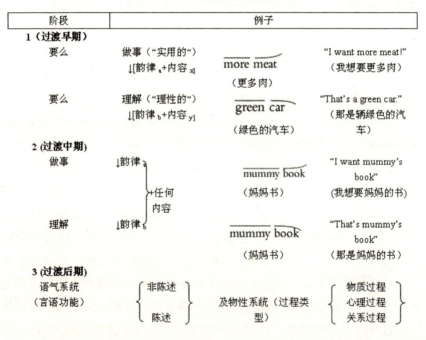

儿童现在建立起了元功能原则,即意义在于同时识解经验和建立人际关系。语气系统是人际功能语法的一部分:其中意义是"我正在和听话人之间建立什么关系?"。及物性系统是经验功能语法的一部分:其中意义是"我正在阐述经验的哪方面?"。从现在起(很明显受特定的局部限制),任何内容都可以和任何话语功能结合。但是对于学习理论,元语言功能原则更重要的方面是在语言中(这与在原始母语不同)经验功能和人

际功能的联合构成了意义行为。所有的意义——因此所有的学习——都同时既是行为又是思考。

随后（特征16）我们将看到元功能原则在包含其他两个意义成分的同时也必然包含意义的第三个成分。

特征 10

这种符号系统是分层的，其核心是明确的词汇语法层。有了这个系统，儿童现在有了许多策略来扩大其意义潜势；让我们把它们称作意义生成策略。这种语法定义了一个多维度的意义空间，该空间具有高度灵活性，可以被（如果我们还用通常的比喻表达）水平地、垂直地或既水平又垂直地扩展。

首先，具备了这种系统的儿童能进一步改善他们已经建立起来的意义，在同一个拓扑区域中引入更精细的区分。例如，他们可以在 it is（是）和 it isn't（不是）之间插入 it may be（可能是）；或者把 go（走）细分为 walk，jump，run，climb（步行、跳、跑、攀登）等等。

其次，他们可以把自己的意义潜势拓展到新的意义领域，即之前没有达到的经验范围或人际关系形式。（现在他们自由地走来走去，从家里走到周边，从家人周围走到同龄伙伴中间。）他们将用语法探索任何使他们感兴趣的领域，在和别人的互动中建立自己的人格。通过这种方式，许多新词汇被"垂直地"添加进来；语法中的一个例子是向 when（当……时）、if（如果）和 because（因为）等逻辑—语义关系的转变。（有关对该阶段儿童语法中比较和对比的发展的详细叙述，见菲利普斯（Phillips）1985）。

第三个策略实际上是这两者的交集，因此是扩展符号系统的强有力的方式；这是分解相关联的变量，或解构和重组的策略，就像有人提供热咖啡和冰茶的时候我们却要点冰咖啡那样。在特征 8 中我们看到奈杰尔正是用这种策略第一次打通了通往语法的路径。随后阶段中的例子是他逐渐将归一度和情态相分离：起初一些情态总是肯定的（如 *might*（可能）），其他的总是否定的（如 *can't*（不可能）），在后来的一个阶段这两个系统独立开来。

特征 11

这里要讲语法分层的最后一个结果是信息的出现，即传达受话者还不知道的意义。在向原始母语过渡的开始阶段,儿童首次用语言注解经验并把经验分类,其中任何话语中识解的特定经验都是受话人已经共享的。儿童说 green bus(绿色的公共汽车)时,语境是"那是一辆绿色的公共汽车;你也看到了(而且可以检验我说的话)"。该阶段儿童不能做的是把经验告诉还未共享这一经验的人。如果父母在带孩子外出回来之后让他"告诉奶奶你看到了什么",那么他们常常会注意到孩子做不到。他可能会看着奶奶说不出话,或者转过头告诉父母他们一起看到过什么。但是他不能告诉奶奶;她没有和他们一起看到(佩因特 1989:52—7)。

在过渡阶段末期,儿童学会了创造信息;不只是把语言用作对共享经验的复述,而且用作替代物。他们学着告诉别人人家还不知道的东西。这种活动很复杂,因为其中包括用语言"发送"物品,而这种物品本身是由语言组成的(这与用语言提供不同,用语言提供时"发送的"是非语言物品,是独立于用来提供它的语言的某种物体或服务)。实际上,有些儿童用另一种语法来识解这种"叙述"的:在我自己的数据中,奈杰尔从一岁九个月到两岁四个月时不断区分复述共享的经验和把经验告诉一个没有分享该经验的人(韩礼德 1975:105—6)。

一旦儿童能传达信息,他们也就学会了询问信息。广义的"索取",如最初在实用类话语中表现的那样,现在分成了两部分:索取物品及服务(这种功能首先发展)和索取信息。这种区分被语法化为祈使句和疑问句之间的区别(之前只有一种非陈述句形式)。当然,儿童在形成这种疑问语气之前很长时间就已经学会了问问题;但只能问一种,通常是某个东西是什么,而且对话学习的潜势有限。现在,学习首次成为基于教与学的相互关系的双向的符号过程。而且就像孩子先天倾向于学习一样,父母和其他人也先天倾向于教(参见韩茹凯和克罗兰 Hasan and Cloran 1990,特别是其中的第五部分)。莱姆克(Lemke)(1984)已阐明学习理论必须考虑到人先天有教的倾向和广义上的教的功能,这是环境整体的一个特征。

特征 12

让我们回到学习关口这一概念。在特征 7 中我提到了学习语言中毋庸置疑的最关键的一步、或许也是整个学习中的最关键的一步,即向语法转变,并且表明由于这一步包含了跨跃很多代人的系统发展儿童不得不找到一个到达那里的神奇关口。

这种向语法的转变在任何人的一生中都是独一无二的。但是有迹象表明关口原则在语言学习中有更普遍的应用。需要采取许多更小的步骤；而且通常语言学习中关键的每一步似乎都首先从人际元功能开始——即使其最终的符号语境主要是经验的。

此处所用的是这些术语在系统理论中的专门意义，如特征 9 中所述：人际的是"行为"原则，由此语言建立人际关系；经验的是"反思"原则，由此语言识解经验。实际上，此处适合引入一个意义更广的术语，即概念功能，概念功能既包括逻辑意义又包括经验意义。似乎我们可以识别出一个广义的人际功能关口，由此新意义首先在人际语境中被识解，然后才传递到概念语境，包括经验语境和/或逻辑语境。

我们能识别许多这样的"人际时机"，即意义潜势以这种方式被扩展的时机，如以下五个例子所示：(1)传达未知信息；(2)扩展到新的经验范围；(3)发展逻辑—语义关系；(4)学习抽象术语；(5)转向语法隐喻。

传达未知信息

这是在之前部分中已经谈过的步骤，即学习"告知"的步骤。佩因特（1989：52）记录了黑尔第一次学会传达未共享的经验（即给听话人讲其之前所不知道的信息）的语境：她听见隔壁房间传出声音，随后孩子跑过来对她说"撞到了！撞到了！"：意思是"你没看见，当时我把自己弄伤了，我需要你的同情"。我们会自然而然地认为信息本质上是经验的，最终证明也是如此，但其来源似乎是人际的。

扩展到新的经验范围

奥登堡—特尔（1990）描述了安娜两岁时如何学习共享原则。韩如凯（1986）引用了一个长篇文本中的一部分，其中克里斯蒂的母亲告诉三岁九个月大的克里斯蒂关于死亡的事。在第一个例子中语义范围本身在很大程度上是人际的；然而在第二个例子中完全是经验的，但是进入的方式是通过人际意义——看到一只飞蛾死去，克里斯蒂感到难过，她需要新知识来获得安慰，使自己安心。

发展逻辑—语义关系

自然语言的逻辑成分包括语法对逻辑—语义关系的识解,这是其核心思想。在逻辑—语义关系中因果关系和条件关系发挥着关键作用。这种逻辑—语义关系是人际功能语法的一部分,但是似乎它们也是首先在人际语境中建立起来的。菲利普斯(1986)表明奈杰尔在一岁七个月到两岁七个月的时候发展了表达假设意义的潜势;例如 *if you walk on the railway line would come and go boomp*! *And knock you over, if you make it fall on the floor how will Daddy be able to cut it*?(如果你走在火车轨道上,火车会开过来把你撞翻(你=我),如果你(你=我)把它弄翻在地上爸爸怎么能砍到它呢?)这些句子是对这些意义最先出现的警告和威胁的典型——成人们为儿童做出了示范,例如他们会对孩子说"不要碰,因为那东西很热""要是你不住手……!"等等。韩如凯(1990)对日常会话中的推理的研究也表明该原则在三岁六个月到四岁这个年龄段发挥作用。

学习抽象术语

抽象意义最早被理解很有可能是在儿童开始使用像"你真讨厌"、"这不公平"等具有强烈人际倾向的表达的时候。因此,奈杰尔在一岁十个月的时候学会用 *right*(对)和 *wrong*(错),如 *that not right*((看到别人说错了他知道的一句诗时)那不对),*that the wrong way to put your bib*((看到围嘴一再从椅子上掉下来)你放错了围嘴),*that not the right record to put on*((当他想听另一段时)放这录音不对)(韩礼德 1984)。在克罗兰(1989)对性别的社会建构的叙述中,有许多人际功能抽象化的实例,它们在父母和三岁六个月到四岁大的孩子之间的讨论中处于最突出地位。对经验的概念化抽象在这个年龄阶段仍然是困难的一个来源,但是向识字的转移是必然的(参见特征 18),而且关口似乎又一次是通过人际元功能。

转向语法隐喻

后来儿童开始发展语法隐喻原则,这似乎同样首先在人际语境中被识解。儿童学会解读像 *if you'd just keep quiet for a moment*(要是你能安静一会儿就好了)(=安静!)这样的表达;请比较克罗兰(1989:135)

中的例子,如"*I don't think Nana wants her blind cord chewed*"(我想奶奶不希望她的窗帘绳被咬坏)。布特(Butt)(1989)指出这种修辞策略本身可能成为和相关孩子讨论的对象。这种交流可能是随后解读基于名词化的概念隐喻的模范,如 *in times of engine failure*(在发动机坏了的情况下)= 'whenever an engine fails'(当发动机坏了的时候)(见特征20)。

特征 13

我所说的系统和过程辩证法是指这样一项原则,通过该原则(a)儿童从意义行为中识解语言系统,同时(b)从系统中引发意义行为。儿童学习语言时,会同时既把文本处理成语言又将语言激发为文本。

这种不间断的辩证法的效果就是实现跨越式的转变:有时实例似乎延伸了系统,有时似乎落后于系统。因此,例如,奈杰尔一岁八个月大的时候讲了一个和日常生活相关的故事(动物园里的一只山羊想吃他手里拿的一个塑料盖子),这是一个开拓性的文本,超过了他已有的表达意义的能力(例如,*goat try eat lid*(羊想吃瓶盖),*goat shouldn't eat lid*(羊不能吃瓶盖))。随后他把这个故事程式化,在很长一段时间里用相同的发音方式和语法形式反复重复;然而,其间系统已经发生了进一步转变,从而使文本石化在了一个较早的发展阶段(韩礼德 1975;111-12,第八章)。

很多年前弗斯(1950;参见波利 Pawley 1985)指出作为成年人我们说的许多话同样被程式化了,以一种即成编码的形式存储为他所说的我们的"台词":它不是每次都从系统中重新处理而得来的。这是语言学习方式造成的一种自然结果。语言不是用于创作和理解文本的机制,而是一个系统—文本连续体,是一种意义潜势。在这种意义潜势中,意义的即成编码实例通过那些用来对之前未获得表达的意义进行编码的原则得到补充。

特征 14

学习者通过过滤原则和"挑战"区域决定自己学什么不学什么,确定正在进行的现象的哪些方面可能适合学习。

儿童会处理超过他们当前符号潜势的文本,只要该文本超越的幅度不是太大就可以。如果他们成功的机会适当，儿童会处理一些足以算是对他们构成挑战的东西(参见维果斯基(Vygotsky)的"邻近发展区域")。任何超过他们的表意能力太多的东西都会被直接过滤掉。要阐明这一点必须把示例文本放到儿童该阶段的意义潜势的整个语境中；对此我已经给出了一个相当详细的例子(见第十三章)，当时奈杰尔一岁八个月大，他说起父亲那天早些时候对他说过的话。当时他们在看一口之前常见的博物馆时钟，父亲说："我想知道这口钟为什么停了，之前我从没见它停过。或许有人正在擦它或修理它。"那天的晚些时候，奈杰尔问：*Why that clock stop*?（为什么那个钟停？）父亲说："我不知道，你认为为什么呢？"奈杰尔说：*Mend it*！（修修它！）在这个简短的对话中，可以看出许多特征是奈杰尔从之前的交谈中提取并添加到自己的语法中去的，对于其他一些还超出他能力范围的特征他有效地过滤掉了。

此处学习能量被集中起来，可以说，来攻击那些可以达到而且容易屈服的点。该策略的重要性在于一旦一个新的符号量子被带入意义潜势，它就不但可以插入文本中，而且也立即被转化为进一步学习的资源。

特征 15

学习一个符号系统意味着学习其中的选项连同它们的相对概率，从而建立起一个整体的量的轮廓。这一概念在语言学中的词汇频率方面很常见；人们通常认为说话人对其母语中词汇的相对频率具有相当清晰的认识；例如，英语中，*go* 比 *walk* 更常用，*walk* 又比 *stroll* 更常用。但是值得注意的是他们对语法中的概率关注很少。

语法概率同样是语言系统的一部分；而且由于语法概率更具有普遍性，它比词汇概率更强有力。儿童从他们周围丰富的证据中识解这两种概率。到五岁大的时候，儿童可能已经听过了五十万到一百万个小句，所以，作为学习语言主要语法系统的内在方面，他已经学会了每个词的相对概率。这样的一个必然结果是儿童能对语法学习进行排序，从那些更常用的语法项开始。纵向数据清晰地表明他们就是这样做的，例子贯穿始终。

此处有必要区分数量上无标记(更频繁)和形式上无标记(更简单)。在大多数情况下，两者一致；因此在归一度(肯定/否定)中，肯定在两方面都无标记,因此如果儿童先学习肯定(他们确实是这样),这可能既因为其形式简单又因为其出现频率高。两者相悖的情况出现在问题的语气系统中:在这里疑问句在数量上无标记,而肯定句在形式上无标记——如问题(两者都用升调)*do you like it*?(你喜欢吗?)在成年人的话语中比 *you like it*?(你喜欢?)更常用得多,斯瓦特维克(Svartvik)和夸克(Quirk)(1980)证明了这一点。当然有一段时间儿童还根本没有发展"问题"特征;但是当儿童真正发展了这种特征的时候,他们先用疑问形式,再过一段时间之后,才用陈述形式作为有标记的供选择的表达形式。

可以想象,自然语言中的语法频率有一个相当规律的模式,其中最笼统的语法系统的选项表现出两种概率轮廓的一方面或另一方面:概率相同(如,数:单数/复数),或概率明显不同,或许是在一个数量级上(例如,归一性:肯定/否定;韩礼德和詹姆斯 1993)。这会是对没有无标记词的系统和只有一个无标记词的系统的区分的数量性类比。如果是这样,将会给学习者产生重要影响,因为这种符号系统会有助于学习者学习,而显示所有可能的概率轮廓的系统则没有这种效果。

特征 16

现在我们回到元功能原则(参见特征 9 和 12),来谈一下第三种元功能,即语篇元功能,这是语篇建构的来源。我已经指出学习在于扩展意义潜势,到目前为止,意义潜势从概念元功能(包括经验元功能和逻辑元功能)和人际元功能两方面定义。语法的人际元功能方面是指"作为行为的语言"功能;这组合为一个丰富的系列,包括言语功能、情态、人称形式、基调,以及各种维度的力量和态度,说话人以此来建立即时人际关系,甚至更广泛地说,建立具有复杂的角色、地位、声音等的社会系统的整体模式。语法的经验元功能方面是指"作为思考的语言"功能;这扩展成为人类经验的理论,识解"外在世界"和内在意识的过程,以及(在一个相关的但分明是"逻辑"的成分中)两个过程之间可能获得的逻辑—语义关系。这两种元功能一起构成了作为完整行为模式的做事和理解的符号资源。

这些元功能相互交错限定了多维度的语义空间。两种元功能通过和另一个成分,即语篇元功能,相联系而起作用。在从原始母语向母语过渡过程的中途,儿童开始构建语篇;也就是,一些语言环境中功能性的、开放性的文本。这意味着他们发展了又一套语法资源,学会了将一条信息("消息")构建为小句,也学会了构建那些在语法结构识解的小句以上、以外的语义关系,这些关系仍然使用词汇语法资源:包括连接、省略、同指、同义等模式(有关详细的个案研究,见纳尔逊和利维 Nelson and Levy 1987)。之前提到的有关儿童学习构建作为消息的小句的例子是奈杰尔一岁八个月大的时候的例子(第七章)。经过道路维修作业现场时,他母亲对风钻刺耳的噪音发出过惊呼。他们到家后奈杰尔说,"Big noise"(大噪音)他在自己尖声大叫的时候通常会这样说。他母亲问,"谁发出大噪音了?"这时奈杰尔就不说是自己了。"钻发出大噪音",他说,而且"钻"这个词语调突出。

这些资源构成了一个独特的元功能成分,语言由此可以创建一个自己的符号世界:一个只存在于意义层面但是作为行为和经验世界的手段、模式或比喻的平行世界,或者用现代的词汇来说"虚拟现实"(关于该重要观点的来源见麦西逊 1992)。儿童学习如何在这个宇宙中行进,制造和理解那些自身连贯(与自身一致)并且与非象征平面上的事件联系在一起的话语。这一步是识解任何理论知识的前提,因为所有的理论本身就是符号概念,理论建构就是符号过程。

特征 17

和上面一点相关的是语法中的互补性原则。在概念元功能上,自然语言是有关人类经验的理论。但是自然语言语法不是对经验的死板的、单系统的呈现。而是构建了一个具有高度弹性的空间,在这个空间中经验现象可以从不同的视角得到识解。此处我所说的不是详尽的科学的元语言(这些语言确实经常显得有些僵硬),而是日常生活中的常识语法。它们体现了多种互补性,是对经验的一些方面的解读,每一个解读反映一个方面,这样整体就通过它们之间的张力获得了识解。不同的语言以不同的方式开发这种潜势;以下是英语中的一些例子:

- 数(可数)和物质名词(不可数)是内容和物质的不同模式(例如,a stone/stones vs. stone(一块石头/一堆石头 和 石头))。
- 体(表明:现实/不现实)和时态(表示:过去/现在/未来)是时间的不同模式(例如,doing/to do vs. did/does/will do(正在做/去做

和 做过/做/将做))。
- 及物(动作：＋/—目标)和作格(实现：＋/—施事)是物质过程的不同模式(例如，*they're building/what are they building? vs. they're breaking/what's breaking them?*(他们在建/他们在建什么? 和 他们在分裂/什么在分裂他们?))。
- 主动语态和中动语态是心理过程的不同模式(例如，*it didn't strike me* 与 *I didn't notice it*(它没有给我留下深刻印象 与 我没注意到它))。

在识解这些互补项的时候，儿童得以进一步认清自己的经验。注意下面奈杰尔(只有七岁大)是怎样把玩及物性的。

"I wish I lived in a caravan with a horse to drive like a pedlar man." Roger thinks it's a horse to ride. He thinks you can't drive horses—well you can't, really; but horses can drive caravans—you know, pull them: you can call that driving, can't you? Roger thinks it's a horse to ride; but pedlars don't ride horses—they ride in the caravans, and the horse drives the caravan. ("我希望自己住在一个马拉的大篷车里，像小商贩那样驾驶着马。"罗杰认为马只能骑，而不能驾驶。但是马能驾车。他认为你不能驾驶马—嗯，确实，你不能；但是马可以驾车—你知道，拉车：你可以说成是驾车，不是吗? 罗杰认为马能骑，但是小贩不骑马—他们坐在大篷车里，马驾着大篷车。)

奈杰尔在用作格'a horse for me to drive'(给我骑的马)和及物'a horse to drive it'(一匹马拉着它)解说原文中的 *with a horse to drive*(马拉的)。日常语法中充满了这样的多视角。

特征 18

下一个标题是有关抽象性的，抽象性对读写能力的发展有特殊意义。在从原始母语向母语过渡的过程中(参见特征 8)儿童学会了概括：识解"普通"名称，指一类。这在过去被视为语言学习的一个主要难题；如之前指出的那样，儿童必须界定类的范围——但是他们在分类原则上不存在问题,或者说在把这些类构建为分类系统上不存在问题。然而此处区分概括和抽象很重要,即区分一般/个别和抽象/具体。还是用之前用过的例子,"水果"比"覆盆子"更具一般性,但是并不更抽象。在语言学习的早期阶段儿童不能处理抽象性;即指抽象实体的词。

这个门槛似乎通常是在孩子大概四岁或五岁的时候跨过的。如特征12中指出的那样,可能"神奇关口"是经过人际元功能,如像"这不公平"中的"公平"这个词;这样的词具有与具体动作和行为紧密联系的评价性特征。例如,在五岁两个月的时候,奈杰尔看着墙上的影子说:"那看起来像一个人,拿着很宝贵的东西,那个影子。""为什么宝贵呢?"父亲问。奈杰尔说:"嗯,看,他把手这样放着。"他同时把手合到一起以使自己的表达更清楚。但是无论如何,儿童只有在学会交流抽象意义后才能开始接受正式教育,因为没有这种能力,他无法读书识字。文字是作为二级符号系统来学习的,用符号来表示其他符号;因此学习者必须认识到这两套抽象实体和它们之间的抽象关系(例如,词,字母,代表,拼写或其他语言和其他文字系统中的相应的术语)。

因此,儿童学习读写的时候必须进入一个语言发展的新阶段,从一般转变到抽象。这样他们才得以关注语言本身,这是成为一个读者和作者的必要条件(见罗瑟里 Rothery 1989)。在读书识字的过程中,他们学习如何把语言重构成一个新的更抽象的模式。

特征 19

重构语言意味着重构事实:儿童必须用新的书面语模式重新解释他们的经验。这不仅仅是掌握一种新的手段,一种由纸上或屏幕上的符号而不是空气中的声波组成的手段,这还是在掌握一种新的知识形式:书面的、正式教育的知识而不是常识性的口语知识。因为这种知识用一种不同的语言识解,建构这种知识需要重构和复原。

以下是取自小学科学课本的有关书面语知识的例子(维克瑞等 Vickery, et al. 1978):

> 动物保护。大多数动物都有猎食它们的天然敌人。要生存,这些动物需要一些保护措施来抵御敌人。动物有许多方式来保护

自己。

　　一些动物依靠极快的速度来逃离危险⋯像蛇和蜘蛛这样的动物以叮咬来保护自己,有些叮咬是有毒的。叮咬还可以帮助它们猎取食物。

儿童开始上学时就已经知道一些动物会咬人或叮人了,尽管他们可能认为叮人的主要是昆虫而不是动物。但是他们必须在一个不同的情境中再学一遍:作为系统性的、教育性的知识。他们甚至可能会意识不到他们已经知道了;这一方面是因为表达中使用的语法隐喻(见特征20),另一方面也是因为他们必须用新的书写手段来重新识解。他们必须能在完全符号性的情境中回想它(即作为课堂知识而不是日常知识),并以一种可接受的形式重建它。

在学校教育的最初几年这两个因素一起出现:儿童必须努力适应书写方式,并监控自己的学习过程。结果是当他们必须以书写形式呈现自己的知识时,他们通常会回归到符号年龄的三岁的时候。一个老师班上的学生可能都有七岁,在写作准备阶段他们很流畅地用常识性知识讨论某个话题;然而,当他们开始写这个话题的时候,写出的文本用的是三岁孩子的语言;例如,*I am a dinosaur. I was hatched out of an egg. Today I was hungry. I ate some leaves.*(我是个恐龙。我是从一个蛋里孵出来的。今天我饿了。我吃了一些树叶。)这种符号回归会使儿童在用系统性知识的形式重新识解他们的经验变得更容易。

特征 20

但是还有另一种重构尚未讨论:用语法隐喻的重构。如已经指出的那样,儿童熟知动物会叮咬。他们也知道为什么。三岁五个月大的时候,奈杰尔没受任何提示自己说了下面这段话:

　　Cats have no else to stop you from trossing them—cats have no other way to stop children from hitting them; so they bite. (猫咪没有别的办法阻止你玩弄它们——猫咪没有别的办法阻止孩子打它们;所以它们才咬人。)

请注意他是如何首先用自己的词汇语法表达,然后把它转化成成人话语的。但是他本来不能用本文所示的方式表达。一方面,儿童会说 by biting and stinging(通过叮咬),用动词而不是名词来表达这些动作。在课文中,一些因为被识解为动作所以通常用动词而不是名词表示的意义,用了名词来表达:with bites and stings(用叮咬)。经验用隐喻重新获得识解,但是这里的隐喻是语法隐喻,而不是传统意义上的隐喻。(韩礼德和马丁 1993)。

书面文本本身是静止的(或者在电脑到来之前是这样的):这是需要进行概括性处理的语言。因此它向现实投射了一个纵观全局的视角:可以说,它告诉我们,要像看待文本那样看待经验。就这样,书写改变了语言和其他领域经验的相似性;突出了全局性的方面(即把现实作为一个物体)而不是动态性的方面(即像口语中那样把现实作为一个过程)。这一纵观全局的视角随后以语法隐喻的形式固定到书面语语法中:过程和特征被识解为名词,而不是动词或形容词。口语中说 whenever an engine fails, because they can move very fast, … happens if people smoke more(每次发动机坏了,因为它们能快速移动,…如果人们吸更多烟,就会发生),相应的书面语是 in times of engine failure, rely on their great speed, …is caused by increased smoking(在发动机停止工作的时候,依靠他们的高速度,……由增加的吸烟量引起)。

这种对应关系不是同义关系。它们表达的是同一个现象,但是因为名词的原型意义是"事物",当你把过程或性质识解为名词的时候,你将它具体化了:赋予它一种"事物"的特征。这一特征就是语法隐喻的核心;虽然还有许多其他伴随变化并存,但这些变化一起构成了该名词化的全部特征。如果语义和语法之间没有自然的关系,那么这两种措辞之间的不同就完全是形式的、程式化的;但是语义和语法之间存在一种自然关系,因此隐喻重新识解了经验,使现实由事物而不是行为和事件组成。

显然,儿童通常直到青春期,即大约九岁的时候,才掌握语法隐喻。因此,我们提出了一个人类符号能力发展的三步模式:

(原始母语→)概括→抽象→隐喻

婴儿期之后的三个阶段之间分别相隔三到五年。由于语法概括化是学习语言和掌握系统的常识性知识的关键,语法抽象化是进行读书识字和学习初级正规教育知识的关键,所以语法隐喻是进入下一阶段,即接受中等教育和学习以学科为基础的技术性知识的关键。正如马丁(1990)所指出的那样,不用语法隐喻就无法创造专业化的技术性话语。这种话语作为科技语言而发展,应自然科学的要求而发展到其现代形式;但如今它已侵入成人语言(通常是书面语而不是口语)的几乎每个语域,特别是像政府、企业、金融业、商业这样的制度化的语域。我们对像 *prolonged exposure will result in rapid deterioration of the item*(长期暴露会导致产品极度退化)(取自养护说明),*he also credits his former big size with much of his career success*(他事业上的成功也使他之前的伟大形象名副其实)(取自电视杂志)这样的措辞如此熟悉,以致于我们忘记了它们和日常语言非常不同——或者日常语言要再经过多少发展才能使这种表达成为其中的一部分。

特征21

现在来说最后一点,即概要的/动态的互补性特征。所有的学习——不管是学习语言、通过语言学习其他知识还是学习语言本身——都包括学习去用一种以上的方式理解事物。在一个有文字的文化中,教育是生活的一部分,儿童学习用两种互补的模式识解他们的经验:日常常识语法的动态模式和详尽的书面语法的概要模式。任何现象的任何特例都可以被解释为这两种模式的产物———旦青少年克服了它们两者之间的符号障碍。现代科学家对他们自己的表达模式(主要是书面的、客观化的模式)越来越感到不满,常常谈到要恢复平衡,更好地去适应现实的动态的、流动的、不确定的方面(参见莱姆克1990:尤其是第七章)。他们不知道该怎么做(我在别处曾评论过博姆(Bohm)1980年对"修辞模式"的探究;参见韩礼德和马丁1993:第六章)。作为语言学家,我们可以提出的一个建议是,他们应该回去补充他们日常言语的意义潜势。

老师常常可以凭直觉深切地理解学生需要多模态地学习,利用各种各样的语域:既包括把他们置于事物的隐喻世界的书面语,又包括把他们在学的东西和日常生活中的行为和事件联系起来的口语。一方强调结构和静态平衡,另一方强调功能和流动性。语法中我们已经看到的这种互补性(参见特征17)也存在于这两种语法模式之间,即日常常识性语法和学校和工作场所的隐喻语法之间。这种概要的/动态的互补性特征是青少年学习者语义空间的最后一个关键维度。

总结

　　我认为在试图理解和模拟儿童如何学习时,我们不应该把学习语言(特别是用"语言习得"这个非常不合适的比喻)和其他方面的学习隔离开来。1977年澳大利亚启动"语言发展工程"这一全国课程计划时,我曾提议采用"学习语言、通过语言学习其他知识、学习语言本身"的三重视角。我试图用这一公式建立两个统一的原则:我们不但应该认识到从出生到成年,在家里、在周围、在小学、中学和工作场所使用的语言存在连续的发展,而且应该认识到在学习的所有成分和过程中存在连续的结构。"通过语言学习其他知识"这一表达就是用来阐明这种连续结构,并把它置于以语言为中心的学习情境中(参见克里斯蒂 Christie 1989;克罗兰 1989;罗瑟里 1989)。

　　通过把学习本身视为一个符号过程,应该有可能把这两种连续性囊括到一种学习理论中:学习就是学习表达意义,扩展意义潜势。澳大利亚的语言教育中重要的开创性尝试(参见,克里斯蒂等 1992)就是利用了连续性的这两个方面。很明显,作为符号过程的学习这一概念和言语学习是一致的,其中言语学习包括正规教育情境中的所有学习和许多有关常识的学习(参见韩茹凯 1992)。但是甚至非言语学习也是学习意义系统,无论是学亲属关系中的权力与义务还是学游泳或演奏乐器。这是人类的一个特征:自从我们发展了符号指代能力,我们就开始用符号编码我们的所有经验了。

　　制造意义的原型资源是语言。语言还具有标记更高层次意义系统如科学理论的功能(莱姆克 1990;马丁 1991)。在这种观点中,被解释为"通过语言学习其他知识"的有关学习的一般理论应该以"学习语言"为基础,这是适当的。在本文中,我试图提出儿童学习语言时的一些显著特征,以语言为基础的学习理论应该将这些特征考虑在内。

第十五章　以语言为基础的学习理论(1993)

特征总结

1 象征行为("意义行为"):开始构建符号。

2 像似(自然)记号:构建与其意义相似的符号。

3 象征行为系统:把符号组织为聚合体(原始母语)。

4 词汇语法层:构建一个具有三个层面的符号系统(语言)。

5 非像似(约定的)记号:开始使用与其意义不相似的符号。

6 "预告片"策略:预期即将到来的发展步骤。

7 "神奇关口"策略:找到进行新活动或新理解的方式。

8 概括(分类,形成分类系统):命名类("普通"名词)和命名类的类。

9 "元功能"原则:经验元功能意义和人际元功能意义(从单功能话语,或是实用的(做事)或是学习的(学习),到多功能话语,既是经验的又是人际的)。

10 意义生成策略:扩展意义潜势(改善区分,转向新领域,分解相关联的变量)。

11 识解"信息":从复述共享的经验到传达未共享的经验。

12 人际功能"关口":首先在人际功能情境中发展新意义。

13 系统和过程辩证法:从文本构建语言,从语言构建文本。

14 过滤原则和"挑战"区域:拒绝在能力范围之外的,处理力所能及的。

15 概率—数量基础:识解相对频率。

16 语篇—第三个元功能:识解一个平行的符号世界。

17 互补性:从不同的视角识解经验。

18 抽象和读写能力:理解抽象意义并转向书面形式。

19 重建与回归:在重新识解内容和表达时退回之前的符号"时刻"。

20 语法隐喻(名词化,技术化):从常识语法到有关物体和技术层次的语法。

21 概要的/动态的互补性:调和人类经验的两个符号模式。

(刘玲　译)

第十六章

语法和教育知识的构建(1999)[1]

1. 导言

当我最初开始和小学、中学老师一起从事语言教育研究的时候,总会遇到这样一些问题:"学生之前的语言学习经历是怎样的?""他们是怎么达到现在这个水平的?"这些问题在学生语言学习经历中的两个转折阶段显得尤为重要。即:上小学之前,和从小学到中学的过渡。因此我开始研究语言学习的发展,从而发掘一个普通儿童语言学习的语言学传记。我根据四组数据进行研究,对于一些正在进行语言学习的孩子的直接观察——

---

[1] 本章内容最初发表在艾斯克、海兰、莱姆(Barry Asker, Ken Hyland and Martha Lam)主编的《语言分析、描述和教学》。香港:香港科技大学语言中心。

更确切地说是他们如何借助语言进行学习的;即他们学习应对自己的世界的每一种本领的时候是如何运用自己学到的语言的。我将这种学习称为"识解经验"。四组数据分别来自我自己和克莱尔·佩因特,韩茹凯以及贝弗利·德洛文尼卡。文中亦会提及其他相关文献。

2. 婴幼儿早期

语言学习就是学习如何表达意义,学习如何表达意义也是在学习怎么学。儿童是如何进行这一过程的呢?我首先从婴幼儿早期开始叙述。婴儿对他周围发生的事情是有意识的,同时他也能意识到在自己内部发生的变化,包括他的感知能力和他的情感。这里出现一个矛盾:在两种序列的经验中产生一种紧张状态,外部经验和内部经验。为了解决这个问题,婴儿试图发展一种新形式的行为,象征性的行为——用意义来和其他人互动。婴儿用来打破意义的屏障的两个互补性动机是好奇(对于了解世界的渴望)和控制(对于世界有所作为的渴望)。在婴儿四个月到七个月大的时候,我们听到的第一个"话语"是吱吱的叫声或者咕哝的声音。他的意义潜势随着他的生理发展而发展:最初的表意行为出现在婴儿想要控制自己的身体的时候——翻身,坐起身看世界。①

从这时起,婴儿开始发展他的第一个意义系统,通常是在八个月到一岁四个月大的时候。其形式是原始母语,这是最初有意识的系统(如同其他高等动物的交流系统),并且随着儿童开始爬行的运动而发展。原始母语在功能上也是围绕相同的两个动机组织的,即好奇和控制("我认为"和"我想要")。这两者有不同的指向,一个是指向"我和你";另一个指向"别人"(周围其他的人或物)。如果我们用成人的话语来解释,原始母语表达的核心意义类似于"你和我在一起""外面发生了什么""为我做(比如:和我玩)",以及"给我那个(东西)"。原始母语并不依赖于成人语言,你无法

---

① 需要强调的是所有注明的儿童发展其语言资源的年龄仅为估计值。儿童在具体语言发展步骤的年龄因个体差异而有较大的变化。

婴幼儿的语言

从孩子的声音或者手势判定出他是中国人、英国人或者其他哪国人。①

孩子的原始母语是一种共享的语言,只有父母和亲近的兄弟姐妹才能理解,尽管他们用自己的母语进行回应。但是原始母语是没有字词,没有语法的;你不能用它命名事物或者'说明白'你正在经历的事情。所以当婴幼儿在使用原始母语时,他努力想超越这个,从而能够理解并且掌控自己的环境。当他站起来,开始用双脚走路的时候,他开始向真正的母语过渡,那是他一直从周围听到的母语;这一转变发生在一岁四个月到两岁。从大脑发育来说,这发生在初级意识被高级意识取代的时候,这是人类发展所特有的。有了这样一种意义系统,儿童就可以理解,或者识解他的经验,同时发展他的人际关系——和生活在他的世界中的人们进行互动并对他们产生影响。

我来点评一下"识解经验"这个概念。人类需要理解这个复杂的世界(他在这个世界中进化);要将他们意识到的事物和事件归类。这些分类不是由我们的感官"给予"的,他们必须被识解,而且,人类的语言正是随着经验的被识解而进化的。但是这种识解是共享的经验:语言总是在识解经验的同时塑造社会。我们通过语言理解和行动:理解世界,和世界中的人们互动(你无法使用符号直接作用于事物!)。每一个人都会发展这种相同的资源。对于两岁以前的儿童,他的经验通常是和那些与他交流的人共享的,他还不能用语言告知任何信息,只能重复他和别人都了解的事情。他也还没有意识到你可以使用语言告知新的信息。当他掌握了这个复杂的原则(和其他语言学习的步骤一样,他要经历强烈的感情压力——痛苦,苦恼,焦虑),他就有效地从婴幼儿过渡到后婴幼儿的意义模式了,可以运用"母语"学习知识、发展能力了。

因此,人类的语言是理解和行动的资源:识解经验和塑造社会人际关系。语言之所以能够达成这两件事(同时达成两件事)是因为它具备了语法:词汇和语法特性系统,这些都是通过结构层次实现的。接下来我将列举一些儿童掌握语言过程中的显著方面:凸显经验成分,因为这是教育学习中的决定部分,同时也会讨论个别比较突出的人际成分(第十五章)。

---

① 比较裘世瑾(1985)对于成长在上海方言家庭儿童的语言早期发展的研究。

3. 第一步

识解经验的第一步是命名事物。"专有名词",像 *Mummy*(妈妈)或 *Daddy*(爸爸)是过渡性的,因为他们是对个人而非一类人的称呼;但是当儿童开始使用"一般性名称"如 *bus*,*green*,*run*(汽车,绿色,跑),他学会将事物归类的语法:"那是车""那是绿色"等等。之后他们开始调整分类来适应其他分类——目的是创造分类系统。他们会寻找上位概念,如用 *animal*(动物)包括猫和狗。他们可以用类比的方法思考问题,运用比较和对比策略("比较"是为了寻找有差异事物的共性,"对比"是为了寻找相似事物的差异)。

菲利普斯(1985)根据奈吉尔一岁六个月大以后的语言发展,研究出一个典型的比较和对比发展模式,我将引用她的描述来展示一个可能的概貌。同大多数的新发展一样,比较是在行为的语境中发展起来的:*more*……!"我想要更多(同样的东西)",*again*!"再做一次(同样的事情)"。这是一种通过简单添加的方式进行分类的。之后,又从行为语境发展为理解语境,包括 *another*(另一个)或者数字 *two*:*another bus*,*two buses*(两个:另一辆车,两辆车)等表达形式。很快,儿童就可以明确地表达比较和对比了,还可以区分程度上的差异,一个是绝对的("相同"和"相反"),一个是相对的("相似"和"相异");这种区分可以运用在实物、质量和过程(行为和事件)的比较上,例如(JP= 菲利普斯 1985;LN= 韩礼德 1984;CP= 佩因特 1984. 数字代表页码。)

1. [N 一岁十个月] Cello like a big big violin(JP 231)
   (大提琴像一个大大的小提琴)

2. [N 一岁十个月] Our train was coming and the other train was going(JP 247)
   (我们的车开来了,另一辆车开走了)

3. [N 一岁十个月] That wall too high, but that wall not too high (JP 243)

（那个墙太高了，但是那个墙没有太高）

表16-1展示了奈杰尔引入这些不同比较和对比类别的前后顺序，包括用评价的方式比较，用"太……"，然后说"不够……"作为一般化概念。

表16-1 一个儿童学习比较和对比的过程（菲利普斯 1985）

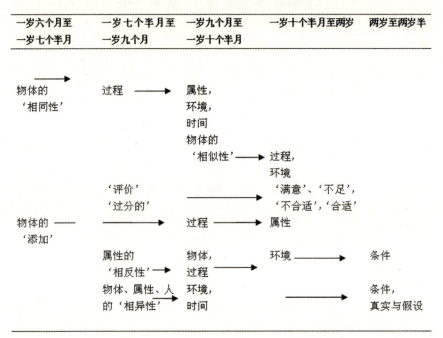

因此比较和对比是将经验分类的策略。它们扩展了简单命名的能力，从而使得每一个现象都在整体的图示中占有一席之地。但是命名只是整个意义潜势中的一部分。名称只有成为更大的经验结构——即图形——的构成因素才具有威力，比如 train go on railway line（火车驶上铁路线）或者 that tree got no leaf on（那棵树上没有叶子）；这些图形还可以被识解为逻辑序列。从语法角度来说，这些因素（名称）是词语——或者更确切地说是词组，是由名词（描述物体：人，动物，物体）和动词（描述过程：行为，事件等等）扩展而来的。由于物体，尤其是人造的物体都具有很高的组织性，因此名词性词组很快就变得越来越长，例如：

4. [N 一岁十一个月] That big old Russian steam train with a cowcatcher (LN 85)

（那个大的旧的俄罗斯蒸汽火车带有一个机车排障器）

过程（动词词组）就没有那么高的组织性，但是它们位于一定的时间——空间中，并且被划分为不同的类别或者经验领域："外部"经验（行动与发生）、意识（"内部"经验：感觉和说话）、存在和顺序（存在和拥有）。图形是语法意义上的小句，序列是小句复合体（合成句，复合句，合成—复合句）。语法会因语言不同而有所差异，但这些原则都是语言所普遍遵循的。

指引儿童去探索建立丰富语言资源的主要脉络是什么呢？在皮亚杰之后，人们普遍认为儿童的心理世界是从自我中心论的模式发展起来的，然后逐渐发展为社会中心论模式。但是，在考察儿童语言发展的时候，我们发现这种趋势并不完全正确。意义的中心并不是"我"，而是"我和你"，或者更准确地说是"你和我，此地，此时"——我们将它称为"指示中心"。依据这个中心，儿童从自己的角度识解经验。意义的建构是对话性的：经验是共享的，经验的构建也是共享的。在儿童学习的过程中，他会从不同方向走出这个复杂的中心体：从"现在"到过去，到未来，到所有时间（包括想象出的时间）；从"这里"到那里，到任何地方（包括想象出的地点）；从"你和我"的观点——我们所看见的、了解的、思考的——到其他人的观点。正是这些从指示中心向外的移动使得儿童可以在人际和经验指向之间转换，之后可以在常识知识和学校系统教学知识之间转换。

4. 从两岁到五岁

在两岁左右的时候，儿童开始向母语过渡。（从生理上来说，他们不仅可以走、跑、蹦和跳，还可以坐在带轮子的车上，自己骑着到处走。）他们已经掌握了基本的词汇—语法资源，包括带有及物性、语气、主位（或修辞）组织的小句；小句复合体；还有大量的词组和短语。对于下一个阶段，我将引用克莱尔·佩因特在研究黑尔（1984）时的发现，以及在研究史蒂芬（Stephen）（1993，1996）的学习经历时的发现，从中总结有代表性的事情。在儿童三岁的时候,他们喜欢根据上下义词("一个事物是另一个中的一类")和整体—部分关系("一个事物是另一个事物的一部分")的原则,将"事物"编入常识分类系统。通过使用"是/存在"图形(语法上来说是关系小句,例如 is a monkey an animal？(猴子是动物吗?)),他们已经学会清晰分出一个类别中的成员,但还无法分清界定该类别的共享特性。(将一个事物划归为一个类别势必会和他们之后学习到的东西相矛盾;在幼龄的时候,鲸鱼一般被说成是鱼,蜘蛛是昆虫,但是鱼和昆虫都不能算是动物类。)这个年纪的儿童会谈论他们自己做的事情,或者是他们看见发生了的事情,或者是别人做完的事情,将这些行为和事件识解为自己的表达——从语法上说是由过程、参与者和环境组成的小句。他们会在这样的图形之间使用时间和原因—条件连接词,尤其是在做与警告、保证相关联的推测,或是在寻求对于一项指令的许可和解释的时候,例如:

5. ［N 一岁十一个月］If there a lion hiding in the long grass and then you must mot bump your head!（LN 102）
（如果在高的草丛中躲着一只狮子的话,你一定不能抬高你的头!）［这时他正在桌子底下玩"狮子"玩具］

6. ［N 两岁两个月］If you［='I'］make it fall on the floor how will Daddy be able to cut it?（LN 143）
（如果你［="我"］把它摔在地上,爸爸还怎么剪他呢?）

7. ［N 两岁五个月］No you can't eat the tomatoes when they're green. But you can eat the chives when they're green.［JP 260］
（不,你不能吃青色的西红柿。但是你可以吃青色的韭黄。）

8. ［S 两岁八个月］We don't want a big dog, 'cause he would lick on my tongue.（CP 285）
（我们不想要一只大狗,因为他会舔我的舌头。）

换句话说,这些逻辑顺序首先是在人际协商的语境中识解的,但是之后通过使用中间格(后果依然可能是糟糕的)转为经验功能(普遍的经验理性),例如:won't touch it 'cause it might sting you（别碰,因为他们可能会叮咬你。）这个阶段儿童开始问"为什么"的问题,要求他人给出一个理

由。同样,这也是从人际功能起始——当他们被告知去做某事,或是想做某事没有得到允许,例如:

9. [S 两岁十个月] 母亲:你们不能每天都吃薯条。
   史蒂芬:Why can't we have chips?(为什么我们不能吃薯条?)
   母亲:因为那对你们身体不好……我都没吃薯条。
   史蒂芬:Why? No, but at the chip shop.(为什么? 我们在薯条店。)(CP 278)

当他们挑战或辩论一个普遍原则时(例如,*why don't animals wear clothes*?(为什么动物不穿衣服?)),这也会向经验功能转化。他们已经学会说所有主要的过程类别了(包括、做、发生、感觉、说、存在、拥有),但是感觉(内在经验)的感知者大部分局限在"我"和"你"(*I think, I wonder, do you know?*(我想,我想知道,你知道吗?)等等),同时他们的功能多作为情态(附属于其他命题的观点)而非自己的命题。这个年龄的儿童还经常转述他所听到的别人说的话,但他们很少将话语归属于说话者——被告知事情是自己观察的另一种方式。

三岁的时候,说话开始按照成人的原型进行识解:引用的话通过一个明确的说话人来投射,例如:

10. [S 三岁九个月] Only animals bite people because they don't know.(只有动物咬人,因为他们不知道。)[母亲:他们不知道什么?]Because the teacher says 'You don't bite'.(因为老师说"你不能咬"。)(CP 236)

这意味着他们可以被询问和质疑,同时儿童自己的话可以被用来和别人"开玩笑",这就出现了有关假装和欺骗这类熟知的道德问题!说话图形被用来作为对更多信息的请求("你告诉我……"),同时,说话人还可以是任何知识的来源,比如,*the book says*…(书上说……)这最后一个步骤就是学会读和写的基本前提条件了,因为它涉及到了问某一个文本"那个讲了什么?";"信上说……"等等。感知的过程开始不仅仅归属于"你"和'我',可以归属于其他人。这似乎是由于行为过程是可观察的感觉过程的过渡而产生的,像 *watch*(看)和 *think*(想),例如,*don't interrupt*

Mummy; she's thinking(别打扰妈妈,她正在思考。)儿童在这个年纪也可以意识到他们的观察难免会有误:你所看到的和听到的不一定是可靠的知识来源。

条件关系(*if*),因果关系(*because*,*so*)和'为什么?'问题句都被用来交换信息,而非仅仅是协商行为。同样,这些问题变成了完整的独白,发展的过程从"(a)—为什么?—因为(x)"[两个说话者],中间经过"(a),因为(x)"[一个说话人,加上原因],到"(x),所以(a)"[一个说话者,先说原因]。儿童在这个年纪会越来越喜爱给出原因:过去的事件或者一般属性"(a)没有这个特征,所以(a)没有做(x),但是(b)做了"。这种概括的原因可能不能被直接观察到,因此可能会出现纯粹出于想象的原因,例如:

11. [S 三岁六个月] If a dragon bites you your bones will go crunch; if you fall down(如果龙咬了你,你的骨头就会咯咯吱吱地响;如果你摔倒)[母亲:会发生什么?] you'll just hurt yourself 你就会伤到自己)(CP 310)

同样的,时间也扩展到"过去"和"将来"以外,包含了"所有时间(概括的)",因此也出现了"假设的(有选择余地或者是想象的)时间"。当先前的原因被用来解释观察到的状态的时候,时间和原因会一起出现。儿童逐渐明白一个准则,什么是可归纳的(总是可以),什么是例外的,例如:

12. [S 三岁八个月] I was standing there and the water was getting hot and [indignantly] it didn't get hot.(我刚才站在那里的时候水正在变热,[义愤地]它(平时)不变热!)(CP 181)

从成分的分类来说,儿童现在可以清晰地从一系列的实例中归纳出一个类别,并且可以形成该类别成员的判定标准,根据这个标准他们又可以探索更多的事物。他们是通过寻找上位词来填充他们的分类系统(比较史蒂芬的 What's a bus?(公共汽车是什么?)的意思是"它从属的更高的类别是什么")。①

---

① 在英语中这个疑问本身是有问题的,因为在英语中'带轮的交通工具'没有一个对应的日常词语。然而对于中国儿童,他们可以很简单地称这种交通工具为'车'。

第十六章 语法和教育知识的构建(1999)

韩茹凯和她的同事们研究了儿童(年龄段在三岁六个月和四岁)和母亲之间在家中日常的真实生活对话交流(韩茹凯,1988,1991,1992;韩茹凯和克罗兰,1990)。共24对母亲—儿童参与研究,他们为每一对收集了100小时的对话。之后在每一对母子对话中分析了45分钟,每一对共分析了近一千个小句。他们的目的在于考察自发性的对话在多大程度上、如何为儿童的学校教育做准备。研究者研究了儿童和母亲的话语,记录下儿童听到的和说出的话。从这个主题研究中衍化出的一个研究,关注了对话中的问答环节。总体上,母亲一共问了两千多个问题,儿童问的是这个数量的三分之二。儿童已经完全了解了问题在学习中的作用,他们自己的问题和回答是以自己的母亲为范例的。有两种母亲,她们在问问题和给出回答时是不同的,因此儿童也会做出相应的不同的模仿。一种母亲用投射小句来提问,比如 *I am going to ask her*,*did Dad say*,*do you remember I told you*(我要问她、爸爸说了吗、你记得我告诉过你),并且伴随某些特征,比如时间小句。但是她们很少问关于"应该做"或者"一定是"这种假设性问题。她们的回答通常对于问题来说是合适的,并且会加入她们认为合适的更详细的说明。另一类母亲问问题的方式是相反的。在儿童中能发现趋向两种不同方式的模仿。

韩茹凯还研究了母亲和她们的孩子给出理由的说话模式。所有的母亲都在不同的场合给出理由,尤其是孩子挑战性地问为什么要他们做某事或不做某事。哈桑将理由的形成链总结为"宣称+理由+原则+基础",前两者出现在所有实例中。但同时,也有例外的,这时,又可将母亲分为两类:一类是运用更长的理由链,通常是在不同方面增加详细的说明,并将她们的理由归并为有形的(用韩茹凯的话说"逻辑的")必要性;另一类母亲会用较短的理由链,将她们的理由归并为"社会"必要性("法律这样规定的""别人都这么做"),或者干脆只是将理由归为"我的权威"。(韩茹凯指出,对于第二类,给出理由是组成可观察的控制系统的一部分。)同样的,儿童会喜欢他们的母亲所青睐的方式。从研究中可以发现的一点是儿童们已经可以运用语言来学习——不过,由于他们接受不同模式的提问和回答,所以他们获取知识的方式也不同。

在儿童四岁的时候,他们开始意识到不同文本类型的区别,以及不同

婴幼儿的语言

类型的命名(他们已经了解的有"故事""诗""笑话""谜语"等等)。从教育视角来看,这是非常重要的一点:儿童第一次将抽象的"事物"和机构(例如 *size*, *speed*, *electricity*, *the Council*(尺寸、速度、电、议会))包括到他们的经验中来。儿童如果想要成功地学习阅读和写作,就必须承认这些东西并承认它们可以作为图形的参与者,因为他们必须要知道语言的特征其实正是这类的抽象事物,如 *writing*, *spelling*, *sound*, *sentence*(写作、拼写、发音、句子)等。同时,他们也开始意识到,自己和他人作为"知者"可以理解这些抽象实体所体现的'非常识性的'知识(符号又一次成为最重要的范畴),例如:

13. [S 四岁四个月] I know how to do an 's' now. I knew all the time how you do an 's'... excepts when I was three.(我现在知道如何做's'了,除了三岁的时候不知道以外,我一直知道你是如何做的。)(CP 243)

鉴于此,他们开始喜欢核查他们的知识来源,比如回指上文(*I didn't know..., you said...*(我不知道……,你说过……)),在现实中他们就用照片或者电视画面来指代想象。他们想知道事物是如何被知晓的,不真实的事情是如何被现实化的,例如:

14. [S 四岁三个月] Is there such thing as ghosts?(世上有鬼吗?)[母亲:没有。] but a person can dress up as a ghost.(但是人可以扮鬼。)[母亲:对。] How can you be dressed up as a ghost if there's no such a thing as a ghost?(如果世上没有鬼的话,人们怎么可能扮成鬼呢?)(CP 248)

所有的人都被看作是有意识的个体,因此可以互相交谈他们所见、所感、所知、所想。原因和条件的推理可以囊括所有类型的过程,并可以完全远离指示中心。佩因特(1993)称之为"作为已知事实的必要总结的事实概括",并举例佐证,如"汽车开得比自行车快"。因此在这个年纪的儿童可以通过推理寻找解释,通过前提论证结论。这也是他们第一次开始使用证据、证明("我知道这是这样,因为……")这类的内部因果连接,并且可以将视角从自己转为其他有意识的生物("他不知道……"。)换言之,四岁的儿童可以识解了解和学习的过程、识解这些过程中的参与者（包括抽象的类别），以及作为理由或结论进入过程的"事实"。因此，是决定让儿童开始接受学校教育的时候了——所有重视文化素养的社会都将认可这一点。

5. 学校学习

当所有资源准备就绪的时候，儿童就可以进入小学，开始发掘奇妙的文字，并着手从常识知识向教学知识转换。这一重要的转换从儿童说母语开始可以总结为如下环节：

● 从人际取向（用语言行动）转为包含经验取向（用语言理解）
● 从对话模式转为包含独白模式
● 从指示中心（"你—和—我，此地，此时"）向外转为包含"他人和物""其他时间""其他地点"
● 从实体物质转为包含机构或抽象的实体
● 从简单分类（"常见的"术语）转为包含同一类属的词语

这些是学习阅读和写作，以及在老师指导下接受系统知识培训的前提条件。

儿童从两岁后就开始用语言识解经验。小学阶段的教育假定学生可以运用语言学习，并且具有相当高的理解能力。因此教师期待他们可以掌握抽象术语，这些术语已经被组织成系统的相互界定的分类系统：准确的词语归为识数类，模糊的归为识字类。教师还期待学生掌握相当严格的（尽管有时候是模糊的）不同篇章的语类结构：故事、报道、说明文以及其他课堂活动。期待他们可以处理来自书写形式的新知识，直接用经验的词语识解新的意义，而不是先经过人际功能阶段。并且迟早，他们会希望学生掌握隐喻。

隐喻是最难逾越的困难。我想尝试着解释一下它所包含的内容。儿童学习母语的方式和语言本身最初演化的模式是一样的。从一方面来说，语法是在识解人类经验的过程中进化的；小句、小句复合体和词组框架将经验现象分类组织成图形、图形组成序列、序列再进一步组成各种各样的成分。动词、名词和其他类型的词组和短语范畴将成分依次分类,组成过程、过程参与者和时间地点等各类环境成分。当然,语法细节会随语言的不同而在主要文化类型之间呈现显著差异,但是语法上的原则是普遍的。我将这种识解模式解释成为一致式模式。

然而,随着科技的进步,知识会被重新建构,因此经验也会被语法以十分不同的方式重新识解。随着铁器时代技术的进步,人类的生活条件在物质上得到巨大改变,他们也经历了一些符号上的转变。一些新资源的进化给予某些类型的范畴以理论上的地位和权威:(1)物质的性质,如"热""密度""多孔性";(2)一般性的过程,如"移动""影响""合并";(3)测量,如"长度""距离""速度";(4)复杂的关系概念,如"总计""比例""角度"。这些词很多最初都是用作形容词或者动词的:*length*(长度)作为 *how long*(something is)((某物)有多长),*motion*(移动)作为 *how*(something)*moves*((某物)如何移动),但是它们一般都进化成了名词,承担起了和名词相联系的该范畴的意义,也就是"物体属性"。这时,一个新的隐喻实体就被创造出来了,它在同一时间内既是一个事物也是一种性质或者过程。

这些词被我们称为"专业术语"。但随着时间的推移,它们失去了自己的隐喻性质(从修辞角度来讲,变成了"死去的隐喻")。但是它们仍然是抽象的理论概念。你可以看到某个东西在移动,你可以看到它正在移动,但是你是看不到移动这个动作的。同样,你也察觉不到速度、密度、比例。但是小学教育的话语包括很多这样的抽象专业术语。就像我们刚才讲到的,儿童在四五岁的时候可以掌握它们,但这些术语仍会给儿童带来一些困难。他们在这个年龄还不能掌握的(但是却是上中学时需要掌握的),是那些没有"死的"隐喻——仍然活着,并且保持隐喻特性的隐喻。这是我们在自然课本中找到的一类语言,例如:

15. Accessibility has changed since settlements began... The arrival of the railway reduced the journey time to less than one day.(从有人居住开始,可达性发生了变化……铁路的到来使旅行时间减少到一天之内。)

第十六章　语法和教育知识的构建(1999)

在最后一部分我将继续这个话题,现在介绍一些有关第二语言的情形。

尽管在学校使用的语言是儿童的母语,他们还需要学习一些新的语言,在世界的很多地方他们需要接触到新的语言[①]。(传统上对于"第二语言"和"外语"的区分在这里很有用。二语是你用来识解新知识的语言,外语只是将你已有的知识转到新语言中来——或许你需要调整已有知识斯,使它符合语法,但是你不用这种语言学习新的东西。)对于小学阶段的二语教师,菲利普斯(1985)强调了学前语言发展十分相关的四个方面。

1. 儿童语言学习策略,比如比较、对比、根据概括预测,等等,对于话语组织很重要。这些不应该被当做孤立的语法模式教给他们,而应该作为实现他们已经掌握的语义原则的手段教给他们——这样他们就可以从已知(意义)走到未知(语法),而不是相反。

2. 这些策略在真实生活中的协商和决策也有重要的意义,很多活动可以被植入语言学习任务中。

3. 这些策略在第一语言中有一定的顺序原则;例如:肯定出现在否定之前("更多"出现在"更少"之前,"太……"出现在"不够"之前);相似和不同(部分相似和不相似)比相同和相反有更广泛的应用(绝对的像和不像)。

4. 所涉及的语义范畴是有系统的:意义是通过事物是什么和不是什么(它们和什么相对)两方面定义的。这是一种基础的语言学习策略,是儿童学习母语时的典型做法。

当儿童进入小学高年级的时候,他们开始了另一种对经验的重新识解,为中学学习模式做准备。他们经历类似如下的阶段:

16. Try to explain your observations by using your hypothesis about the movement of water through plant walls. (试着用你对于水沿着植物细胞膜向上移动的假设解释你的观察。)

掌握这类语言是儿童语言发展的最后一个阶段——从幼年发展到青少年。

[①]　如果他们居住在大城市,或者是发达的乡村,他们在家中或社区中就已经开始接受这类知识。然而通常,正是那些没有这类经验的人需要接触第二语言。

6. 进入中学

在中学阶段学生将探索一个不同结构的知识体系，一个在不同学科被专门化了的知识体系。话语变得高度专业化，具有多层次的抽象性：在人文科学领域，经常和价值观判断有关；在自然科学领域，包括技术学科和数学，更加依赖于语法隐喻。这些专业性语言并不只是由专业术语组成，而是整个图形和序列都以一种全新的意义模式被重新识解。（参见本章结尾的例子。）这种识解模式的特性是措辞可以是"未经包装的"——你可以将隐喻去掉，因为它仍然是活的隐喻。为了说明这是什么意思，我对于每一个引用的文章都给出了一致式的"翻译"。注意每一个都包含一些事件之间的逻辑关系，比如时间或原因。

我总结了一致式和隐喻变体间的转化。图16-1是一致式的模式：

语义单位	语法单位	成分类型	中心词词性
序列 →	小句复合体	关系 →	连词
图形 →	小句	过程 →	动词
成分 →	词组	性质 →	形容词
		事物 →	名词

图 16-1 一致式模式

（指示箭头意思是"被识解"。）在隐喻变体中，典型的识解模式如下（图16-2）：

图 16-2 隐喻变体中的典型识解模式

换句话说，语法整体，通过语法隐喻的过程，都具有了专业性的特质（韩礼德 1985，1988；韩礼德和马丁 1993；另见第五卷《语言科学》）。

这需要一定程度的成熟。因为儿童一般直到四、五岁才能掌握抽象实体，所以他们要到八九岁才能掌握隐喻模式的识解。复杂的语言资源一般是在学校学习的中间阶段发展的,也就是九到十三岁之间。因此上小学和上中学都是符合该年龄阶段的语言掌握水平的。德罗温尼卡(Derewianka 1995)提供了一个详细的儿童从幼年到青少年时期语言发展的详细描述,其中语法隐喻的出现是关注的焦点。由于语法隐喻在很大程度上和写作模式相联系,她将她的研究对象的写作和他在学校阅读、写作中遇到的问题作为研究的资料。直到九岁儿童才可以掌控语法隐喻中的经验模式,尤其是名词化隐喻(过程和品质被识解为名词)作为隐喻转变的支柱。德罗温尼卡展示出为语法隐喻铺平道路的'先驱':文字游戏的形式探索了语义和语法间的边界;隐喻的词汇形式;级转移和类转移作为语法手段;日常口语中"褪色的隐喻";以及我之前讨论的抽象专业词语。这些都是儿童一直在积累的资源,因此他已经可以意识到语法隐喻是成人语言中的一个现象,并有意识地在写作任务中加以运用。

小学高年级的老师和中学低年级的老师都意识到学生在中小学衔接上会遇到一些困难。我认为这是语言上的问题:是意义上的问题、学习上的问题,他们不知道如何运用专业性的,以学科为基础的知识表达意义[①]。对于学习者来说重要的资源是要能够涉猎学习中所能接触到的不同种类的语域:既有书写形式的资源(课本;教师笔记;图书馆的书籍;学生写作,笔记,小作文,报告等;非语言的符号,如地图,图表和表格)也有口语形式的资源(教师的讲课;教师—学生对话;学生间的上课和课后的谈话;广播、电视课程;甚至包括学生在写作业的时候和父母、兄弟姐妹之间的谈话)。熟悉不同语域可以帮助他们在学科语言中或多或少的隐喻变体之间转换。在多语言环境中,如果他们能在两种语言之间转化会更受益。在很多情况下,可以测量两种语言的功能互补性。

有时候人们会认为我刚刚谈到的以语法隐喻为核心的语言特性是英语中独有的,其他语言中没有,但是汉语却是一个不同的语言。汉语和英语在很多方面有差异,但在这方面却没有。这可能是因为名词化的形式

---

① 在20世纪,自然科学和数学的理论性话语正逐渐渗透到中学里,自上向下传播。因此,现在十一二岁的学生学习的东西是两三代以前人们在上本科甚至硕士阶段才学习的。

在非正式的汉语语域中没有英语传播的这么广泛①。但是从汉语的科学用语方面来看,它所具有的语法隐喻和英文一样多,常识性知识的话语和教育话语的差距非常大。下面是中国中学自然科学课本上的一句话:

17. 两电子的静电斥力势能为正值,且与两者的间距成反比。
 〔The electrostatic repulsion potential of two electrons is a positive value, and it is in inverse proportion to the distance between them.〕

7. 总结

我认为从婴幼儿时期到学校教育结束的这个过程中,意识到每一个阶段的语言发展,对于各个阶段的教师来说都是很宝贵的资源。常识知识在很大程度上是被语言识解的,儿童将他们的经验转化为意义,使用的语言系统是他们的祖先在同样语境下进化来的。几乎所有教育性知识都是用语言识解的,即使使用另外的形式展示出来,比如科学图表或者数学公式,在学习过程中都以对等的口语表达形式呈现出来。在双语的情况下,两种语言会有清晰的功能互补性——第一语言用在家庭或者邻里之间,以人际功能为目的;第二语言用在学校,以经验功能为目的。目前两者越来越相互渗透。但是未来在汉语和香港地区的英语(或在广东话和汉语普通话)之间存在什么样的互补性(至少我)还不清楚。这也正是要注重语言教育的原因,在不确定的变化时期人们应该意识到问题所在。

我还认为(也许有些矛盾)这也是学生自己学习课程中的语言的一个强大的力量来源。

在这一点上,澳大利亚的经验很有说服力②。学生学习语域中的变体,还学习不同阅读中的特殊语类结构,并要求能够据此写作。通过这些,他们学习到了语法:特定话语中使用的结构类型——不仅数学和科学

---

① 在回答某个商品的大小的时候,说英语的店员会说"They come in all sizes"(什么尺寸的都有),而汉语就说"大的小的都有"〔there are bigger ones and smaller ones〕。

② 参照韩茹凯和马丁(1989),威廉斯(1995),马丁(1998)所提及的文献。

课的语法不同,同时在科学课内部,解释和表述试验所运用的语法也是不同的。因此他们在使用语言进行学习的语境下又学习了新的语言,而不是把学习语言当做孤立的训练。在更高的水平上,他们可以反思学习的语言:思考它们如何和日常生活相联系(或者无法联系),思考如何根据21世纪的教育民主社会对学习的语言进行调整。

例子

  15.(中学低年级文本)

    Accessibility has changed since settlements began at Boulder.... The time taken to travel 100 kilometers today is much less than it was one hundred... years ago. The first settlers who came to Boulder in 1858 made difficult journeys over rough tracks. A speed of 4 kilometers per hour (kph) would have been good travelling by horse-drawn wagon.... The arrival of the railway reduced the journey time to less than one day.

    (对例15的一致式"翻译")

    Places can be reached more easily now than when people first began settling at Boulder.... One can travel 100 kilometers much more quickly today than one hundred... years ago. The first settlers who came to Boulder in 1858 travelled with difficulty over rough tracks. If you travelled 4 kilometers in an hour by horse-driven wagon it would have been good. Stage coaches later travelled(?there/that far)at least four times faster. When the railway arrive it became possible to reach there in less than one day.

    (现在的人们比原来刚刚到达巨石镇的首批移民更容易到达这个地区……今天人们旅行100公里的速度比百年前快了很多。第一批移民是在1958年经历了艰险的路程才到达巨石镇的。那个时候坐四轮马车每小时能走4公里就是很不错的旅行了。

后来驿站马车(到那里/或那么远的路程)速度至少快了四倍。火车的出现将这段旅程缩短到了一天之内。)

16. (小学高年级文本)

Here is an experiment to set up. This experiment will let you make some more observations about the direction in which water moves through a thin plant wall.... In your note book, record your observations and try to explain them. Then try to explain your observations by using your hypothesis about the movement of water through plant walls.

(对例16的一致式"翻译")

Here is an experiment to set up. If you do this experiment you will be able to make some more observations about which way water moves through a thin plant wall. In your notebook, record your observations and try to explain them. Then try to explain your observations by using your hypothesis about how water moves through plant walls.

(要做一个实验。如果你做了这个实验,你就可以观察到水是如何穿过一面很薄的植物细胞壁。在你的笔记本上记录你观察到的现象,并试着对它们进行解释。然后,试着用你对于水流过植物细胞壁的假设解释你所观察到的现象。)

(注意:我将 *experiment*, *observation* 和 *hypothesis* 视为专业术语。)

(胡逸君 译)

参考文献

Allerton, D. J., Carney, E. and Holdcroft, D. (eds) (1979) *Function and Context in Linguistics Analysis: Essays Offered to William Haas*. Cambridge: Cambridge University Press

Ariès, P. (1962) *Centuries of Childhood*. London: Cape.

Bar-Adon, A. and Leopold, W. F. (eds) (1971) *Child Language: A Book of Readings*. Englewood Cliffs, NJ: Prentice-Hall.

Bateson, M. C. (1975) 'Mother-infant exchange: the epigenesist of conversational interaction', in D. Aaronson and R. W. Rieber (eds), *Developmental Psycholinguistics and Communication Disorders*. New York (Annals of the New York Academy of Sciences 163).

Bateson, M. C. (1979) 'The epigenesist of conversational interaction, a personal account of research development', in M. Bullowa (ed.), 1979.

Berger, P. L. and Kellner, H. (1970) 'Marriage and the construction of reality', in H. P. Dreitzel (ed.), Recent Sociology. II: Patterns of Communicative Behaviour. New York: Macmillan.

Berger, P. L. and Luckmann, T. (1966) *The Social Construction of*

Reality: A Treatise in the Sociology of Knowledge. London: Allen Lane (Penguin Press).

Bernstein, B. (1970) 'A critique of the concept "compensatory education"', in S. Williams (ed.), *Language and Poverty: Perspectives on a Theme*. Madison: University of Wisconsin Press.

Bernstein, B. (1971) *Class, Codes and Conrol*, Vol. 1: Theoretical Studies Toward a Sociology of Language. London: Routledge and Kegan Paul (Primary Socialization, Language and Educaiton)

Bever, T. G. (1970) 'The congnitive basis of linguistic structure', in J. R. Hayer (ed.), Cognition and the Development of Language. New York: Wiley.

Bloom, L. (1970) Language Development: Form and Function in Emerging Grammars. Cambridge, MA: MIT Press.

Bloom, L. (1975) 'Language development review', in F. Horowitz (ed.) Review of Child Development Research, vol. 4. Chicago: University of Chicago Press.

Bowerman, M. (1973) *Learning to Talk: A Cross-linguistic Study of Early Syntactic Development, with Special Reference to Finish*. Cambridge: Cambridge University Press.

Braine, M. D. S. (1963) 'The ontogeny of English phrase structure: the first phase', *Language* 39.

Braine, M. D. S. (1971) 'The acquisition of language in infant and child', in C. E. Reed (ed.), *The Learning of Language*. New York: Appleton.

Brazelton, T. B. (1979) 'Evidence of communication during neonatal behavioral assessment', in M. Bullowa (ed.),.

Britton, J. N. (1970) *Language and Learning*. London: Allen Lane (Penguin).

Brown, R. (1973) *A First Language: The Eearly Stages*. Cambridge, MA: Harvard University Press.

Bruner, J. (1975) 'The ontogenesis of speech acts', *Journal of Child Language* 2.

Bruner, J. S. (1977) 'Early social interaction and language acquistion', in H. R. Shaffer (ed.), *Studies in Mother-Infant Interaction*. London: Academic Press.

Bühler, K. (1934) *Sprachtheorie: die Darstellungsfunktion der Sprache*.

Jena: Ficher.

Bullowa, M. (1979a) 'Infants as conversational partners', in T. Myers (ed.), *The Development of Conversation and Discourse*. Edinburgh.

Bullowa, M. (1979b) 'Prelinguistic communication: a field for scientific research', in M. Bullowa (ed.),.

Bullowa, M. (ed.) (1979) *Beofre Speech: The Beginning of Interpersonal Communicaiton*. Cambridge: Cambridge University Press.

Butt, D. G. (1989) 'The object of language', in R. Hasan and J. R. Martin (eds), 1989.

Carter, A. (1978a) 'The development of systematic vocalizations prior to words', in N. Waterson and C. E. Snow (eds), 1978.

Carter, A. (1978b) 'From sensori-motor vocalization to words: a case study of the evolution of attention-directing communication in the first year', in A. Lock (ed.), 1978.

Christie, F. (1989) 'Language development in education', in R. Hasand and J. R. Martin (eds), 1989.

Christie, F., Gray, B., Gray, P., Machen, M., Martin, J. and Rothery, J. (1992) *Exploring Explanaitons: Teacher's Book; Studens' Books Levels* 1—4. Sydney: Harcourt Brace Jovanovich (Language: A Resource for Meaning).

Cloran, C. (1989) 'Learning through language: the social construction of gender', in R. Hasan and J. R. Martin (eds), 1989.

Condon, W. S. (1979) 'Neonatal entrainment and enculturation', in M. Bullowa (ed.), 1979.

Condon, W. S. and Sander, L. W. (1974) 'Synchrony demonstrated between movements of the neonate and adult speech', *Child Devlopment*, 45.

Cruttenden, A. (1979) *Language in Infany and Childhood: A Linguistic Introduction to Language Acquisition*. Manchester: University Press.

Crystal, D. (1979) 'Prosodic development', in P. Fletcher and M. Garman (eds), 1979.

de Mause, L. (ed.) (1974) *The History of Childhood*. New York: Psychohistory Press.

Derewianks, B. (1995) 'Language Development in the Transition from Childhood to Adolescence: The Role of Grammatical Metaphor'. Macquarie University: PhD thesis.

Dixon, J. (1967) *Growth through English*. London: National Council of Teachers.

Donalson, M. (1978)*Children's Minds*. Glasgow: Collins.

Dore, J. (1974)'A pragmatic approach to early language development', *Journal of Psycholinguisitc Research*, 4.

Dore, J. (1976)'Conditions on the acquisition of speech acts', in I. Markov (ed.), *The Social Context of Language*. New York: Wiley.

Dore, J. (1979)'Conversation and pre-school language development', in P. Fletcher and M. Garman (eds), 1979.

Doughty, P. S. (1969)'Current practice in English teaching', paper presented to Conference of Teachers in Approved Schools "Language, Life and Learning", Sunningdale, May.

Doughty, P., Pearce, J. and Thornton, G. (1971)*Language in Use*. London: Arnold (Schools Councial Programme in Linguistics and English Teaching).

Ede, J. and Williamson, J. (1980) *Talking, Listening and Learning: The Development of Children's Language*. London: Longman.

Edelman, G. (1992)*Bright Air, Brilliant Fire: On the Matter of the Mind*. New York: Harper Collins (Basic Books).

Edwards, D. (1978) 'Social relations and early language', in A. Lock (ed.), 1978.

Eggins, S. (forthcoming)*Keeping the Conversation Going: The Dynamics of Sustained Talk and the Definition of Conversation*.

Ervin, S. M. and Miller, W. R. (1963)'Language Development', *Yearbook of the National Society for the Study of Education*, 62.

Erwin-Tripp, S. M. (1964)'An analysis of the interaction of language, topic and listener', in J. J. Gumperz and D. H. Hymes (eds), *The Ethnography of Communication (American Anthropologist*, 66 (6), Part 2).

Fillmore, C. J. (1968)'The case for case', in E. Bach and R. Harms (eds), *Universals in Linguistic Theory*. New York: Holt.

Firth, J. R. (1950)'Personality and language in society', *Sociological Review*,

42(2). Reprinted in J. R. Firth, *Papers in Linguistics* 1924—1951. London and New York: Oxford University Press, 1957.

Firth, J. R. (1957) 'A synopsis of linguistic theory', *Studies in Linguistic Analysis*. Oxford: Blackwell (Special Volume of the Philological Society). Reprinted in F. R. Palmer (ed.), *Selected Papers of J. R. Firth* 1952—1959. London: Longmans, 1968.

Fletcher, P. ANDGarman, M. (eds) (1979) *Language Acquistiion: Studies in First Language Development*. Cambridge: Cambridge University Press.

France, M. N. (1975) 'The Generation of the Self: A Study of the Construction of Categories in Infancy'. University of Essex: PhD thesis.

Graves, D. (1983)*Writing: Teachers and Children at Work*. Portsmouth, NH: Heinemann Educational Books.

Greenfield, P. M. and Smith, J. H. (forthcoming) *Communication and the Beginnings of Language: The Development of Semantic Structure in One-word Speech and Beyond*. New York: Academic Press.

Grive, R. and Hoegenraad, R. (1979) 'First words', in P. Fletcher and M. Garman (eds), 1979.

Griffiths, P. (1979) 'Speech acts and early sentences', in P. Fletcher and M. Garman (eds), 1979.

Gruber, J. S. (1967) 'Topicalization in child language', *Founcations of Language*, 3.

Hagege, C. (1985) *L'homme de paroles: contribution linguistique aux sciences humaines*. Paris: Fayard.

Halliday, M. A. K. (1967)*Intonation and Grammar in British English*. The Hague: Mouton (Janua Linguarum Sries Pracica 48).

Halliday, M. A. K. (1970) 'Language structure and language function', in J. Lyons (ed.), *New Horizons in Linguistics*. Harmondsworth: Penguin Books. See also On Grammar, Volume 1 in the Collected Works of M. A. K. Halliday.

Halliday, M. A. K. (1973) *Explorations in the Functions of Language*. London: Edward Arnold (Explorations in Language Study Sries).

Halliday, M. A. K. (1975) *Learning How to Mean: explorations in the development of language*. London: Edward Arnold (Explorations in Language

Study); New York: American Elsevier. See also Capther 2 of this Volume.

Halliday, M. A. K. (1979)'One child's protolanguage', in M. Bullowa (ed.), 1979. See also Chapter 3 and 4 of this Volume.

Halliday, M. A. K. (1984)'Listening to Nigel: Converstions of a Very Small Child'. Unpublished manuscript, University of Sydney, Linguistics Department, Sydney, Australia. (The data is on an accompanying CD to this Volume)

Halliday, M. A. K. (1985)*An Introduction to Functional Grammar*. London: Edward Arnold.

Halliday, M. A. K. (1987)'Language and the order of nature', in N. Fabb et al. (eds), *The Linguistics of Writing*. Mancherster: University Press.

Halliday, M. A. K. (1993) 'Towards a languge-based theory of learning', *Linguistics and Education*, 5.2, 93—116. See also Chapter 15 of this Volume.

Halliday, M. A. K. and Hasan, R. (1976)*Cohesion in English*. London: Longman (English Language Series 9).

Halliday, M. A. K. and James, Z. L. (1993). 'A quantitative study of polarity and primary tense in the English finite clause', in J. M. Sinclair, M. Hoey, and G. Fox (eds), *Techniques of Description: Spoken and Written Discourse*. London: Routledge.

Halliday, M. A. K. and Martin, J. R. (1993)*Writing Science: Literacy and Discursive Power*. London: Falmer Press.

Halliday, M. A. K. McIntosh, A. and Streven, P. (1964) *The Linguisitc Science and Language Teaching*. London: Longmans (Longman' Linguistics Library).

Halliday, M. A. K. (19998) 'Things and Relations; Regrammaticising experience as technical knowledge' in J. R. Martin and R. Veel (eds) *Reading Science: Critical and Functional Perspectives on Discourse of Science* (pp. 185—235). London: Routledge.

Hammond, J. (1990)'Is learning to read and write the same as learning to speak?', in F. Christie (ed.), *Literacy for a Changing World*. Hawthorn: Australian Council for Educational Research.

Hasan, R. (1973)'Code, register and social dialect', in B. Bernstein (ed.), *Class, Codes and Control*, Vol. 2: *Applied Studies towards a sociology of*

Language. London: Routledge and Kegan Paul (Primary Socialization, Langauge and Education).

Hasan, R. (1986) 'The ontogenesis of ideology: an interpretation of mother-child talk', in T. Threadgold et al. (eds), *Semiotics, Ideology, Language*. Sydney: Sydney Association for Studies in Society and Culture (Sydney Studies in Society and Culture, vol. 3).

Hasan, R. (1988) 'Language in the process of socialization: home and scholl', in J. Oldenburg, T. van Leeuwen and L. Gerot (eds), *Language and Socialisaiton: Home and School* (Proceedings from the Working Conference on Language in Education, 17—21 November, 1986). North Ryde, NSW: Macquarie University.

Hasan, R. (1991) 'Questions as a mode of learning in everyday talk', in T. Le and M. McCausland (eds), *Language Education: Interaction and Development*. Launceston: University of Tasmania.

Hasan, R. (1992) 'Rationality in everyday talk: from process to system', in J. Svartvik (ed.), *Directions in Corpus Linguistics: Proceedings of Nobel Symposium 82, Stockholm, 4—8 August 1991*. Berlin: de Gruyter.

Hasan, R. and Cloran, C. (1990) 'A sociolinguistics interpretation of everyday talk between mothers and children', in M. A. K. Halliday, J. Gibbons and H. Nicholas (eds), *Learning, Keeping and Using Language: Selected Papers from the Eighth World Congress of Applied Linguistics*, Sydney, 16—21 August 1987, Philadelphia: John Benjamins.

Hasan, R. and Martin, J. R. (eds) (1989) *Language Development: Learning Langauge, Learning Culture. (Meaning and Choice in Language, vol. 1.)* Norwood, NJ: Ablex.

Ingram, D. (1971) 'Transitivity in child language', *Language*, 47.

Jakobson, R. (1968) *Child Langauge, Aphasia and Phonological Universals* (trans. A. R. Keiler). The Hague: Mouton (German original published 1941).

Karmiloff-Smith, A. (1979) *A Functional Approach to Child Language: A Study of Determiners and Reference*. Cambridge: Cambridge University Press.

Kaye, K. (1979) 'Thickening thin data: the maternal role in developming communication and language', in M. Bullowa (ed.), 1979.

Kelley, K. L. (1967) 'Early syntactic acquisition', Santa Monica, CA: Rand

Corp.

Kintsch, W. (1988) 'The role of knowledge in discourse comprehension: a construction-integration model', *Psychological Review*, 95. 2.

Lamb, S. M. (1970) 'Linguistic and cognitive networks', in P. Garvin (ed.), *Conition: A Multiple View*. New York: Spartan Books.

Lemke, J. L. (1984) 'Towards a model of the instructional process' and "The formal analysis of instruction", in J. L. Lemke, *Semiotics and Education*. Tornonto, Canada: Toronto Semiotic Circle Monograph 1984. 2.

Lemke, J. L. (1990) *Talking Science: Language, Learning and Values*. Norworrd, NJ: Ablex.

Leopold, W. F. (1939 — 49) *Speech Development of a Bilingual Child: A Linguist's Record*. Evanston and Chicago: North-Western University Press.

Levi-Strausss, C. (1966) *The Savage Mind*. London: Weidenfield and Nicolson.

Lewis, M. M. (1936) *Infant Speech: A Study of the Beiginng of Language*. London: Routledge and Kegan Paul. (International Library of Psychology, Philosophy and Scientific Method) (2nd edn, enlarged, 1951).

Lewis, M. M. (1957) *How Children Learn to Speak*. London: Harrap.

Lock, A. (1978) 'The emergence of language', in A. Lock (ed.), 1978.

Lock, A. (ed.) (1978) *Action, Gesture and Symbol: The Emergence of Language*. New York: Academic Press.

Mackay, D. and Thompson, B. (1968) *The Initial Teaching of Reading and Writing*. Progamme in Linguistics and English Teaching, Paper 3, London: Longmans.

Mackay, D., Thopmpson, B. and Schaub, P. (1970) *Breakthrough to Literacy: Teacher's Manual*. London: Longmas (Schools Council Programme in Linguistics and English Teaching).

Malinowski, B. (1923) 'The problem of meaning in primitive languages', Supplement I to C. K. Ogden and I. A. Richards, *The Meaning of Meaning*. London: Kegan Paul (International Library of Psychology, Philosophy and Scientific Method).

Martin, J. R. (1989) *Factual Writing: Exploring and Challenging Social Reality*. Oxford: Oxford University Press.

Martin, J. R. (1991) 'Nominalization in science and humanities: distilling knowledge and scaffolding text', in E. Ventala (ed.), *Functional and Systemic Linguistics: Approaches and Uses*. Berlin: de Gruyter (Trends in Linguistics studies and monograph 55).

Mathesius, V. (1936) 'On some problems of the systematic analysis of grammar', *Travaux du Cercle Linguistique de Prague*, 6.

Matthiessen, C. M. I. M. (1981) *A Grammar and a Lexicon for a Text-Production System*. Marina del Rey, CA: University of Southern California Informaiton Sciences Institue. Report no. ISI/RR－82－102.

Matthiessen, C. (1992) 'Interpreting the textual metafuction', in M. Davies and L. Ravelli (eds), *Advances in Systemic Linguistics: Recent Theory and Practice*. London: Frances Pinter.

Morris, D. (1967) *The Naked Ape*. London: Jonathan Cape.

Nelson, K. and Levy, E. (1987) 'Development of referential cohesion in a child's monologues', in R. Steele and T. Threadgold (eds). *Language Topics*, vol. 1. Philadelphia: John Benjamins.

Newson, J. (1978) 'Dialogue and development', in A. Lock (ed.), (1978).

Newson, J. (1979) 'The growth of shared understandings between infant and caregive', in M. Bullowa (ed.), 1979.

Oldenburg-Torr, J. (1990) 'Learning the language and learning through language in early childhood', in M. A. K. Halliday, J. Gibbons and H. Nicholas (eds), *Learning, Keeping and Using Language: Selected Papers from the 8th World Congress of Applied Linguistics*, Sydney, 16－21 August 1987. Amsterdam: John Benjamins, pp. 27－38.

Oldenburg-Torr, J. (1997) *From Child Tongue to Mother Tongue: A Case Study of Language Development in the First Two and a Half Years*. University of Nottingham: Department of English Studies (Monogramphs in Systemic Linguistics 9).

Osgood, C. (1971) 'Where do sentences come from?', in D. D. Steinberg and L. A. Jakobovits (eds), *Semantics: An Interdisciplnary Reader in Philosophy, Linguistics and Psychology*. Cambridge: Cambridge University Press.

Osser, H. (1970) 'Three approaches to the acquisition of language', in F. Williams (ed.), *Language and Poverty: Perspective on a Theme*. Chicago:

Markham.

Painter, C. (1984) *Into the Mother Tongue: A Case Study in Early Language Development*. London: Frances Pinter.

Painter, C. (1989) 'Learning language: a functional view of language development', in R. Hasan and J. R. Martin (eds), 1989.

Painter, C. (1993) *Learning Through Language: A Case Study in the Development of Language as a Rescource for Learning* $2\frac{1}{2}-5$. London: Cassell.

Painter, C. (1996) 'Learning about language: construing semiosis in the preschool years', *Functions of Language*, 3.1, 95−125.

Pawley, A. (1985)'On speech formulas and linguistic competence', Lenguas Modernas (Universidad de Chile) 12.

Phillips, J. (1985)'The Development of Comparisions and Contrasts in Young Children's Language'. Masters thesis, University of Sydney, Australia.

Phillips, J. (1986)'The development of modality and hypothetical meaning: Nigel 1; $7\frac{1}{2}-2;7\frac{1}{2}$', Working Papers in Linguistics, 3, Linguistics Department, University of Synday.

Piaget, J. (1926) *Language and Thought of the Child*, trans. M. Gabain. London: Routledge and Kegan Paul (3rd edition, revised and enlarged, 1959).

Piaget J. (1957) *Construction of Reality in the Child*. London: Routledge and Kegan Paul.

Qiu, S. (1985)'Transition period in Chinese language development', *Australian Review of Applied Linguistics*, 8.1.

Reich, P. A. (1970) 'Relational networks', *Canadian Journal of Linguistics*, 15.

Rogers, S. (ed.) (1975) *Children and Language: Readings in Early Languageand Socializaiton*. London: Oxford Unversity Press.

Rothery, J. (1989)'Learning about language', in R. Hasanand J. R. Martin (eds), 1989.

Rothery, J. (forthcoming) *The Pedagogies of Traditional School Grammar, Creativity, Personal Growth, and Process*.

Schlesinger, I. M. (1971)'Production of utterances and language acquisition', in D. I. Slobin (ed.), *The Ontogenesis of Grammar: A Theoretical Symposium*. New York: Academic Press.

Scollon, R. (1976) *Conversaitons with a One Year Old: A Case Study of the Developmental Foundation of Syntax*. Honolulu: University of Hawaii Press.

Shotter, J. (1978) 'The cultural context of communication studies: theoreitical and methodological issues', in A. Lock (ed.), 1978.

Sinclair de Zwart, H. (1969) 'Developmental psycholinguisitcs', in D. Elkand and J. Favell (eds), *Studies in Cognitive Development*. New York: Oxoford University Press.

Spencer, J. and Gregory, M. (1964) 'An approach to the study of style', in J. Spencer (ed.), *Lingusitics and Style*, London: Oxford University Press.

Stromqvist, S. (1980) *Speech as Action in the Play of Swedish Three-Year-Old*. Stockhom: Stockholm University, Department of Scandinavian Languages (Child Language Research Institute Paper no. 3).

Svartvik, J. and Quirk, R. (eds) (1980) *A Corpus of English Conversation*. Lund, Sweden: C. W. K. Gleerup (Lund Studies in English).

Thibault, P. (1991) *Social Semiotic as Praxis: Text, Social Meaning Making and Nabokow's "Ada"*. Minneapolis: University of Minneapolis Press.

Thibault, P. (in press) *Brain, Mind, and the Signifying Body*, London and New York: Continuum.

Trevarthen, C. (1974a) 'Conversation with a two-month-old', *New Scientist*, 62 (2 May).

Trevarthen, C. (1974b) 'The psychobiology of speech development', in E. H. Lenneberg (ed.), *Language and Brain: Developmental Aspects* (Neuroscience Research Program Bulletin 12).

Trevarthen, C. (1979) 'Communication and cooperation in early infancy: a description of primary intersubjectivity', in M. Bullowa (ed.), 1979.

Trevarthen, C. (1980) 'The foundations of intersubjectivity: development of interpersonal and cooperative understanding in infants', in D. Olson (ed.), *The Social Foundations of Languge and Thought*. New York: Norton.

Trevarthen, C. (1987) 'Sharing makes sence: intersubjectivity and the making of an infant's meaning', in R. Steele and T. Threadgold (eds), *Language Topics*, vol.

1. Philadelpha: John Benjamins.

Trevarthen, C. and Hubley, P. (1978)'Secondary intersubjectivity: confidence, confiding and acts of meaning in the first year', in A. Lock (ed.) ,1978.

Turner, G. J. (1969) Social Class Differences in Regulary Language. Report prepared for Sociological Research Unit, University of London Insititute of Education.

Turner, G. J. (1973)'Social class and children's language at age five and age seven', in B. Bernstein (ed.), *Class, Codes and Control, Vol. 2: Applied Studies Towards a Sociology of Language*. London: Routledge and Kegan Paul (Primary Socialization, Language and Education Series).

Ure, J. and Ellis, J. (1972) 'Register in descriptive linguistics and linguistic sociology', in O. U. Villegas (ed.), *Las concepciones y problemas actuals de las sociollinguisitica*. Mexico City: University of Mexico Press.

Vickery, R. L., Lake, J. H., McKenna, L. N. and Ryan, A. S. (1978)*The Process Way to Sience*, Book C (rev. ed.). Milton, Queensland: The Jacaranda Press.

Waterson, N. and Snow, C. E. (eds) (1978) *The Development of Communication: Social and Pragmatic Factors in Language Acquisition* (Papers presented to the Third International Child Language Symposium). New York: Wiley.

Wells, C. G. (1974)'Learning to code experience through language', *Journal of Child Language*, vol. 1.

Wells, G. et al. (1981)*Learning through Interaction: The Study of Language Development*. Cambridge: Cambridge University Press (Language at Home and School I).

Williams, G. C. (1992)*Natrual Selection: Domains, Levels, and Challenges*. New York: Oxford University Press.

Williams, G. (1995)'Functional grammar in primary schools', in P. H. Fries (ed.), Australian English in a Pluralist Australia: Proceedings of Style Council 95. Sydney: Macquarie University, for the Dictionary Research Center.

附录一

奈杰尔原始母语的发展

附录1展示奈杰尔十二个月大的时候的语言状况,来自于"一个儿童的原始母语",参看第三章。

1. 九个月大之前

奈杰尔第一次清晰地有想要表达意义的行为出现在四月的最后一周,那时他六个月大。

他脸朝下趴在婴儿车里。一些鸽子吵闹地飞过天边。奈杰尔抬起他的头,对着他妈妈说"ˊ"。

"那些是鸟。"妈妈对他说。"大鸟。鸽子。他们飞走了。"

奈杰尔的"ˊ"是个微小的声音,没有清楚的发音,只是一个短且高的升调。在接下来的三到四周里,他频繁地使用这个声音表达,尤其是当周围有喧闹的声音的时候。和他日常接触最多的三个成人——他的妈妈,爸爸和安娜——都注意到了这点,并且在他发出声音的时候给予回应。也就是说,成人把这个看做是意义的表达。由于这是奈杰尔第一次有这种表达，三个成人都感觉到了，并且互相做出评论。他们在"他想说什么"这个问题上达成了一致——这个声音可以被翻译为成人所理解的"那是什么？发生了什么？"如果只考虑这个声音信号的本质会令人感到惊奇，但是如果想到这样的一个事实——倘若意义在语境中是相关联的（这个假设从没有被怀疑过），这个时候孩子没有太多选择，这一点就好理解了。因为奈杰尔还不是一个"能正常说话的成人"，"这是他真正想说的意思吗？"这个问题也不会产生。他很清楚地表明，他对于大人们的回应是满意的。

几周后，奈杰尔不再说"ˊ"这个音了。他发现他可以成功地表达意思了——他可以发起交流，也会得到回应。这时，他暂时把意义放在一边了，以后再回来管它。在六个月三个星期大的时候（5月24日），他第一次因为一只在棍子上盘旋飞翔的小鸟而笑；在七个月零一周的时候，也就是他刚刚学会自己坐着的时候，他第一次给出了回应：他妈妈给他说童谣，奈杰尔用他的手做着有韵律的动作来回应（手攥拳，交替弯曲手腕）。他第一次通过意义行为作为回应，出现在八个月大的时候（6月21日的时候他可以自己往前爬了）。当时他参与到一段对话中来了，他的发音是一个短促、半闭合、集中在前部发声的元音，从低中下降到低，标记为[ð]。这个对话大致是这样的："Nigel!"—"eu"—"Hello bootie!"—"eu"—"There's my bootie!"—"eu"等等。我们可以把奈杰尔说的话翻译为"是的，我们在一起"，这差不多也是他妈妈想要表达出来的意思。这是奈杰尔第一次和别人有意义上的交换。这种意义交换的功能是有关人际关系的，表达出在一起的意思。

不久之后，奈杰尔第一次根据语言指示做出了一个动作（拍手）；接着在他八个月大的时候，也就是他学会了玩"扔东西"游戏的第二天，他第一次在外部事物上做出象征性的动作。当时我正用手向空中抛他的玩具猫，我停了。奈杰尔身体向前倾，然后用他的手指触摸了猫一秒钟，他一边做这个动作一边看我。他的意思很清楚：再做一次。因此，我又重复了一遍这个动作，然后奈杰尔表现出很满意。因为他成功地表达了他的意思。

这是为期六周时间里（第八个月（7月初）到第九个半月大（8月中

句))奈杰尔开始使用一点语言的最早的例子。这个语言包括五个意义，其中三个是通过肢体表达，另外两个是通过声音表达。我们可以称这些成分为"符号"。符号是一个内容—表达对，在一段时间内保持不变。在这里表达是一种身体的动作(可能但不一定是声音的动作)，而内容则是儿童想要表达的功能。这个组合是符号系统中的一部分，它的实行就可以组成意义行为。在这个阶段，奈杰尔的语言由五个符号组成。

第二个符号是"我想要"，表现形式是使劲但短暂的抓住一个物体，然后放手；紧随其后出现的是一个对立符号"我不想要"，这时他会伸出手指轻轻碰一下这个物体，然后把手指收回来。这两个符号的对立是明显的。这些表达很明显是像似性的，它们和意义的关系是非任意的。然而这些动作是象征性的动作。奈杰尔并不是对着物体本身做动作——他并不是把东西拉近自己或推远，他在叫别人的时候，也不会看那个东西，而是看着要叫的人。在其他情况下，他也会抓东西，然后把它们推远，然后看着那些东西。以上这两种行为的区别是显著的：意义行为是符号性的、指向人的(不过在"我想要"和"我不想要"这样的情况下是指向物体的)；而其他行为则是直接投射在物体上的。有意思的是，奈杰尔第一次用"我不想要"这个符号的当天，他也学会了破坏，他一遍又一遍地把给他盖好的杯子塔推倒。

第五个符号是通过语音表达出来的。这个声音指向环境，从两个月前发出的"ˊ"发展而来。有几件事可以被看做是产生这个声音的预备步骤。7月9日，奈杰尔第一次自己站立起来；7月14日，他第一次去探险；7月17日，他第一次依靠前臂和脚趾向前爬，使膝盖和肚子离开地面。也正是这天，他第一次用他的新的探索符号：看鸟飞，当鸟儿飞到最高的地方时候，他发出了[ð]—短促、半闭合、集中在前部发声的元音，从低中下降到低。这个表达和"在一起"的符号的差别是细微的，只是一个高一些的音。但是语境，功能都是不一样的。而且，这个符号他是有些自言自语说的——有的时候他的眼睛会从吵闹的物体上转移到他想要说话的人身上，有的时候他又完全不看别人。

那周里，奈杰尔开始玩一个球，把球推开，或者把它放在杯子里。他的语言发展如下：

意义	表达方式	功能	指向
"给我那个"	紧紧抓住	工具功能	物体
"不要给我那个"	轻轻触摸	工具功能	物体
"(用它)做那个"	轻轻触摸	规约功能	他人
"是的,我们在一起"	[ð]中低到低	互动功能	他人与自己
"看,那个很有趣"	[ð]中到低	个人功能	自己与物体

有趣的是,语音和肢体模式的两种表达方式的差别预示了奈杰尔从原始母语向成人语言转化的最初策略的语义差别(第二年的下半年)。在这个过渡时期,奈杰尔在要求回答的"做某事"的话语和不要求回答的"我在学"的话语之间做出了系统性区分;这种区分是通过升调和降调的对比体现出来的。

年龄(月)	意义模式	
	活动的	反思的
	表达模式	
9	身体	语音
19—24	升调	降调

图 1

这一区分在中间阶段缺失;在发达的原始母语中(十到十八个月)没有任何痕迹。但是有趣的一点是:早在奈杰尔九个月大的时候我们就能看到这种功能对立的迹象,这种迹象不仅出现在他的语言创造策略中,而且也最终会出现在成人语言体系中。

2. 九到十个半月大

奈杰尔现在可以自己把身子直立起来了。在进入九个月的那周,他开始会把一个东西摞在另一个东西上面,一周后他第一次(没有成功)尝试把一个大杯子放在另一个杯子上面。这个时候,他的原始母语正经历一个重要的转变。在九个半月的时候他不再用那三个姿势了,取而代之的是语音上的表达；他还添加了一些新的符号，因此到十个半月大的时候，符号的数量达到了十二个。

"我想要"的符号变成了[nā]，经常被重复四次左右；但这个并不经常使用。"我不想要"符号消失了。"做那个"符号有两个变体，常见的是[ɜ̌]或[m̃]，从十个月开始使用很频繁；还有一个加强的形式[m̃ːɲ̊]，这个的意义是："做那个，我坚持!"一般的引起周围注意的声音仍然是[ò], [œ̀]；但这个现在已经和[bò]和[ˀdò]一起，变成了象征性的表达。后两个声音也是低降调，开始可能是对 bird 或者 dog 的模仿，与儿童对快速移动物体的注意相关："看，它在动"。新增加了两个符号，仍然是用来表达"个人"世界的，但是是表达喜悦而不是表达兴趣的：[à]"好"，和[m̃]"好吃"，这两个都是低降调。

在交流的环节，奈杰尔仍然拥有自己的回答"是的，我在这儿"的符号，这个符号现在发展成为需要咧开嘴唇发音[ɜ̌]，因此这个和表示感兴趣的发音是不同的，后者是圆唇音。他现在又增加了两个符号。其中一个有好几种发音[ʔò], [cǒ], [ˀdǒ]（经常发成声门闭塞音），意思是"很高兴见到你，我们能一起看看这个吗?"这是他最喜欢的话，他经常用来向那些在他刚睡醒时来看他的人打招呼用，同时创建一种共有的注意力；或者是同时看窗外——因为窗帘已经拉开，或是专注地看一幅图片，或任何一个只有象征意义的物体，纯粹是为了把注意力放在那上面。另一个是同一个意思的加强形式，重复[əɲ̊ɲ̊]，声音很大，且音高为高降，意思是"很高兴见到你，你为什么以前没来过?"

同时，奈杰尔还增加了一项"工具功能"的符号，[bò]，意思是"我要我的鸟"。这是奈杰尔最喜欢的东西，是一只站在木棍上的展翅的鸟，几个月前他就会看着它笑了。这只鸟被挂在高高的墙壁上，能看到，但够不到。奈杰尔想要它的时候，就会把胳膊伸出来，脸转向要求助的人，说：[bò, bò]。这个很有可能是学大人发 bird 这个词的声音[bɜ̀ːd]，这也大概是奈杰尔唯一模仿的表达。（如果这是模仿的话，也只是对音节的模仿，他这个年龄还远远不能抽象出词语来。尽管这个和"吵闹"符号有时会重叠，而且鸟这个发音也可能是吵闹的来源之一，这两个还是有非常不同的符号，意义和使用背景不一样，伴随的身体动作也不同。）这只鸟有特殊的意义，它是一个客观性和延续性的符号，因此用来称呼它的也是一个特殊符号，奈杰尔从来不用表达一般"我想要"意义的[nā]来称呼它。

最后是重复使用的[ɡʷyiɡʷyiɡʷyi…]，这是奈杰尔版本的"交替韵律"，也是最常用的婴儿的牙牙学语：本质上是基本韵律值 y 和 w 的交替，这两个发音姿势形成了世界各地成人语言中对立音位体系的发音基础。元音的音质就是这两个姿势之间的过渡。w 音一般会触碰到软腭或者小舌，有时是声门闭塞音。就奈杰尔来说，这个音的起源很清楚，他自己能够听到自己快睡着的时候发这种声音，这是大拇指关节放在嘴唇上吮吸的时候的副产品。除了牙牙学语时有这个声音外，奈杰尔这个很少牙牙说话的孩子，把这个声音用到了他的原始母语中。当他要睡觉的时候，这个声音还是会出现，但是，他经常是在离开婴儿床，又很困的时候发出这个声音，说明自己困了。他会在地板上卷曲起来，看着他的妈妈，合上眼睛说[ɡʷyiɡʷyiɡʷyi…]，然后又睁开眼睛看着他妈妈。他想说的意思是"我困了，想把世界关在外面，谁能把我放到床上去吗？"

这个时候奈杰尔已经能够听懂三个和他交流的大人说给他听的话语的意思了，这些人就是他的"意义群体"中的重要的其他人：

话语类型	举例	奈杰尔的回应
……在哪里？	窗户在哪里？	看着它
	泰迪熊的眼睛在哪里？	指向它
去拿你的……	去拿你的围嘴	伸手够它
游戏惯例	围着花园转	伸出手，手心向上
你想要……？	你想要你的鸟吗？	笑，叹气

同时，十个月大的奈杰尔迈出了人生的第一步，抓住别人或某物，他还试了试在没人扶的情况下独立站立，但没成功；接下来的一周，他成功地自动从站姿坐下来。他已经会"挥手"说再见了——确切地说是打开再合上拳头，同时手肘弯曲，前臂向上指。他会的另外一个手势是要求放音乐（"唱歌"或者"放录音"），这时他会用一只手打拍子，有的时候还会伴随有规律的符号[ʒ]。

3. 十个半月到十二个月大

在十一个月大的时候,奈杰尔可以通过靠在门或者墙上保持平衡而自己站立起来了,还可以持续翻滚。他第一次用手拿着勺子自己吃东西;有一天他从水果篮里面尝试拿出一个苹果吃,但是他咬苹果的时候没有成功(那时他正在长第二颗牙)。

意义	表达	功能	指向
"给我那个"	nā 中转低	工具	物体
"把我的鸟给我"	bø 中转低	工具	喜爱的物体
"听音乐"	手势:打拍子	工具	服务
"做那个"	ɜ̄,m̄ 中转低	规约	他人
"做那个——我坚持"	m̄ 高转低	规约	他人 (强调)
"是吗?是我"	ɜ̀ 低	互动	他人和自己 (回应)
"见到你很高兴;我们一起看这个吧"	bɜ̀,ɜ̀,dɜ̀ 中转低	互动	他人和自己 (由物体调和)
"见到你很高兴——终于"	ònǹǹ 高转低	互动	他人和自己 (强调)
"再见"	手势:张开和握紧拳头	互动	他人和自己
"那个很有趣"	à,ǎ 中低转低	个人	自我:认知的
"看,它在动"	bà,ɛ̀b,à 中低转低	个人	自我:认知的
"那很好"	à 中低转低	个人	(凸显的)自我:情感的
"那个好吃"	m̀ 中低转低	个人	自我:情感的
"我累了"	ɡ̀ri...低	个人	(口感)自我:退出

图 2 奈杰尔十个半月大时的原始母语总结

婴幼儿的语言

第二天,他第一次表现出"不听话",他拒绝听从大人不让他做的事情:在桌子上来回抓,他不停地做着动作,并看他的母亲有何反应。

他仍然在想要玩具鸟的时候发出[bò], [vò],并且添加了一个特别的请求"我想要些粉末(在手上,这样我就可以敲鼓了)";这是一连串类似的[ɣebʷɣebʷ...]音节("gabugabu……"或者"bugabuga……")是模仿我通常说的 *a little bit of powder*(一点粉!)。一般性的"我想要——"仍然是[nã...];[ɜ̃]和它的强调形式[m̃n̥]被经常用来指使别人做某事,尤其是那些能娱乐他的活动,比如把他放在膝盖上颠上颠下,把他的玩具兔子抛到空中,或者按压不同的物体看他们都发出什么样不同的声音。在这个时期原始母语的扩展主要是在互动、个人方面,以及回应部分。

奈杰尔现在时常表达他对周围的环境的个人参与。[ò]是一个一般兴趣符号,这是被[m̃n̥]或者[dɜ̀b]取代,意思是"看!",前者是他自己"邀请别人来分享他的注意力",后者是对于 *there* 一词的模仿。他现在又增加了表示对于不同声音的特殊兴趣:[ʔdò]"狗叫",[œ̀ œ̀]"飞机的声音",对于足球比赛中队员们都朝一个方向奔跑的兴奋场景所发出的"球的声音"[bò], [vò]。[ɛʸiː]被认为是表示高兴的符号,它替代了[à]所表示的普遍性的"我喜欢",[n̥n̥]仍然用于表达口感(但此符号正在逐渐消失)。当他对外部世界感到厌烦的时候,会用[ɡ̊ʷɣi...]把它们关在外面。

[dò]仍然被用作是打招呼"见到你很高兴;我们一起看这幅画吧"。这个现在被用在他人在场的时候,只是作为一种互动方式。奈杰尔有一本画着彩色图片的书,他指着图片,看着另外一个人说[ʔdò]"我们一起看这个"。这是他将互动和注意力分开的第一步;在相同的语境中,奈杰尔新说出了一个表达[ɜ̀a],这个声音更多情况下指向图片而不是他人,另外一个人是被要求说出这个图片的名字,"是的,是一只拨浪鼓"。这里他开始第一次模仿着将符号和(要求说出)名字联系起来。有时候,别人给他一个东西并且说出这个东西的名称,奈杰尔也会发出同样的声音:"这是

给你的面包干",他说[ɛ̌a]意思是"这正是我想要的"。值得注意的是,奈杰尔在那一周里,第一次说出了人的名字:[ānnā]。这是用来向安娜打招呼的,和他所表达的其他符号不同,这个人名是用一种升调而非降调说出来的。

奈杰尔开始使用他自己发明的意义行为来回应意义行为。最初在简单的互动语境中他就是这样做的,比如回应母亲的呼唤,他依然用[è],现在他加入了强调性的变体[a::]″,这个沙哑的声音是在回应那些呼唤他,但不在他视野范围之内的人。他现在也开始在其他语境中做出回应,在他的功能能力范围内做出回应,回应的意义是可以由他自己创造的。他还不能回应那些寻求信息的问题,因为他还不能够提供信息,这也是他能够使用语言的信息功能之前所能做到的最好了。但是,他可以自己发起表示意义的行为"我想要",并且在十一个月大的时候,他开始会用语言回应他人的给予行为了,比如别人问"你想喝水吗?"或者"我给你唱个歌好吗?"他就会回应"是的,这就是我想要的"。之前他的回应只是一个微笑,并伴随着一个身体表达出的满意的动作,他现在开始再增加一个伴随的比较长的带呼吸的低位降调[ɛ̀:]。这个叹声起初是整个身体回应的一部分,他总会在他自己的专注力被别人认同后发出这个叹声,表示一种放松。之后,他将这个叹声转换成一个语言学上的符号,意思是"是的,这正是我想要的"。

这种将自然地回应转换成具有象征意义的回应似乎为奈杰尔开辟了将回应作为意义模式的潜在可能,他也开始使用到目前为止是用来发起某事的表达来作为回应。[nā...]开始消失,而且不再用作表达它之前的意思,取而代之的是具有规约功能的[à],这个符号并不伴随着微笑,出现在需要回应的语境中,尤其是建议开展共同活动的语境"我们出去散步好不好?",他的回应是[à]"好的,走吧!"。

那个长的吐气音[ɛ̀:]仍然保留着,不久之后出现在一个新的语境中。在十二个月大的时候,有一天奈杰尔第一次自己站了起来,第一次成功地把一个带有洞的光盘插在一个棍子上面,他在翻着那本有图片的书,仔细地看每一张图片,并且一边说[ɛ̌a]。他充满期待地看着我,为了表达的更清楚,他举我的手指轻轻点压在图片上:[ɛ̌a]。"这是一个球",我说,他的回应是"E-e-eh!",意思是,"我就是想让你做这件事"。

这时奈杰尔的回应可以显示他对别人讲给他听的话语的理解程度。他可以回应一系列的提议,如前面提到的那些,用"是的,请做吧";对于"唱首歌"这类各种各样的指示,他就直接做了。他表现出对于特定词语的理解:听到"aeroplane",他会说[œ̃œ];听到"big noise"的时候他就会制造出一声大的噪声。他现在不仅会在看到别人离开、准备离开或者看他们回来的时候跟他们告别"挥手"(右手抬起,手指一张一合),还会作为对于"byebye"的回应。当别人问他"Where's Nigel's nose?",他会摸他的鼻子。这种情况并不都是非常清晰的。有一次,在奈杰尔给出他的"大噪音"的叫喊时,他的行为并不符合语境。他的妈妈表现出受到惊吓的样子,奈杰尔明白他妈妈的意思,紧接着就笑了。"I said *nose*, not *noise*(我说的是鼻子,不是噪音)"她说。奈杰尔会对于自己的错误表现出很明显的不好意思的样子。

附录二

表 1 NL 1：奈杰尔十个半月大

功能	语义系统	发音	声调	注释
工具	要求，一般	nă...	中	"给我那个"
工具	要求，特殊(玩具鸟)	bø	中	"把我的鸟给我"
规约	命令，一般	ä	中	"(再)做那个"
规约	命令，强调	ë	宽；ff	"现在就做"
互动 发起	正常(友好的)	=ö；'do	窄/中	"很高兴见到你(现在我们一起看这个吧)"
互动 发起	强调(不耐烦的)	ennn	中	"很高兴见到你……终于"
互动 回应		ε；θ	低	"是的是我"
互动 回应		= ø	低	"那很有趣"
个人 参与	一般	dœ；bø；ø	低	"看，它在动"(？狗，鸟)
个人 参与	特殊(移动)	a	低	"那很好"
个人 退出	一般	ạ	低	"那个好吃"
个人 退出	特殊(口感)	ə^nnl	窄低	"我困了"

注：以上所有声调均为降调，中=中降，窄低=窄音程上的低降，以此类推。在九个月大的时候，奈杰尔有两个音程的意思，都是通过窄音程上的中低降调[ø]表达的，一个是互动功能的"让我们在一起"，另一个(可能在更长一点音程上)是个人功能的"看，它在动"。他还通过肢体语言来表达另外三种意义：两个是工具功能，使劲抓着物体"我想要"，轻轻触摸物体"我不想要"；另一个是规约功能，通过坚定地触碰别人或相关物体来表示"再做那个"(比如"再把它抛到空中")。皮体上的动作在 NL-1 到 NL-2 过渡时期消失。

在接下来的表格中，被偏爱的条目用 * 标注，罕见或存疑的用 ?，两或三个条目在意义和声音上有关联的话，用−，必要的时候会随其标注数字。

表 2　NL2：奈杰尔十二个月大

功能	语义系统			发音	表达 声调	注解
工具	要求，一般			nā···	中	"给我那个"
	要求，特殊	→玩具鸟		bɔ̌, bʷ ɡʌ̀ɣɡ̀	中	"我想要我的鸟"
		→粉		'ɡabʷ···; bu; ɡʷ···	中	"我想要一些粉"
规约	命令，一般			ä, ǟ	宽; ff	"（再）做那个"
	命令，强调			ɑ̃n; ɑ̃n: ɑ̃	高	"现在就做"
发起	打招呼，标记名字的			?dɛə	中	"看（图）"
	打招呼，一般			*= 'dɔ; 'dɔɛ; ɔːɔɛ	中	"安娜"
互动	融入（对礼物的）			ənnn; nnnə	中	"很高兴见到你（我们一起看这个好吗？)"
	回应			ɡ̈ʷa; ɔᵉʔa	中	"很高兴见到你—终于"
	回应	为了互动		ɛː; a	低长	"那是什么？它在那儿，正是我想要的"
		为了规约		a	中 ff	"是的，是我，是的，我看见了"
	兴趣	→正常（友好的）	→物体倾向	*= 'dɔ; 'dɔɛ; ɔːɔɛ	低中	"是的?"
			→个人倾向	'dɔ	低中	"是的?!"
		→强调（不耐烦的）			低中	"看，那很有趣"
	高兴	→一般	→狗	bʷɔ; bʷɔɛ; vɔ; vɔɛ; ɔᵉɔɛ	低中	"一只狗"
			→球		低中（兼有）	"一个球"
			→飞机	'dou	低中	"一架飞机"
			→鼻子		低	"一个鼻子"
个人-一般	参与	→特殊	→一般	ɛɣ̈	宽低	"那很好"
			→口感	?ɱ	宽低	"那个好吃"
	退出	[?]		? 'ɡɣ̈, 'ɡɣ̈, 'ɡɣ̈	宽低	"[?]"
				ɡʷɣ	宽低	"我困了"

表 3　NL3：荣杰尔十三个半月大

功能	语义系统			表达		注释
				发音	声调	
工具	要求，一般	发起	现有的物体	? nã---	中	"给我那个"
		回应	服务或无形物体	y---	高	"是的，我要那个"
	要求，特殊	粉		a:	高升-降	"是的，我要你刚才给的那个"
		闹钟		bʷ'ga(-)'bu'g(-)	中	"我要一些粉"
	命令的	发起	正常的	tk'a(-); tk'ɔ(-)	中	"我要(去拿)钟表"
			强调	a:3;3	中	"(再)做那个"
	命令，肯定的	回应	肯定的	m̃m̃	宽, ff	"现在就做！"
			否定的	...	低	"是的(我们)做吧"
规约	命令，特殊	去散步		兹	中(兼)	"不，不要(做那个)"
		和猫玩		?......	--	"我们去走走吧"
				pʷ¡---;pᵉʷ---	高	"我们跟猫玩一会儿吧"

婴幼儿的语言

表3 续表

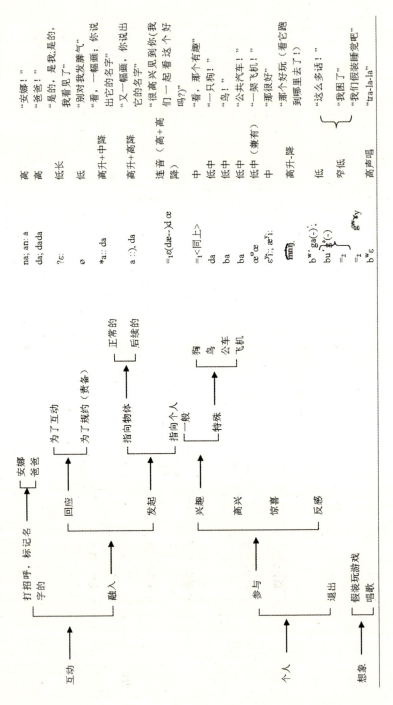

互动	个人	打招呼、标记名字的	→	安娜	na; am: a	高	"安娜！"
				爸爸	da; dada	高	"爸爸！"
		回应	融入	为了互动	ʔɛ:	低长	是的,是我,是的。
				为了规约（责备）	ø	低	我看见了。
		发起	指向物体	正常的	*a:; da	高升+中降	"别对我发脾气"
				后续的	a (::), da	高升+高降	"看，一幅画；你说出它的名字" "又一幅画，你说它的名字"
			指向个人	一般	=ɪɛ(dæ--)d œ <同上>	连音（高+高降）	"很高兴见到你（我们一起看看这个好吗?)"
		兴趣	狗		da	中	"看，那个有趣"
			鸟		ba	低中	"一只狗!"
			公车		ba	低中	"鸟！"
		高兴	飞机		œʷœ	低中	"公共汽车!"
		惊奇			ɛʷɪ̈; æʷɪ̈	低中（兼有）	"一架飞机!"
		反感			m̩m̩	中	"那很好"
想象	假表玩游戏				bʷ, ga(-); buʷ g(-); =₂ bʷɛ	高升-降	"那个好好玩（看它跑到哪里去了!) "
	唱歌					低	"这么多话！"
						窄低	"我困了"
					gʷʷy	高声唱	"我们假装睡觉吧" "tra-la-la"

表 4 NL 4：奈杰尔十五个月大

功能	语义系统		表达		注释
			发音	声调	
工具	要求，一般	发起 → 现有的物体	[m]	高降,ff	"给我那个"
		回应	*=n; yi	高声尖叫	"是的我要那个"
	要求，特殊	粉	?a	高升-降	"是的,我要(你刚才给的那个)"
		闹钟	bʷaɡ(-); buɡ(-); tɨka(-)	中降	"我要一些粉" / "我要(去室)钟表"
规约	命令，一般	发起	=a	中降或平调	"(再)做那个"
		回应	a	高降,ff	"现在就做!"
	命令，特殊	去散步	ε	低降	"是的(我们)做吧"
		拉开窗帘	?aə	中降(两个音节均是)	"不,不要(做那个)"
互动	打招呼	Ann	?——	-	"天黑了，我们拉上窗帘吧"
		爸爸	da	中降	"安娜!"
	名字标记的		na; an; a	高中	"爸爸!"
	融入	责备性回应	da; dada	高中	"别对我发脾气"
		发起 → 指向物体 (正常的)	*a:da;adeᵊd; adɛʔa	低降	"看，一幅画；你说出它的名字"
		指向物体 (后续的)	a.:da	高升+中降(下跳)	"又一幅画，你说出它的名字"
		指向个人	=ɛde	高升+高降(上跳) 中高平+中降(无跳起)	"很高兴见到你(我们一起看这个好吗？)"

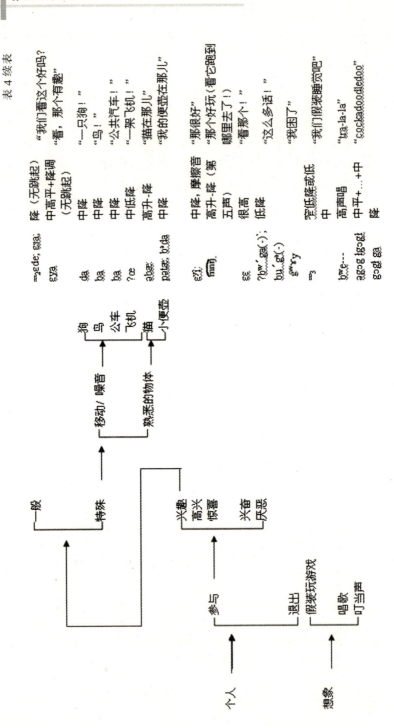

附录二

表 5　NL 5：奈杰尔十六个半月

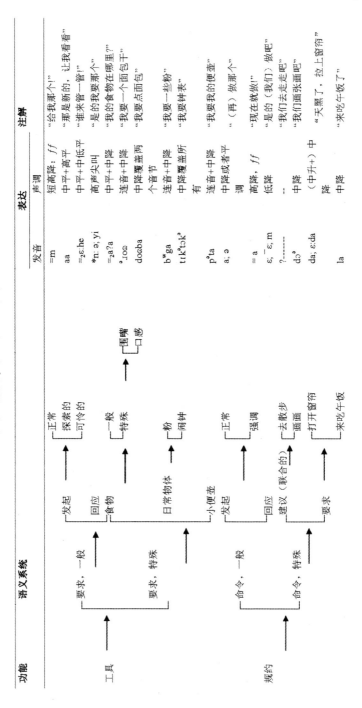

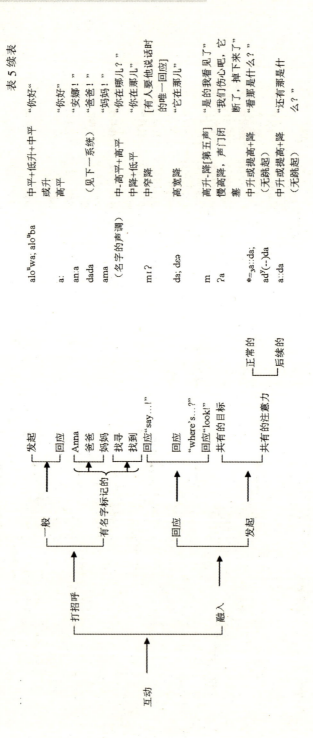

附录二

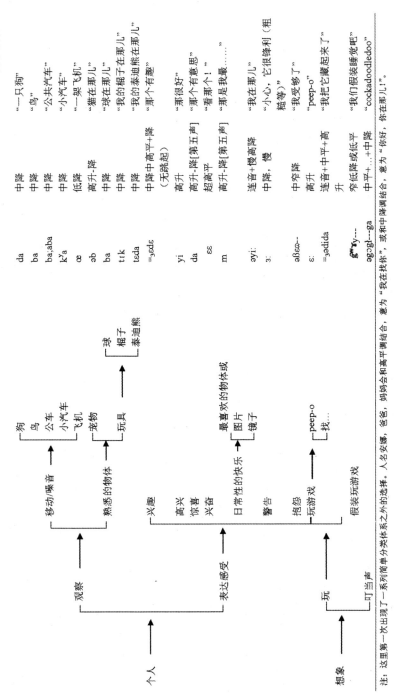

表 5 续表

注：这里第一次出现了一系列简单分类体系之外的选择。人名安娜，爸爸，妈妈合和高平调结合，或和中降调结合，意为"我在找你"，意为"我在那儿，你在那儿"。

391

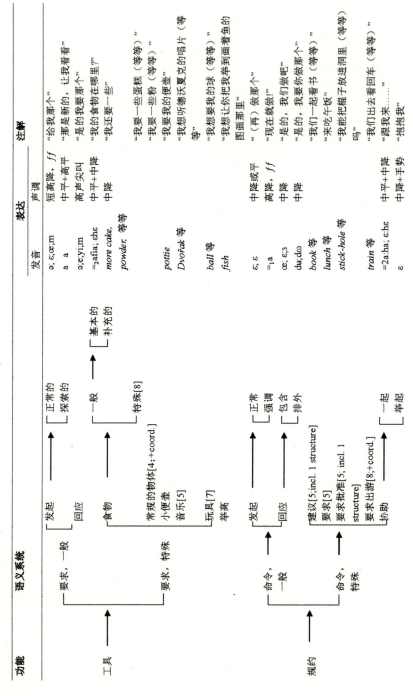

附录二

表 6 续表

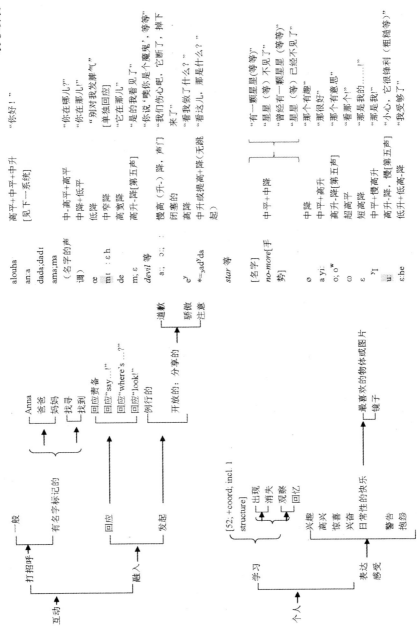

表 6 续表

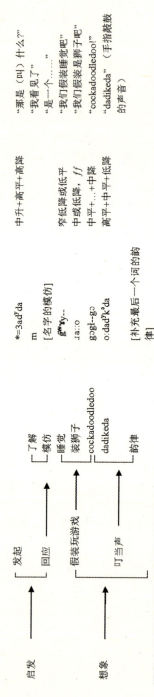

启发	发起	*=ɜadᵊda	中升+高平+高降	"那是（叫）什么？"
	回应	m		"我看见了"
		[名字的模仿]		"是一个……"
想象	假装玩游戏	gʷᵂy--	窄低降或低平	"我们假装睡觉吧"
		ɟaːɔ	中或低降，ff	"我们假装是狮子吧"
		cockadoodledoo		"cockadoodledoo!"
		dadikeda	中平+...+中降	"dadikeda"（手指敲鼓的声音）
	叮当声	gɔgI--gɔ	高平+中平+低降	
		oːdadᵊkᵊda		
	韵律	[补充最后一个词的韵律]		

注：具有语义——表达两个层面的系统加上简单的意义分类，现在已经不能满足表达要求了。语法开始出现——即中间层面的词汇和结构，意义又开始和语法结合起来（例如：对事物的观察和需求）。这些发展从 NL5 甚至更早的时期就可以预见到了。

在目前这个版本中，为了保持一致性，NL6 的表达形式采用了同之前的系统一样的形式。方括号表示单个词在特定标题下出现的选项数；"coord" 表示这些词也出现在并列结构中。"+incl. 1 struct." 表示其中一个选项由结构来表达（比如 stick–hole "can I put my stick in that hole?"），在每一个这类的标题下面只给出了一个，作为例子，并用正字法转写仅以下那些不属于词汇形式的表达。音标的转写可以排下来。

附录三

十八个月大的奈杰尔的对话样例

奈杰尔正坐在厨房的架子上吃他的果酱。他发现了一片面包干。[eʌòu]('rusk')他很高兴地说,并开始咬它。"你吃完茶点后就不要再吃面包干了!"他的妈妈说。
奈杰尔充满希望地看着那瓶果酱。[nōumɔ̃]('no more'),他故意慢慢地说。

这是个规矩,他妈妈恰当地回答"不能再吃是因为汤普森医生说小男孩还不能吃多出一茶勺的量"。她指着一碗水果,"你明天的茶点可以吃点杏"。

[ɛ̀bkɔ]这是对于"apricots"(杏)合理的模仿。

他妈妈把他抱下来,然后他跑到大门口。[dɔ́]('door'),他说了五遍,意思是"我想出去"。妈妈打开公寓的门,奈杰尔跑出门外。天色已经开始黑了。从奈杰尔身边的窗户看出去,可以看到清澈的天空,天上挂着月亮和星星。

[dà]('star'),他说。他指着月亮,问[adỹdà]('what's that?')。

"那是月亮",他妈妈说。

[mũ:]('moo!')奈杰尔模仿的声音像成人模仿牛的声音那样。

"不是像牛叫那样的",他妈妈说,"是'moon'不是'moo'!"

一只猫出现在视野里。[bê:]奈杰尔说('pussy')。[bê:]。

"对,这是小猫咪。"

奈杰尔充满希望地看着房门说[nõumɔ]。

"不行,我们今天不再出家门了。"

[nõumɔ]他说了九遍。

这一天就要结束了,他的妈妈把他抱到床上,说"明天早上起来,你就能出去散步了。"

[tìkᵃwa]

"对,你还能看到一些小棍子。"

[lòu]

"对,还有一些小洞。"

[dà](三遍)

"对,现在天黑了。"(不过奈杰尔可能是想说"我还能看到那个星星"——他在街上路过的一张大海报)

[ὼ](十三遍)('I want')

"什么?"他的妈妈问。

[ὼ](七遍),然后很可怜地说[ὼὼ]('please!')。

"你躺在床上想要什么?"

[ω:]

"Jamie?"(他的娃娃)

[ɜ̃, ɜ̃]('no')

"你想要你的羽毛!"

奈杰尔微笑。[ὲ:]('yes that's it!')

"你为什么不说呢?你的羽毛!"

[àilə]（三遍）（'eiderdown'）

"给你！"

奈杰尔满意地抓着它，拇指在嘴前面。

[gʷʏgʷʏigʷʏi...]（'now I'm going to sleep.'）

他最后自言自语了几句。[bà]（三遍）（'buses'）。[bɨ̀]（?）[ÌGˣɔGˣɔ]（'and the weathercock'）。[dù]（'and stones'）。[tìkwa]（'and sticks'）。[dà]（'and the stars'）。

伴随着他在这一天当中或者是明天也会看到的景象列表，他睡着了。

（胡逸君　译）

早期语言发展与语言学习

——《婴幼儿的语言》译后记

1. 引言

2011年圣诞节期间,网上一段视频引起了全球网民的关注,点击率在两周之内达到了60亿,成为圣诞新年期间一则家喻户晓的视频片段。这段视频的内容是一对刚刚学会走路的双胞胎兄弟在家里的一段对话:一段由/da/的各种音调变体构成的对话。从成人语言体系的标准来判断,这应该不是语言,因为里面没有任何词汇和语法。但所有网民都一致认为他们是在交流,并且是在非常激烈地谈论很重要的事情,高举的手臂和弯腰等姿势都显示他们在利用既有的声音和体态表达自己极力想表达的意义。这一视频进一步印证了韩礼德教授20世纪70年代提出的有关婴幼儿原始母语的理论。

上个世纪50—60年代,韩礼德教授曾经与英语为母语的英语教师一起工作。英语教师经常关注的一个问题是:语言是什么? 儿童在上学之前的语言状况是什么样子的? 针对这些问题以及问题背后隐含的深刻教育意义,从上个世纪 70 年代中后期,韩礼德教授开始研究儿童语言发展。所采用的调查方法为自然观察法;所收集的数据都是儿童自然状态下的语言发展实例。通过对自己的儿子奈杰尔从九个月到两周半的语言发展的观察、记录和分析,韩礼德教授归纳和总结了儿童语言发展的不同阶段和儿童语言学习策略。他在一系列论文中发展了一套完整的有关儿童语言发展的理论。这套理论的经典主张包括:(1)儿童是表意动物,是意义的存在;(2)儿童语言发展主要经历三个阶段:原始母语阶段、从原始母语向成人语言的过渡、学习成人语言;(3)原始母语的微观功能是成人语言元功能的早期雏形;(4)语言和学习之间的关系包括三个方面:学习语言、通过语言学习其他知识、学习语言本身;(5)语法隐喻是儿童学习教育知识的重要台阶;等等。这里我们对这些经典主张做简略总结。

2. 儿童是意义的存在

儿童是"充满了意义的人类",这是韩礼德教授的经典主张之一。儿童是一种社会存在,是一种充满意义的社会存在。婴儿从出生开始就已经在利用各种资源表达意义。最早可以利用的资源就是他们的表意的身体。原始母语的第一个符号来自声音——即从哭叫转换为喊叫。婴儿的哭不带有指向性,而喊叫是有指向性的,是一种已经转换为信息的哭。在语言发展的最初阶段,儿童将身体行动——四肢的活动和发出声音时发音器官的活动——借用过来作为符号表达。如高声尖叫表示警报,询问"在做什么?""出什么事了?"随着身体功能的扩展,儿童开始将自己的表意取向区分开来:一部分指向他人,另一部分指向自己。儿童较早发展的意义是指向他人的,属于工具功能和规约功能——儿童通过喊叫指使周边的看护人帮他拿到想要的物品或获取需要的服务。指向自己的意义表达体现的是儿童对所在环境的认知和情感回应,向别人传达希望在一起,对事物感到好奇、高兴等愿望和情绪。儿童的表意能力随着身体功能的延伸而发展。

3. 儿童语言发展的三个阶段

韩礼德教授将儿童语言发展归纳为三个阶段:第一个阶段为原始母语;第二个阶段为从原始母语向母语的过渡,第三个阶段为学习成人语言。

原始母语。原始母语是婴幼儿最初发展的自己的一套表意系统,大约出现在婴幼儿九个月到十六个月期间。原始母语是一个只有两个层面的语言体系,这两个层面是内容和表达。其中内容是儿童需要表达的意义或功能;表达主要体现为身体行动,包括身体姿势和发音。儿童利用可以调动的身体和声音资源来实现最基本的言语交流,如索取物品或服务、对周边人施加影响、表达自己的个体存在和自我意识,如希望在一起或高兴等愿望和情绪。在原始母语体系中没有成人语言体系中的"形式层",即词汇语法层。

在原始母语阶段,语言的功能等同于用法,同时语言成分具有功能单一性特征,即每一个表达只有一个功能。韩礼德教授为原始母语阶段儿童语言功能的发展排列了一个尝试性的前后顺序:

工具功能	I want
规约功能	Do as I tell you
互动功能	Me and you
个人功能	Here I come
启发功能	Tell me why
想象功能	Let's pretend
信息功能	I've got something to tell you

(第二章:2.1)

其中前四个功能明显早于其他三个功能、而所有功能都早于信息功能。韩礼德教授的观察和后来的同类研究基本验证了这一顺序。在此基础上,韩礼德教授提出"语言发展的起源可以解释为学习一系列功能"的论断。

从原始母语向母语的过渡。在韩礼德教授的观察中,奈杰尔从原始母语向母语的过渡发生在十六个半月到十八个月期间。在这一阶段,儿童从周围人那里获得的母语输入开始发挥作用,他从看护人那里听到的母语词汇和结构开始零星进入原始话语体系。同时原始母语体系依然存在并发挥主要作用。

过渡阶段有两个特征:一是功能取向发生了转移;二是词汇、结构和对话方面的快速进步。在这一阶段,奈杰尔开始将第一阶段的初级功能归并为实用功能和理性功能两个大类。实用模式是通过交流实现自己的简单意图:工具功能、规约功能、互动功能和个人功能。理性功能是使用语言来学习,这是比实用功能更为抽象的功能,是第一阶段后期儿童对个人功能和启发功能的概括。通过理性功能,儿童学习用语言探索自己以外的世界,尝试指示和表达不在视野范围内的事物和过程。奈杰尔用语调将这两类功能明显地区分开来:"要求回应"为实用功能,用声调;"不要求回应"为理性功能,用降调。其中实用功能对应于成人语言的人际功能;理性功能对应于概念功能。与此同时,儿童的词汇和结构也开始迅速增加。与原始母语一样,开始出现的词汇和结构都是单一功能的,即一个词或结构仅表达一个功能,但一段时间以后,词和结构的功能开始扩展,开始结合两种或多种功能。因此,表达形式从单一功能向多功能的转化也是这一过渡阶段儿童语言发展的主要特征。在这一阶段儿童开始发展对话,开始参与言语角色的选取和分派。在学习对话的过程中,儿童开始发展第三个元功能,即语篇功能。

学习成人语言。从十八个半月开始,奈杰尔的语言开始进入成人语言体系。他已经建立了一个包括多个层次(内容、形式、表达)和多种功能(概念、人际、语篇)的体系。从这时起,他的意义潜势开始从个人和身边向更广泛的社会文化维度延伸。以下摘录的是奈杰尔三岁六个月十二天时的对话:

奈杰尔:Can I give the cat some artichoke?
　　　　(我可以给猫一些洋蓟吗?)
母亲:但是她不会喜欢的。

奈杰尔:Cats like things that go; they don't like things that grow.
（猫喜欢会走的东西；她们不喜欢生长的东西。）

(第十一章:3)

在这样的探索中,奈杰尔开始构建动物和植物的一般分类体系,以及"猫喜欢肉/骨头/骨髓吗?"等可能食物的分类体系。

儿童语言发展是一个动态过程,是儿童不断探索如何通过语言符号表达意义的延续的过程。在儿童语言发展的三个阶段之间虽然儿童所使用的表达中存在断续性,但功能和内容上的连续性才是最为重要的。儿童通过原始母语发展的社会功能——满足自己的即时需求、控制周围人的行为、与人共处、展示自己的个体存在、探索自己以外的世界已经创造想象中的世界——所有这些功能在第二和第三阶段都被重新解释和编码,最终发展为成人语法体系的抽象功能成分。

4. 早期语言发展与语言学习

长期以来英语教师都在询问"语言是什么?",他们在寻求对于语言的一个充分的定义,希望了解儿童是如何发展运用语言能力的。这些疑问的背后隐含着有关学习和语言本质的诸多问题。在这些问题的启发之下,韩礼德教授开始细致地观察和分析儿童语言发展。他将语言与学习之间的关系总结为三个方面:"学习语言、通过语言学习其他知识、学习语言本身"(1980)。

学习语言。韩礼德认为,婴儿从一出生就开始学习语言,他会专注地听周围人的声音。儿童学习语言的过程是一个建构意义潜势的过程,是一个与周围看护者和其他儿童一起参与意义构建的过程。婴幼儿最初建构的是自己的原始母语体系,是一个在儿童与看护者之间使用的由有限符号构成的简单系统。一般认识上的母语学习,即对词汇和结构的学习,开始于儿童语言发展的第二和第三阶段。儿童在自己的两层面表意体系中嵌入第三个层面即词汇和语法,由此开始将成人语言的符号体系与自己已经发展起来的两层面体系对接。当儿童走出家门,与周边邻居、学校以及其他社会群体广泛接触之后,他的语言需求不断扩展,他所掌握的语言资源也不断扩大。

通过语言学习其他知识。这指的是通过语言建构我们周围的世界、内心世界和想象世界。当儿童开始将实用功能和理性功能明确区分开来的时候,他们对外部世界的探索就明确开始了。他用实用表达满足自己的需求;用理性表达传递自己对世间事物的识解。对话的发展使儿童能够通过主体间的话语建构不断验证和修正自己对世界的认识。以奈杰尔为例,他在日常的细微的偶然事件中学习常识性知识,如色彩分类,交通功能分类,动物、植物分类,时间和空间的相对性等等。通过这样的知识建构,儿童开始掌握自己社会文化中的各种价值判断体系,渐渐地融入成人世界。

学习语言本身。学习语言本身意味着理解语言的本质和功能。学习语言本身多数情况下是一种无意识的行为,这种行为贯穿儿童语言发展的全过程。学习语言本身大概开始于儿童对事物具有名称的意识,从原始母语末期开始,儿童便尝试询问事物的名称,用复杂的声音和音调表达"那是什么?""那个东西叫什么?"很快,"那个词是什么意思"的观念也会建立起来,于是儿童开始探索语言的弹性。奈杰尔在四岁的时候已经能够玩押韵的游戏了。学习语言本身是探索语言用途的延伸,语言不仅仅可以用来满足自己的即时的需求、还可以用来交流信息、传播知识。

学习语言、通过语言学习其他知识、学习语言本身这三个方面不是截然分开的,它们交织在儿童语言发展过程之中。通过学习语言,儿童开始认识自己周边的外在世界和自己的内在世界;通过语言学习其他知识,儿童对内在和外在世界进行系统性识解,建构自己的世界图景,同时与成人世界进行对比;学习语言本身,儿童开始建构有关语言的知识,探索语言用途的可能性。儿童语言发展是一个包括这三个方面的综合过程。在这一认识的基础上,韩礼德教授总结归纳了21条儿童语言特征,指出以语言为基础的学习理论应该将这些特征包括在内。

儿童在接受教育之前所具有的语言体系是一个基于经验的体系,学校教育所建构的知识体系是对经验世界的高度抽象和概括。因此在教育的最初阶段,注意将课堂语言与儿童通过已有经验了解到的语言知识联系起来是非常重要的。

5. 语法隐喻是儿童学习教育知识的关键

语法隐喻是儿童进入成人语言体系之后开始出现的。奈杰尔在三岁五个月的时候第一次明显使用语法隐喻：Cats have no else to stop you from trossing them—cats have no other way to stop children from hitting them; so they bite. 语法隐喻是对已有经验的概括化重解，在这里体现为将过程识解为事物而不是行为。尽管语法隐喻可能出现在儿童语言发展的较早时期，但真正掌握语法隐喻通常要到大约九岁的时候。韩礼德教授提出的人类符号能力发展三步模式是：

（原始母语→）概括→抽象→隐喻

（第十五章）

概括、抽象和语法隐喻是教育知识呈现的主要途径。通过对事物进行一般化概括，儿童开始建构外部和内部世界的类别、范畴等等；通过抽象化，儿童归纳事物发生和发展规律；通过语法隐喻，儿童接触抽象知识体系，模仿、学习知识建构和呈现的模式。"语法抽象化是儿童进行读书识字和学习初级正规教育知识的关键"（第十五章）。语法隐喻是接受中等教育和学习科学技术知识的关键。

6. 早期儿童语言发展研究的新进展

在这一时期，通过自己的观察分析以及引证同一时期其他几位学者的相关研究，韩礼德教授得出一个结论认为，从婴幼儿早期阶段所发展的语言体系，即原始母语，我们无法判断他们的母语会是什么样子。也就是说儿童早期的原始母语体系与母语无关。近些年来行为科学等领域的最新研究成果对这一论断提出了质疑。多项研究证明在出生前，胎儿通过母亲隔膜的言语节奏和外部话语声音学习感知环境和做出回应。沃姆克（Wermke）认为婴幼儿有节奏的哭叫是真正的语言发展开始。沃姆克和她的团队(2006)的研究表明,出生两天到五天的法国和德国婴儿,他们的哭叫体现了多种差异,其中法国婴儿发出较多的上扬音调,而德国婴儿较多使用了下降音调。这两种节奏分别与两种语言的典型话语模式一致。

7. 文集例句的处理

原文中的例句有两种情况:一是直接记录的奈杰尔的发音,开始只有音调,后来包括单词和声调;二是成人的正常话语,这些是奈杰尔周边的看护者与奈杰尔的对话。对于这两类例句我们采用了两种处理方式:一、对于奈杰尔的所有语言实例,我们保留原文,并分别依据早期作者给出的解释和后来奈杰尔自己使用的词汇语法译成汉语;二、对于奈杰尔周边成人的话语、教材片段以及引用的韩如凯为纳菲尔德外语教学材料项目所收集的记录等,我们一律翻译成汉语,不保留原文。

8. 结语

通过倾听、观察、记录、分析奈杰尔学习如何表达意义,同时参照同类研究发现,韩礼德教授向我们揭示了人类语言的早期发展进程、儿童的语言发展策略和语言与学习之间的关系。人类是表意动物,婴儿从出生就开始表达意义,并在与周围看护者的互动以及表达自我的动态过程中建构自己的原始母语、向母语过渡、学习母语,识解内在和外在世界,努力建构作为社会人的个人身份。在语言发展的高级阶段,儿童通过概括、抽象和语法隐喻学习教育知识和科学技术知识,为全面了解、继承和发展社会文化体系奠定基础。

参考文献

Wermke, Kathleen & Mende, Werner. 2006. Melody as a primordial legacy from early roots of language. *Behavioral and Brain Sciences* 29 (3): 300—300.

Wermke, Kathleen & Mende, Werner. 2006. A long way to understanding cultural evolution. *Behavioral and Brain Sciences* 29 (4): 358—359.

Emmerich, Robert & Öffentlichkeitsarbeit, Stabsstelle. 2009. Language begins with the very first cry. http://idw-online.de/pages/de/news342774

（高彦梅）

主要人名、术语中英文对照表

A

习得 acquisition
行为和反应 action and reflection
行为 act
青少年 adolescence
成人 adult
前指的 anaphoric
和启发 and heuristic
失语症 aphasia
发音（又见 语调）articulation
　　（see also intonation）
发音的 articulatory

B

伯恩斯坦 Bernstein, B.
双层次的 bi-stratal
布雷恩 Braine, M. D. S.
大脑 brain
突破读写能力 Breakthrough
　　to literacy
布朗 Brown, R.
布卢瓦 Bullowa, M.

C

类别 categories
哼唱 chants, chanting
儿童 child
中文 Chinese
选择 choices
乔姆斯基 Chomsky, N.
小句 clause
码 code
编码 coding
认知的 cognitive
衔接 cohesion
交流 communication

交流能力 communicative competence
交流 communicative
能力—运用 competence-performance
互补性 complementarity
成分 component
配置 configurations
一致性、一致 congruence, congruent
建构 construct
识解 construe
内容—表达 content-expression
语境制约的 context-bound
不受语境制约的 context-free
情景语境 context of situation
语境 context
连续体 continuity
会话(的) conversation(al)
文化、文化的 culture, cultural

D

达尔文 Darwin, Charles
陈述句 declarative
指称中心 deictic center
发展的 developmental
发展 development
手法 device
方言的 dialectic
方言 dialect
对话的 dialogic
对话 dialogue
语篇 discourse

E

早期发展 early development
教育(的) education(al)
经验的 empirical
英语 English
渐成(地) epigenetic(ally)
作格的 ergative
民族志的 ethnographic
进化(的) evolution(ary)
交换 exchange
外指的 exophoric
经验(地) experiential(ly)
经验的 experiential
表达—意愿 expressive-conative
语外的 extralinguistic

F

费尔默 Fillmore, C. J.
弗斯 Firth, J. R.
正式的 formal
功能—语义 functional-semantic
功能的 functional
功能 function(s)

G

语言生成 genesis of language
语体 genre
手势的、手势 gestural(ly), gesture
语符学 glossematics

语符生成 glossogenic
物品和服务 goods-and-services
语法 grammar
语法化的 grammaticalized
隐喻 grammatical metaphor
语法系统 grammatical system
语法 grammatical

H

韩茹凯 Hasan, R.
启发的 heuristic
高位 higher-order
表句词 holophrase
人类 human
海姆斯 Hymes, D.

I

符号的 iconic
概念的 ideational
想象的 imaginative
模仿、模仿的 imitation, imitative
祈使句 imperative
婴幼儿(时期) infancy, infant
寻求信息的问题 information-seeking question
信息的 informative
天生的 innate
天生主义 innatism
工具的 instrumental
互动的 interactional

互动 interaction
交互的 interactive
界面 interface, interfacing
人际的 interpersonal
疑问句 interrogative
主体间性的 intersubjective
主体间性 intersubjectivity
语调的 intonation(al)
侵入者 intruder

J

雅各布森 Jakobson, R.

L

基于语言的学习理论 language-based theory of learning
语言创造过程 language-creating process
语言 language
学习如何表达意义 learning how to mean
莱姆克 Lemke, J. L.
刘易斯 Lewis, M. M.
词汇语法 lexicogrammar
词汇语法的 lexicogrammatical
词汇语义的 lexicosemantic
语言系统 linguistic system
语言学 linguistics
语言 linguistic
受话者 listener
读写能力 literacy, literate
逻辑—语义关系 logical-semantic relaitons

M

宏观功能 macrofunction
马林诺夫斯基 Malinowski, B.
马丁 Martin, J.
物质的 material
理性的 mathetic
麦西逊 Matthiessen, C.
意义生成 meaning-making
意义 meaning
心理的 mental
部分关系 meronymy
元功能、元功能的 metafunction, metafuntional
元语言、元语言的 metalanguage, metalinguistic
隐喻、隐喻的 metaphor, metaphorical
微观功能、微观功能的 microfunctions, microfunctional
微观语言行为 microlinguitic act
微语义的 microsemantic
情态 modalities
情态的 modal
独白的 monologic
独白 monologue
语气 mood
形态学 morphology
母语 mother-tongue

N

叙述 narrative

自然 natural
网络 network
奈杰尔 Nigel
名词 noun

O

观察者 observer
注意力 of attention
物品和服务 of goods-and-service
信息 of information
意义 of meaning
意义的 of meaning
符号 of symbols
个体发生 ontogenesis
个体发生（地）ontogenetically

P

佩因特 Painter, C.
施为句 performative
个人 personal
阶段1 Phase 1
菲利普斯 Philips, J.
语素 phonemes, phonemic
语音学 phonetics
语音的 phonetic
音系学（地）phonological(ly)
音系学 phonology
种系发生地 phylogenetic(ally)
玩耍 play
多功能的 plurifunctional

归一度 polarity
潜势 potential
实用/理性 pragmatic/mathetic
实用 pragmatic
语用的 pragmatic
前语言的 pre-linguitic
前言语 pre-speech
前符号 pre-symbolic
假装 pretend
过程 process
韵律学、韵律学地 prosody, prosodic (ally)
原始会话 proto conversation
原始语言 protolanguage
原始语言的 protolinguistic
心理语言学的 psycholinguistic

Q

属性 quality

R

建构现实 reality-constructing
现实 reality
重新建构 reconstruction
重新识解 reconstrue
指示的 referential
反思的 reflective
语域 register(s)
回归 regression
规约 regulatory
强化 reinforce, reinforcement

关系 relational
表征的 representational
要求 request
资源 resource
修辞的 rhetorical
修辞 rhetoric
韵律 rhymes
韵律的 rhythm(ic)
扮演角色 role-playing
角色 role

S

科学 science
中学教学 secondary (education)
语义分析 semantic analysis
语义(系统) semantic (system)
语义学 semantics
语义的 semantic
意义行为 semiotic act
意义学 semiotics
意义的 semiotic
意义产生的 semogenic
社会语境的 social-contextual
社会化 socialization
社会的 social
社会 society
社会语言学的 sociolinguistic
社会符号学的 sociosemiotic
空间 space
言语 speech
策略 strageties
层次 strata, stratum

策略 strategy
分层(的) stratification(al)
结构 structure
主观现实 subjective reality
符号 symbolic
象征 symbolic
句法、句法的 syntax, syntactic
系统功能 systemic-functional
系统的 systemic
系统结构理论 system-structure theory
系统 system

T

分类 taxonomy, taxonomies
时间的 temporal
语旨 tenor
语篇形成 text-forming
语篇的 textual
语篇组织 texture
主位的 thematic
通过语言 through language
声调 tone
语言 tongue
声调的 tonic
及物性 transitivity
三个层次的 tri-stratal

U

普遍的 universal

V

变化 variation
言语 verbal
动词 verb
词汇 vocabulary
发声 vocalization
口语表达的 vocal
声音 voice
元音 vowel
维果斯基 Vygotsky, L.

W

特殊疑问句 WH-interrogative/WH-quesiton
沃尔夫 Whorf, B. L.
措辞 wording
词语 word